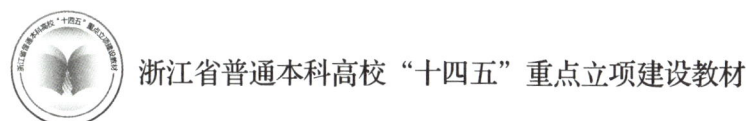

浙江省普通本科高校"十四五"重点立项建设教材

LOGISTICS AND SUPPLY CHAIN MANAGEMENT

物流与供应链管理

（第四版）

主　编　周伟华　吴晓波
副主编　周　云　金庆伟

ZHEJIANG UNIVERSITY PRESS
浙江大学出版社
·杭州·

图书在版编目（CIP）数据

物流与供应链管理 / 周伟华，吴晓波主编；周云，金庆伟副主编. -- 4版. -- 杭州：浙江大学出版社，2023.9
ISBN 978-7-308-24155-7

Ⅰ．①物… Ⅱ．①周… ②吴… ③周… ④金… Ⅲ．①物流管理－高等学校－教材②供应链管理－高等学校－教材 Ⅳ．①F252.1

中国国家版本馆CIP数据核字(2023)第162885号

物流与供应链管理（第四版）
WULIU YU GONGYINGLIAN GUANLI（DI-SI BAN）

主　编　周伟华　吴晓波
副主编　周　云　金庆伟

策划编辑	李　晨　汪荣丽
责任编辑	郑成业
责任校对	高士吟
封面设计	春天书装
出版发行	浙江大学出版社
	（杭州市天目山路148号　邮政编码310007）
	（网址：http://www.zjupress.com）
排　　版	杭州林智广告有限公司
印　　刷	杭州捷派印务有限公司
开　　本	787mm×1092mm　1/16
印　　张	21.5
字　　数	515千
版 印 次	2023年9月第1版　2023年9月第1次印刷
书　　号	ISBN 978-7-308-24155-7
定　　价	78.00元

版权所有　侵权必究　　印装差错　负责调换

浙江大学出版社市场运营中心联系方式：0571-88925591；http://zjdxcbs.tmall.com

序

电子商务产生于 20 世纪 60 年代，发展于 20 世纪 90 年代，经历了由局部的、在专用网上的电子交易，到开放的、基于互联网的电子交易过程。特别是近 10 年来，网上销售和大数据智能的快速发展给电子商务注入了新的活力，催生了大量商业模式的创新，形成了越来越丰富的网上服务生态，推动了电子商务的迅猛发展。

中国的电子商务发端于 20 世纪 90 年代。1996 年，国家信息化工作领导小组的成立，标志着中国电子商务征途之起点。从 20 世纪 90 年代初开始，我国相继实施了"金桥""金卡""金税""金贸""金卫""金智"等一系列"金字工程"。其进展顺利，成果卓越，为我国电子商务的发展营造了良好的基础和环境。中国电子商务从 1996 年萌芽以来，经历了探索、崛起、竞争、共生及形成生态等不同的发展阶段。经历了 20 余年的发展，我国电子商务获得空前发展。伴随着电子商务的崛起，为了适应消费市场的新特征，企业物流和供应链运作也发生了翻天覆地的变化，无论是管理理论还是运作模式，都出现了大量的新内容，如供应链金融、数据驱动决策等。这就需要我们对供应链和物流管理重新进行梳理，对相关的实践进行总结和提炼。

我国政府非常重视电子商务和供应链管理的发展。2015 年 5 月，国务院印发《关于大力发展电子商务加快培育经济新动力的意见》，表明了我国政府对电子商务发展前景的信心和大力发展电子商务的决心。2017 年 10 月，国务院办公厅印发《关于积极推进供应链创新与应用的指导意见》，旨在加快供应链创新与应用，促进产业组织方式、商业模式和政府治理方式创新，推进供给侧结构性改革。在电子商务实践蓬勃发展、政府日益重视的背景下，开发和更新电子商务、供应链与物流管理相关的教材，总结和提炼相关规律，对推动经济高质量发展具有重要意义。

浙江大学出版社在国内较早便推出了电子商务系列教材，受到了国内高校和读者的欢迎和关注。浙江大学是我国学科最为齐全的重点大学之一，具有国内一流的计算机科学、经济学、管理学等学科的教学与科研师资队伍。因此，浙江大学自然而然成为国内最早开展电子商务学科建设的高校之一，并且为我国的电子商务发展提供了重要的人才和成果。浙江大学于 2002 年就有了电子商务第二专业学位的毕业生；2005 年向社会输送了自教育部批准开设电子商务本科专业以来的第一批毕业生。

信息技术的发展日新月异，网络经济的理论和管理方法与时俱进，电子商务、供应链与物流管理的创新模式不断涌现，这一切都需要我们进行新的研究和总结，并且将这些新的研究成果反映到大学的教学中。相信本教材的出版对于推动我国电子商务和新型供应链管理教学水平的提高、促进相关人才的培养能发挥更加积极的作用。

潘云鹤

前　言

经济全球化和技术发展的最新趋势，进一步确立了物流与供应链管理在当今企业经营中举足轻重的地位。借助先进的信息技术与物流技术，企业的物流效率大大提高，地球真正成为一个"村落"。跨境电商发展突飞猛进，中小型企业迅速加入了全球潮流。企业真正可以在全球获取资源和开拓市场。速度与柔性，成为企业在激烈的竞争中占据有利地位的关键因素。

美国著名管理学家彼得·德鲁克认为，物流是"一块经济界的黑大陆"，具有极大的"利润创造空间"。物流与供应链管理作为一项重要的经营活动，其战略重要性正日益凸显。党的二十大报告也特别强调了供应链管理的重要性，明确指出要"着力提升产业链供应链韧性和安全水平""确保粮食、能源资源、重要产业链供应链安全"[1]。

这是本教材的第四版，在前三版的基础上，编写团队与时俱进，重塑教材整体框架，并将物流与供应链发展的最新模式与实践纳入其中，如绿色供应链、供应链金融、大数据与供应链、供应链全球化等。本教材试图在综合运用各领域的理论和方法来组织与编撰相关主题的同时，尽可能反映现代物流与供应链管理的国际化、网络化、智能化与柔性化等鲜明的时代特征。理论与实践相辅相成，实践需要理论来指导，理论需要实践来验证。本教材在编撰上较好地解决了理论与实践的均衡问题，通过每章开篇的实践案例引出本章所要论述的核心内容，在章节内的具体论述中，适时地穿插案例借以论证相关内容。编者本着理论与实践互动的理念，设计了教材的整体结构，期望能令读者产生良好的学习与借鉴效果。

本书的特色在于以下四个方面。

（1）服务国家战略。2020年，习近平总书记在《国家中长期经济社会发展战略若干重大问题》中指出，要优化和稳定产业链、供应链；并强调产业链、供应链在关键时刻不能掉链子，这是大国经济必须具备的重要特征[2]。本教材通过对当前最新的物流与供应链管理理论、方法和实践的系统阐述，促进当代物流与供应链管理人才的培养和知识的传播，为国家的战略发展助力。

（2）讲好中国故事。历经40余年的改革开放，中国的物流与供应链技术得到长足发展。以京东无人仓、菜鸟物流等为代表的一大批商业实践，已经走在了世界的前列。本教材试图对中国近年的先进实践经验进行介绍和梳理，讲述中国故事；将中国与西方国家的实践进行对比，体现中国特色。

---

[1] 习近平. 高举中国特色社会主义伟大旗帜　为全面建设社会主义现代化国家而团结奋斗——在中国共产党第二十次全国代表大会上的报告[EB/OL].（2022-10-25）[2023-05-01]. https://www.gov.cn/xinwen/2022-10/25/content_5721685.htm.

[2] 习近平. 国家中长期经济社会发展战略若干重大问题[EB/OL].（2020-10-31）[2023-05-01]. https://www.gov.cn/xinwen/2020-10/31/content_5556349.htm.

（3）介绍新科技与新变化。为紧跟时代发展，本教材新介绍了以大数据、区块链和物联网为代表的新科技，以智能供应链、智慧物流、绿色供应链为代表的新变化。

（4）采用新形态出版方式。本教材配有数字资源，以二维码的形式嵌入相关内容中，兼顾内容的完备性和趣味性。

本教材历经四版，每一版的出版都凝聚了大量相关人员共同的努力和心血，各位参编人员在收集和整理本教材相关资料的过程中，做了大量的工作，在此表示诚挚的谢意。他们积极、认真、务实的态度是确保本教材顺利完成的前提。在此，我们还要感谢奋战在物流与供应链管理理论研究与实践前沿的各界人士，是他们的工作与研究成果充实了本教材的具体内容。尽管我们已做了很大努力，但书中难免存在疏漏或谬误之处，恳请广大读者和同行专家批评指正。

编者
2023 年 9 月

目录 CONTENTS

导论篇

第一章 概论

【开篇案例】华为供应链管理的"铁三角" — 003
第一节 物流管理 — 005
第二节 供应链管理 — 022
第三节 物流管理与供应链管理的联系与区别 — 030
本章要点 — 031
思考题 — 032

物流篇

第二章 物流系统控制

【开篇案例】一汽大众佛山工厂的智慧物流系统 — 035
第一节 物流系统概述 — 036
第二节 成本管理 — 046
第三节 质量管理 — 052
第四节 价格管理 — 057
第五节 库存管理 — 059
第六节 运输管理 — 066
第七节 物流运作绩效管理 — 069
本章要点 — 075
思考题 — 076

第三章　物流技术与信息系统

- 【开篇案例】九州通新冠疫苗的冷链运输 ... 077
- 第一节　物流信息系统 ... 079
- 第二节　传统物流技术 ... 089
- 第三节　物流信息自动采集技术 ... 096
- 第四节　空间数据交换技术 ... 102
- 第五节　电子数据交换技术 ... 111
- 本章要点 ... 114
- 思考题 ... 115

第四章　电子商务环境下的物流管理

- 【开篇案例】京东自建物流服务 ... 117
- 第一节　电子商务概述 ... 118
- 第二节　电子商务与物流的关系 ... 123
- 第三节　电子商务物流配送与配送中心 ... 128
- 本章要点 ... 136
- 思考题 ... 137

第五章　跨境物流管理

- 【开篇案例】中欧班列新辟"国际大通道" ... 139
- 第一节　跨境物流概述 ... 140
- 第二节　跨境物流系统 ... 143
- 第三节　跨境物流业务 ... 151
- 第四节　跨境物流新形态 ... 162
- 本章要点 ... 166
- 思考题 ... 167

供应链篇

第六章　供应链管理

- 【开篇案例】苹果公司的供应链成本控制 ... 171
- 第一节　供应链战略管理 ... 173
- 第二节　供应链合作伙伴关系构建 ... 176
- 第三节　供应链绩效评价 ... 180

第四节　电子商务环境下的供应链管理战略　　183
　　本章要点　　187
　　思考题　　188

第七章　供应链的设计与构建

　　【开篇案例】希音（Shein）的柔性供应链　　189
　　第一节　供应链设计概述　　191
　　第二节　供应链设计决策　　200
　　第三节　供应链设计的延伸　　208
　　本章要点　　212
　　思考题　　213

第八章　供应链协同管理

　　【开篇案例】"冰墩墩"生产商的供应链协同管理　　215
　　第一节　供应链协同管理概述　　217
　　第二节　供应链中的协同问题及改进方法　　218
　　第三节　供应链中的激励理论及激励模式　　224
　　第四节　供应链契约概论　　226
　　本章要点　　233
　　思考题　　234

第九章　供应链金融

　　【开篇案例】浙江商业银行的供应链金融业务　　235
　　第一节　供应链金融概述　　237
　　第二节　供应链金融的发展　　242
　　第三节　供应链金融业务模式　　248
　　第四节　供应链金融中的风险管理　　254
　　本章要点　　261
　　思考题　　262

第十章　全球供应链

　　【开篇案例】海尔集团：从"中国制造"到"全球智造"　　263
　　第一节　全球供应链概述　　264
　　第二节　全球供应链的主要模式　　270
　　第三节　全球供应链管理　　274
　　本章要点　　281
　　思考题　　282

专题篇

第十一章　现代物流与供应链发展

【开篇案例】AL公司的供应链数字化转型　285
第一节　物流管理新形态　287
第二节　绿色供应链　299
第三节　企业供需网　313
第四节　大数据与供应链　319
本章要点　329
思考题　330

参考文献　331

导论篇

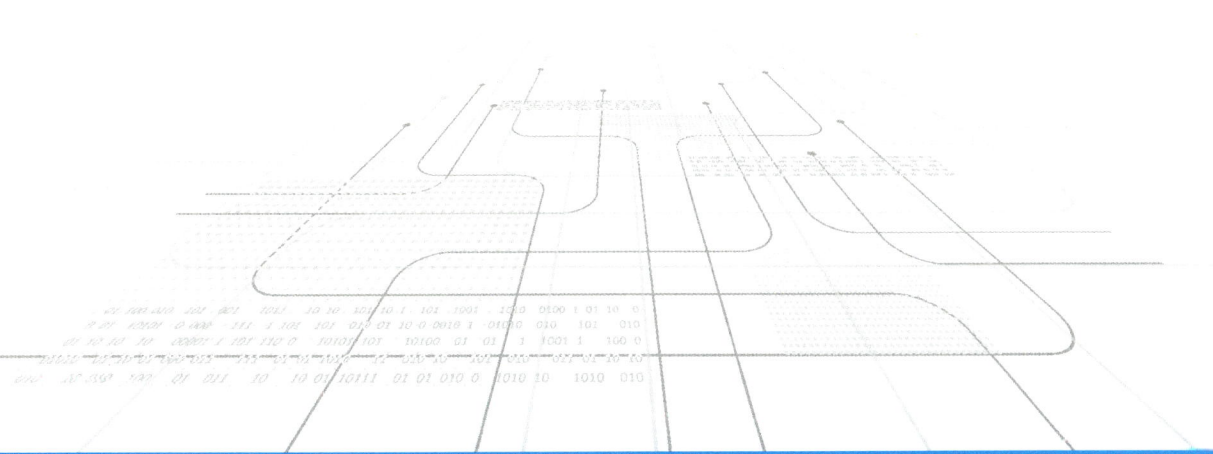

物流与供应链管理
Logistics and Supply Chain Management

第一章
概论

本章数字资源

通过本章学习，你需要：
1. 掌握供应链与物流管理的基本概念；
2. 掌握现代物流与供应链管理的兴起；
3. 了解物流管理与供应链管理之间的联系与区别；
4. 了解现代物流与供应链管埋的目标与原则；
5. 了解物流与供应链管理的意义。

【开篇案例】华为供应链管理的"铁三角"

2019年5月16日，华为技术有限公司（以下简称"华为"）及其70家附属公司被美国商务部正式列入"实体清单"，美国政府要求美国企业未经允许不得向华为出售元器件和相关技术，意味着华为在供应链源头受到了更多的限制。然而，在中美贸易摩擦背景下，华为基于其供应链上下游的三角结构的支撑，积极尝试对原有供应链进行调整重塑。同时，华为也交出了一份令人振奋的答卷，华为2019年年报显示，销售收入8588亿元，同比增长19.1%；净利润627亿元，同比增长5.6%。华为轮值董事长徐直军在财报沟通会上对媒体直言："2019年是饱受挑战的一年，2020年是最艰难的一年。"2020年，华为面临很大的挑战。华为在中美贸易摩擦背景下的供应链管理策略和取得的成果，让业界对华为供应链结构产生了更大的兴趣和关注。

华为供应链的搭建可以分为两个阶段：第一阶段为1999—2004年，在此期间，华为基本完成了境内的集成供应链建设，供应商管理水平得到了很大的提升；第二阶段为2005—2015年，在此期间，华为拓展了企业的境外布局，构建了全球供应链并逐步解决了分布于世界各地的供应商的管理问题。最终形成了供应商选择、评价与认证的管理"铁三角"模式。

1. 供应商选择

华为内部负责供应商选择的是采购部门的各个物料专家团（commodity expert group, CEG）。采购部门在向外部采购服务、产品及知识资产时，需要考虑其对华为的整体利益最佳值。所以，CEG进行供应商选择时的两个目标为：选择最好的供应商以及评定公平价值。为此，华为建立了完善的供应商选择机制以及公平价值判断的标准流程，以确保采购团队选择最符合华为利益的供应商，同时保证向华为所有供应商提供平等竞争的机会。该流程秉承公平、公开和诚信的原则，通过竞争性评估、招标、价格对比与成本分析的方法进行，并以集中采购控制、供应商选择团队及供应商反馈办公室等机制作为实施的保障。

2. 供应商评价

华为内部采购部门作为供应商管理的主要负责部门，制定了供应商评价的基本原则及具体流程，并且会定期向供应商进行评估结果的反馈。华为供应商的绩效评估主要从技术表现、产品质量、响应能力、交付表现、物料成本及合同条款履行等关键方面进行。绩效评估的目的在于给双方一个双向沟通的开放式有效渠道，促进与供应商良好合作关系的建立。同时，华为也鼓励供应商的反向回馈，站在客户角度对华为进行评价与评估，将双方的评估信息共同运用于业务关系及华为内部运营问题的改善。

华为各个评价指标下的具体评价因素，如表1-1所示。华为对其供应商根据评价体系进行评分与排名。

表1-1 华为供应商评价因素

评价角度	评价指标
技术表现	设计能力、新技术运用、新产品表现、企业技术支持、产品失效时的及时分析与行动改善
产品质量	质量能力、技能指标、服务指标、质量综合信息指标
响应能力	柔性生产、供应商活动可视性、问题早期预警、市场变化快速反馈、关键承诺有效沟通
交付表现	订单履约的可靠性、采购成本的可控性、需求变化的适应性
物料成本	价格竞争性、供应商在成本控制方面的贡献支持、市场价格变化及时通知华为、及时根据市场变化调整交易价格
其他因素	环保因素及社会责任相关评价

3. 供应商认证

华为根据国际电信行业联合审核合作组织及责任商业联盟等行业机构制定了供应商可持续发展协议。华为尽可能地向所有具有合作意向的供应商提供公平、合理的竞争机会。若华为与供应商双方均有合作意向，华为就会向供应商提供调查问卷，并对问卷进行评估，向供应商反馈评估结果。供应商如果符合要求且对合作有兴趣，则进行后续的认证步骤。华为通过与供应商的面对面交流，讨论问卷评估结果，并聆听供应商对问卷评估结果的回复，再通过小规模测试及样品测试，确保供应商可以满足华为的规格及产能要求。最终的认证结果由华为采购部门知会供应商，在新一轮采购需求产生时，通过认证的供应商可作为候选企业进入供应商选择的流程。

华为的供应商选择为其在平等公平前提下，挑选出最好的供应商；华为的供应商评价使其在与供应商建立良好合作的基础上，搭建双向沟通渠道；华为的供应商认证则在认证流程的保障下，进一步筛选优质供应商，改善运营效率。供应商选择、供应商评价、供应商认证三个环节环环相扣，形成了一个稳定的"铁三角"结构，推动华为不断向全球价值链高价值环节攀升。

资料来源：魏旭光，郝晓倩，李悦，等."铁三角"的结构支撑：中美贸易摩擦背景下华为供应链重塑[EB/OL]．（2020-10-14）[2023-05-01]．https://www.cmcc-dut.cn/Cases/Detail/4753.

第一节　物流管理

一、物流与物流管理

物流在我国古代经历了很长时间的发展，最终形成了"现代物流"这一概念。如表1-2所示，我国物流的发展最早可以追溯到先秦时期，到秦王朝时已经建立了一个庞大的、由马车和马路组成的物流网络——"驿道"，配备完善的"驿站""邮亭"等系统，用于运输货物和传递信息。随着中国古代社会的发展，物流网络也在不断完善。到了唐朝，政府开始采用水路运输，同时物流系统延伸到了中亚和东亚，形成了一个横跨整个亚洲的物流网络。这个网络使得古人能够与周边国家进行贸易，并且使得货物能够在整个亚洲范围内快速流通，著名的贸易线路"丝绸之路"就产生于唐朝时期。物流网络在明朝时期继续发展，物流工具也不断改进，除了马车，还开始使用船运和水路运输，同时期民间还出现了传递信件、包裹等的"信局"，是我国私人物流的起源。到了清朝时期，物流系统进一步被完善，同时清政府于1878年在天津建立了中国最早的邮政系统——"大清邮政津局"。在近代，中国物流系统继续发展。20世纪初，中国开始建立公路网络，以改善国内物流状况。随后，中国物流业也迎来了一个新的发展阶段，开始使用更先进的物流工具，并建立了一个更广泛的物流网络，"现代物流"这一概念也逐渐形成并完善。

表1-2　中国物流的发展

时期	物流方式	特点
先秦	陆路运输（驿道）	中国最早的物流系统
唐朝	陆路运输（驿道）	跨境物流运输兴起，开始采用水路运输
明朝	陆路运输（驿道）、水路运输（货船）	物流系统完善，私人物流出现
清朝	陆路运输（驿道）、水路运输（货船）	中国最早的邮政系统成立
近代	完善的公路网络、水路运输及空路运输等	"现代物流"概念逐渐形成

现代物流是指将产品从生产地点运送到消费者手中的整个过程，包括物品的运输、存储、包装、配送等环节。物流涉及物品的流动和信息的流动，以确保产品在合适的时间、合适的地点以合理的成本交付给最终用户。而物流管理是指对物流活动进行规划、组织、实施和控制的过程。它涉及物流网络的设计和优化、运输和仓储资源的管理、订单处理和库存管理等方面。它的直接目标是实现高效的物流运作，以尽可能低的成本为消费者提供优质的服务。物流管理的内容包括：对物流活动诸要素的管理，包括运输、储存等环节的管理；对物流系统诸要素的管理，即对其中人、财、物、设备、方法和信息等六大要素的管理；对物流活动中具体职能的管理，主要包括物流计划、质量、技术、经济等职能的管理。具体来说，物流管理的任务可以概括为七个"right"（适当）：以适当的成本（right cost），在适当的时间（right time）、适当的地点（right place）、适当的条件（right condition）下，将具有良好质量（right quality）的、适合的产品（right product）送到适合的消费者（right customer）手中。"logistics"（物流）这个词所反映的现代物流，正体现了物流系统管理的内涵和实质。

二、物流的分类

根据不同的分类准则，物流活动可以有多种不同的类别。根据运输方式的不同，物流可以分为公路物流、铁路物流、航空物流和水路物流；根据物流范围的不同，物流可以分为国际物流和国内物流；根据物流的职能和环节不同，物流可以分为供应物流、生产物流、销售物流和逆向物流；根据业务模式不同，物流可以分为自营物流、第三方物流和第四方物流。本节主要着眼于物流的不同职能和环节，详细介绍供应物流、生产物流、销售物流和逆向物流。

（一）供应物流

生产企业、流通企业或用户购入原材料、零部件或商品的物流过程称为供应物流，也就是物资生产者、持有者到使用者之间的物流。供应物流与生产系统、搬运系统、财务系统等企业内部及企业外部的资源市场、运输条件等密切相关。《中华人民共和国国家标准：物流术语》（GB/T 18354-2021）中，"供应物流"（supply logistics）的定义是：为生产企业提供原材料、零部件或其他物料时所发生的物流活动。

对于工厂而言，供应物流是指对于生产活动所需要的原材料、燃料、半成品等物资的采购、供应等活动所产生的物流。

对于流通领域而言，供应物流是指交易活动中，从买方角度出发的交易行为中所发生的物流。

对于企业而言，供应物流是指企业生产所需的一切生产资料的采购、进货运输、仓储、库存管理、用料管理和供料运输。

供应物流的基本程序是先取得资源，然后将所需资源合理组织到企业，再根据企业内各部门需要计划组织内部物流。

企业的供应物流有三种组织模式：

（1）委托社会销售企业代理供应物流；

（2）委托第三方物流企业代理供应物流；

（3）企业自供物流。

（二）生产物流

生产物流包括从工厂的原材料购进库起，直到工厂成品库的成品发送出去为止的物流活动的全过程。《中华人民共和国国家标准：物流术语》（GB/T 18354-2021）中，"生产物流"（production logistics）的定义是：企业生产过程中发生的涉及原材料、在制品、半成品、产成品等的物流活动。

生产物流和工厂企业的生产流程同步。企业在生产过程中，原材料、半成品等按照工艺流程在各个加工点之间不停顿地移动、流转，形成了生产物流，如果生产物流中断，则生产过程也将随之停顿。

影响生产物流的主要因素有以下三个。

（1）**生产类型**。生产类型是生产产品的产量、品种和专业化程度在企业技术、组织和经济上的综合反映和表现。同时，生产过程的组织形式及生产管理方法也决定了与之相配的生产物流类型。企业生产的产品产量越大，产品的品种就越少，生产专业化程度越高，而物流过程的稳定性和重复性也就越大；反之，企业生产的产品产量越小，产品的品种就越多，生产专业化程度越低，而物流过程的稳定性和重复性也就越小。

（2）**生产规模**。生产规模是指单位时间内的产品产量，通常以年产量来表示。企业生产规模越大，生产过程的构成就越齐全，物流量就越大；反之，生产规模很小，生产过程的构成就没有条件划分得很细，物流量就很小。

（3）**专业化与协作水平**。社会专业化和协作水平提高，企业内部的生产过程就趋于简化，物流流程缩短。

生产物流主要有以下两类组织形式。

（1）**生产物流的空间组织**。生产物流的空间组织目标是缩短物料在工艺流程中的移动距离。通常有三种专业化组织形式：①工艺专业化。同类生产设备集中在一起，一个车间仅能完成一个工艺阶段（同一工种），经过许多车间才能实现全部生产。②对象专业化，即流水线。把一个重复的过程分解为若干个子过程，每个子过程可以与其他子过程并行。③成组工艺专业化。把尺寸、形状、工艺相似的零件组成一个个零件族，按各种零件族的工艺要求配备相应的工装设备，采用适当的布置形式组织成组工艺，从而达到扩大批量的目的，使得多品种、小批量生产也能获得近似于大批量生产的经济效果。

（2）**生产物流的时间组织**。生产物流的时间组织目的是加快物料流动，减少物料成批等待时间，实现物流的快节奏性、连续性。通常，企业有三种典型的移动组织方式：①顺序移动，按时间先后顺序组织物料的流动。②平行移动，无时间先后，同时组织物料的流动。③平行顺序移动，结合上述两种方式，穿插进行。

（三）销售物流

生产企业或流通企业售出产品或商品的物流过程称为销售物流，也就是指物资的生产者或持有者与用户或消费者之间的物流。销售物流活动主要是为满足客户需要和提高市场营销绩效服务的。《中华人民共和国国家标准：物流术语》（GB/T 18354-2021）中，"销售物流"（distribution logistics）的定义是：企业在销售商品过程中所发生的物流活动。

对于工厂而言，销售物流是指售出产品。对于流通领域而言，销售物流是指在交易活动中从卖方角度出发的交易行为中的物流。对于企业而言，销售物流是可以进行资金的回收并组织再生产的活动。

销售物流主要包括以下环节：产成品包装、产成品储存、订单处理、发送运输和装卸搬运。

销售物流服务主要包括以下三个要素：时间要素、可靠性要素和方便性要素。

（1）**时间要素**：主要是指订货周期时间，即客户确定对某种产品有需求与被满足之间的间隔。它主要受以下几个变量的影响：①订单传送；②订单处理；③备货；④装运。

（2）**可靠性要素**：是指根据客户的要求，将所订的货物安全、准时、无误地送到客户指定的地点。

（3）**方便性要素**：是指销售物流的方法必须灵活。客户对产品包装、运输方式、运输路线、交货时间等的要求各不相同，为了更好地满足客户要求，就必须确认客户的不同要求，为不同客户设计适宜的服务方法。

销售物流有三种组织模式：（1）由生产者企业自己组织销售物流；（2）委托第三方组织销售物流；（3）由购买方上门取货。

（四）逆向物流

逆向物流包括回收物流（return logistics）和废弃物物流（waste logistics）。逆向物流与传统供应链是反向的，是为了恢复价值或合理处置而对原材料、中间库存、最终产品及相关信息从消费地到起始点的有效实际流动所进行的计划、管理和控制过程。

《中华人民共和国国家标准：物流术语》（GB/T 18354-2021）中，"回收物流"的定义是：退货、返修物品和周转使用的包装容器等从需方返回供方或专门处理企业所引发的物流活动。"废弃物物流"的定义是：将经济活动或人民生活中失去原有使用价值的物品，根据实际需要进行收集、分类、加工、包装、搬运、储存等，并分送到专门处理场所的物流活动。

逆向物流作为企业价值链中特殊的一环，与正向物流方向相反，两者总是相伴发生。逆向物流具有以下几个特点。

（1）**分散性**。逆向物流产生的地点、时间、质量和数量是难以预见的。这是由于逆向物流的发生通常与产品的质量或数量的异常有关。

（2）**缓慢性**。逆向物流需要通过不断汇集才能形成较大的流动规模。废旧物资的产生也需要经过加工、改制等环节，甚至只能作为原料回收使用。同时，废旧物资的收集和整理也是一个较复杂的过程。

（3）**多样性**。逆向物流回收的产品或废旧物资的特点是数量少、种类多，因此，逆向物流的处理系统与方式复杂多样。

（4）**混杂性**。不同种类、不同状况的废旧物资常常是混杂在一起的。因此，回收的产品在进入逆向物流系统时往往难以划分产品类型。

逆向物流虽然不能直接给企业带来效益，但其对环境保护和资源可持续利用来说，意义十分重大。一方面，逆向物流处理得好可以增加资源的利用率，降低能源消耗和经济成本，有效减少环境污染，提高经济效益；另一方面，逆向物流如果处理不当，则会造成许多公害。

重视逆向物流是实现经济可持续发展的必然选择，因此，在实现逆向物流的过程中应注意以下几个原则。

（1）**事前防范原则**。对回收的各种物料进行处理会给企业造成许多额外的经济损失，同时会增加供应链的总物流成本，因此，逆向物流的实施过程应坚持"预防为主、防治结合"的原则。

（2）**绿色原则**。应将环境保护的思想观念融入企业物流管理过程中。

（3）**效益原则**。包括经济效益和生态环境效益，两者是对立统一的。经济效益涉及目前和局部的更密切相关的利益，而生态环境效益则关系更宏观和长远的利益。后者是前者的自然基础和物质源泉，而前者是后者的经济表现形式。

（4）**信息化原则**。信息技术的应用可以提高逆向物流系统的效率和效益。

（5）**法制化原则**。市场自发产生的逆向物流活动难免带有盲目性和无序化的特点，需要通过相应的法律法规进行制约。

（6）**社会化原则**。从本质上讲，社会物流的发展是由社会生产的发展带动的，当企业物流管理达到一定水平时，其对社会物流服务就会提出更高的数量和质量要求。

【案例】广泽乳业销售物流业务的流程优化之旅

广泽乳业有限公司（以下简称为"广泽乳业"）创建于2001年9月，位于吉林省长春市，拥有吉林省最大的乳制品生产基地，是国家振兴东北地区老工业基地的重点项目。随着公司稳步发展，客户需求规模不断扩大，订单数量也呈现持续增加态势，但伴随公司一路发展，一些弊病、问题也逐渐显现出来。公司现有的管理水平、信息化技术程度远没有达到适应公司发展和市场竞争的要求，直接导致公司业务效率低下，货损现象频出，客户投诉事件接踵而来，极大增加了公司运营成本。经过调研发现，公司的主要问题在于销售物流业务流程有一定问题。近些年，广泽乳业虽然陆续上线了多个信息化系统，但缺乏系统的深度开发和应用，系统化程度不高，数据共享程度低，这使得公司运作效率低，无法紧跟公司日益发展的脚步。在数字化转型的驱动下，信息化技术应作为流程优化的重要手段。

广泽乳业结合自身的特点，咨询了几位业内值得信赖的专家，最终，该公司决定采用成熟的流程优化方法对其销售物流业务流程进行优化设计。在之后的一次工作会议中，团队决定遵循流程优化的原则，从流程视角出发，采用ESIA法（即eliminate消除、simplify简化、integrate整合和automate自动化），简化业务流程，改进业务处理方法，提高效率。流程优化主要针对业务流程中无效的环节，即根据企业价值链的分析思路，并基于ESIA分析法对广泽乳业销售物流业务流程进行优化方案设计，从产品发货准备、产品出库装车、产品运输送达三个环节分别设计优化方案。

产品发货准备环节的主要问题为销售下单限制不足和系统间断档。销售下单系统中下单规则的缺失使得订单随意增减的现象层出不穷，导致客户需求不准确，订单吨位与发货吨位不匹配，临时加单增多。而临时订单处理需要人工做单，容易出现漏单、错单的情况，发货计划混乱，工作效率较低。解决这些问题，需要开发系统功能，实现数据间共享，逐渐取消人工做单作业，基础数据处理尽量采用系统自动化处理，由此省去很多非必要的工作时间，提高员工工作效率。

产品出库装车环节的主要工作是将订单成品装车并出货，其辅助工作是车辆信息采集、出入厂核对和备货装卸。这个环节主要是物流部的工作，其主要问题在于发运室安排车辆时过于集中，导致装车节奏差，而装车环节手工作业比较多，容易出错，另外，车辆出入厂时，信息采集程序烦琐，耽误了很多时间。要解决这些问题，可以通过优化系统自动化流程，减少司机等待时间，加快装车速度。

产品运输送达环节是整个销售物流的最后一个环节，是使销售业务增值的环节。这个环节主要是司机与经销商的产品交接，司机代表公司职能，负责产品到经销商库房后的监督事宜，因此，必须做好收货签收确认的工作。根据优化思路，首先要解决收货信息资料传输的问题，提高收货准确性，降低风险，应该从经销商系统出发，改线下确认为线上确认。另外，经销商系统应增加订单反馈模块，使公司能够及时收到经销商的反馈信息。

通过实施研究团队的业务流程改进方案，以信息技术应用为主要手段，消除冗余步骤，整合重复操作，简化复杂人工作业，并辅以配套措施，广泽乳业销售物流业务流程的效率大大提高，相关成本也明显下降。

资料来源：刘丹，杨浩. 删芜就简，勇往直前：广泽乳业销售物流业务流程优化之旅［EB/OL］.（2022-02-01）［2023-05-01］. http://www.cmcc-dlut.cn/Cases/Detail/7163.

三、物流的业务模式

企业的物流战略是其总体战略的一个组成部分。为了实现企业的总体战略，规划其物流的业务模式是非常重要的，科学地选择企业的物流业务模式是实现物流战略的关键，恰当的物流业务模式可以帮助企业实现物流战略的三大目标：降低成本、减少资本和改进服务。

企业物流一般可以分为生产阶段的内部物流和采购销售阶段的外部物流。内部物流包括生产过程中的库存控制、机器调度和运作质量控制等；外部物流包括客户服务、运输、库存管理、信息流动和订单处理等。一般的物流概念主要指外部物流，按照企业外部物流的实现形式，可以将它分为企业自营物流、第三方物流、物流联盟和第四方物流等几种模式。

企业自营物流主要是指企业自备仓库、自备车队等，拥有一个自我服务的体系。第三方物流是指企业利用一家外部的物流公司来完成其全部或部分物料管理和产品配送职能。物流联盟是指企业选择少数稳定且有较长时间业务往来的相关企业，与之形成长期互利的、全方位的合作关系，通过彼此之间的优势互补，实现各自的物流目标和战略。第四方物流是指一个物流集成商，通过调集和管理组织自己的以及具有互补性的服务提供商的资源、能力和技术，提供一个综合的物流解决方案，它是在第三方物流和物流联盟基础之上发展而来的一种新的物流模式。

在上述四种物流业务模式中，第三方物流、物流联盟和第四方物流均属于企业的物流外包业务，区别在于外包业务中企业之间的合作程度存在差异。实际上在物流外包过程中，企业之间的合作既可能是一次性买卖关系，也可能是长期的协议关系，还可能是共享系统的战略联盟关系。

（一）企业自营物流

从历史的角度看，企业对物流服务的需求最初是以自我提供的方式得到满足的，自营物流是企业早期物流的重要模式。企业为了提高物流效率和服务水平，需要对物流进行管理，于是在经营过程中，物流管理成为一项重要内容。

在上述内容中我们实际上已经对自营物流的利弊作了一定的分析和说明，这里进一步分析。自营物流实际上是企业物流的纵向一体化行为，企业通过自营物流直接支配物流资产，控制物流职能，保证货物畅通和消费者服务质量，从而有利于保持企业和消费者的长期关系，并有利于企业掌握对消费者的控制力。此外，企业通过自营物流，可以更好地防止企业商业秘密的外泄和扩散。当然，如果物流对于企业至关重要并且企业具有较强的物流管理水平，那么，企业应当选择自营的模式来经营物流。这样一方面可以保证企业对关键资产的控制权，赢得更大的成功机会；另一方面可以充分利用企业的自有资产和物流管理水平优势，实现企业的价值。尽管如此，对于自营物流，企业仍然应该审慎对待，因为自营物流需要大量的资金购买物流设备、建设物流仓库和构建物流网络，这不仅会分散企业的资金，影响核心能力的构建，而且这些资金一般占用率较高并且投资回收期较长。因此，对于缺乏资金的企业，尤其是中小型企业而言，自营物流的投资必然会造成其沉重的财务负担。此外，对于中小型企业而言，由于自身物流需求的有限性，为了谋求规模经济，其需要向市场提供物流服务，这必然给企业带来一定的市场风险。

鉴于自营物流的利弊，企业在进行物流模式决策时，需要权衡利害以作判断，一方面需要考虑资金状况、人才储备和市场风险；另一方面需要考虑企业物流活动的重要程度、渠道和消费者的控制力要求以及商业秘密的保护程度等。只有在综合分析的基础上才能作出科学的决策。总之，自营物流的改造和发展应该根据实际情况区别对待，对于企业自身而言，那些已经成为包袱的物流业务，完全可以外包给专业公司来经营。而那些与自身业务关联性非常强、必须由自己来经营的物流业务，则要考虑如何以先进的物流管理观念、技术、硬件来降低成本，优化流程。

（二）第三方物流

1. 第三方物流的基本含义

20 世纪 90 年代以来，第三方物流作为一个新兴的产业形态，得到了高速的发展，引起企业界和理论界的广泛关注。2018 年，我国第三方物流规模达到 2406 亿美元（约合人民币 15800 亿元），增速为 17.1%，远超 2018 年社会物流总费用 9.8% 的增速。

第三方物流（third party logistics, TPL）的概念源自管理学中的"外包"。外包意指企业动态地配置自身和其他企业的功能和服务，利用外部的资源为企业内部的生产经营服务。外包引入物流管理领域，就产生了第三方物流的概念。对于第三方物流的定义有不同的理解，有美国学者把第三方物流定义为"用外部公司去完成传统上由组织内部完成的物流功能"；也有学者把第三方物流定义为"外协所有或部分公司的物流功能，提供复杂、多功能的物流服务，以长期互益的关系为特征"。《中华人民共和国国家标准：物流术语》（GB/T 18354—2021）中，"第三方物流"的定义是：由独立于供需双方之外且以物流服务为主营业务的组织提供物流服务的模式。

第三方物流与传统的企业物流模式有很大的不同，如图 1-1 所示。

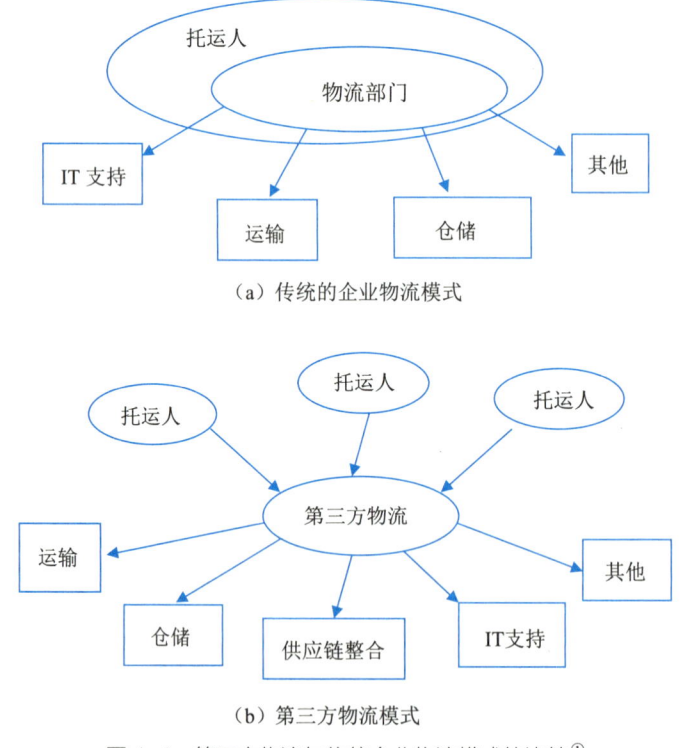

(a) 传统的企业物流模式

(b) 第三方物流模式

图 1-1　第三方物流与传统企业物流模式的比较[1]

---

[1] 资料来源：Jiong S, Regan A C. Industries in Transition: Metrans 2nd Annual Transportation Conference, 2001.

2. 第三方物流的基本特征

（1）**第三方物流是提供多种服务功能的物流活动**。传统的外部协作仅限于一项或一系列分散的物流功能，如运输公司提供运输服务、仓储公司提供仓储服务，而第三方物流一般来说是提供多功能、全方位的物流功能，它注重的是客户物流体系的整体运作效率。

（2）**第三方物流要求建立长期战略合作伙伴关系**。第三方物流不仅是传统意义上的运输，其业务深深触及客户企业的销售计划、库存管理、生产计划等各个环节，远远超过了与客户一般意义上的买卖关系，与之紧密地结合成一体，形成了一种战略合作伙伴关系。

（3）**第三方物流是非常个性化的物流服务**。第三方物流是一种长期的合作关系，第三方物流系统有时甚至成为客户营销战略体系的一部分。因此，第三方物流提供商应尽可能地满足客户的个性化需要，必须完全按照客户的业务流程来定制，以提升客户的竞争力。

（4）**第三方物流企业既是战略投资人，又是风险承担者**。与传统的运输服务相比，第三方物流提供商的利益与客户的利益是一致的，第三方物流服务的利润来源不是运费、仓储费用等直接收入，而是与客户一起在物资领域创造的新价值。换句话说，第三方物流企业追求的不是短期的经济效益，而是以一种投资人的身份为生产经营企业服务的，这是它身为战略同盟者的一个典型特点。

3. 第三方物流的产生原因

随着科学的不断进步和经济的不断发展，全球市场竞争环境发生了巨大的变化，技术进步与需求多样化使得产品寿命周期不断缩短。企业面临缩短交货周期、节约物流成本、提高消费者服务水平的多重压力，所有这些都要求企业将资源集中用于最核心的业务，而将其他活动交给第三方物流供应商。

对欧洲第三方物流发展的研究表明，客户服务需求的增加和运输业利润的减少是发展第三方物流的推动因素。对于制造企业来说，第三方物流可以带来巨大的经济效益，选择第三方物流服务可以极大地节约物流作业成本；可以减少对物流设施的投资，把有限的资源集中在核心业务上；可以通过外包的形式利用第三方物流公司的专业技术，克服内部劳动力效率不高的问题；可以极大地提高服务水平。根据美国田纳西大学的研究结果，使用第三方物流服务可以带来诸多的好处，如表1-3所示。

表1-3 第三方物流的利益调查结果

作业成本降低	服务水平提高	集中核心业务	雇员减少	投资减少	库存下降
62%	62%	56%	50%	48%	10%～30%

推动第三方物流产生的动力主要来源于需求方对高水平服务的需求。不同的企业选择第三方物流的原因各不相同，如图1-2所示，企业决定使用第三方物流服务的最主要因素是降低物流作业的成本。

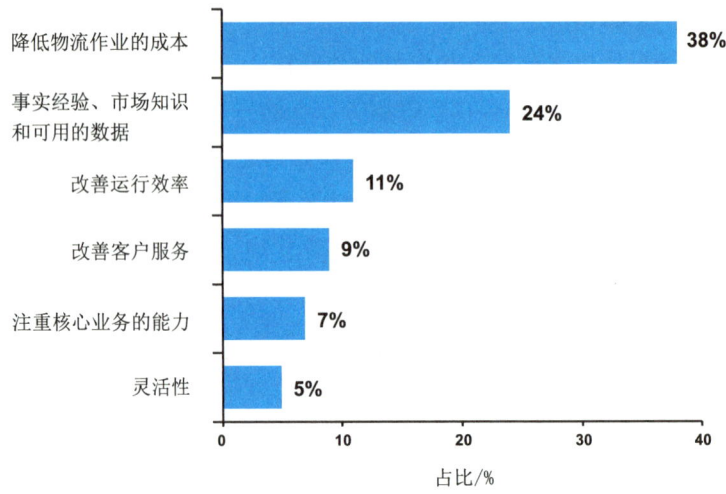

图 1-2　企业决定使用第三方物流服务的因素[①]

4. 第三方物流的类型

从全球范围来看，第三方物流服务商可以根据其核心能力和历史背景分为基于运输服务的、基于仓储/配送服务的、基于货运代理服务的、基于港口/铁路终端服务的、基于信息与系统集成的第三方物流公司。

（1）**基于运输服务的第三方物流公司**。一般由海运、陆运和空运公司等运输部门建立起物流能力，充分利用广泛的运输终端网络提供仓储和转运服务，并在提供运输服务的基础上提供全面的增值服务。典型代表如Ryder物流公司、Schneider物流公司、FedEx物流公司、UPS公司等。

（2）**基于仓储/配送服务的第三方物流公司**。一般是在仓储公司的基础上发展起来的，提供公用或共享的仓储服务，通过与承运商和（或）独立船队的关系提供配送服务，此类公司尤其擅长为食品杂货、零售和消费类产品提供增值服务。典型代表如DSC物流公司、USCO公司、EXEL公司等。

（3）**基于货运代理服务的第三方物流公司**。通常本身并不拥有可用于物流服务的资产，主要侧重货运过程的协调，寻求通过管理实物、财务和海关/管制制度来提供"综合物流服务"的机会，在此基础上提供增值服务。典型代表如AEI公司、Kuehne & Nagle公司、Fritz公司等。

（4）**基于港口/铁路终端服务的第三方物流公司**。主要基于终端运作服务，并将业务延伸至运输和配送，通常为散货、消费类和工业类产品提供仓储、转运、分运以及终端配送服务。典型代表如PSA公司、CWT公司等。

（5）**基于信息与系统集成的第三方物流公司**。原本主要是致力于建立系统的系统集成商，现在开始转向管理信息系统的外包业务，在给客户增加更多价值的同时，也主动提供有关电子商务、物流和供应链管理的工作。随着信息技术和电子商务的发展，此类服务

[①] 资料来源：Lieb R C, Randall H L. A Comparison of the Use of Third Party Logistics Services by Large American Manufacturers[J]. Journal of Business Logistics, 1996, 17(1): 305−320.

业务增长速度很快。典型代表如Transplace公司、Nistevo公司、通用技术集团国际物流有限公司等。

5. 第三方物流的演变

近20年来，随着科学技术尤其是信息技术的发展，第三方物流发生了巨大的变化，由过去简单的契约式物流向集成式供应链管理发展。按照第三方物流服务的广度和深度以及与客户关系的密切程度，第三方物流的演变过程可以分为运输/合同分销阶段、物流外包阶段以及供应链管理的集成阶段等三个阶段。三个阶段的特点和区别如表1-4所示。

表1-4 第三方物流演变过程比较[①]

项目	运输/合同分销阶段	物流外包阶段	供应链管理的集成阶段
服务	简单功能	多功能	多功能集成，增加广度和复杂性
关系	简单的交易关系	长期的协议	战略合作伙伴
涉及的范围	本地/区域性	跨区域	全球化，门到门的区域
竞争趋势	分散	合并/联盟	通过战略联盟使规模变大
核心能力	资产和过程执行	从资产型向信息型转变	以信息和知识为主
买方价值	减少	地域扩张	优化成本及服务

（1）**运输/合同分销阶段**。20世纪70年代末到80年代末为运输/合同分销阶段，此阶段第三方物流服务以简单的契约式为主，服务主要面向本地或局部区域的某一个单项功能，诸如干线运输、仓储、货运代理等。这种模式的特点在于：第三方物流服务一般只具有单项或一系列分散的物流功能，运输公司提供合同运输、合同仓储服务等。这种非一次性合同物流服务往往带有客户的一些附加要求，如临时保管、装卸、配送、交付、收款等。物流提供者与客户之间通过长期合同或非一次性交易实现物流服务，兑现对客户要求的承诺。这种物流服务模式可以涵盖从初级产品（如制糖原料等产品）到高级产品（如电器产品等）的运输、仓储等服务，对所需通用或专用技术、网络组织能力的要求不高。

（2）**物流外包阶段**。从20世纪80年代末到90年代末，严格意义上的第三方物流才开始出现，这种定制服务模式是外部组织通过合同方式向客户企业提供所需带有大量定制特点的系列服务。这种模式的特点是物流业务量大，按客户要求提供定制的个体化服务，在第三方物流服务供需企业之间建立了长期合作合同基础上的战略联盟关系。大量定制服务模式的规模效益比较明显，所以第三方物流服务的客户企业较少，甚至只以一家客户为主就足以维持生存与发展。一般为主要客户服务的时间较长，可长达几年，这一点明显异于早期的契约式物流。

（3）**供应链管理的集成阶段**。从20世纪90年代末开始，第三方物流进入了供应链集成式发展的阶段，这种集成化服务模式充分将互联网或局域网作为电子商务、物流运营与控制的技术平台，采用与客户签订长期合同的方式，提供客户所需的全过程集成的物流服务。此模式强调了基于互联网或局域网平台的电子信息技术支持的面向客户全过程的集成物流服务，如利用电子商务的网上受理物流业务功能，能够实现客户需要的全过程实时

---

① 资料来源：朱农飞.第三方物流发展的趋势.中国家电企业物流管理与技术高级研讨会，2001.

货物跟踪、车辆跟踪服务以及其他可视化物流服务。在此种模式下，第三方物流服务商与客户的关系已经上升到战略伙伴的高度。

6. 我国第三方物流发展的现状与前景

20世纪90年代中期，第三方物流的概念开始传入我国。"十三五"期间，现代物流作为国家重点发展的战略性产业得到了社会各界的广泛关注与支持，第三方物流发展在服务内涵、经营模式、功能建设等方面进一步加快了改革进程，服务链不断延伸、专业化不断加强，我国第三方物流服务的内涵得到进一步延伸和扩展。

截至2021年，我国的第三方物流行业尚处于积累阶段，正从成长期向成熟期逐步过渡。一方面，我国第三方物流企业的综合实力普遍比较落后，高水平物流企业很少。咨询公司Armstrong & Associates的统计数据显示，中国外运股份有限公司是2018年中国唯一一家进入全球第三方物流前50名的企业，以约70亿美元的营业收入排名第八，但其与前三名的营业收入相比仍然差距较大（第一名DHL公司的营收约为276亿美元）。据统计，2019年，发达国家的物流成本已下降到国内生产总值的6.5%左右，而我国尽管近年来物流基础设施不断完善，但物流成本依然占国内生产总值的14.7%左右。此外，我国第三方物流还存在使用比例偏低、服务范围狭窄、服务规模偏小、服务满意度偏低、思想观念滞后等缺点。另一方面，我国第三方物流企业也在向信息化、轻资产、平台整合等方向进行积极探索，形成了公路港模式、IT平台模式、加盟模式、运力池模式、无车承运人模式等运作模式，力求达到资源的有效利用，扩大规模效应。

总体上讲，我国第三方物流仍具有巨大的发展潜力，前景十分美好。首先，许多跨国企业正在将更多的业务转向中国，并通过外包广泛的物流功能来降低供应链成本；其次，中国公司因面临降低成本问题而增加了对物流外包的需求；最后，政府的激励措施也是刺激中国第三方物流市场迅速发展的重要因素。

（三）物流联盟

联盟是介于独立的企业与市场交易关系之间的一种组织形态，是企业间由于自身某些方面发展的需要而形成的相对稳定的、长期的契约关系。物流联盟是以物流为合作基础的企业战略联盟，它是指两个或多个企业之间，为了实现自身物流战略目标，通过各种协议、契约而结成的优势互补、风险共担、利益共享的松散型网络组织。在现代物流中，是否组建物流联盟，作为企业物流战略的决策之一，其重要性是不言而喻的。物流联盟有狭义和广义之分，狭义的物流联盟存在于非物流企业之间，广义的物流联盟涵盖整个物流外包业务，包括第三方物流、狭义的物流联盟和第四方物流。由于前面已经对第三方物流作了较为详细的分析，所以这里仅讨论物流联盟的狭义概念。

1. 物流联盟的产生及优势

（1）**物流联盟产生的原因**

第一，利益是物流联盟产生的最根本原因之一。企业之间拥有共享的利益是物流联盟形成的基础。物流市场及其利润空间是巨大的。2019年9月，美国供应链管理专业协会发布了《第30次美国物流报告》。其中显示，2018年美国企业物流总成本为1.64万亿美元，占国内生产总值的比重为 8.0%。而我国国家发展改革委等部门发布的《2018 年全国物流运行情况通报》显示，2018 年中国社会物流总费用为 13.3 万亿元，占国内生产总值的比重为 14.8%。这反映了我国经济运行中的物流成本依然有相当大的优化空间。生产运输企业通过物流或供应链的方式形成联盟，有利于提高企业的物流效率，实现物流效益的最大化。

第二，通过横向或纵向的结盟，企业可以专注于其核心业务，增强其核心竞争力。因此，企业之间的战略联盟可以实现强强联合，形成所谓的"扩展企业"。在这一组织形式内，每个企业都能发挥各自的优势，从而达到扩展企业内各个企业"共赢"的效果。

第三，中小企业为了提高物流服务水平，通过联盟方式弥补自身能力的不足。近年来，随着人们消费水平的提高，零售业得到了迅猛的发展，这在给物流业带来发展机遇的同时，也带来了新的挑战。因物流发展水平的相对落后，如物流设备和技术落后、资金不足、按行政条块划分物流区域等，很多企业尤其是中小企业不能很快适应新的需求，于是通过联盟的方式来解决这个矛盾。

第四，从交易的过程看，物流联盟的建立有利于联盟伙伴之间在交易过程中减少相关交易费用。物流联盟的建立使得联盟内成员企业的交易对象较为固定，可以节省交易搜寻费用；联盟内成员企业通过彼此提供个性化物流服务而建立起来的相互信任和承诺，可以减少交易过程中的各种违约风险，从而节约交易费用。

第五，互联网技术的广泛应用使跨地区的物流企业联盟成为可能。信息高速公路的建成使得世界距离"大大缩短"，异地物流企业利用网络也可以实现信息资源共享，为联盟提供了有利的条件。

第六，随着我国物流市场的进一步开放，我国物流企业面临前所未有的来自跨国物流公司的竞争压力，具有巨大潜力的中国物流市场成了这些跨国物流公司竞相角逐的"领地"。丹麦的马士基公司全面进军中国的物流业，并在上海建立配送中心便是证明。面对如此强劲的竞争对手，物流企业只有结成联盟，通过各个行业和从事各环节业务的企业之间的联合，实现物流供应链全过程的有机融合，形成一股强大的力量，共进退、同荣辱，才有可能立于不败之地。

（2）物流联盟的优势

第一，大企业可以通过物流联盟迅速开拓全球市场，完成其全球物流配送，从而使其业务在全球范围内开展。许多企业在进军全球市场时会遭遇渠道问题，由于其投资风险较大，所以它往往成为这些企业开拓市场的瓶颈。如果能与具备该市场渠道的公司进行合作并结成联盟，则可以很好地解决这一问题。

第二，长期供应链关系发展为物流联盟形式，有助于降低企业面临的风险。单个企业的力量是有限的，它对一个领域进行探索，如果失败了损失会很大，但如果几个企业联合起来，在不同的领域分头行动，就会减少风险。而且，联盟企业在行动上也有一定的协同性，因此对于突如其来的风险，能够共同分担，这样便减小了各个企业的风险，提高了抵抗风险的能力。

第三，企业（尤其是中小企业）通过与物流服务提供商结成联盟，能有效地降低物流成本（通过联盟整合，可节约成本10%～25%），提高企业竞争能力。

第四，强化运作管理。恰当的企业之间的联盟可以通过降低系统成本和周转次数来改善运作过程，从而使得设备和资源都可以得到更有效的利用。例如，生产季节性互补产品的公司合作，可以更有效地使用仓库和运输车辆。

第五，物流联盟的建立可以增进联盟内企业之间的组织学习，并增强企业各自的技术力量。例如，某供应商需要一种特殊的加强型信息系统来接洽某些消费者，如果与已经具备这种系统经验的企业结成联盟，那么该供应商更容易解决技术难题。

2. 物流联盟的方式

物流联盟的方式可分为以下三种。

（1）**纵向联盟**。即垂直一体化，这种联盟方式是在供应链管理一体化的基础上形成的，从原材料到产品生产、销售、服务形成一条龙的合作关系。纵向联盟在按照最终客户的要求为其提供最大价值的同时，也能够使联盟总利润最大化，但这种联盟一般不太稳固，主要是因为在整个供应链上，不可能每个环节都同时达到利益最大化，因此打击了一些企业的积极性，它们有随时退出联盟的可能。

（2）**横向联盟**。即水平一体化，由处于平行位置的几个企业结成物流联盟。这种联盟能使分散物流获得规模经济和集约化运作，降低物流运营成本，并且能够减少社会重复劳动。但它也有不足之处，如必须有大量的商业企业加盟，并有大量的商品存在，才可发挥它的整合作用和集约化的处理优势。此外，这些商品的配送方式的集成化和标准化也不是一个可以简单解决的问题。

（3）**混合联盟**。既有处于上下游位置的物流企业，也有处于平行位置的物流企业的加入而形成的物流联盟。这种形式的物流联盟除了具有纵向和横向联盟的优势外，一般均会在不同程度上带有上述两种联盟的缺点。

从联盟内的企业角度出发，无论是参加纵向联盟、横向联盟还是混合联盟，均需要慎重思考以下一些主要问题：第一，是否被置于物流管理之外，失去对物流渠道的控制能力；第二，风险是否提高并导致物流失败，从而影响企业经营效益；第三，是否难以衡量共营物流所获得的收益，很难判断联盟是否实现了成本节约；第四，企业核心技术和商业机密是否外泄，这可能影响并削弱企业未来的市场地位。

3. 物流联盟的建立方法

（1）**联盟要给成员带来实实在在的利益**。联盟采取的每一项措施都要考虑每个成员的利益，使联盟的每个成员都是受益者，并能协调处理成员间的摩擦，从而提高客户服务能力并有效地降低物流运营成本。

（2）**合作伙伴必须具有相容的企业文化、共同的战略远见和相互支持的运作理念**。企业文化可以不一致，但战略意图和理念必须是相容的，以保证核心能力和力量是互补的。比如，制造商和服务供应者建立联盟，部分原因是改进仓库运作和提高运输可靠性以及增加联合项目，以支持并加强它们特殊的市场战略竞争优势。

（3）**联盟应该从小规模开始**。这样能够降低联盟面临的风险并较早取得合作经验，以便为今后建立更大规模的联盟做好准备，并树立起对联盟绩效的信心。

（4）**联盟成员的领导层应相对稳定**。如果联盟经常更换领导层，则后一任领导可能不认同前一任领导的决策，导致联盟的不稳定性加大。因此，领导层的相对稳定是联盟长期稳固发展的重要因素。

（5）**应采用双向的绩效衡量方法以及正式和非正式的绩效反馈机制**。为了便于连续的绩效追踪和评定，必须将所定的联盟目标转换成专门的绩效指标，所使用的绩效指标和测量频率应该由联盟各方共同决定，并且应该是双向的。绩效的反馈可以通过正式的或非正式的方式进行，正式的方式主要指年度、季度和月度审计，主要目的在于检查和更新战略目标、追踪和审视战略目标和物流运作绩效；非正式的方式主要指每周和每日的跟踪测试和检查，主要目的在于解决实际物流问题和确认潜在的改进机会。

【案例】Z物流联盟

2018年，湖北省武汉市H市场群总交易额突破1000亿元，稳居全国综合批发市场前三位。Z公司就是一家服务于武汉H市场的大型物流公司，该公司硬件设施齐全，主要业务模块包括整车集货业务以及零担集货业务。

批发市场的货运具有较强的周期性和季节性，而H市场面临物流模式落后、物流能力无法匹配市场需求的困境。该地从事物流经营的公司达500多家，呈现出"小、散、弱"的特点。为解决上述难题，Z公司提出建立物流联盟，开发一套机制来组织多家物流公司进行联合运输，从而聚集需求、共享车辆、共担运输成本，更好地利用每家公司的资源和能力，从而实现优势互补、风险共担，并采用智能的模型及算法进行决策，降低人为因素扰乱联盟正常运作的概率。物流联盟的建立，可以大大减小单个物流企业的覆盖半径，提升整体的物流服务效率。物流联盟还使得H市场的这些中小物流企业以更加强大的姿态冲向全省乃至全国的物流市场。

资料来源：罗晓萌，李建斌，杨帆，等.现代商业模式下Z公司助力传统批发市场物流转型与升级［EB/OL］.（2020-11-13）［2023-05-01］. https://www.cmcc-dut.cn/Cases/Detail/4904.

（四）第四方物流

1. 第四方物流的产生

进入21世纪，第三方物流的概念已广为人们接受并被普遍应用于实际运营中。但随着世界经济一体化进程的加快，物流市场不断扩大，物流活动日趋复杂。企业迫切需要包括电子采购、订单处理、供应链充分的可见性、虚拟库存管理以及必不可少的集成技术在内的一些新兴技术，以提高目前的服务水平。第三方物流在实践中开始暴露一些问题和缺陷，如缺乏对企业物流系统的决策规划，缺乏对整个物流系统及供应链进行整合规划所需的技术战略知识，无法有效解决电子商务环境下的物流瓶颈等。因此，第四方物流（4th party logistics, 4PL）应运而生。这种物流模式由具有领导力量的物流提供商主导，通过其影响整个供应链的能力，为客户评估、设计、制定和运作全面的供应链解决方案，使快捷、高质量、低成本的物流服务成为可能。

第四方物流是美国埃森哲咨询公司于1998年率先提出的，专门为第一方、第二方和第三方提供物流规划与咨询、物流信息系统、供应链管理等服务。它是一个供应链集成商，能调集和管理组织自己的以及具有互补性的服务提供商的资源、能力和技术，以提供一个综合的供应链解决方案，从而为客户带来更大的价值。显然，第四方物流是在解决企业物流问题的基础上，整合社会资源，以实现物流信息充分共享、社会物流资源充分利用的物流方案提供商。第四方并不实际承担具体的物流运作活动。

2. 第四方物流的特点

第四方物流不仅控制和管理特定的物流服务，而且对整个物流过程提出策划方案，并通过电子商务将这个过程集成起来，以便为客户提供最佳的增值服务，即迅速、高效、低成本和人性化服务等。具体来说，它具有以下几个特点。

（1）**第四方物流为客户提供了一个综合的供应链解决方案，并且集成了管理咨询和第三方物流服务提供商的能力**。它通过供应链再建、功能转化和业务流程再造，将客户与供应商的信息和技术系统一体化，使整个供应链规划和业务流程能够有效地贯彻实施。

（2）**第四方物流通过影响整个供应链来获得价值，因而能够为整条供应链上的客户带来利益**。由于第四方物流关注的是整条供应链，而非仓储或运输单方面的效益，所以通过基于整个供应链之上的物流规划和设计，可以有效地降低物流运营成本，提高各方（如第三方物流、网络工程、电子商务、运输企业及客户等）的资产利用率，实现多方共赢。

（3）**第四方物流可以实现供应链过程协作和供应链方案的再设计**。第四方物流最高层次的目标就是实现对原供应链方案的再设计，要达到这一目标，需要第四方物流来协调供应链过程的各个环节以及各方利益，供应链方案的再设计就是基于传统的供应链管理咨询技巧，使得公司的业务策略和供应链策略协调一致。

3. 第四方物流的工作方式

与第三方物流不同，第四方物流由第四方物流服务提供商发挥自身的特色，为客户提供物流系统的规划决策，因此，企业可以将自己的物流规划工作外包给第四方物流服务提供商，而进一步专注于自身的核心技术，如图1-3所示。按照安盛咨询公司的设计和说明，第四方物流的工作方式主要包括正向协作、解决方案整合和行业革新。

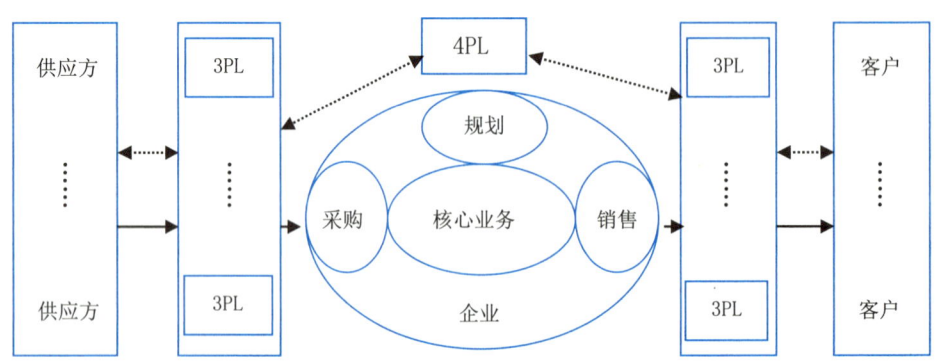

注：图中3PL和4PL分别指第三方物流和第四方物流。

图1-3 第四方物流分包企业的物流规划能力

如图 1-4（a）所示，在正向协作工作方式中，第四方物流和第三方物流通过合作对物流系统的解决方案进行规划与整合。这样的解决方案利用了双方的能力和市场，第四方物流可以为第三方物流服务商提供广泛的服务，包括技术、供应链战略技巧、进入市场的能力和项目管理专家等。第四方物流将在第三方物流内部工作，它们之间的关系由合同确定或者以联盟的形式加以构建。

如图 1-4（b）所示，在解决方案整合工作方式中，第四方物流为一个客户管理和运作综合供应链解决方案，解决方案将整合第四方物流和补充服务提供者的资源、能力、技术，并且第四方物流需要对多个补充服务提供者的能力进行整合，从而提供一个综合的供应链解决方案，该方案实现了客户供应链各个组成部分的价值传递。

如图 1-4（c）所示，在行业革新工作方式中，第四方物流为同一行业中的多个客户发展和执行一套聚焦于同步化和合作的供应链解决方案，行业解决方案的形成将为各方带来极大的收益。但是，这种工作方式十分复杂，对任何一个组织包括第四方物流来说，都是一种挑战。

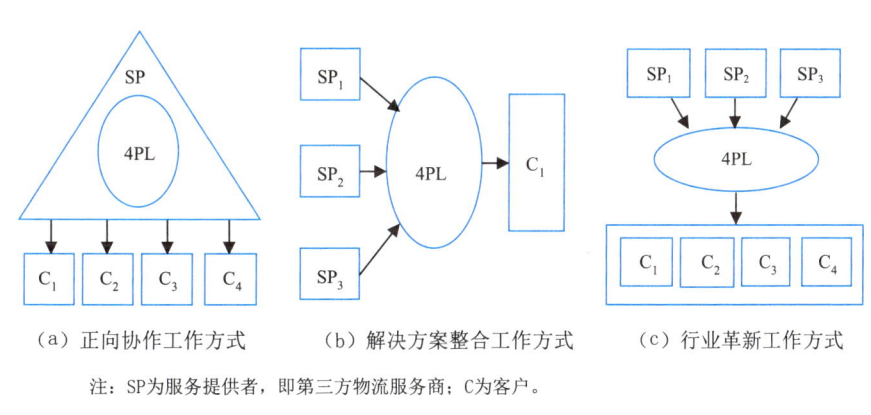

（a）正向协作工作方式　　（b）解决方案整合工作方式　　（c）行业革新工作方式

注：SP为服务提供者，即第三方物流服务商；C为客户。

图 1-4　第四方物流工作方式

四、物流管理的目标

在外延更广泛的企业目标下，企业物流管理者在追求其职能部门目标的同时，推动企业向整体目标迈进。企业物流管理的目标可以从财务和实际运作两个角度讨论。从财务角度而言，企业物流管理的目标是通过发展物流活动组合能力使企业在长期内得到尽可能高的投资回报。这一目标往往体现在物流系统设计对收入的影响及设计成本两个方面。假设物流活动水平对企业收入的影响已知，那么可以得到一个具有可操作性的物流财务目标，即在长期内，使年收入（由所提供的客户服务水平决定）减去物流系统运营成本与物流系统年均投资之比最大。如果资金的时间价值很高，那么该目标可以更确切地表述为：使现金流的现值最大化或使内部报酬率最大化。保证企业生存的最重要的单项目标是使企业长期内累计投资回报最大化。

而从实际运作的角度讲，物流被看成企业与其供应商和客户相联系的能力。一个企业的物流，其目的在于帮助企业以最低的总成本创造客户价值。物流管理的目标主要包括快速反应、最小变异、最低库存、整合运输、产品质量以及生命周期支持等。

快速反应关系到企业及时满足客户的服务需求。信息技术提高了在尽可能短的时间内完成物流作业，并尽快交付所需存货的能力。快速反应的能力把物流作业的重点从根据预测和对存货储备的预期，转移到从装运到装运方式对客户需求做出迅速反应上来。

最小变异就是尽可能地控制任何会破坏物流系统表现的、意想不到的事件。这些事件包括客户收到订货的时间被延迟、制造中发生意想不到的损坏、货物交付到不正确的地点等。传统解决变异的方法是建立安全储备存货或使用高成本的溢价运输。信息技术的使用使积极的物流控制成为可能。

最低库存的目标是减少资产负担和提高相关的周转速度。存货的高周转率意味着分布在存货上的资金得到了有效的利用。因此，保持最低库存就是要把存货减少到与客户服务目标相一致的最低水平。

运输成本是最重要的物流成本之一。一般来说，运输规模越大及需要运输的距离越长，每单位的运输成本就越低。这就需要有创新的规划，把小批量的装运聚集成大批量的整合运输。

由于物流作业必须在任何时间、跨越广阔的地域来进行，对产品质量的要求被强化，所以绝大多数物流作业是在监督者的视野之外进行的。不正确的装运或运输中的损坏导致重做客户订货所花的费用远比第一次就正确地履行订单所花费的费用多。因此，物流是全面质量管理不断改善的重要组成部分。

某些对产品生命周期有严格需求的行业，回收已流向客户的超值存货将构成物流作业成本的重要部分。如果不仔细审视逆向的物流需求，就无法制定良好的物流策略。因而，产品生命周期支持也是物流管理的重要目标之一。

第二节 供应链管理

一、供应链的概念

供应链是将原材料加工为成品并送到用户手中这一过程所涉及的合作企业和部门所组成的网络。从拓扑结构来看，它是一个网络，是由各种实体构成的网络。网络上流动着物流、资金流和信息流。这些实体包括一些子公司、制造厂、仓库、外部供应商、运输公司、配送中心、零售商和用户。该网络的中心是供应链的核心企业，它的服务对象是产品或服务的最终用户，它包含速度、柔性、质量、成本和服务等五个主要评价指标。

一个完整的供应链始于原材料的供应商，止于最终客户，如图1-5所示。一般情况下，物流从供应商向客户流动，而资金流则向相反方向流动。退货、回收等活动则形成了由客户向生产商流动的逆向物流。同样，在赊购等特殊的情况下，供应链中也会产生逆向的资金流。信息的流动在供应链中是双向的：需求信息自下而上流动，而供应信息则自上而下流动。订单是从用户向供应商流动的，而订单接收通知、货运通知和发票则是以相反方向流动的。

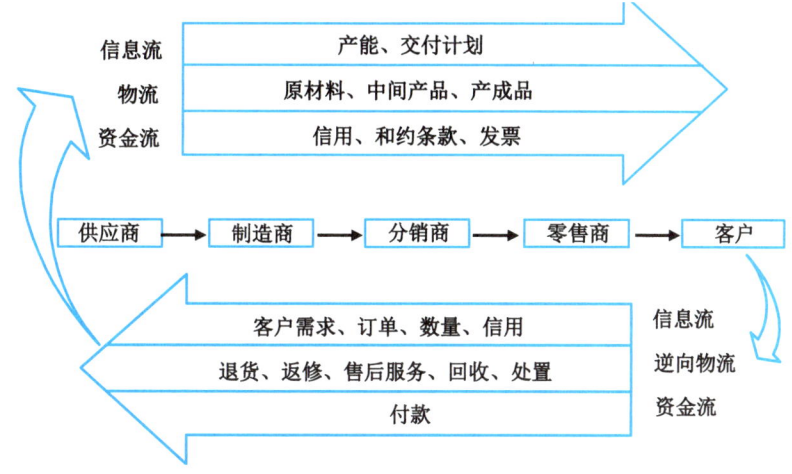

图 1-5 供应链中的物流、资金流和信息流

供应链是社会化大生产的产物，是重要的流通组织形式和市场营销方式。随着卖方市场向买方市场的转变，消费者的地位由被动转为主动，这就对供应链的实现目标提出了更高的要求。供应链的实现把供应商、生产厂家、分销商、零售商所组成的链路上的所有环节都联系起来，并进行优化，使生产资料以最快的速度，通过生产、销售环节变成价值增值的产品，送到消费者手中。明智的公司力图采用增加整个供应链为消费者提供的价值、减少整个供应链成本的方法，来增强竞争的实力。全球范围内真正的商务竞争不是公司与公司的竞争，而是供应链与供应链的竞争。

二、供应链管理的概念与发展历程

（一）何为供应链管理

在一个典型的供应链里，首先需要购买原材料，在一个或多个工厂生产产品，然后运到仓库临时存储，最后运送给零售商或客户。因此，为了减少成本并提高服务水平，有效的供应链战略应该考虑供应链中不同层次上各个环节的交互作用。供应链由供应商、制造企业、仓库、配送中心和零售网点组成，原料、在制品和成品在这些组织或设施之间流动。

戴维·辛奇-利维（David Simchi-Levi）等人将供应链管理定义为：用于有效集成供应商、制造商、仓库和销售商的一系列方法，通过这些方法，生产出来的产品以恰当的数量，在恰当的时间，被送往恰当的地点，从而实现在满足服务水平的同时系统成本的最小化。

这一定义主要包含以下几层含义。

（1）凡是对成本有影响并在满足消费者需求过程中起作用的环节，都在供应链管理考虑之列：从供应商和制造商开始，经过仓库和配送中心，直到分销商和零售商。

（2）供应链管理的目标对象是整个系统的效率和效益。

（3）供应链管理围绕供应商、制造商、仓库和分销渠道的有效集成展开，因此，供应链管理涵盖企业的战略层和运作层，包含所有层次的活动。

根据物流作业的不同特点，供应链管理的具体内容包括采购与供应管理、生产作业管理、分销与需求管理、仓储与库存管理、运输与配送管理、第三方物流管理、协同管理等。

建立和运行供应链，必须依靠供应链管理。供应链管理是一种集成的管理思想和方法，它履行供应链中从供应商到最终用户的物流的计划和控制等职能。供应链管理是通过前馈的信息流和反馈的物流及信息流，将供应商、制造商、分销商、零售商，直到最终客户连成一个整体的管理模式。供应链管理的效果问题则是整个系统在受到内外各种因素的制约下的一个多目标优化，这些目标可以是前面提到的五个评价指标，也可以是根据实际情况增加的其他指标。当然，由于各种企业联盟的性质不同，其目标选择及其权重会有很大差别。供应链管理涉及的具体功能包括订单处理、原材料存储、生产计划安排、库存设计、货物运输和售后服务等。

供应链管理不是供应商管理的别称，也不是物料管理的延伸。它是一种新的管理策略，把不同企业集成起来以提高整个供应链的效率，注重企业之间的合作，强调低库存甚至零库存，以系统工程的方法来统筹整个供应链，并最终依据整个供应链进行战略决策。供应链管理强调核心企业与合适企业建立战略合作关系，委托这些企业完成一部分业务工作，自己则集中精力和各种资源，通过重新设计业务流程，做好本企业能创造特殊价值、比竞争对手更擅长的关键性业务工作。这样不仅大大提高了本企业的竞争能力，而且使供应链上的其他企业都能受益。

传统供应链管理的重点放在管理库存上，作为平衡有限的生产能力和适应用户需求变化的缓冲手段（它通过各种协调手段，寻求把产品迅速、可靠地送到用户手中所需要的费用与生产、库存管理费用之间的平衡点，从而确定最佳的库存投资额。其主要的工作任务是管理库存和运输）；现代的供应链管理则把供应链上的各个企业作为不可分割的整体，使供应链上各企业分担的采购、生产、分销和销售职能成为一个协调发展的有机体。

（二）供应链管理的发展历程

多少年来，企业出于管理和控制上的目的，对为其提供原材料、半成品或零部件的其他企业一直采取投资自建、投资控股或兼并的"纵向一体化"（vertical integration）管理模式，即核心企业与其他企业是一种所有权关系。脱胎于计划经济体制下的中国企业更是如此，"大而全"的思维方式至今仍占据一定位置。在高科技迅速发展、市场竞争日益激烈、消费者需求不断变化的今天，"纵向一体化"管理模式已逐渐显示其无法快速敏捷地响应市场机会的薄弱之处。显然，采用"纵向一体化"管理模式的企业，要想对其他配套企业拥有管理权，要么自己投资，要么出资控股，无论采取哪一种方式，都要承受过重的投资负担和过长的建设周期所带来的风险。由于核心企业什么都想管住，因此不得不从事自己并不擅长的业务活动。许多管理人员往往将宝贵的精力、时间和资源花在辅助性职能部门的管理工作上，而无暇顾及关键性业务的管理工作。实际上，每项业务活动都想自己干，势必要面临每一个领域的竞争对手，反而易使企业陷入困境。

鉴于"纵向一体化"管理模式的种种弊端，从20世纪80年代后期开始，越来越多的企业放弃了这种经营模式，随之而来的是"横向一体化"（horizontal integration）思想的兴起，即利用企业外部资源快速响应市场需求，本企业只抓住核心业务。"横向一体化"形成了一条供应商—制造商—分销商—零售商的贯穿所有企业的"链"，以达到快速响应市场需求的目的。

全球制造链及由此产生的供应链管理是"横向一体化"管理思想的一个典型代表。任何一个企业都不可能在所有业务上成为世界上最杰出的企业，只有优势互补，才能共同增强竞争实力。随着"横向一体化"管理思想的产生及发展，企业管理模式也发生了相应的变化，如表1-5所示。

表1-5 供应链管理模式演化

20世纪80年代		20世纪90年代	2000年以后
制造资源计划	准时制	精益生产和精益供应	供应链管理
推动式系统； 物料订货以可分配需求为基础； 消除安全库存和周转库存； 依赖于相关订货计划和可靠的预测； 通过变动对供应商需求实现柔性	拉动式系统； 来自最终用户的固定需求量； 生产能力与需求匹配； 固定的生产协作单位； 柔性的制造系统； 相似产品范围很小； 经济生产，批量很小	消除浪费； 库存和在制品占用最小； 成本在供应链上透明； 多技能员工； 减少工件排队； 调整、转换时间很短； 多品种、小批量生产； 每一个阶段连续改进	快速反应； 供应具有柔性； 顾客化定制生产； 与最终需求同步生产； 受控的供应链过程； 全面应用电子商务

企业为什么需要进行供应链管理呢？主要原因在于，现代管理面临重大转变，指导企业的传统原则及组织结构受到挑战，市场对于更高水平服务和质量的需求不断增加。这些压力构成了对组织的强制性要求：变得更加敏捷，成为反应迅速的组织。进而，企业的生产制造系统不断向柔性化、敏捷化与一体化方向发展，从制造资源计划（manufacturing resource planning，MRP-Ⅱ）、准时制，到精益生产（lean production，LP）和精益供应（lean supply，LS），再到如今的供应链管理，相应的组织结构与管理方式也不断发生变化。

基于供应链的整合管理已经成为企业未来获取市场竞争力的关键，如图1-6所示。企业通过供应链将企业所有价值活动有机整合到一起，在形成一个动态开放的一体化生产经营运作系统的同时，培育了具有价值的、稀缺的，同时又是难以被模仿和被替代的资源整合配置能力。这种能力正是企业产生持续竞争优势的核心。

供应链管理在企业经营运作中的地位随着企业经营模式的演进而逐步得到确定。1960—1975年是典型的"推式"时代，企业从原材料推到成品，一直推至客户端。1976—1990年，企业开始注意集成自身的内部资源，企业的运营规则也从"推式"转变为以客户需求为原动力的"拉式"。进入20世纪90年代，工业化的普及使生产率和产品质量不再成为核心竞争因素，供应链管理逐渐受到重视。

供应链管理的早期研究主要集中在供应链的组成、多级库存、供应链的财务方面，主要解决供应链的操作效率问题。近年来的研究主要把供应链管理看作一种战略性的管理体系。研究扩展到了所有加盟企业的长期合作关系，特别是集中在合作制造和建立战略伙伴关系方面，而不仅是供应链的连接问题，其范围已经超越了供应链出现初期的那种短期的、基于某些业务活动的经济关系，更偏重长期计划的研究。

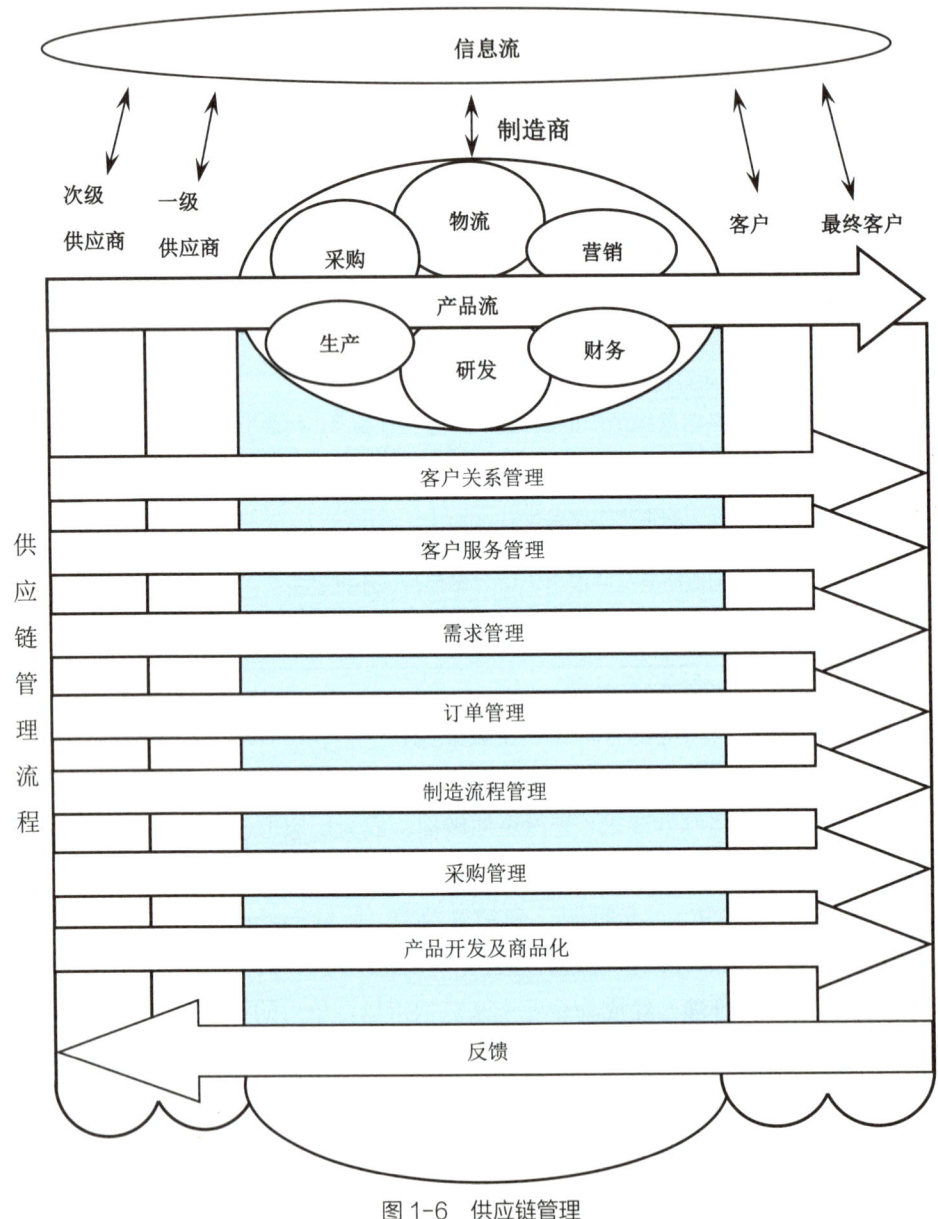

图 1-6　供应链管理

资料来源：Lambert D M, Cooper M C, Pagh J D. Supply Chain Management: Implementation Issues and Research Opportunities [J]. The International Journal of Logistics Management, 1998, 9 (2): 1-20.

三、供应链管理与传统管理模式的区别

供应链管理作为一种新型的管理模式，与传统的管理模式有着明显的区别，主要体现在以下五个方面。

（1）**涉及对象**。传统的管理模式仅仅局限于一个企业内部采购、生产、销售等部门的管理，它以一个企业的资源为主，所考虑的都是本企业制造资源的安排问题。供应链管理则涵盖从供应商到最终用户的采购、生产、分销、零售等职能领域过程。它更注重利用整个供应链的资源，以达成整个供应链的降本增效。

（2）**管理目标**。在传统的管理模式下，各企业的目标是自身利益最大化，很少考虑其他企业和最终用户的利益和要求。而在供应链管理模式下，遵循的原则是个体利益服从集体利益。供应链中所有参与者的首要目标是整个供应链的总成本最小、效益最高，都以使最终消费者满意为己任，这是所有参与者制定决策的首要标准，也只有在满足上述目标的前提下，参与者才可以去追求自身利益的最大化。

（3）**企业间的地位**。在传统的管理模式下，通常是一个实力雄厚的企业（可能是生产制造企业，也可能是大型零售企业）处于支配性地位，而其他企业则处于从属地位，它们的生产、采购、销售等决策的制定都是被动的。因此，它们与支配企业的地位是不平等的。而在供应链管理模式下，供应链中所有参与者提倡地位平等。虽然通常也存在核心企业，但它更多的是企业间的合作与互助，而非支配与被支配，如表1-6所示。在供应链管理中，所有参与者共同建设和维护供应链的成长和发展。因此，供应链中所有参与者都是积极主动地参与供应链的建设管理。

（4）**企业间的竞争与合作**。在传统管理模式下，企业都是独立运作，更多体现为竞争关系。在供应链管理模式下，供应链中各节点企业之间强调合作与协调，提倡建立战略伙伴关系，变过去企业之间的敌对关系为紧密合作的伙伴关系。这种新型关系主要体现在共同解决问题、共同制定决策和信息共享等方面。共同解决问题，如供应商、消费者参与产品设计、质量改进、成本降低等。共同制定决策，如生产计划、采购计划、库存策略、价格策略等。而信息共享则意味着有关库存水平、长期计划、进度计划、设计调整等关键数据在供应链中保持透明。

表1-6 传统供应商关系与供应链合作关系的比较

指标	传统供应商关系	供应链合作关系
相互交换的主体	物料（或产品）	物料（或产品）、服务
供应商选择标准	强调价格	多标准并行考虑（交货的质量和可靠性等）
稳定性	变化频繁	长期、稳定、紧密合作
合同性质	单一	开放合同（长期）
供应批量	小	大
供应商数量	大量	少（少而精，可以长期紧密合作）
供应商规模	小	大
供应商的定位	当地	境内和境外
信息交流	信息专有	信息共享（电子化连接、共享各种信息）

续表

指标	传统供应商关系	供应链合作关系
技术支持	不提供	不提供
质量控制	输入检查控制	质量保证（供应商对产品质量负全部责任）
选择范围	投标评估	广泛评估可增值的供应链

（5）**管理思想**。供应链管理不是孤立地看待各个企业及各个部门，而是考虑所有相关的内外联系体——供应商、制造商、分销商等，把整个供应链看成一个有机联系的整体。这种供应链节点企业的连接不是节点企业、技术方法等资源的简单相加，而是采用集成的思想和方法，达成供应链节点企业的真正融合，实现整个供应链资源的充分利用。

四、供应链管理的发展趋势

传统供应链管理研究问题，如供应链建模和优化、机制设计、信息共享、上下游企业协同等的研究已比较成熟。伴随产业的不断转型升级以及层出不穷的技术创新和服务创新，供应链研究延伸到了更多的前沿方向，内涵更加丰富，技术手段也在不停更迭。

（一）可持续供应链管理

随着经济发展和产业结构转型升级，新的环境法规、劳工标准、能源成本以及政府和消费者需求带来的竞争压力，使得可持续供应链管理领域得到了越来越广泛的关注。根据斯蒂芬·苏瑞（Stefan Seuring）和莫伊林·缪勒（Meurin Müller）的定义，可持续供应链管理是指综合考量经济、环境、社会三个方面的可持续发展目标，对物流、信息流、资金流和与供应链上其他企业的合作进行管理。在这里，经济效益是维持企业可持续性的基础；环境效益则是指企业要尽量减少生产、物流过程对环境造成的损害，对废弃产品进行回收再利用，减少资源过度利用，保护生态环境；社会效益是指供应链的发展要满足人的需求，关注员工权益，强调上下游企业共同发展，重视公益活动，践行企业社会责任；三者一起构成了约翰·埃尔金顿（John Elkington）于1997年提出的可持续供应链的三重底线（triple bottom line），即TBL理论。

与逆向物流、闭环供应链等领域不同的是，后者已经有比较成熟的定量模型研究，而可持续供应链管理主要还集中在理论或概念性的研究上，采用的研究方法通常是案例研究、问卷调查等，仅有少量研究采用了运筹相关的模型进行定量分析，包括均衡分析、多目标优化和层次分析等。同时，已有文献对环境因素的考量也远远多于社会因素，未来的可持续供应链管理在这些方向上有巨大的研究空间。

（二）数据驱动的供应链管理

在信息技术高度普及的"互联网+"时代，供应链上的企业在日常的决策和运营管理中沉淀了海量数据。这对企业来说既是财富也是挑战：如何利用这些数据提升供应链效率，从中获取最大的收益？这就要求企业有能力做好大数据商业分析，并与其他供应链优化方法结合起来，形成最终决策。

大数据商业分析在企业的战略计划和运营计划阶段都扮演着至关重要的角色。在战略计划阶段，它可以辅助决策者做出外包、供应链网络设计、产品开发等决策；在运营计划阶段，它使得需求计划、采购计划、生产、库存、物流等决策更加灵活智能。总体来说，供应链与物流领域的大数据分析可以分为以下三类。

（1）**描述性分析：**通常运用在标准化阶段或联机分析处理（online analysis processing, OLAP）等技术需要时，主要是为了发现当前流程中的问题和机会。

（2）**预测性分析：**运用包括数学算法和规划在内的技术，发现数据中具有解释力的模式，是为了准确预测未来趋势并提供原因。主要技术包括数据挖掘、文本挖掘及预测方法等。

（3）**指导性分析：**运用数据和数学算法评估不同决策，这些决策问题通常规模很大且复杂，从而达到提高企业绩效的目的。主要技术有多目标优化、仿真等。

【案例】娃哈哈集团的数据驱动转型之路

娃哈哈虽然线下有非常庞大的经销体系，其优势也体现在线下的配送体系，但是两者都没有实现数字化管理。所以娃哈哈的数字化转型，是线下配送服务的数字化，是要建立数据驱动的供应链体系，将与娃哈哈有业务联系的所有批发商、经销商、终端小店都纳入这个数字化网络中，而绝对不能破坏线下的供应链，这一点也是其与淘宝、天猫、京东等电商平台巨头最大的区别。当消费者在线上下单后，通过数据的分析匹配，可以找到离消费者最近的经销商或终端小店，以最快的速度、最低的成本将商品送到消费者手中。因此娃哈哈数据驱动供应链网络体系的建设过程，主要有以下四个方面。

1. **让所有的渠道商加入供应链网络**

娃哈哈从2018年开始就一直在做这件事情。首先，让娃哈哈所有的经销商、批发商和终端小店进入这个数字化的供应链网络中，由此才能看到实时的数据。娃哈哈的产品推广也是通过这个数字网络向经销商铺货。入网对娃哈哈和经销商是双赢的。入网后，终端也是由经销商去发展，终端挂在哪个经销商下面，就完全由这个经销商去管理和发货，并且有利益分成，这样经销商和终端小店之间就从原来的弱关系转为强关系。其次，经销商也可以看到网络中的销售实时状况，并分析网络中的数据，这对于经销商提高铺货的效率以及拓宽管理渠道都大有裨益。比如，经销商加入这个系统，娃哈哈集团就会根据客户订单的情况给经销商分配，一方面可以大大缩短配送的时间，另一方面也是给经销商增加收入，因为经销商本身也是经营者，他们对本地市场更加熟悉，提供给终端客户的服务会更有品质。再次，入网前，娃哈哈集团对经销商的销售情况不甚清楚，对终端小店的管理较为乏力；入网后，公司可以非常精准地了解所有的市场推广活动的效果、给经销商的折扣以及促销政策等。

2. **大数据赋能供应链管理**

娃哈哈对数据驱动供应链网络体系的管理主要包括两个维度：对人的管理和对产品的管理。娃哈哈全国直管的销售人员有7000人，是直接通过这个数字系统进行管理的。另外，娃哈哈全国的经销商、批发商的销售人员有3万到5万人，他们虽然不在这个系统里面，但是也享受到商品销售的提成，铺货有奖励，这些人虽然不是娃哈哈直接管理的，但是也在为娃哈哈的产品流通服务。数字系统不仅加强了对人员的管理，更重要的是有助于精确了解供应链上各个环节的价格情况、政策和各项制度的执行情况。

3. 大数据赋能终端画像

国家市场监督管理总局统计的个体工商户有650万个，这些个体工商户也就是终端小店。平均200个人左右有一家。而目前娃哈哈在系统中能够定位到的终端小店约有150万家，与娃哈哈有合作关系并且入网的有1万家左右。所以这个市场是非常庞大的。娃哈哈集团则通过消费者参与产品互动的开瓶扫码、购买、关注内容等行为路径，对数据进行统计分析，从中发现用户的消费习惯，刻画精准的用户画像，从而为新品的开发维护和终端的铺货提供更精确的策略支持。

4. 经销商转型为经营商+配送商

大数据不仅改变了企业获取市场信息的方式，也改变了企业的价值创造过程，甚至还改变了消费者的生活方式与习惯。因此，有效利用互联网平台和数据是娃哈哈进行数字化变革的关键。娃哈哈的传统渠道优势依然非常强大，但是互联网也有其优势，因此娃哈哈的数字化转型，并不是要去经销商化，而是要线上线下融合发展，拓展更多的销售渠道。线上平台的建立是对传统实体门店的重要补充，线上平台扩充了个体消费者以"箱"为单位的小批量批发，线下以"瓶"为单位进行零售，线下的销售也可以反哺线上平台的销售。同时娃哈哈依托多年经营的庞大经销网络，联合经销商一起进行数字化转型，让经销商成为商品的经营商和配送商。不仅经销商、批发商、终端小店入网，还充分激发每一家终端小店的能力。他们既是经营商，又是配送商。当消费者下单后，后台系统可以迅速匹配到离消费者最近的终端小店，以最快的速度把商品送到消费者手中。这个网络平台运作成熟后，还可以帮助其他的快销品配送。

资料来源：邬爱其. "效率王" 娃哈哈的组织体制[J]. 经理人, 2020(1): 52-55.

第三节　物流管理与供应链管理的联系与区别

从物流管理和供应链管理的定义可知，供应链管理涵盖了企业经营中从原料起点至消费者终端的所有商业环节。虽然普遍认为供应链管理是随着物流管理的发展而提出和逐步完善的，但是发展至今，物流管理已经成为供应链管理的一部分。因此，它们之间有着许多共同之处。例如，它们都是由供应商、制造商、分销商以及零售商组成，都是以先进的电子信息技术为自我实现的前提、基础和保证，都是跨企业、跨部门甚至是跨国境的，等等。它们之间也存在着许多不同之处，主要表现为以下几点。

（1）供应链管理是把供应链上的各个企业作为一个不可分割的整体，使供应链上各企业分担的采购、生产、分销和销售职能成为一个协调发展的有机体。因此，供应链管理不是节点企业、技术方法等资源的简单连接，而是集成的思想和方法。

（2）**供应链管理是对物流整个流程从源头到终点的整体管理**。除了企业内部与企业之间的运输和实物分销之外，供应链管理还包括：①战略性供应商和用户合作伙伴的关系管理；②产品需求预测和计划；③供应链的设计（全球节点企业、资源、设备等的评价、选择和定位）；④企业内部与企业之间物料供应与需求管理；⑤基于供应链管理的产品设计与制造管理、生产集成化计划、跟踪和控制；⑥企业间资金流管理（汇率、成本）；⑦基于供应链的用户服务与物流管理（如运输、库存、包装等）；⑧基于互联网/内联网的供应链交互信息管理等。由此可见，供应链管理不但涵盖了现代物流管理的全部内容，而且从更高的层次上来解决物流管理问题。

（3）**供应链管理强调的是把主要精力放在企业的关键业务（核心竞争能力）上，充分发挥其优势**。同时，与全球范围内的合适企业建立战略合作关系，把企业的非核心业务交给合作企业来完成。而现代物流管理强调的是从原材料到成品的销售，再到包装物等废弃物品的回收以及退货所产生的物流活动的有效性。

（4）**供应链管理是基于战略伙伴关系的企业模型**。因此，它可以利用信息共享（透明性）、服务支持（协作性）、并行工程（同步性）、群体决策（集智性）、柔性与敏捷性等先进的技术和手段来进行企业的流程再造。而现代物流管理是基于物流关系的企业合作关系。虽然它已经从传统的以生产为中心的企业关系模式向物流关系模式转化，也运用了准时制（just in time，JIT）和全面质量管理（total quality management，TQM）等先进的管理思想，强调部门间、企业间的合作与沟通，但是它却无法从根本上进行制造企业内部的流程再造。

（5）**供应链管理不仅具有自己的合作机制、决策机制、激励机制和自律机制，还有自己的理论模型、设计原则以及绩效评价指标体系**。因此，它是比现代物流所涉及的范围更广、层次更高、更加完善的管理模式。

（6）**目标不一致**。供应链管理的目标是通过管理库存和合作关系，实现对客户的快速反应和整个供应链上的最低交易成本。而现代物流管理的主要任务则是库存和运输。

本章要点

1.现代物流管理是将物料或商品在空间与时间位移过程中发生的信息、运输、库存、搬运以及包装等物流活动综合起来的一种新型的集成式管理。它的任务是以尽可能低的成本为消费者提供最好的服务。物流管理的内容包括：对物流活动诸要素的管理，对物流系统诸要素的管理以及对物流活动中具体职能的管理。

2.供应链是指由原材料加工为成品并送到用户手中这一过程中涉及的合作企业和部门所组成的网络。供应链管理是一种集成的管理思想和方法，是通过前馈的信息流和反馈的物料流及信息流，将供应商、制造商、分销商、零售商，直到最终用户连成一个整体的管理体系。

3.供应链管理模式由制造资源计划、准时制、精细生产和精细供应逐步演化发展而来，至今各个领域的技术都在供应链管理中得到广泛运用。例如，离散事件仿真、面向对象的量化分析方法、虚拟仿真环境、代理技术、决策支持、专家系统、信息技术、互联网、准时制、全面质量管理、运筹工程、生产工程、工业工程、并行工程、系统工程等。

4. 供应链管理中应用的是一种虚拟化策略，在供应链中，相邻节点企业表现出一种需求与供应的关系，彼此都有部分功能的虚化，相互依赖，共享资源，使企业具有高度的弹性和灵活性，快速适应环境变化，企业间以核心能力连接，优势互补，实现资源整合和共同获利，同时也有利于企业分散风险，涉足新的经营领域，实行多元化经营。

5. 企业物流管理的目标可以从财务和实际运作两个角度讨论。从财务角度而言，企业物流管理的目标是通过发展物流活动组合能力，使企业在长期内得到尽可能高的投资回报。从企业实际运作的角度讲，物流被看成企业与其供应商和客户相联系的能力。

6. 供应链管理的目标，是通过贸易伙伴间的密切合作，以最小的成本和费用提供最大的价值和最好的服务。企业供应链管理的目标可以分为短期与长期两个方面：短期目标为提高产能、减少库存、降低成本及缩短产品销售循环所需时间；而其长期目标主要为提高消费者满意度、市场占有率以及公司收益。

7. 供应链管理实施操作中普遍遵循的七项基本原则：（1）根据客户所需的服务特性来划分客户群；（2）根据客户需求和企业可获利情况设计企业的物流网络；（3）监听市场信号并相应地调整整个供应链的需求计划；（4）采取时间延迟策略；（5）与供应商建立双赢的合作策略；（6）在整个供应链领域建立信息系统；（7）制定整个供应链的衡量标准，建立整个供应链的绩效考核准则。

思考题

1. 物流主要分为哪几个类别？
2. 物流的业务模式有哪几类？有什么区别？
3. 物流管理与供应链管理的基本概念是什么？
4. 简述供应链管理与传统管理模式的区别。
5. 简述现代物流与供应链管理的发展历程。
6. 物流管理与供应链管理的目标分别是什么？
7. 实施供应链管理应遵循哪些基本原则？
8. 供应链管理未来有何发展趋势？
9. 物流管理与供应链管理有何区别与联系？

物流篇

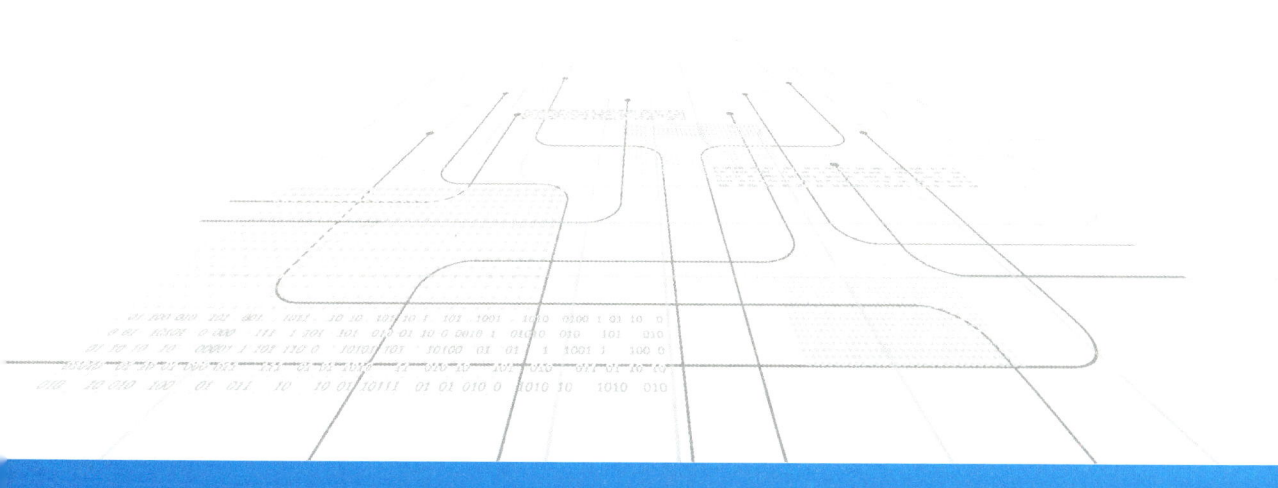

物流与供应链管理
Logistics and Supply Chain Management

第二章
物流系统控制

本章数字资源

通过本章学习，你需要：
1. 掌握物流系统的基本概念；
2. 理解物流系统控制的基本概念；
3. 了解物流的主要业务环节；
4. 了解物流控制手段的类型；
5. 理解物流系统的成本构成与控制策略；
6. 了解物流系统质量指标、管理理念和策略；
7. 了解物流系统价格管理的相关问题；
8. 理解物流系统中的库存管理策略；
9. 了解物流系统运输管理的相关问题；
10. 了解如何评价物流运作的绩效。

【开篇案例】一汽大众佛山工厂的智慧物流系统

一汽大众佛山工厂的智慧物流系统主要集成了移动机器人控制系统（简称RCS）、仓储管理系统（简称iWMS）、一汽大众的生产信息和控制系统（简称FIS）以及物流总控平台（简称PLP）。

PLP通过Web Service接口，将零件包装信息、零件主数据、超市入库单据等入库相关数据下达至iWMS，运维人员使用iWMS通过REST协议将具体的作业任务传送给RCS，RCS再向机器人下达搬运动作指令。iWMS可实时给上层业务系统反馈执行结果，保证信息的可视化追踪。

FIS控制工厂所有的车辆生产排程，它根据生产计划，将生产每辆汽车所需的零件清单统计后下发给生产和物流系统。生产和物流系统据此安排产线资源和物流资源，从而保证生产全过程信息的一致性以及生产信息跟踪的及时性，PLP同时也会下发一份生产计划给iWMS，iWMS同样据此生成超市的零件拣选出库计划，保证超市零件能按时拣选出库并精准送至产线各个工位。

RCS负责可控制范围内的全部机器人的任务分配、调度及运行维护。RCS可建立机器人的"世界模型",将厂区、仓储地图转换成机器人能够识别的模型数据,从而实现任务的最优分配、路径的最优规划,使系统发挥最佳的工作效能。另外,RCS可以监控移动机器人的运行状态,当机器人出现故障时,系统将会自动生成信息,并发送预警通知至运维人员处,同时给出相应的处理意见,真正做到智能运维、实时反馈。

FIS、PLP、iWMS和RCS组成了整套智慧物流系统,多系统协同联动,实现数据互通。智慧物流系统的架设,可以为一汽大众佛山工厂生产基地的生产管理流程持续提供重组和优化的数据支撑,为企业提高生产管理水平打下坚实基础,使生产管理更加信息化、自动化、数字化和科学化,有利于实现建立"智能工厂"的目标。

资料来源:喜崇彬. 一汽大众佛山工厂的智慧物流系统[J]. 物流技术与应用,2020,25(10):108-112.

第一节 物流系统概述

一、物流系统的基本概念

物流系统是指在一定的时间和空间里,由所需位移的物料、包装设备、装卸搬运机械、输送工具、仓储设施、相关人员以及通信联系等若干相互制约的动态要素构成的具有特定功能的有机整体。物流系统的目的是实现物资的空间效益和时间效益,在保证社会再生产顺利进行的前提条件下,实现各种物流环节的合理衔接,并取得最佳的经济效益。

物流系统具体要实现5S目标:(1)服务品质(service quality):无缺货、无损伤和丢失现象,且费用便宜;(2)迅速交货(speed delivery):按用户指定的时间和地点迅速送达;(3)节约空间(space saving):发展立体设施和有关的物流机械,以充分利用空间和面积,缓解城市土地紧缺的问题;(4)规模适当(scale optimization):物流网点的优化布局,合理的物流设施规模、自动化和机械化程度;(5)库存控制(stock control):合理的库存策略,合理控制库存量。

物流系统是社会经济大系统的一个子系统或组成部分。同时,根据运行环节,其自身又可以划分为物资的包装、装卸、运输、储存、流通加工、回收复用、情报以及管理等诸多子系统。这些子系统共同构成了物流系统。并且,物流各子系统又可分为下一层次的系统,如运输系统又可以进一步细分为水运系统、空运系统、陆路运输系统及管道运输系统等。物流子系统的组成不是一成不变的,它由物流管理目标和管理分工自成体系组成。因此,物流子系统不仅具有多层次性,而且具有多目标性。

随着计算机科学和自动化技术的发展，物流管理系统也从简单的方式迅速向自动化管理演变，其主要标志是自动化物流设备，如自动导引车（automated guided vehicle，AGV）、自动存储/提取系统（automated storage/retrieve system，AS/RS）、空中单轨自动车（SKY-rail automated vehicle，SKY-RAV）、堆垛机（stacker crane）等，以及物流计算机管理与控制系统的出现。发展至今，物流管理系统已成为典型的将现代机械与电子信息相结合的产物。现代物流系统由半自动化、自动化以及具有一定智能的物流设备、计算机物流管理和控制系统组成。任何一种物流设备都必须接受物流系统计算机的管理控制，接受计算机发出的指令，完成其规定的动作，反馈动作执行的情况或当前所处的状况。智能程度较高的物流设备具有一定的自主性，能更好地识别路径和环境，本身带有一定的数据处理功能。

二、物流的主要业务环节

物流活动基于作业功能可分为基本活动和支援活动，基本活动包括运输、储存、包装、装卸搬运等，支援活动则有流通加工和物流信息活动，它们共同构成了物流的业务环节。物流过程中的流转环节以及环节之间的逻辑关系，如图2-1所示。

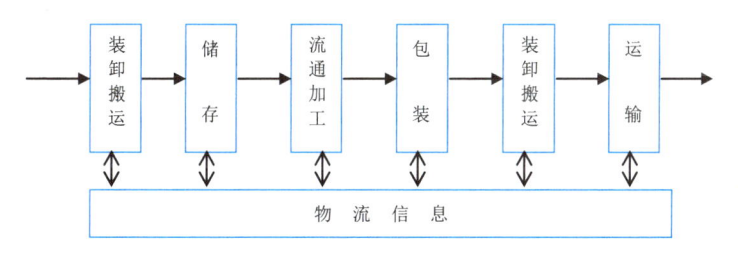

图2-1 物流环节的逻辑关系

（一）运输环节

运输是物流各环节中最主要的，是物流的关键。运输的任务是对物品进行较长距离的空间移动。物流部门通过运输解决商品在生产地点和需求地点之间的距离问题，从而创造其空间效益，实现其使用价值。没有运输连接生产和消费，生产就失去了意义。

运输方式分为铁路运输、公路运输、水路运输、航空运输等，而运输方式的选择是运输合理化的重要内容。运输的安全性、准确性、经济性、时效性是选择的标准。因此，在选择运输方式时要综合考虑运输品的种类、运输量、运输距离、运输速度和运输费用。

在运输品的种类方面，物品的形状、单件重量体积、危险性、变质性等是制约性因素，如鲜活易腐品适宜采用公路、航空运输。在运输量方面，一般一次性运量大的运输品应尽可能选用铁路运输和水路运输。运输距离的长短与货物到达的目的地有关，陆上的长距离运输一般用铁路，中短途运输一般用公路。运输时间方面则必须满足交货期的要求。运输成本或运输费用与运输量和运输距离有关，运输方式的成本与运输量、运输距离的关系如图2-2和图2-3所示。此外，运输品本身的价格也关系到承担运费的能力。

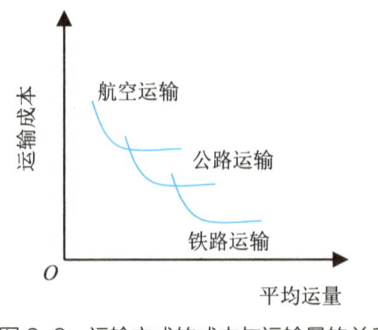

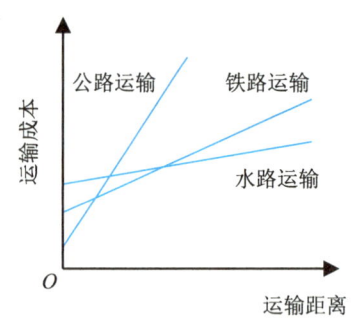

图 2-2　运输方式的成本与运输量的关系　　图 2-3　运输方式的成本与运输距离的关系

（二）储存环节

储存是物资离开生产过程但尚未进入消费过程这一间隔时间内的物资保管，以及对其数量和质量进行管理控制的活动，包括对物资进行检验、整理、加工、集散等。它为物资提供场所价值和时间效益，在物流系统中起着缓冲、调节和平衡的作用，对调节生产、消费之间的矛盾，促进商品生产和物流发展都有十分重要的意义。

商品储存过程包括四个步骤：接收、存放、拣取和配送，如图 2-4 所示。

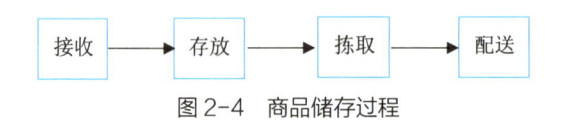

图 2-4　商品储存过程

商品储存规划内容主要包括四个方面：(1) 分配储存场所；(2) 布置储存场所；(3) 设计堆垛；(4) 建立储存秩序。

物流的储存环节需要遵循储存合理化的原则。

(1) **分类储存原则**。按照物品的价值高低和数量多少进行分类储存，解决各类物品的结构关系、储存量等问题。

(2) **高层堆码原则**。物品应尽可能向高处码放，有效利用库内容积。

(3) **先入先出原则**。尤其对易变质、易破损、易腐败的物品，更应实行先入先出原则。

(4) **周转最快原则**。加快周转速度，增加仓库吞吐能力，减少货损，降低仓储成本。

(5) **适度集中储存原则**。根据储存点与用户之间的距离选择集中储存或分散的小规模储存。

(6) **储存定位原则**。采用有效的储存定位系统可以迅速查找货物位置，提高上货和取货速度。

（三）包装环节

包装是物流的起点和必要的中间环节。产品或材料在装卸运输前都要加以某种程度的包装捆扎或装入适当的容器，以保证其完好地进入物流过程的下一环节或运送到消费者手中。包装的作用是保护物品，使其形状、性能、品质在物流过程中不受损坏；同时，包装还具有将物品集合为数量单位的方便功能,便于其在以后的保管、装卸和运输环节中的处理;最后,包装使物品醒目、美观,有促进销售的功能。

按不同的形态,包装可分为单个包装、内包装和外包装。

(1)**单个包装**。又称小包装,是最直接的包装,通常与物品形成一体,在销售中直接送达用户。其目的是提高商品的价值或保护物品,属于商业性包装。

(2)**内包装**。是包装货物的内部包装,其中含多个物品或单个包装,目的是防止水、湿气、光热和冲击对物品造成破坏,属于保护性包装。

(3)**外包装**。是包装货物的最外层包装,即将物品放入箱、袋、罐中,并做标识和印记,以便保管、装卸和运输。外包装起到保护和方便移动的功能,属于运输包装。

此外,按材料包装还可分为纸质包装、塑料包装、金属包装、木制包装、玻璃与陶瓷包装等。

物流在包装环节需要遵循包装合理化的原则。

(1)**包装简洁化**。在强度、寿命、成本相同的条件下,应采用更轻、更薄、更短、更小的包装。

(2)**包装标准化**。标准化的包装规格、单纯化的包装形状和种类有助于整体物流效率的优化。

(3)**包装机械化**。为提高作业效率和包装现代化水平,各种包装机械的开发和应用十分重要。

(4)**包装单位大型化**。随着交易单位的大量化和物流过程中的装卸机械化,包装单位的大型化趋势在增强。

(5)**包装资源节省化**。应加大包装物的再利用程度,减少过度包装,开发和推广新型包装方式,以减少包装材料的使用。

(四)装卸搬运环节

装卸搬运是物流各环节中出现频率最高的一项活动,是在同一地域范围内改变物品的存放状态和空间位置的活动。它伴随着运输和储存而产生,并连接相关物流环节作业。装卸搬运效率对物流整体效率影响很大,同时,装卸搬运作业内容复杂,耗费人力成本。因此,装卸搬运活动的合理化对于物流整体的合理化至关重要。

装卸搬运作业主要可分为堆拆作业、分拣配货作业和搬运移送作业。

(1)**堆拆作业**。堆拆作业又可分为堆装、拆装作业和堆垛、拆垛作业两类。堆装作业是把物品移动到运输设备或储存设备的指定地点,并按要求的形态码放的作业;拆装作业则相反。堆垛作业主要是指储存设备中高度在2米以上的堆码作业;拆垛作业则相反。

(2)**分拣配货作业**。分拣作业是在堆装、堆垛作业前后或配货作业前把物品按品种、出入单位类别、运送方向等进行分类,并放到指定地点的作业;配货作业则是在指定位置将物品按品种、下一步作业种类及发货对象进行分类的作业。

(3)**搬运移送作业**。搬运作业是指为了上述作业而进行的物品移动作业,包括水平、垂直、斜向搬运；移送作业则是设备使用、距离、成本等方面在移动作业中占比较高的物品移动作业。

物流在装卸搬运环节需要遵循装卸搬运作业合理化的原则。

（1）**降低装卸搬运次数原则**。可通过合理安排作业流程、采用合理作业方式、仓库内合理设计与布局将装卸搬运次数限制在最小范围内。

（2）**移动距离最小原则**。可在货位布局、运输设备停放位置、出入库作业程序等设计上加以充分考虑。

（3）**提高装卸搬运灵活性原则**。物品码放的状态要有利于下次搬运，在堆装、堆垛时要考虑便于拆装、拆垛，在入库时要考虑便于出库等。

（4）**合理运用机械原则**。将人与机械合理组合，发挥各自的长处，提高作业效率。

（5）**利用重力原则**。应减少反复从地面搬起重物，并借助物品本身的重力实现物品的移动，如运用具有一定倾斜度的滑辊、滑槽等。

（6）**集装单元化原则**。将零散物品归整为同一格式的集装单元。

（7）**保持物流顺畅原则**。物品处理量不宜出现过大的波动。

（五）流通加工环节

流通加工是物流过程中不可缺少的一个环节。它是流通过程中辅助性的加工活动。流通和加工的概念本属不同范畴，加工是改变物资的形状或性质，流通则是改变物资的空间与时间状态。流通加工是为了弥补生产过程中的加工不足，以便更有效地满足用户或本企业的需要，而在流通过程中完成的一些加工活动，这时流通加工就是物流过程的一个组成部分。流通加工是生产加工在流通领域中的延续，也是流通领域在职能方面的扩充，如图2-5所示。流通加工多发生在储存环节前后，它可以完善运输、装卸等活动对象的使用价值，增加其附加值，满足用户多样化的需求，同时也可以提升物流活动本身的价值。

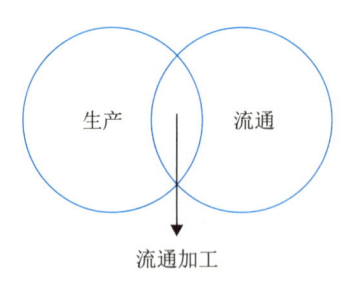

图2-5 流通加工的定位

按照加工的目的和作用，流通加工可分为以下四种类型。

（1）**运输便捷型**。如分体运输的产品在销售地的组装，使得运输方便经济，并将组装环节移至流通领域。

（2）**产品保存型**。是指为使产品的使用价值得到妥善保存，延长产品在生产与使用之间的时间间隔而进行的加工，包括生活消费品的流通加工和生产资料的流通加工。如水产品的冷冻加工、给金属材料涂防锈油等。

（3）**种类多样型**。其目的在于通过加工使产品品种、规格、质量适应用户需求，解决产需分离问题。

（4）**综合利用型**。在流通中将货物分解，对其进行分类处理。

（六）物流信息环节

物流信息是连接物流过程中其他各环节的纽带，它是物流活动顺利进行的保障和物流活动取得高效益的前提。物流信息包含的内容和对应的功能有狭义和广义的理解。狭义的物流信息是与物流活动（运输、储存、装卸、包装、流通加工等）有关的信息，在物流活动的管理决策中需要详细准确的物流信息的支持。广义的物流信息还包括与其他流通活动有关的信息，如商品交易信息和市场信息等。在现代经营管理活动中，物流信息、商品交易信息和市场信息之间联系紧密，不断交叉融合。

三、物流系统的模式

物流系统和一般系统一样，具有输入、转换及输出三大功能。物流系统和环境相依存，通过输入和输出实现与社会环境的交换。

（一）物流系统的要素

物流系统和一般的管理系统一样，都是由人、财、物、信息及组织与管理等要素组成的有机整体。

（1）**人是物流的主要因素，是物流系统的主体**。人是保证物流得以顺利进行和提高物流管理水平最关键的因素之一。物流系统的计划、控制、实施都是由人做出的，提高人的素质，发挥人的主观能动性，是建立一个合理化的物流系统并保证其高效运行的根本。

（2）**财是物流系统中不可缺少的资金要素**。物流是以货币为媒介实现交换的过程，因此，物流过程也是资金运动过程。这种资金运动同时贯穿于物流服务过程。现代社会物流系统建设也是资本投入的一大领域。物流系统的实现离不开资金要素。

（3）**物是物流系统中的基础要素**。物流系统的物，既包括各种物流实体，又包括物流系统中的各种设施、装备和工具。物流实体主要指物流劳动对象，如原材料、成品、半成品、能源等物资。物流设施、装备和工具包括物流站、货场、物流中心、物流线路、建筑、公路、铁路、港口以及各种加工、运输、装卸的机械设备和维护保养工具等。这些都是物流系统中物的要素。物是组织物流系统运行的基础条件，没有物，物流系统便成了无根之木。

（4）**信息是物流系统的决策要素**。物流系统的一切活动都依赖于信息，对信息的采集、分析和处理为物流系统决策提供了依据。离开了信息，物流这部"机器"就会停止运转。

（5）**组织与管理是物流系统的支持要素**。组织与管理是物流系统的"软件"，起着连接、调运、运筹、协调、指挥各方面的作用。组织与管理以物流系统的体制、制度、标准为支撑条件，来保证物流环节协调运行，从而保证物流系统的实现。

(二)物流系统的基本模式

以上要素对物流发生的作用和影响,构成了对物流系统的"输入"。物流系统所拥有的各种手段和特定功能,在外部输入要素的作用下,对输入进行必要的转化活动,使系统产生满足外部环境要求的"输出"。物流系统要素的相互关系构成物流系统的基本模式,如图2-6所示。

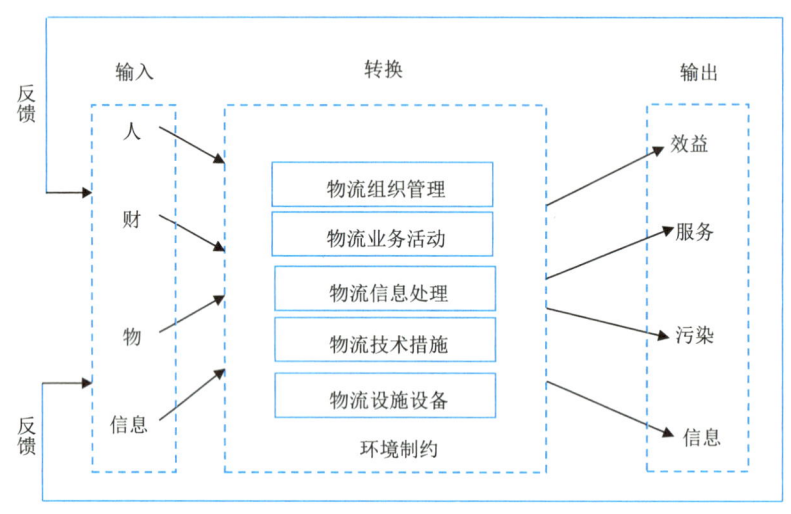

图2-6 物流系统的基本模式

(1) **输入**。它是通过提供人、财、物和信息等手段对某一系统发生作用,统称为外部环境对物流系统的输入。

(2) **处理(转换)**。它是指物流本身的转化过程。从输入到输出之间所进行的生产、供应、销售、服务等活动中的物流业务活动称为物流系统的处理或转换。具体内容有:物流设施设备的建设;物流业务活动,如运输、储存、包装、装卸、搬运等;信息处理、技术措施及组织管理工作。

(3) **输出**。物流系统通过其本身所具有的各种手段和功能,对环境的输入进行各种处理后所提供的物流服务称为系统的输出。具体内容有:效益、服务、污染和信息。

(4) **限制(制约)**。外部环境对物流系统施加一定的约束称为外部环境对物流系统的限制(制约)。具体内容有:资源条件,能源限制,资金与生产能力的限制;价格影响,需求变化;仓库容量;装卸与运输的能力;政策的变化等。

(5) **反馈**。物流系统在把输入转化为输出的过程中,受系统各种因素的限制,不能按原计划实现,需要把输出结果返回给输入,进行调整;即使能按原计划实现,也要返回信息,以对工作作出评价,这称为信息反馈。具体内容有:各种物流活动分析报告、各种统计数据报告、典型调查、市场信息与有关动态等。

在物流系统中,输入、输出及转换活动往往是在不同的领域或不同的子系统中进行的。即使是在物流大系统中,系统的目的往往也不同。因此,物流系统的输入、输出、处理(转换)、限制(制约)、反馈等功能,根据物流系统的性质,具体内容有所不同。

四、物流系统的特征

物流系统结构分析的是物流系统内各实体因素、各环节之间的联结状况。要更深入认识物流系统，就必须进一步分析物流系统的特征。通常来说，物流系统具有以下特征。

（一）目的指向性

物流系统是为了解决生产空间和消费空间之间的矛盾，这是物流系统区别于其他经济系统的目标特征。物流过程虽然和其他经济系统一样需要输入人、财、物和信息资源，但经过调控、运转、消耗输出的不是有形的另一特质的物资产品，而是无形的劳动服务，且这种服务的内容、要求、方式是用户事先规定了的，即约定在先，服务在后。目标功能的特殊性，意味着评价物流效益应把用户的满意度作为首要标准。相应地，物流管理的重点在于严格的目的指向性。

（二）时空序列性

物流是由众多立体型的子系统连接而成的具有时空序列性的总系统。运输、装卸搬运、包装、储存、流通加工、配送等环节都是由流体、载体、组织者及路线信息这些实体要素结合成的具有特定功能的立体子系统，这些立体子系统又按照不同的具体需求联结成先后有序的总系统，如图2-7所示。这一特征要求物流管理要特别强化空间布局和时间序列观念。

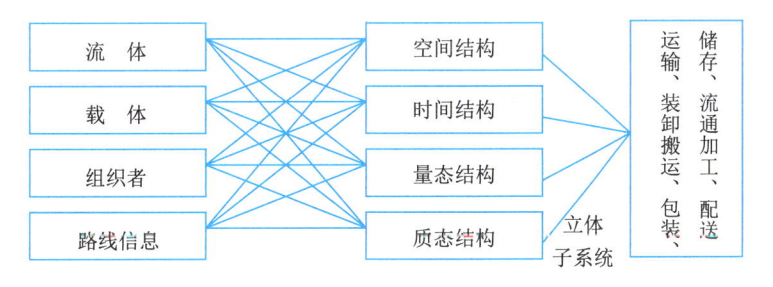

图2-7 物流系统的结构状态

（三）开放动态性

物流系统不仅内部结构复杂，而且和外部环境也有着广泛的联系。一般的物流系统总是联结多个生产企业和用户，随着需求、供应、渠道、价格的变化，系统内的要素及系统的运行经常发生变化。因此，国民经济的发展状况、社会物资的生产与需求状况、科学技术的水平、生产力的布局、商流及企业间的合作关系，都随时随地地影响着物流。物流受到社会生产和社会需求的广泛制约。物流系统是具有满足社会需要、适应环境能力的开放动态系统。为适应经常变化的社会环境，物流系统需要具有足够的灵活性与可变性，不断地根据外部环境的变化调整自己的要素组合和结构，通过自我调控实现从无序向新的有序的转换，以求和外部环境相适应。在较大的社会变化的情况下，物流系统甚至需要重新进行系统的设计。

（四）人—机复合性

物流系统是由人和形成劳动手段的设备、工具所组成的。它表现为物流劳动者运用运输设备、装卸搬运机械、仓库、港口、车站等设施，作用于物资的一系列生产活动。在这一系列的物流活动中，人是系统的主体。因此，在研究物流系统的各个方面问题时，应该把人和物有机地结合起来，作为不可分割的整体加以考察和分析，而且要始终把如何发挥人的主观能动作用放在首位。

（五）大跨度性

物流系统是大跨度系统，具体表现在两个方面：一是地域跨度大，二是时间跨度大。在现代经济社会中，物流经常会跨越不同地域。通常采取储存的方式解决产需之间的时间矛盾，这样时间跨度往往也很大。大跨度系统带来的主要问题是管理难度较大，对信息的依赖程度较高。

（六）可分离性

物流系统无论其规模多么庞大，都可以分解成若干个相互联系的子系统。这些子系统的数量和层次，是随着人们对物流的认识和研究的深入而不断扩充的。系统与子系统之间、子系统与子系统之间，存在着时间和空间上及资源利用方面的联系；也存在总的目标、总的费用以及总的运行结果等方面的相互联系。

（七）复杂性

物流系统的运行对象——"物"，涉及全部社会物资资源，资源的大量化和多样化带来了物流的复杂性。物流占用大量的流动资金，参与物流的人员及物资资源数量庞大，物资供应经营网点遍及世界各地。这些人力、物力、财力资源的组织和合理利用是一个非常复杂的问题。同时，大量的物流信息始终贯穿在物流活动的全过程中。物流系统要通过这些信息把各个子系统有机地联系起来。如何把信息收集全面、处理好，并使之指导物流活动，亦是非常复杂的事情。物流系统的边界是广阔的，其范围横跨生产、流通和消费三大领域，给物流组织系统带来了很大的困难。而且随着科学技术的进步、生产的发展、物流技术的提高，物流系统的边界范围还将不断地向内深化、向外扩张。

（八）多目标函数性

物流系统的总目标是实现宏观和微观的经济效益。但是，系统要素间有着非常强的"背反"现象，常被称为"交替损益"或"效益背反"现象，在处理时稍有不慎就会出现系统总体恶化的结果。通常，对物流数量，人们希望最大；对物流时间，人们希望最短；对服务质量，人们希望最好；对物流成本，人们希望最低。显然，要满足上述所有要求是很难办到的。所有这些相互矛盾的问题，在物流系统中广泛存在，而物流系统又恰恰要求在充斥着这些矛盾的场景中运行。要使物流系统在诸方面满足人们的要求，需要建立物流多目标函数，并在多目标中求得物流的最佳效果。

五、物流系统的研究技术

物流系统综合了物流学和系统科学，它是系统的基本理论和方法在物流领域中的应用。对物流系统的研究，要综合运用各学科的基本理论和方法，形成一个新的科学技术体系，主要技术内容如下。

（一）系统仿真技术

系统仿真技术是利用系统模型在仿真的环境和条件下，对系统进行研究、分析和试验的方法。物流系统活动范围非常广，各子系统功能相互交叉，互为因果，复杂的物流系统设计很难做试验，而物流系统的仿真技术可以研究真实系统的现象或过程，设计出使物流费用最小的物流网络系统。

（二）系统最优化技术

系统优化问题是系统设计的重要内容。所谓优化，就是在一定的约束条件下，求出使目标函数为最大（或最小）的解。物流系统是一个多参数多目标的复杂系统，物流系统参数多是可变参数，且相互制约，互为条件。系统最优化就是在参数发生变化时，根据系统的目标，有效地确定可变参数的值，使系统经常处于最优状态。

系统最优化主要通过建立数学模型来处理系统问题，如物资调运的最短路径、最大流量、最小输送费用（或最小物流费用）及物流网点合理选择、库存优化策略等模型。常用的物流系统优化的方法有数学规划法、动态规划法、探索法、分割法等。

（三）网络技术

网络技术是现代化管理方法中的一个重要组成部分。通过网络技术的应用，可以统筹安排物流系统中的各个环节。特别是对于关系复杂、多目标决策的物流系统研究，网络技术分析是不可忽视的基本方法。网络技术以时间为基础，用表达工作之间相互联系的"网络图"来反映整个系统的全貌，并指出影响全局的关键所在，从而对整体系统做出比较切实可行的全面规划和安排。

（四）分解协调技术

分解协调技术，就是将复杂的大系统分解为若干相对简单的子系统，对各子系统进行局部优化；然后，根据大系统的总任务、总目标，使各分系统之间、分系统与外部环境之间相互协调配合；在各子系统局部优化的基础上，通过协调控制，实现大系统的全局最优化。例如，物流系统可分解为运输子系统、储存子系统、包装子系统、装卸子系统、配送子系统、流通加工子系统以及信息子系统等若干子系统。对物流系统的各子系统进行局部优化，并从系统的整体利益出发，不断协调各子系统及物流环境的相互关系，达到物流系统费用省、服务好、效益高的总目标。

除以上几种物流技术方法外，预测、决策论和排队论等技术方法也被广泛应用于物流系统的研究中。随着对物流系统的深入研究，将会出现更多更有效的物流技术，使物流形成一个新的科学技术体系。

六、物流系统控制的基本内容

从功能角度来说，物流系统主要包括两个部分：存储系统和运输系统。存储系统是针对物资的储备而存在的，它的存在提高了物流的交货响应能力，但同时也产生存储成本，包括场地成本、资金占用、人工成本等；运输系统是针对物资的移动而存在的，它的作用就是使物资在某一恰当的时间，以恰当的方式到达一个恰当的地点，运输系统的成本和效率与运输批量大小、批次、运输方式等直接相关。从企业运营环节来说，物流系统包括采购、生产、销售等，每一个环节都与物流的存储和运输有关。从管理内容来说，物流系统可以从成本、质量和价格等多个角度进行管理。图2-8清晰地描述了物流系统所控制的相关内容以及考虑的问题。

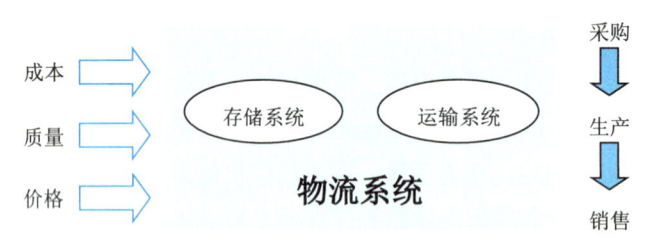

图 2-8 物流系统控制的基本内容

本章主要从两个维度对物流系统控制进行分析，一个是从管理内容展开讨论，即成本、质量和价格管理；另一个是对物流系统功能进行讨论，即库存和运输管理。

第二节　成本管理

成本管理是物流系统控制中的重要环节，成本的大小直接影响物流系统运行的绩效和整个企业的运行成本，并最终与企业的竞争能力直接相关。物流系统在不同企业中的重要程度不同，其成本管理的重要性也有所不同。对于一些实物运输量较大的企业，物流成本的高低直接与企业的生存发展能力有关，物流成本的高低直接影响价格竞争优势的强弱。

一、物流成本相关学说

（一）物流成本"冰山说"

物流成本"冰山说"是日本早稻田大学教授、权威的物流成本研究学者西泽修（Osamu Nishizawa）于1970年率先提出的。其含义是指人们对物流费用的总体情况掌握得并不全面，提起物流费用，大家只看到露出海面的冰山的一角，而潜藏在海水里的大部分冰山却看不见，海水中的冰山才是物流费用的主体部分。一般情况下，企业会计科目中，只把支付给外部的运输、保管、装卸等费用列入成本，实际上这些费用在整个物流费用中犹如冰山的一角。物流基础设施建设和企业利用自己的车辆运输、利用自己的库房保管货物、由自己的工人进行包装和装卸等费用都没列入物流费用科目内。一般来说，企业向外部支付的物流费用是很小的一部分，而企业内部发生的物流费用却占据了实际物流成本的主要比重。

（二）"黑大陆"学说

由于物流成本管理存在的问题及有效管理对企业盈利和发展的重要作用，1962年，著名管理学家彼得·德鲁克（Peter F. Drucker）在《财富》杂志上发表了题为《经济的黑色大陆》的文章，他将物流比作"一块未开垦的处女地"，强调应高度重视流通及流通过程中的物流管理。德鲁克曾经讲过，"流通是经济领域的黑暗大陆"。德鲁克泛指的是流通，但由于流通领域中物流活动的模糊性特别突出，它是流通领域中人们认识不清的领域，所以"黑大陆"学说主要是针对物流而言的。

"黑大陆"学说的基本思想与物流成本"冰山说"类似，主要指物流管理领域未知的东西很多，理论与实践都还不成熟。从某种意义上来说，"黑大陆"学说是一种战略分析的结论，带有较强的哲学抽象性，这一学说对于研究物流成本起到了启发和激励作用。

（三）物流成本交替损益规律

物流成本交替损益规律又可称作成本效益背反规律、二律背反效应。物流系统的效益背反包括物流成本与服务水平的效益背反和物流功能之间的效益背反。

（1）**物流成本与服务水平的效益背反**。物流成本与服务水平的效益背反是指物流服务的高水平必然带来企业业务量和收入的增加，同时也带来企业物流成本的增加，使得企业效益下降，即高水平的物流服务不仅伴随着高水平的物流成本，而且物流服务水平与物流成本之间并非呈线性关系，在没有很大技术进步的情况下，企业很难同时做到提高物流服务水平和降低物流成本。

（2）**物流功能之间的效益背反**。物流功能之间的效益背反是指物流各项功能活动处于一个统一且矛盾的系统中，在同样的物流总需求和物流执行条件下，一种功能成本削减会使另一种功能成本增加。因为各种费用相互关联，所以必须考虑整体的最佳成本。

（四）"第三利润源"学说

随着市场竞争日益激烈，企业能够占有的市场份额也是有一定限度的，当达到一定限度不能再扩大利润的时候，如何寻找新的利润增长点？如果能有效降低在企业成本中占据相当高比例的物流费用，就等于提高了企业的利润。所以这时就开始把物流管理称为资源、人力之后的"第三利润源"。

从"第三利润源"学说中，人们应该认识到：物流活动和其他独立的经济活动一样，它不仅是总成本的构成因素，而且是单独的盈利因素，物流也可以成为"利润中心"。

二、总成本分析

在分析一个企业的物流系统成本时，要有总成本的概念。在具体的成本控制工作中，要根据企业业务特点的不同，采取不同的成本最小化策略。在企业物流业务的外包决策中，应该基于战略思路来选择使总成本最小的决策。

(一）总成本的构成

物流系统的总成本构成如图 2-9 所示。从物流费用的支出性质来说，既包括支付给外部协作方的费用，也包括企业内部消耗的与物流有关的费用。从物流费用消耗的环节来说，包括采购环节、生产环节和销售环节。图 2-9 中的物流冰山比较形象地展现了物流费用的整体状况：它好像浮在海面上的冰山，一小部分露在上面，更大一部分则沉在水下。物流费用也一样，人们比较关注向外支付的物流费用，而对企业内部消耗的物流费用往往容易忽视。实际上，我们在讨论物流系统成本管理的时候，必须站在全局的角度来分析总的物流费用。

物流费用在企业运行的全过程中产生，包括原材料采购过程中的各项物流费用、生产过程中的物流费用、产品从工厂到配送中心再到用户的物流费用等。这些费用的具体内容包括运输费、包装费、装卸费、保管费、人工费、折旧费、修理费、动力费等。

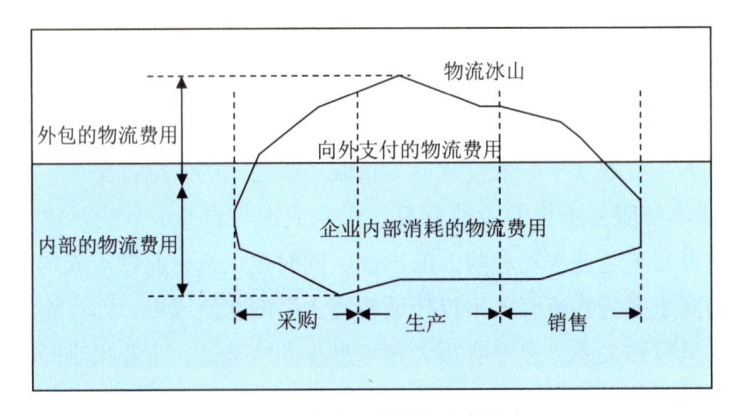

图 2-9　物流系统的总成本构成

（二）会计业务中的成本核算

传统的会计业务处理所反映的物流费用往往只是物流总成本的一部分，有时甚至是比较小的一部分，如生产过程中的搬运费、包装相关人员和设备的费用等往往不计入物流费用。也就是说，通常会计业务处理中的物流成本计算是很不全面的。

会计业务中成本管理的另一个问题是费用归并问题。通常的会计实践是以标准的或正常的记账方法为基础来进行费用归并。一般情况下，费用被归并为工资、租金、折旧和管理费用等，在这种分配方式下，很难进行关于运营责任的分配和确认。在一般的会计实践中，为了解决这个问题，通常采取分解费用的方法并落实到组织的各个细分单位，这种分解有助于解决总成本分析的问题，但是不能彻底解决分摊问题。而且，按照这种组织分摊的思路，成本往往被分解到各责任部门，但事实上，很多与物流绩效相关的费用常常是跨部门的，如库存管理，从资金占用和仓储费的角度，希望降低库存量，这样虽然会降低库存成本，但是可能会导致延迟交货，并有可能使运输成本上升，最终可能使物流总成本上升。

由此可见，按照传统的会计业务处理方式，很难对物流系统成本进行整体的管理。

（三）统计方法中的成本核算

统计方法中的物流成本核算是指在不影响当前财务会计核算体系的基础上，对有关物流业务的原始凭证和单据进行再次归类整理，对现行成本核算资料进行剖析，从中抽出物流成本的部分，然后再按物流管理的要求对上述费用按不同的物流成本核算对象进行重新归类、分配、汇总，最终加工成物流管理所需的成本信息。

与会计核算方法的物流成本计算相比，由于统计方法的物流成本核算没有对物流耗费进行系统、全面、连续的计算，因此，虽然其计算较简单，但结果的精确度受到一定的影响。

（四）以活动为基础的成本管理

以活动为基础的成本管理方法，就是试图将所有的有关费用与具体的增值活动联系起来。比如，将不同的成本分摊给某一个客户或产品。以活动为基础的成本管理的特点是将费用分配到消费一定资源的活动中，而不是分摊给一个组织部门或预算单位，从而避免不恰当地将成本均摊到不同的业务活动中。因为这些活动具有不同的程序，消耗不同的资源数量，因此，用均摊的方法将导致利润率计算失真。比如，如果我们以一个订单处理为成本归集对象，那么我们通过将相关的成本归集到这个订单处理的活动过程，就可以判断这个订单是否能为企业带来利润。

从成本与物流活动的关系看，可以把成本分为直接成本、间接成本和日常费用。直接成本是指那些为完成物流工作而特别引起的费用；间接成本是指一些与具体物流活动没有直接对应关系的费用，如在固定设备、运输、库存等方面的固定投入，这些成本一般通过某种方式被分摊到物流作业中；日常费用是物流系统中日常发生的一些费用，如照明、动力等。尽管物流系统的总成本应包括以上这些方面，但是在具体的成本考核过程中，要注意一个原则，即对被考核对象，只考核它能够控制的因素。

三、成本最小化策略

通常情况下，可以从库存和运输两个方面对物流总成本进行分析和管理。

就库存而言，应包括所有有关库存的运行成本和客户订货的所有费用。具体来说，库存运行成本包括存储、资金成本、保险、过时淘汰和税费等，客户订货费用包括全部的库存控制费用及订货准备、交易活动和管理活动的费用。

运输的总成本包括租用运输工具的费用和附加费用，以及各类与运输方式和规则有关的风险费用和管理费用。如果是企业自己解决运输问题，则运输总成本中应包括与直接成本、间接成本和日常费用相关的各个项目。

（一）运输节约与运输成本最小化

运输节约来自集中运输，其手段就是通过建立仓库来调节运输流量。这些仓库包括单一的仓库，也包括仓库网络。当通过仓库集中转运的运输总成本低于直接运输时，就需要建立仓库点。总运输成本与仓库数量的关系如图 2-10 所示。随着仓库集运点的增加，运输网络总运输费用会减少；但是仓库集运点的设置超过一定数量时，总运输成本反而会上升，成本上升的原因在于能够被转运的数量减少。因此从仓库集运的角度看，应该存在一个运输成本最小化的合理仓库布置数量。

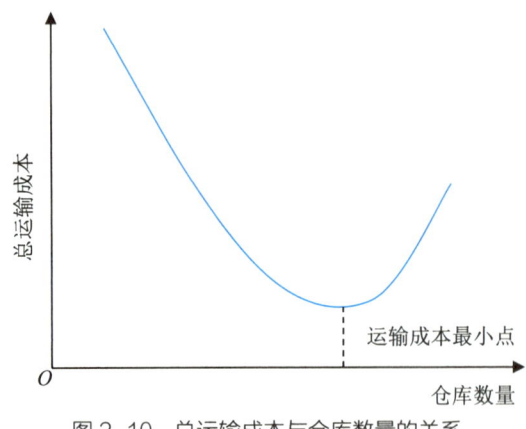

图 2-10　总运输成本与仓库数量的关系

（二）库存成本最小化

运输主要与货物的空间转移有关，库存则主要与时间因素相关，在物流系统中提前部署库存可以改进服务响应时间。仓库数量与总库存成本的关系如图 2-11 所示。随着仓库数量的增加，总库存成本会上升，同时由于仓库网络的布置，单个仓库的临时库存储备要求降低，所以总成本的升速减缓。

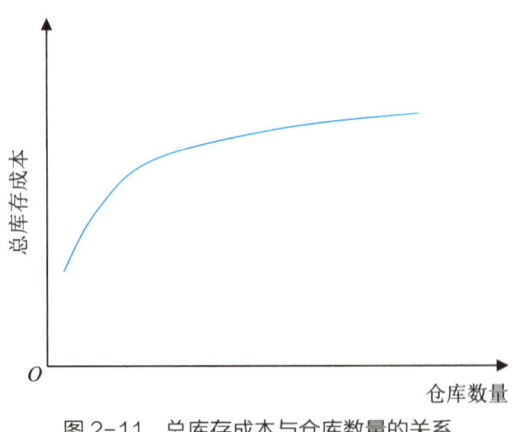

图 2-11　总库存成本与仓库数量的关系

（三）总成本最小化

物流系统的总成本包括运输总成本和库存总成本，把两者的曲线叠加在一起，就可以得到总成本的曲线，如图 2-12 所示，从中可以看到总成本最小化的点。

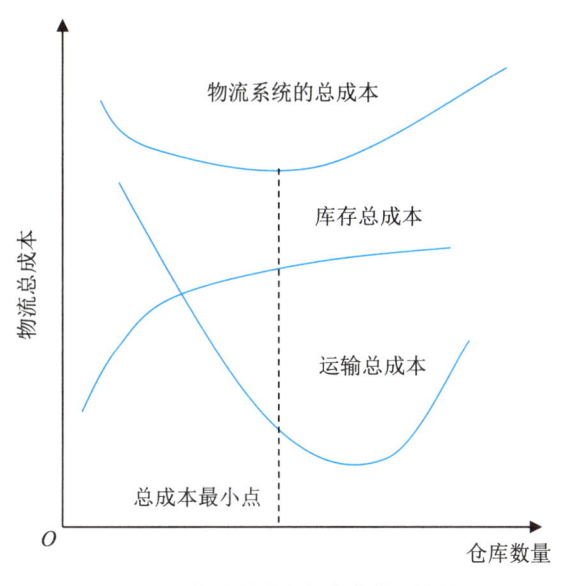

图 2-12 物流总成本与仓库数量的关系

（四）服务与成本

仓库数量的增加虽然能够改善对客户的服务响应速度和服务能力，但同时也会直接导致成本的增加，在具体物流系统中，必须考虑服务和成本之间的平衡，从而获得比较合理的方案。

四、外购的决策

物流系统的外购决策就是将本来由自己进行的物流活动交给外部企业来进行。物流系统成本控制与是否外购的决策直接相关。传统的外购决策中，经济因素考虑得比较多，而现在，一些大企业更多地将注意力集中在战略因素上。

（一）经济因素

经济因素的考虑主要与交易费用有关。所谓交易费用，就是与执行一项特定任务有关的费用。当内部处理的交易费用高于从外部购买服务的费用时，企业往往会考虑外购服务。如果内部成本低于外购成本，物流活动建议在内部处理。如果供应商的讨价还价能力较强，则会导致服务价格偏高，而内部成本会显得相对较低，比如，当外部服务供应商的数量较少时，服务需要专用设备，提供服务的供应商就处于某种有利地位。

对于物流的外购决策来说，物流数量的大小直接影响外购决策的结果。比如，一项库存需求变化较大的业务，如果按库存峰值的状态来设计自有仓库，那么在库存较少的情况下，仓库的固定成本摊到单位产品的成本就会很高。在这种情况下，租用外部仓库通常是一种合理的选择。

（二）战略因素

在外购决策中，需要主要考虑的战略因素就是能力问题。具体来说，就是从外部资源对本企业的核心和非核心业务的贡献角度来评估外购决策。从战略因素看，比较困难的问题就是确定企业的哪些活动与核心能力有关。通常情况下,一个企业不会让外面的厂商完成其内部的核心业务,否则其核心竞争力就有可能被削弱。如果一项内部完成的活动所取得的能力不能扩展企业的核心能力,那么将这项活动外包可能会比较有利。

(三)成本收益分析

当厂商提供给客户的服务达到或超过客户的期望时,客户的需求将会增加,相应地,企业的收益也会增加。从理论上讲,如果一家企业愿意支付所需的成本,那么几乎可以达到任何物流服务水平。但是,从成本收益平衡角度讲,一个厂商应该追求的是高水平的合理的服务,而不是一味地迎合客户需求。企业的物流总成本与服务绩效指数之间的关系如图 2-13 所示,服务绩效指数的提高需要成本的投入,同时在服务绩效指数已经较高时,服务绩效指数的较小提高需要较多的成本投入。

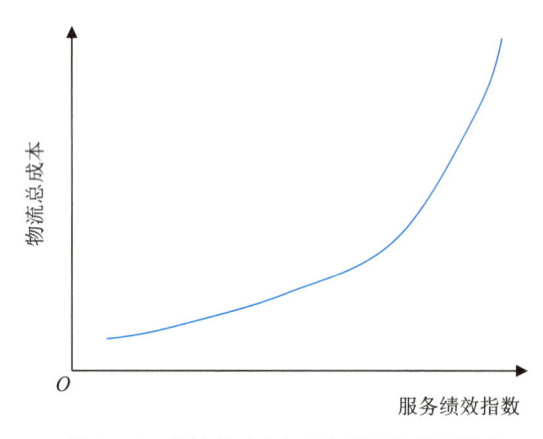

图 2-13 物流总成本与服务绩效指数的关系

第三节 质量管理

一、物流质量的概念

(一)物流质量的主要内容

物流质量包括商品质量、服务质量、过程质量、系统质量。

(1)**商品质量**。物流的对象是一些有具体质量的物体,它要求符合一定的等级、规格、尺寸、特性、外观等。这些质量在生产过程中形成,在物流过程中得以转移和保护,并最终实现对客户的商品质量承诺。对客户的商品质量承诺,既需要由生产来形成,又需要由物流过程来保证。

(2)**服务质量**。物流业务有比较强的服务特征,其服务质量要求因客户的不同而有所不同。这些服务质量的内容包括批量和数量的满足、交货期的满足、较高的服务响应度和运输方式的满足、成本水平的满足以及其他的有关信息提供、纠纷处理等的服务满足。

(3)**过程质量**。过程质量是指在物流运行的各环节、工种、岗位上的具体工作的质量。这些过程质量是实现和保证商品质量、服务质量的基础。

（4）**系统质量**。物流质量不仅取决于单项工作的质量，同时也与整个物流系统的质量因素有关。这些系统的质量因素包括人的因素、体制的因素、设备的因素、工艺方法的因素、计量与测量的因素、环境因素等。通过改善这些因素，物流管理的质量能有效地提高。

（二）物流质量管理的特点

物流质量管理的特点如下。

（1）**内容全面**。物流质量管理包括商品质量管理、服务质量管理、过程质量管理和系统质量管理等多个方面，并以最终的交货成本和交货可靠性为目的，具有较高的全面性。

（2）**范围广泛**。物流质量管理所覆盖的范围包括物流对象的包装、装卸、搬运、存储、配送、流通加工等多个环节，需要进行全过程的质量管理。只有保证过程中各个环节的质量，才能最终保证物流的总体质量。

（3）**与成员响应度相关**。物流质量的保证还与参与相关工作的部门和人员有关，需要这些部门和人员之间的相互配合。只有在这些部门和人员的共同努力下，才能使物流的质量得到保证。

二、质量管理指标

物流管理的质量管理指标可以分为总体质量指标、存储质量指标和运输质量指标。

（一）总体质量指标

总体质量指标是与物流服务的整体目标相关的质量管理指标，以下是一些总体质量指标。

（1）服务水平指标 F

$$F = \frac{满足要求次数}{用户要求次数} \quad (2.1)$$

或者以缺货率 Q 来表示

$$Q = \frac{缺货次数}{用户要求次数} \times 100\% \quad (2.2)$$

（2）满足程度指标 M

$$M = \frac{满足要求数量}{用户要求数量} \quad (2.3)$$

（3）交货水平指标 J_1

$$J_1 = \frac{按交货期交货次数}{总交货次数} \quad (2.4)$$

（4）交货期质量指标 J_2

$$J_2 = 规定交货期 - 实际交货期 \qquad (2.5)$$

（5）商品完好率指标 W

$$W = \frac{交货时完好的商品量}{物流商品总量} \times 100\% \qquad (2.6)$$

（6）物流费用指标 C

$$C = \frac{物流总费用}{物流总量} \qquad (2.7)$$

（二）存储质量指标

（1）仓库吞吐能力实现率 T

$$T = \frac{期内实际吞吐量}{仓库设计吞吐量} \times 100\% \qquad (2.8)$$

（2）商品收发正确率 S

$$S = \frac{（某批吞吐量 - 出现差错总量）}{同批吞吐量} \times 100\% \qquad (2.9)$$

（3）商品完好率 W_1

$$W_1 = \frac{（某批商品库存量 - 出现缺损的商品量）}{同批商品库存量} \times 100\% \qquad (2.10)$$

（4）仓库容量利用率 R

$$R = \frac{存储商品的实际数量或容积}{库存数量或容积} \times 100\% \qquad (2.11)$$

（5）设备完好率 W_2

$$W_2 = \frac{期内设备完好台数}{同期设备总台数} \times 100\% \qquad (2.12)$$

（6）设备利用率 L

$$L = \frac{全部设备实际工作时数}{设备总工作能力时数} \times 100\% \qquad (2.13)$$

（7）仓储单位成本 C

$$C = \frac{仓储费用}{库存量} \quad (2.14)$$

（三）运输质量指标

（1）正点运输率 Z

$$Z = \frac{正点运输次数}{运输总次数} \times 100\% \quad (2.15)$$

（2）满载率 M

$$M = \frac{车辆实际装载量}{车辆装载能力} \times 100\% \quad (2.16)$$

（3）运力利用率 Y

$$Y = \frac{实际吨公里数}{运力往返运输总能力} \times 100\% \quad (2.17)$$

三、全面质量管理的概念

随着时代进步，质量管理领域逐渐形成了以全面质量管理为核心的理论。

（一）全面质量管理的定义

全面质量管理是一个组织以质量为中心，以全员参与为基础的管理途径，目的在于通过让消费者满意和本组织所有成员及社会受益而达到长期成功。在全面质量管理中，质量这个概念和全部管理目标的实现有关。

（二）全面质量管理的核心特征

（1）**全过程管理**。全面质量管理要求对产品的生产过程进行全面控制。

（2）**全企业管理**。全企业管理的一个重要特点是强调质量管理工作不局限于质量管理部门，要求企业所属各单位、各部门都要参与质量管理工作，共同对产品质量负责。

（3）**全员管理**。全面质量管理要求把质量控制工作落实到每一名员工身上，让每一名员工都关心产品质量。

（三）全面质量管理的工作程序

PDCA 管理循环是全面质量管理最基本的工作程序，即计划—执行—检查—处理（plan—do—check—act）。这是美国统计学家威廉·爱德华兹·戴明（William Edwards Deming）发明的，因此也称为戴明循环。这四个阶段大体可分为八个步骤：（1）计划 P，包括确定目标和方针、制订活动计划；（2）执行 D，实施计划与措施；（3）检查 C，实施结果与目标对比；（4）处理 A，对实施结果总结分析，未解决问题转入下一循环。这些过程不是运行一次就结束，而是周而复始地进行，一个循环解决一些问题，未解决的问题进入下一个循环，呈螺旋式上升。

四、消费者服务

从消费者满意的角度来分析物流系统是非常有意义的。对于一个企业来说，它的重要任务就是将各种服务与消费者的期望结合起来，从而建立一种有利可图的交易活动。物流业务同样也只有与消费者的期望结合起来，才能真正提高运行绩效。

（一）消费者服务的定义

消费者服务是一个过程，在这个过程中，相对低廉的成本投入创造了重要的价值增值。对于物流系统来说，其内在的价值也就在于此。

（二）基本服务

对于物流服务来说，其基本服务内容包括三个方面：可得性、作业完成及可靠性。

（1）可得性。可得性是指当消费者需要货物时，企业能够交付货物的能力。可得性可以通过各种方法实现，最基本的方法是根据对消费者订货的预测进行库存准备。这时仓库的数量、地点和储存策略等都是在物流系统管理中需要考虑的问题。

（2）作业完成。作业完成是指通过一系列活动，完成消费者对货物的需求。对作业完成的衡量角度包括速度、一致性、灵活性和故障处理水平等。

（3）可靠性。可靠性就是可靠地实现已计划的存货可得性，并完成相关作业的能力。

（三）增长的消费者期望

随着市场竞争日益激烈、消费结构快速升级，消费者对物流服务的期望正在不断提高。这些期望包括对交货期和交货质量的更高要求。

（四）增值服务

增值服务是在满足消费者基本服务的基础上，根据客户需要，为客户提供的超出常规服务范围的服务。增值服务涉及大量的业务活动。这些服务一般可以围绕消费者的个性要求以及企业的促销活动、制造过程、服务速度等展开。

五、市场需求

战略的形成源于对消费者与市场的了解。但是，消费者并不是市场信息的唯一来源，另一重要来源是行业内的其他公司。通过了解竞争对手，企业能更好地了解市场，并知道如何在市场中获取竞争优势。

（一）标杆及标杆管理的定义

标杆（benchmark）是指运营表现被视为业界典范的组织。标杆管理则是指公司间相互分享信息，从而促使彼此共同进步。

（二）标杆管理的类型

（1）**过程标杆管理**。过程标杆管理（process benchmarking）是指发起公司将其精力集中在观察与研究目标公司的业务流程上。

（2）**财务标杆管理**。财务标杆管理（financial benchmarking）的目标是进行财务分析与成果比较，进而评价公司的整体竞争力。

（3）**绩效标杆管理**。绩效标杆管理（performance benchmarking）是指发起公司通过将产品与服务和目标公司进行比较，来评估自己的竞争地位。

（4）**产品标杆管理**。产品标杆管理（product benchmarking）是指发起公司通过观察其他公司的设计，产生新的理念，并将该理念运用于产品与服务设计中。

（5）**战略标杆管理**。战略标杆管理（strategic benchmarking）是指发起公司通过观察其他公司是如何竞争的，比较公司在各个方面的竞争力。

（6）**职能标杆管理**。职能标杆管理（functional benchmarking）是指发起公司将其标杆管理的重点放在单一职能上，以改进该项职能的运作。

（三）领导与管理标杆管理的工作

同其他质量管理工作一样，标杆管理也是一个需要细心管理的过程。因此，管理层必须对标杆管理的过程、参与者及目标有所了解。标杆管理过程的管理包含建立、支持及维持标杆管理项目。所有质量管理方法对标杆管理同样尤为重要。

第四节　价格管理

商品的价格中包括了物流服务价格，在特定行业，部分商品的价格水平直接与物流管理、物流服务价格有关。

一、价格的分类

对于供货厂商来说，可以从物流的角度将价格基本分为两类。

一类是离岸价格，或者称产地交货价。即厂方只负责在生产地或其他地方交货，从交货地到目的地的运输问题不在厂方的考虑范围之内。

另一类是到货价格。即厂方负责将货物交到客户的指定地，其报价中已经包括了从工厂到客户指定地的运输费用。由于存在不同的交货地点，因此到货价格往往有多种定价方式，如单一区域定价、多个区域定价、基地点定价等。

（一）单一区域定价

单一区域定价，即不管买方处于什么地方，他们都只需要按一个价格支付。这种价格一般反映了厂方交货的平均成本。但是，在这种情况下，必然有一部分客户在补贴其他一部分客户的运输成本，因为不同客户的交货地不同，其运输费用也不同。

（二）多个区域定价

多个区域定价，就是为不同的区域制定不同的价格，这种定价的依据在于距离的远近。这样做的目的是比较合理地分配运输成本。

（三）基地点定价

基地点定价，即确定一个基地点，货物到目的地的价格由基地点基本价格和从基地点到目的地的运输成本组成。这种价格的计算与实际交货的路径无关，也就是说，不管采用何种运输方式、运输路线，客户所负担的费用只与从基地点到目的地的运费有关。

二、定价与物流运作

定价问题与物流运作的很多方面有关，比较典型的包括数量折扣问题、提货折扣问题、促销定价问题和歧视定价问题。

（一）数量折扣问题

数量折扣就是根据客户订购数量的大小，给予不同的折扣，以鼓励客户购买更多数量的商品。在这种折扣情况下，大宗客户将比小客户获得更为有利的交易条件。对于厂商来说，大批量订单的单位商品物流处理成本会比小批量订单低一些。因此，大批量订单往往可以得到更大的折扣。当然，在很多情况下，厂商的数量折扣不仅与物流成本有关，还与促销情况有关。

（二）提货折扣问题

提货折扣就是由客户自行提货，供应商在标准价格的基础上给予一个折扣，同时不再承担从厂方到目的地的运费。对于客户来说，这样可以自行安排运输，尤其对于就近的客户来说，折扣价格更具有吸引力。而对于厂方来说，则可以避免处理小批量订单的麻烦。

（三）促销定价问题

促销定价就是使用短期促销来刺激购买者。许多厂商通过促销来刺激消费，这种促销行为会带来消费量的涌动，这种涌动给物流管理带来新的要求。

（四）歧视定价问题

不同地区的差异定价和其他价格折扣都可能存在价格歧视的问题，这种价格歧视有可能导致消费者的不满，从而给企业带来不利的影响。

三、运输定价策略

物流价格中的很大一部分来自运输。对于供应商来说，运输价格的制定合理与否直接影响其市场销售业绩。从定价的依据来分，可以将运输定价策略分为服务成本定价、服务价值定价、组合定价、折扣定价和净费率定价。

（一）服务成本定价

服务成本定价，就是通过对成本的累计计算，再加上毛利率来进行定价。这种定价方式代表了基本的或最低的运输收费，一般用于低价值货物或在高度竞争情况下使用。

（二）服务价值定价

服务价值定价，就是根据客户感觉到的服务价值进行定价。比如，不同货物其价值不同，对于一些高价值的货物，客户有可能愿意接受高一些的服务价格来获得一些额外的服务。

（三）组合定价

组合定价，就是在最低的服务成本定价和最高的服务价值定价之间找到一个中间价格。这种价格的确定与市场行情有关。

（四）折扣定价

折扣定价，就是指对基本价格做出一定的让步，直接或间接降低价格，以期实现规模运输，或与客户建立长期合作关系。

（五）净费率定价

为了避免复杂的运费计算，有些服务商提供简单的价格表，这些价格中包括运输的各项费用。

第五节　库存管理

库存成本在货物的物流成本中占据重要的份额，同时对货物的生产销售等产生重要影响。合理的库存能在保证供应的前提下大幅降低成本。本节主要介绍库存的基本概念、库存控制系统和库存管理模型。

一、库存的基本概念

（一）存货的风险

对于一个企业来说，存货是有一定风险的。这些风险包括：当企业将资金投入存货时，这些资金存在机会成本，或者说企业实际上承担了利息费用；另外，库存的产品有可能丢失或变成陈旧物。这些因素都对企业的存货管理构成压力。

企业在存货方面的风险结构和风险大小与它在配送渠道中的地位直接相关。我们通常把配送渠道中的企业分为制造商、批发商和零售商。一般来说，制造商的存货负担包括原材料、零部件、在制品和制成品等，其库存品种一般比零售商的库存品种要少一些，但是库存的承担时间会较长。零售商的库存问题主要是品种比较多，也就是说其承担的风险涉及面比较广。批发商的风险特点介于制造商和零售商之间，同时由于一些商品的销售季节性，还需要预先备货，因此，还会承担较长时间的库存风险。

（二）存货的功能

存货主要有以下几个功能。

（1）**产地专业化**。产品从原材料、零部件到成品的过程，往往分布在各地进行，以获得比较经济的基于专业化的成本节省。这种专业化效益的实现，需要以一定的存货成本付出为代价。

（2）**经济运行**。企业在生产某种产品时，往往会有一定的经济批量要求，即当以某种数量生产时，其成本最低，而这种经济批量往往与客户的订货数量不一致，这种不一致需要通过库存来调节。

（3）**平衡供求**。对于一些产品，生产的速度往往与需求的周期性变化不匹配。一般来说，生产的数量往往比较稳定，而需求可能有季节性的变化，这种季节性的变化需要通过库存来进行平衡。

（4）**缓冲不确定因素**。实际管理中存在着未来供货补给的不确定性和客户需求的不确定性，这些不确定性可以通过库存的设置来缓冲。

（三）物流存储系统

我们可以把物流业务中有关存储的活动看作一个系统，即物流存储系统。该系统主要涉及两方面。

（1）**系统输入和输出**。为了满足生产的需要，库存物资需要不断地发往客户单位，这种物资的流出可以看作物流存储系统的输出。输出的方式可以是间断式或连续式。间断式是指输出数量不是连续变化的，而是会发生阶段性的突变；连续式是指输出数量是连续变化的，相对比较平稳。

（2）**存储系统费用**。存储系统费用是库存管理中的重要经济指标，这些费用主要包括订货费、保管费、缺货损失费等。①订货费是指为了补充库存而办理一次订货所发生的有关费用，包括订货过程中发生的订购手续费、联络通信费、人工核对费、差旅费、货物检验费、入库验收费等。订货费往往与一批货物的数量多少没有太大的关系，因此，从订货费的角度讲，订货批量越大越好。批量越大，单位产品摊销的订货费就越低。②保管费是指每单位货物存储时间所需花费的费用。当订货量越大时，平均库存量就越大，存储保管费的支出也就越大。因此，从保管费的角度讲，订货批量越大越不好。③缺货损失费是指中断供应影响生产和交货的损失费用。从缺货损失费的角度讲，存储量越大，缺货的可能性就越小，缺货损失费也就越低。

（四）合理存储

合理存储包括合理存储量、合理存储结构、合理存储时间和合理存储网络四个方面的内容。

（1）**合理存储量**是指能在下一批货物到来之前保证本期货物正常供应的存货数量水平。影响合理存储量的因素包括需求量、商品生产时间、交通运输条件、管理水平和设备条件等。

（2）**合理存储结构**是指商品的不同品种、规格之间保持合理的存储量比例。由于外部环境的变化，对存储结构合理性的要求也会发生变化，所以企业需要根据情况变化，及时调整存储结构。

（3）**合理存储时间**与销售速度有关，同时也与商品的特点有关，合理存储时间的确定应考虑多方面的因素。

（4）**合理存储网络**是指布局合理的仓库网点。这些网点的合理布局有利于降低库存、提高交货速度等。

二、库存控制系统

（一）库存控制系统的任务

库存控制系统是解决订货时间和订货数量问题的联动系统。一个运行良好的库存控制系统一般应该满足以下要求：（1）以相对较低的成本来保证足够的物料和货物；（2）对货物的储存时间和流量进行监控；（3）及时向管理部门提供有价值的报告。

库存控制系统所要考虑的问题包括以下六个方面。

（1）对需求进行预测，并根据实际情况对预测误差进行处理。

（2）选择库存模型，如经济订货批量（economic order quantity，EOQ）、经济订货周期（economic order interval，EOI）、经济生产批量（economic production lot，EPL）、物料需求计划（material requirement planning，MRP）、制造资源计划、准时制、配送需求计划（distribution requirement planning，DRP）、企业资源计划（enterprise resource planning，ERP）等。

（3）测定存货成本，包括订购、存储、缺货成本等。

（4）记录和盘点货物的方法。

（5）验收、搬运、保管和发放物品的方法。

（6）用以报告例外情况的信息程序。

（二）库存控制系统的常见种类

（1）**连续库存系统**。这个系统以经济订货量和订货点的原理为基础。在该系统中，当存货量降到一定水平时，需要进行补充供应，以保证一定数量的存货水平。

（2）**双堆库存系统**。其特点是没有连续的库存记录，属于固定订货量系统。当存货消耗一堆时开始订货，其后的需求由第二堆来满足。

（3）**定期库存系统**。在这个系统中，存货量按固定的时间间隔进行检查。

（4）**非强制补充供货库存系统**。这个系统结合了连续库存系统和定期库存系统。库存水平按固定的时间间隔进行检查，但订货要在库存余额降到预定的订货点时才进行。

（5）**物料需求计划库存系统**。在这个系统中，生产某种物品所需物料（包括材料和零件）的存货水平根据最终物品的需求决定。

（三）各库存控制系统的特点

所有的库存控制系统都有其各自的优缺点，适用范围也不同。例如，连续库存系统最适合高价值物品，对于这类物品要经常检查；双堆库存系统适用于不重要的或价值较低的、无须经常检查的物品；定期库存系统适用于零售领域和供货渠道较少的情况。各库存控制系统的特点如表 2-1 所示。

表 2-1 各库存控制系统的特点

因素	库存系统				
	连续	双堆	定期	非强制补充供货	物料需求计划
订货数量	固定	固定	可变	可变	可变
订货点	固定	固定	可变	可变	可变
检查周期	可变	可变	固定	固定	固定 / 可变
需求率	固定 / 可变	固定 / 可变	固定 / 可变	固定 / 可变	固定
前置时间	固定 / 可变	可变	固定 / 可变	固定 / 可变	固定 / 可变
保险存货量	中	中	大	很大	小 / 无

三、确定型库存模型

所谓确定型库存模型，就是假设货物需求是不随时间变化而变化的，因此，需求量、提前订货时间是已知的相对确定的值。实际上，当我们所面临的货物需求问题，其参数波动性不大时，一般可以适用确定型库存模型。

（一）经济订货批量模型

经济订货批量（EOQ）模型适用于整批间隔进货且不允许缺货的情况。具体来说，就是某种物资单位时间的需求量为常数，存储量以单位时间消耗该常数量库存数的速度下降，经过一定时间后，存储量下降为零，此时开始订货并随即到货，库存量由零上升为最高库存量，然后开始下一个存储周期，形成多周期存储模型。存储量变化的特点如图 2-14 所示，其中，D 表示单位时间需求量，Q^* 表示经济订货批量（最优单次订货批量），T^* 表示经济订货周期（最优订货间隔）。

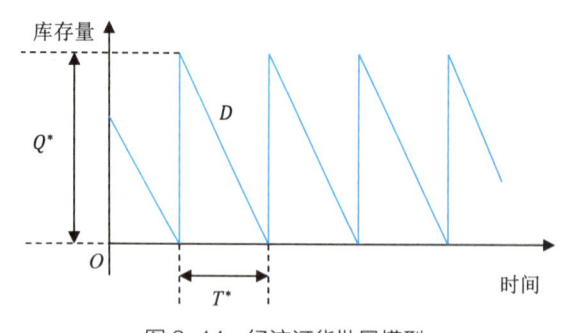

图 2-14 经济订货批量模型

在上述模型中，由于需求量和提前订货时间都是确定已知的，因此，可以根据最小总费用的原则来确定订货批量和进货间隔期。这个订货批量就是经济订货批量。具体的计算方法如下。

在 EOQ 模型中，存储某种物资，不允许缺货，其存储参数是：

- T：存储周期或订货周期；
- D：单位时间需求量；
- Q：每次订货批量；
- C_1：存储单位物资单位时间的存储费；
- C_2：每次订货的费用；
- t：提前订货时间为零，即订货后瞬间全部交货。

则有：
- 一个存货周期中的最高库存为 $Q = DT$；
- 一个存货周期中的平均库存为 $0.5Q$；
- 一个存货周期中的总费用为 $C = 0.5QTC_1 + C_2$。

如图 2-15 所示，单位时间内的总费用为：

$$C_z = 0.5QC_1 + \frac{C_2}{T} = 0.5QC_1 + C_2\frac{D}{Q} \tag{2.18}$$

单位时间的订货费用随着订货批量的增大而减小，单位时间的存储费用随着订货批量的增大而增大，从图 2-15 中可以看到单位时间的总费用存在一个最低点。为了求得这个最低点，需要用微分求极值的方法计算，在这里我们不讨论具体的计算方法，只说明最后的计算结果：

- 经济订货批量 $Q^* = \sqrt{2C_2D/C_1}$；
- 经济订货周期 $T^* = \sqrt{2C_2/(DC_1)}$；
- 最小存储总费用 $C^* = \sqrt{2C_1C_2D}$。

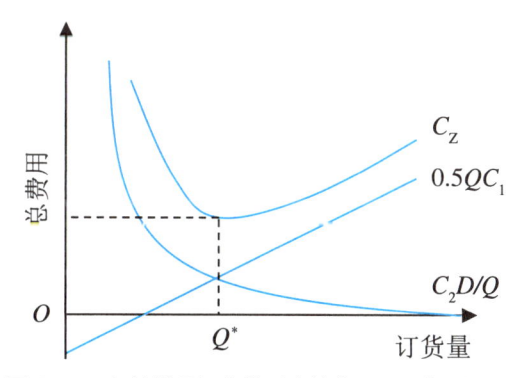

图 2-15 经济批量订货模型中总费用和订货量的关系

需要说明的是，上述的分析计算作了一个假设，即订货和到货同时发生，两者之间的时间间隔为零。而在实际情况中，两者往往需要一定的时间间隔，为了保证供应的连续性，需要提前订货。具体做法是，当库存降到某一水平时，就开始订货，订货以后至到货以前的这段时间，继续消耗原有库存；在库存为零之前，到货完成，从而保证货物的供应。

（二）非瞬时进货模型

在企业的实际运作过程中，经常会出现这样的情况，即从订货点开始的一段时间内，一方面按一定进度进货，另一方面按生产需要出库，入库完毕时，库存达到最大值。这种进货方式就是非瞬时进货模型，或者说是分批均匀进货模型。与典型的EOQ模型相比，本模型可以节省存储费用。具体模型参数如下：

- D、T、C_1、C_2含义同上，不允许缺货；
- P表示单位时间的进货量，D表示单位时间的出库量，$P>D$；
- t_p表示进货批量Q的时间，批量Q满足在T周期内的消耗需求，即$Q=Pt_p=DT$。

由于一边进货，一边出库，所以t_p在时间内的库存增长速度是$(P-D)$，最高库存为$(P-D)t_p$，平均库存量为$(P-D)t_p/2$；一个存储周期的存储总费用为：$C_1(P-D)Tt_p/2+C_2$。

由于$t_p=D/(PT)$，$T=Q/D$，得单位时间内的总费用$C_z=0.5C_1(P-D)Q/P+C_2D/Q$，通过微分求极值得到：

- 经济订货批量 $Q^*=\sqrt{2C_2D/C_1}\times\sqrt{P/(P-D)}$；
- 经济订货周期 $T^*=\sqrt{2C_2/(DC_1)}\times\sqrt{P/(P-D)}$；
- 最小存储总费用 $C^*=\sqrt{2C_1C_2D}\times\sqrt{(P-D)/P}$。

（三）允许缺货的EOQ模型

在实际运行过程中，由于不确定性的存在，完全不缺货的情况是难以实现的；同时，为了做到不缺货，往往需要增加库存水平，从而增加存储费用，因此也是不经济的。在实际情况中，一旦发生缺货，往往存在两类结果，一类是缺货后可以延期交货，另一类是失去消费者。在这里我们只讨论允许延期交货的情况，在这种情况下，企业虽然要支付缺货损失费，但是可以减少存储费用，延长订货周期，从而使总费用降低。

（1）整批瞬时进货（允许延期交货）

具体模型参数如下：

- D、Q、T、C_1、C_2、P含义同上；
- t_1为正常供货时间，t_s为缺货时间，$T=t_1+t_s$；
- Q_s表示缺货数量；
- C_3表示缺货单位时间和单位数量所支付的缺货损失费用。

单位时间内的总费用为：

$$C_z=\frac{C_1(Q-Q_s)^2}{2Q}+\frac{C_2D}{Q}+\frac{C_3Q_s^2}{2Q} \qquad (2.19)$$

经计算可得：

- 经济订货批量 $Q^*=\sqrt{2C_2D/C_1}\times\sqrt{(C_1+C_3)/C_3}$；
- 经济缺货量 $Q_s=\sqrt{2DC_2/C_3}\times\sqrt{C_1/(C_1+C_3)}$；
- 经济订货周期 $T^*=\sqrt{2C_2/(DC_1)}\times\sqrt{(C_1+C_3)/C_3}$；

- 单位时间的最小存储费用 $C^* = \sqrt{2DC_1C_2} \times \sqrt{C_3/(C_1+C_3)}$。

（2）分批均匀进货（允许延期交货）

经计算可得：

- 经济订货批量 $Q^* = \sqrt{2C_2D/C_1} \times \sqrt{(P-D)/P} \times \sqrt{(C_1+C_3)/C_3}$；
- 经济缺货量 $Q_s = \sqrt{2DC_2/C_3} \times \sqrt{(P-D)/P} \times \sqrt{C_1/(C_1+C_3)}$；
- 经济订货周期 $T^* = \sqrt{2C_2/(DC_1)} \times \sqrt{P/(P-D)} \times \sqrt{(C_1+C_3)/C_3}$；
- 单位时间的最小存储费用 $C^* = \sqrt{2DC_1C_2} \times \sqrt{(P-D)/P} \times \sqrt{C_3/(C_1+C_3)}$。

上述公式中，可以看到分批均匀进货实际上是前述几个模型的一般形式。当 P 和 C_3 很大时，就是整批瞬时进货且不允许缺货模型；当 P 很大而 C_3 有限时，就是整批瞬时进货且允许缺货模型；当 P 有限而 C_3 很大时，就是分批均匀进货且不允许缺货模型。

四、随机型库存模型

在确定型库存模型中，有两个基本假设：一是假设需求量保持不变，即出库的速度是均匀的；二是假设订货能够按时到达。在实际情况中，这两种假设都不完全成立，如订货有可能延迟并导致缺货现象、需求有可能发生突然的增加而导致缺货现象等。为了消除这些随机波动的影响，需要对需求量和订货点进行分析，并确定安全库存量。

如图 2-16 中的 A，当库存量降低到订货点的水平，就按一定数量进行订货。订货后如按时到货，就不需要使用安全库存；如果订货后不能按时到货，就需要动用安全库存，其情形如图 2-16 中的 C。如果在订货和到货期间发生过量使用的情况，库存会加速下降，这时就需要动用更多的安全库存，其情形如图 2-16 中的 B。

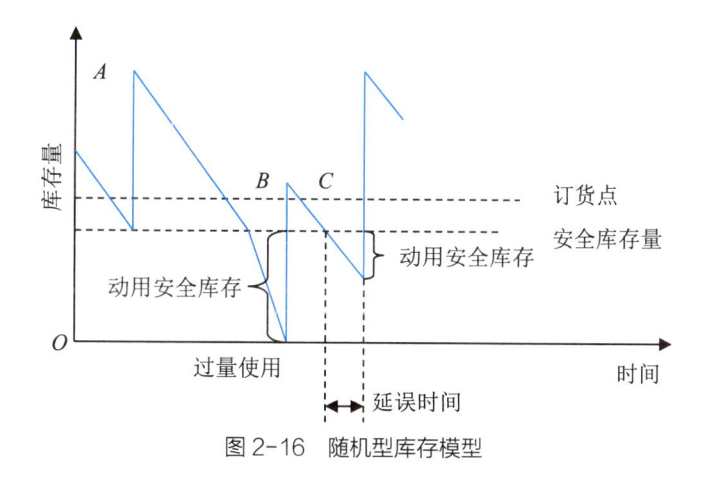

图 2-16 随机型库存模型

（一）订货点的确定

由于需求量和提前订货时间随机波动，因此订货点可以利用历史数据分析，获得平均的货物消耗速度和平均的提前订货时间（或最大提前期），同时为了抵消随机波动的影响，需要增加安全库存量。计算方法如下：

订货点库存量 = 单位时间平均需要量 × 平均提前订货时间 + 安全库存量　　（2.20）

或者：

订货点库存量＝单位时间平均需要量 × 最大提前订货时间＋安全库存量　（2.21）

（二）安全库存量的确定

（1）安全库存量可以根据需求量和提前订货时间随机变化情况确定，计算方法如下：

安全库存量＝安全系数 × $\sqrt{\text{最大提前订货时间} \times \text{需求量变化偏差值}}$　（2.22）

其中，安全系数取决于生产中允许缺货的程度，允许缺货的程度越小，安全系数就越大。需求量变化偏差值根据需求上下波动的幅度来确定。

（2）安全库存量也可以根据预定服务水平确定。如果提前订货时间和实际需求量的变化服从某种统计分布，且统计资料比较可靠，就可以运用统计方法，从满足预定的某一服务水平（不缺货概率）角度出发，来确定必要的保险存储量。

第六节　运输管理

运输是物流作业中最重要的因素之一，原材料和货物都需要通过运输来实现空间上的转移。运输方式有多种选择，不同的运输方式的费用、风险和效果等都不相同。对于一个物流管理者来说，正确地安排运输可以提高整个物流系统的运行效率和绩效。

一、运输基本问题

（一）运输的功能

运输的功能包括产品转移和产品存储两大部分。

（1）**产品转移**。产品转移实际上就是产品在价值链的各个环节进行转移，其中包括从原材料到成品的采购和制造过程，也包括从工厂向最终客户方向的转移。产品的转移需要消耗各种时间资源、财务资源和环境资源，同时有效的产品转移能使产品提高价值。产品转移的主要目的就是以最低的时间、财务和环境资源成本，将产品从原产地转移到规定地点，同时使得货物在路途中的损失最小，另外，在转移过程中应满足客户在交货方式和信息沟通上的要求。

（2）**产品存储**。产品存储是运输的一个特殊功能，即将车辆作为临时的存储工具。比如，当产品需要短暂停留时，如果卸货和装货的费用大于临时占用运输工具的费用，就需要发挥运输工具的存储作用。合理地发挥运输工具的存储作用有利于降低物流系统的总成本。

（二）运输的原理

运输的原理包括规模经济原理和距离经济原理两种。

（1）**规模经济原理**，就是随着装运规模的扩大，单位重量的运输成本降低。规模经济性之所以存在，是因为转移一担货物有关的固定成本不会随着总运输重量的增加而增加。因此，单位重量所承担的固定费用可以降低。

（2）距离经济原理，就是每单位距离的运输成本随着距离的增加而减少。这是因为一些相对固定的费用被更长的运输距离分担，这些相对固定的费用包括货物装卸费用、调度费用等。

在评估各类运输方案时，这些原理是必须考虑的重要因素。

二、运输服务的提供者

（一）单一方式经营人

单一方式经营人就是只利用一种运输方式服务的承运人，该承运人的业务主要集中在一项业务上，从而获得比较高的专业化效率。但是这些专业化方式也给多式联运带来较多问题，对于一个托运人来说，他需要和每个单一的承运人进行洽谈和交易，使得交易成本和管理成本升高，效率降低。比如，铁路运输就是单一方式的承运人，在这种承运方式下，承运人只负责从火车站到火车站的服务，托运人需要自己解决前往火车站和离开火车站的问题。

（二）专门化承运人

对于小批量物品的运输，如果直接交给铁路或航空等单一方式经营人，往往会由于固定的最低费用太高而变得不合算；同时，如果需要多式联运的话，托运人就需要花大量的精力来处理与各承运人间的协调问题。因此，在这种情况下，委托专门化承运人是比较有效的方法。这些专门化承运人主要提供小批量装运服务和包裹递送服务，如专业快递公司和邮局都属于这一类承运人。这些公司的服务包括基本包裹递送服务和增值包裹递送服务。基本包裹递送服务具有比较大的普遍性，一般根据重量和距离来收取费用；增值包裹递送服务主要包括快速递送和优先服务方面的增值服务。

（三）多式联运经营人

多式联运经营人将各种不同的运输方式综合起来，从而利用各种运输手段的内在经济性，以最低的成本提供综合性服务。从客户的角度来看，这种服务是一站式的运输服务。比如，公路铁路联运就是一种比较常见的多式联运组合，它将汽车在短途运输方面的灵活性和火车在长途运输方面的低成本性综合起来，从而获得较优的运输效果。多式联运的类型包括公路铁路联运、集装箱船舶运输及航空货运和卡车运输相结合等。由于两种运输方式相结合具有较好的经济潜力，所以多式联运概念对托运人和承运人都具有较大的吸引力。从发展情况来看，多式联运的快速发展与集装箱的广泛应用有密切联系。

（四）非作业性质的中间商

非作业性质的中间商一般不拥有、不经营运输设备，但是向其他厂商提供经纪服务。一个典型的非作业性质的中间商先从各种托运人手中汇集一定数量的托运货物，然后以一定的货运量水平购买城市之间的运输。中间商收取的运输费用往往低于公共的承运人，其利润主要来自托运人支付的费用和批量购买城市之间运输的费用之间的差额。非作业性质的中间商包括货运代理人、托运人协会、经纪人等类型。

三、运输决策

正确的运输决策可以提高运输资源的利用率。

（一）运输分析决策

运输分析的主要工作就是规划路线和计划运输设备的使用时间，从而在满足客户需求的基础上，使车辆和人员的使用效率最高。根据其影响的时间长短，运输决策可以分为战略性决策和战术性决策。战略性决策涉及长期的资源分配，一般主要确定能使用几个月或几年的固定的运输路线。战术性决策主要是针对短期资源的配置，如每天和每周的路线。运输分析的目标就是在满足客户要求的前提下使运输成本最低。比较典型的运输分析问题包括发送者如何将货物分组来形成运输路线、发送顺序、车辆调度，等等。

（二）运输分析数据

运输分析所需的数据包括三类：道路网络数据、运输需求数据和运输能力数据。道路网络数据包括道路节点之间的联系、道路距离、运输时间以及任何特定的限制，如重量限制或过路费等。运输需求数据说明客户对转载货物和运输的周期性要求，一般以平均需求量为基础来确定运输能力，同时留有一定的余地以适应最高需求时期。运输能力数据包括车辆的数目、车辆的限制、运作成本和其他限制条件等。

（三）运输分析技术

路线和时间的分析计划是运输分析的重要问题，其分析技术可以分为试错方法、精确方法和迭代方法。

试错方法利用经验约束技术，通过顺序增加和删除停靠站来制订路线。精确方法是利用线性规划的方法来确定最佳路线，这种方法运算量比较大，一般需要计算机来进行运算。一些比较复杂的问题则对计算机的容量和运算速度提出了很高的要求。迭代方法是利用仿真、成本计算或图表能力的组合来支持决策者的决策程序，并由决策制定者对方案进行确认评价，根据评价结果进行策略调整，通过多次迭代，获得相对最优的结果。迭代方法比较依赖于决策者的经验和技巧。

可以从两个方面来评价运输方案的好坏：包容性和精确性。包容性是指对特殊情况或例外情况的适应能力，这种能力使得方案能比较有效地应用于实际场合。精确性是指方案的绩效接近最优效果，这些效果包括更低的车辆运作费用、更好的客户服务、更高的车辆运行效率等。

（四）运输优化经典分析方法

（1）表上作业法。表上作业法是指用列表的方法求解线性规划问题中运输模型的计算方法。它是线性规划的一种求解方法，其实质是单纯形法，故也称运输问题单纯形法。当某些线性规划问题采用图上作业法难以进行直观求解时，就可以将各元素列成表格，作为初始方案，然后采用检验数来验证这个方案，否则就要采用闭合回路法、位势法等方法进行调整，直至得到满意的结果。

在寻求运费最少的调运方案中，首先可根据问题列出调运物资的供需平衡表及运价表；其次确定一个初始的调运方案；最后根据判定法则判定该初始方案是否为最优方案，如果不是，则再对该方案进行调整，直至达到最优。一般来说，每次调整得到的新方案都会比之前的方案运费减少一些，这样反复迭代调整几次，即可找到最优方案。

（2）**匈牙利方法**。匈牙利方法是由数学家丹尼斯·科尼格（Denes Konig）所提出的矩形性质定理，可有效解决运输管理中将有限资源（人力、运力、财力）分配给多项任务，或将不同运输任务在车队之间进行分配的问题。一般模型为：

$$\min Z = \sum_{i=1}^{m}\sum_{j=1}^{n} C_{ij}x_{ij} \quad (2.23)$$

$$s.t. \sum_{i=1}^{m} x_{ij} = 1 \quad (2.24)$$

$$\sum_{j=1}^{n} x_{ij} = 1 \quad (2.25)$$

式中，C_{ij} 代表工作时间或工作成本等系数，变量 $x_{ij}=1$ 代表第 j 个工作被分配给了第 i 个司机；变量 $x_{ij}=0$ 代表第 j 个工作没有被分配给第 i 个司机。

（3）**网络分析法**。网络分析法又称统筹法、关键路线法或计划评审法，其基本原理是将组成系统的各项任务的各个阶段和先后顺序通过网络形式统筹规划。该方法的具体表现形式为网络图。

网络图有三个基本组成元素：工序、事项和线路。

工序，指一个需要有一定的人力、物力参加，在一定时间内完成的活动过程。

事项，指工序的开工和完工事项。

线路，指从起点开始顺着箭头所指方向，连续不断地到达终点的一条通道。

第七节　物流运作绩效管理

物流运作绩效管理是指通过对企业物流活动全面、系统的管理，实现最低的物流成本、最高的物流服务水平，从而提高物流的整体运营效率。

一、物流运作绩效管理的意义及原则

物流运作绩效管理涉及企业在供应链中的各个环节，包括采购、生产、库存管理、运输、配送以及信息系统等。通过对这些环节进行有效的绩效管理，企业可以优化资源配置，提高物流效率，降低成本，提高客户满意度，进而提升企业整体竞争力。

物流运作绩效管理具有以下意义。

（1）**提高物流效率**。通过对物流活动的绩效管理，企业可以有效地提高物流的整体效率，降低物流成本，提高客户满意度。

（2）**优化资源配置**。物流运作绩效管理有助于企业实现资源的最优配置，提高物流资源的使用效率。

（3）**增强企业竞争力**。通过提高物流运作的绩效，企业可以增强自身的市场竞争力，实现持续发展。

物流运作绩效管理的核心是设定合适的绩效指标，用以衡量物流活动的表现。这些指标通常包括成本、质量、速度、灵活性等方面。企业需要收集与绩效指标相关的数据，进行分析，找出存在的问题和改进方向。在制定改进措施的过程中，企业需要关注流程优化、技术创新、人员培训等方面，以实现物流运作绩效的持续提升。

为了客观准确地进行物流系统运作绩效管理，企业必须遵守一些基本原则。

（1）**客户导向**。以客户需求为导向，关注客户满意度，提供优质的物流服务。

（2）**系统性原则**。物流运作绩效评价的主要对象是物流经营活动的经济成果。进行物流绩效分析，既要分析经营成果，又要分析经营过程；既要看到内部系统的影响，又要看到外部系统的变化。要在充分掌握信息资料的基础上对物流系统进行全面系统的分析，评价指标体系应涵盖实现物流系统目标所涉及的一切方面，以免出现片面性的评价。

（3）**科学性原则**。物流运作绩效评价必须采用科学的方法和手段，做到定量分析与定性分析、静态分析与动态分析相结合，科学、全面、准确地评价和反映物流系统绩效和存在的问题。

（4）**客观性原则**。物流运作绩效评价的目标是为决策者提供有效的决策依据，评价的质量影响着决策的正确性，客观、全面、可靠和正确是对评价的基本要求。

（5）**真实性原则**。物流运作绩效评价应树立实事求是、一切从实际出发的观念。评价所用的资料必须准确可靠，能真实地反映企业物流系统的实绩。

在实施物流运作绩效管理时，企业还需要关注市场环境的变化，以便及时调整绩效目标和标准。企业应根据市场需求、竞争态势以及自身资源和能力的变化，制定适应性强、具有前瞻性的物流运作绩效管理策略。此外，企业还需建立有效的沟通机制，确保物流运作绩效管理的各个环节能够协同合作，共同实现绩效目标。

二、物流运作绩效管理的基本步骤

对于不同的企业，如生产制造企业、商贸流通企业、物流企业，其物流活动的范围和内容有所不同，决策目标也会有所差异，这会导致物流运作绩效评价的思路与方法有所不同。无论何种情况，正确地执行物流运作绩效评价的步骤是有效进行评价的基本保证。一般来讲，物流运作绩效评价的步骤如图2-17所示。

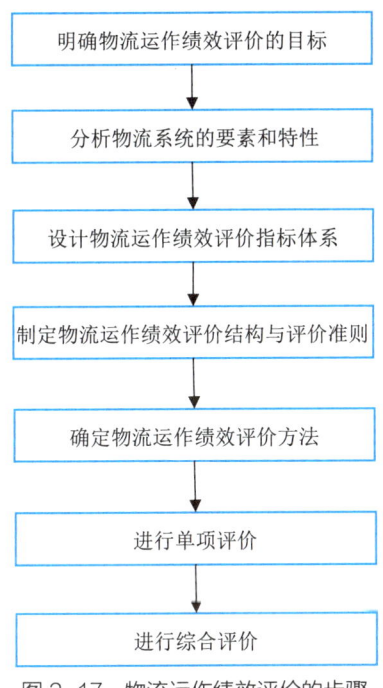

图 2-17　物流运作绩效评价的步骤

（一）明确物流运作绩效评价的目标

为了进行科学的定量评价，必须反复调查，了解建立该系统的目标和为完成目标所考虑的具体事项，熟悉各种可能的方案，进一步分析和讨论已经考虑的各因素。

（二）分析物流系统的要素和特性

根据评价目标，集中收集有关资料和数据，对组成物流系统的各要素及物流系统本身的性能特征进行全面的分析，找出评价的项目。

（三）设计物流运作绩效评价指标体系

物流活动的多样性、复杂性以及经营管理主体的多方性决定了物流绩效指标的多样性，选择合理的指标对于正确衡量物流绩效具有重要的意义。对于所评价的系统，必须建立能对照和衡量各方案的统一尺度（评价指标体系）。评价指标体系必须科学、客观、全面地考虑各种因素，包括组成系统的主要因素以及有关系统性能与费用、效果等方面的内容，这样可以明确地对各方案进行对比和评价，并对其缺陷提出相应的对策。指标体系的选择是由评价系统的目标和特点决定的，指标体系可以从大量的资料、调查、分析的基础上得到，它是由若干单项评价指标组成的整体，能反映出所要解决问题的各项目标要求。

（四）制订物流运作绩效评价结构与评价准则

在评价过程中，如果仅仅定性地描述系统要达到的目标，而没有定量的描述，就难以做到科学地评价。因此，要对所确定的指标进行定量化处理。有些指标本身是定量的数字，这时不需要作更多的处理；有些指标是定性的指标，就需要借助模糊数学的理论与方法进行相应处理。

每项具体的指标可能是几个指标的综合，这是由评价系统的特性和评价指标体系的结构决定的，在评价时应根据指标体系与系统本身的特性确定评价的结构。同时，由于各指标的评价尺度不同，不同的指标难以进行统一比较，这时必须将指标规范化，制订出评价准则，根据指标所反映要素的状况，确定各项指标的结构和权重。

（五）确定物流运作绩效评价方法

物流系统的管理往往涉及多个方案的评价，管理对象的具体要求不同，其评价方法也有所不同。总的来看，在确定评价方法时，需要考虑的主要因素有系统目标、系统分析结果、费用与效果测定的方法及评价准则等。

（六）进行单项评价

单项评价是对系统的某一方面进行详细的评价，以突出系统的特征。单项评价不能解决最优方案的判定问题，只有综合评价才能做到。

（七）进行综合评价

按照评价标准，在单项评价的基础上，从不同的角度对物流系统进行全面的评价。综合评价是利用模型和各种资料，运用技术经济学的理论，对比各种可行方案，从系统的整体观点出发，综合分析问题，选择适当且可以实现的优化方案。

三、物流运作绩效管理的评价指标

企业物流运作绩效管理的评价指标主要有成本指标、时间指标、服务质量指标、资源利用指标四个。

（1）**成本指标**。成本指标主要关注物流运作过程中的各项费用，如运输成本、仓储成本、配送成本等。降低物流成本是提高物流运作绩效的重要方面。

（2）**时间指标**。时间指标主要关注物流运作过程中所需的时间，如订单处理时间、运输时间、配送时间等。缩短物流时间有助于提高客户满意度和企业竞争力。

（3）**服务质量指标**。服务质量指标主要关注物流运作过程中的服务水平，如订单准确率、货物完好率、客户投诉率等。提高服务质量是物流运作绩效管理的核心目标。

（4）**资源利用指标**。资源利用指标主要关注物流运作过程中资源的有效利用，如运输工具的利用率、库存周转率等。提高资源利用率有助于降低成本和提高效率。

四、物流运作绩效管理的常用方法

物流运作绩效管理的实施过程中，企业可以采用一系列方法和工具，如平衡计分卡（balanced score card，BSC）、关键绩效指标（key performance indicator，KPI）、数据包络分析（data envelopment analysis，DEA）、六西格玛（six sigma）和全面质量管理（total quality management，TQM）等。这些方法和工具有助于企业更好地识别问题、制定改进策略、跟踪绩效进展以及评估管理效果。

（一）平衡计分卡

平衡计分卡（BSC）是一种战略管理和绩效评估工具，由罗伯特·S.卡普兰（Robert S. Kaplan）和大卫·P.诺顿（David P. Norton）于20世纪90年代初提出。该方法强调从财务维度、客户维度、内部流程维度、学习与成长维度这四个关键的维度来衡量和评估企业的绩效，以保持各个方面的平衡发展。

平衡计分卡不仅关注财务指标，还关注非财务指标，因此适用于各种类型和规模的企业，包括制造业企业、服务业企业、非营利组织等。通过使用平衡计分卡，企业可以确保在实现长期战略目标的过程中，各个方面得到平衡和充分发展，从而实现可持续增长。

这一评价体系也常被用于后文将提到的供应链管理评价体系中，第六章"供应链管理"将对此进行详细介绍。

（二）关键绩效指标

关键绩效指标（KPI）是用于衡量企业在实现战略目标和运营效果方面的表现的量化指标。KPI关注企业的核心业务和关键成功因素，有助于企业制定战略、优化运营、提高效率和竞争力。KPI的设定应具有明确性、可测量性、相关性、可实现性和时效性，表2-2展示了财务指标、客户指标、内部流程指标、学习和成长指标等常用的KPI指标。

表2-2 常用的KPI指标

财务指标	客户指标	内部流程指标	学习和成长指标
营业收入	客户满意度	生产效率	员工满意度
利润率	客户保留率	订单处理时间	员工流失率
营运资本	客户获取成本	库存周转率	培训投入
毛利润	客户生命周期价值	配送准时率	技能提升率

（三）数据包络分析

数据包络分析（DEA）是一种评估生产效率的数学方法，由查恩斯（Charnes）、库珀（Cooper）和罗兹（Rhodes）于1978年提出。DEA主要用于评估多输入和多输出情况下的决策单元（decision making units，DMUs）的相对效率。通过将每个决策单元的输入与输出进行比较，DEA可以确定决策单元是否在生产前沿上，即是否达到最佳效率水平。

DEA的基本思想是通过构建线性规划模型，计算每个决策单元的相对效率值。相对效率值为1（或100%）的决策单元被认为是有效的，低于1（或100%）的决策单元则被认为是无效的。

DEA的主要优点是能够处理多输入和多输出的情况，同时不需要预先确定各个输入和输出之间的比重。然而，DEA也存在一些局限性，如对极端值敏感，以及只能评估相对效率而不能提供绝对效率信息。在实际应用中，DEA常被用于评估银行、医院、学校等服务型组织的效率和制造业等生产型组织的生产效率。通过DEA，管理者可以了解各个决策单元的效率状况，发现改进潜力，并制定相应的优化策略。

(四)六西格玛

六西格玛(six sigma)是一种旨在提高企业生产和服务质量并降低缺陷率的管理方法,起源于20世纪80年代的摩托罗拉公司。六西格玛的核心理念是通过系统地识别和消除导致产品或服务质量问题的根本因素,从而实现持续改进。六西格玛方法论采用了一套统计工具和技术,以及一种结构化的项目管理流程,以确保改进项目的成功实施。

六西格玛的名字来源于希腊字母"Σ",在统计学中表示平均值的标准偏差。六西格玛等级表示一个过程在正态分布下的性能水平。六西格玛的目标是将过程缺陷降低到每百万个机会中只有3.4个,即达到99.99966%的质量水平。如表2-3所示,这一方法包括两个主要框架:DMAIC(即定义、测量、分析、改进、控制,用于改进现有过程的质量和效率)和DMADV(即定义、测量、分析、设计、验证,用于开发新产品或过程,满足客户需求和预期质量)。

表2-3 六西格玛的两个框架

框架	项目	功能
DMAIC (改进旧进程)	定义(define)	明确项目目标和范围
	测量(measure)	收集现有的过程数据,确定基准和关键绩效指标
	分析(analyze)	分析数据,找出问题根源和改进机会
	改进(improve)	设计并实施解决方案,优化过程
	控制(control)	监控改进效果,确保持续改进和稳定性
DMADV (开发新进程)	定义(define)	明确项目目标和范围
	测量(measure)	收集客户需求和市场信息,确定关键指标
	分析(analyze)	分析数据,评估设计方案和风险
	设计(design)	开发详细的设计方案,满足客户需求和质量标准
	验证(verify)	测试和评估产品或过程,确保质量和客户满意度

另外,六西格玛在实施过程中通常采用一种层次化的人员结构,包括绿带(green belt)、黑带(black belt)和大师黑带(master black belt),这些专业人员负责领导和执行六西格玛项目,推动企业质量改进。

六西格玛已被广泛应用于各行各业,如制造业、服务业等。这一方法论强调数据驱动、团队协作和持续改进。企业通过实施六西格玛项目,可以显著降低成本、提高质量,并增强市场竞争力和客户满意度。

(五)全面质量管理

全面质量管理(TQM)是一种以持续质量改进为核心的管理方法,旨在实现顾客满意、员工参与和长期成功。这种方法强调组织内部各部门和员工的协同合作,通过质量控制、流程优化和持续改进来提高产品和服务质量。实施全面质量管理有助于企业提高产品和服务的质量,增强竞争力和顾客满意度。

本章要点

1. 物流系统是指在一定的时间和空间里，由所需位移的物料、包装设备、装卸搬运机械、输送工具、仓储设施、相关人员以及通信联系等若干相互制约的动态要素所构成的具有特定功能的有机整体。物流系统具体要实现 5S 目标：服务品质（service quality）、迅速交货（speed delivery）、节约空间（space saving）、规模适当（scale optimization）、库存控制（stock control）。

2. 物流系统由人、财、物、信息、组织与管理等要素组成，包括输入、转换、输出、制约和反馈等五个环节。

3. 物流系统有目的指向性、时空序列性、开放动态性、人一机复合性、大跨度性、可分离性、复杂性和多目标函数性等八个特征。

4. 当前常用的研究物流系统的技术有系统仿真技术、系统最优化技术、网络技术和分解协调技术。

5. 从功能角度来说，物流系统主要包括两个部分：存储系统和运输系统。存储系统是针对物流的储备而存在的，它的存在一方面使得物流的交货响应能力提高，另一方面也带来一些存储成本，包括场地成本、资金占用、人工成本等；运输系统是针对物流的移动而存在的，它的作用就是使物资在某一恰当的时间，以恰当的方式到达一个恰当的地点，运输系统的成本和效率与运输批量大小、批次、运输方式等直接相关。从企业运营环节来说，物流系统包括采购、生产、销售等，每一个环节都与物流的存储和运输有关。从管理内容来说，物流系统可以从成本、质量和价格等多个角度进行管理。

6. 在分析一个企业的物流系统成本时，要有总成本的概念。在具体的成本控制工作中，要根据企业业务特点的不同，采取不同的成本最小化策略。在企业物流业务的外包决策中，应该基于战略思路来选择总成本最小的决策。人们比较关注对外支付的物流费用，而往往容易忽视企业内部消耗的物流费用。但实际上，我们在讨论物流系统成本管理的时候，必须站在全局的角度来分析总的物流费用成本。

7. 运输节约来自集中运输，其手段就是通过建立仓库来调节运输流量。这些仓库包括单一的仓库，也包括仓库网络。当通过仓库集中转运的运输总成本低于直接运输的时候，就需要建立仓库点。随着运输网络中仓库集运点的增加，总运输费用会减少，但是在仓库的设置超过一定数量后，总运输成本会上升。成本上升的原因在于能够被转运的数量减少。因此，从仓库集运的角度看，应该存在一个使运输成本最小化的合理仓库布置数量。

8. 在物流系统中提前部署库存可以改进服务响应效率。随着仓库数量的增加，总库存成本会上升，同时由于仓库网络的布置，单个仓库的临时库存储备要求降低，所以总成本的升速减缓。

9. 物流系统的外购决策就是将本来由自己进行的物流活动交给外部企业来进行。物流系统成本控制与是否外购的决策直接相关。传统的外购决策中，经济因素考虑得比较多，而现在，一些大企业更多地将注意力集中在战略因素上。

10.物流质量包括物流对象、物流手段、物流方法、物流过程的质量。物流管理的质量管理指标可以分为总体质量指标、存储质量指标和运输质量指标。

11.对于一个企业来说，保留存货是有一定风险的。与此同时，存货也具有产地专业化、平衡供求、缓冲不确定因素等功能。合理存储包括合理存储量、合理存储结构、合理存储时间和合理存储网络等四个方面的内容。

12.所谓确定型存储模型，就是假设货物需求是不随时间变化而变化的，因此，需求量、提前订货时间是已知的相对确定的值。实际上，当我们所面临的货物需求问题其参数波动性不大时，一般可以适用确定型存储模型。具体如经济订货批量（EOQ）模型、非瞬时进货模型、允许缺货的EOQ模型等。随机型存储模型的主要问题是订货点的确定、安全库存量的确定等。

13.运输的功能包括两大部分：产品转移和产品存储。产品转移实际上就是产品在价值链的各个环节进行转移，其中包括从原材料到成品的采购和制造过程，也包括从工厂向最终客户方向的转移。这种产品的转移需要消耗各种时间资源、财务资源和环境资源，同时有效的产品转移能使产品价值提高。产品转移的主要目的就是以最低的时间、财务和环境资源成本，将产品从原产地转移到规定地点，同时使得货物的路途损失最小。另外，在转移过程中应满足客户在交货方式和信息沟通上的要求。产品存储是运输的一个特殊功能，即将车辆作为临时的存储工具。比如，当产品需要短暂停留时，如果卸货和装货的费用大于临时占用运输工具的费用，就需要发挥运输工具的存储作用。合理地发挥运输工具的存储作用，有利于降低物流系统的总成本。运输的原理包括规模经济原理和距离经济原理。

思考题

1.什么是物流系统？它与物流有何区别？
2.什么是物流系统控制？
3.如何分析物流系统？从哪些角度来进行讨论？
4.物流系统成本管理中需要注意哪些问题？
5.运输管理的基本原理是什么？在物流系统管理中，主要通过什么手段来降低运输成本？
6.仓库的部署与物流成本的关系如何？
7.物流质量包括哪些方面？
8.确定型存储模型的特点是什么？
9.什么是物流运作绩效管理？为什么要进行物流运作绩效管理？
10.物流运作绩效管理的主要流程是什么？有哪些常用的管理方法？

第三章
物流技术与信息系统

本章数字资源

通过本章学习，你需要：
1. 掌握物流信息系统的基本概念；
2. 了解物流信息系统的结构和功能；
3. 掌握传统物流技术的性质与分类；
4. 了解条形码和射频等物流信息采集技术；
5. 了解全球定位系统、地理信息系统和地理位置服务等空间物流信息技术；
6. 了解电子数据交换技术；
7. 了解物联网和人工智能等应用于物流管理领域的新兴信息技术。

【开篇案例】九州通新冠疫苗的冷链运输

接种新冠疫苗是有效抗击新型冠状病毒的最重要的措施。公开资料显示，新冠疫苗接种人群覆盖率需达到80.9%才能形成群体免疫。2019年12月1日，《中华人民共和国疫苗管理法》正式实施。其中关于疫苗运输的要求，最重要的两点为：（1）全程对温度进行控制；（2）全程确保疫苗信息可追溯。可见，在新冠疫苗生产、流通、接种的全过程中，温度控制是疫苗质量安全的重要保障，专业的医药冷链物流企业作为打赢新冠疫苗运输供给战役必不可少的中坚力量，任重而道远。

在国内医药商业领域的民营企业中，九州通是规模最大的一家，也是为数不多的具有全国性网络的企业。九州通主要致力于医药健康行业发展，有效保障国内疾病的预防工作开展。2020年初新冠疫情突如其来，形势严峻，亟需物流企业提供专业的药品应急物流和配送，九州通医药集团物流有限公司（以下简称"九州通物流公司"）接到上级指令后，通过物流管理系统"九州云仓"对红十字会组织的物资捐赠、药品仓储与管理等工作开展协助。面对疫情防控应急需求，为了保证疫苗的时效性和安全性，九州通物流公司在增强硬技术方面做出了很大的努力。

1. 设备升级

九州通物流公司对冷链运营管理体系进行升级，设立疫苗专用库，并对其进行严格的质量管理，从而更好地应对新冠疫苗的储运要求；为了保证疫苗快速且安全地送达目的地，新增最新技术水平配置的疫苗冷藏车近百辆。2020年底，九州通物流公司的现代医药物流中心在上海建立，耗资3亿元。该中心引进的物流信息管理技术较为现代化，如引进射频识别（radio frequency identification，RFID）技术实现运输全过程的温度管理，RFID标签如同一张能够包含货物所有相关信息（如货物的实时温度信息）的"电子版身份证"被贴附在冷链箱上。除此之外，还包括冷藏车全新技术、全新车门帘结构、冷藏车备用风机等。九州通物流公司的冷藏车备用冷机配置已经走在国内前沿。

2."互联网+"冷链运输，建立可视化、可追溯、可预警机制

九州通物流公司运用互联网对疫苗实施温度监测。过去因使用普通温度计，由人工记录温度数据对疫苗进行温度监测，无法及时发现雷雨夜晚出现的短路断电而导致疫苗超温报废的情况时有发生。如今利用"互联网+"进行疫苗的冷链运输，每一个环节都能及时监控其所处环境的温度，一旦跳闸断电或发生其他异常，系统就会通过短信、微信、本地声光等方式及时报警。"互联网+"的冷链运输方式保证了每一支疫苗的安全性，实现了全程可视化、可追溯。实现疫苗全程可追溯的难点在于系统平台及流程节点精细化管控。九州"云仓系统"（九州通物流公司自主研发的智慧物流供应链平台）为其提供了强大的系统功能支撑。在线上，"云仓系统"已经建立非常健全的全程追溯管理平台，通过订单录入、设备关联、到货交接、客户签收、配送返回对追溯功能进行全程管理。通过与设备厂家易流多协接口对接，快速抓取车辆相关信息，在"云仓系统"里对疫苗配送数据进行整理分析后，温度管控板块、运力管理板块、订单数据分析、客户管理平台、质量预警应急平台等八个界面实现了可视化，解决了传统物流行业运营难的问题。线下则根据上游客户操作要求，明确驻场人员职责，制定流程标准作业程序（standard operation procedure，SOP）285条操作细则，并结合每周复盘改善工作，使提货端、在途监控端、配送交接端能够以温度为中心，确保全程冷链运输。

3. 云平台为疫苗冷链运输构筑"安全岛"

通过将传统冷链物流迁移至云平台，疫苗冷链运输已经可以做到不"倒手"。九州通物流公司的信息技术服务部门发现原有的企业资源计划（enterprise resource planning，ERP）系统、信息系统无法适用，必须创新模式，通过构筑云平台，实现全程可追溯、可核查。当前上亿支疫苗形成了上百个数据库。按照相关规定，每支疫苗的数据要保留五年可追溯。和普通物品不同，疫苗对温度极其敏感，超出2～8℃的区间，疫苗就存在失效风险。因此，对于疫苗的数据监控更加复杂，包含对温度的实时监控与传输，而不仅是位置的追踪。"我们先建设了能够监控冷库的状态、实时温度的系统，并跟踪车辆和温度。然后根据各种业务场景做验证、实验，制定质量标准和作业流程，自主研发信息系统，并把业务流程数字化，目前在国内建立了非常完善的纠错机制。"九州通物流公司相关人员说。

在疫苗冷链物流运输过程中，为避免"断链"，九州通物流公司通过冷链云平台、数据处理网关、无线RFID温度记录仪保障疫苗运输全程各环节，包括生产、包装、运输、储藏、使用等，下游客户可以通过手机监控和云平台对其进行实时监测并记录温度等相关重要数据，通过技术达到真正的透明物流，实现全程不断链。

资料来源：杨洋，张晓聪，张建敏，等．严防"断链"的"冰与火之歌"：九州通新冠疫苗冷链运输［EB/OL］．（2021-05-01）[2023-05-01]．http://www.cmcc-dlut.cn/Cases/Detail/6128.

第一节　物流信息系统

一、物流信息系统概述

物流在现代经济发展中发挥着越来越大的作用。随着信息技术的发展，物流信息系统在企业中得到了广泛运用。物流信息系统利用现代信息技术对物流活动中的各种信息进行实时、集中、统一的管理，使物流、资金流、信息流三者保持同步，及时反馈物流市场、客户和物品的动态信息，为客户提供实时的信息服务，为企业提供管理决策依据。

（一）物流信息系统的概念

物流信息系统（logistic information system，LIS）作为企业信息系统中的一类，可以理解为通过对与物流相关信息的加工处理来达到对物流、资金流的有效控制和管理，并为企业提供信息分析和决策支持的人机系统。它具有实时化、网络化、系统化、规模化、专业化、集成化、智能化等特点。物流信息系统以物流信息传递的标准化和实时化、存储的数字化、物流信息处理的信息化等为基本内容。

物流信息系统整合了传统物流的功能性业务，如运输、仓储、配送、增值服务等内容。以信息网络技术为支撑的物流信息系统能够优化供应链、降低流通成本、增加产业附加值、实现管理创新。通过物流信息系统的建设，可以提高物流企业以及生产流通企业的效率，带来巨大的经济效益。

物流信息系统强调从系统的角度来处理物流企业经济活动中的问题，把局部问题置于整体之中，力求整体最优化，并能将信息及时、准确、迅速地送到管理者手中，提高管理水平。在解决复杂的管理问题时，物流信息系统可以广泛应用优化模型进行定量分析，同时把大量的事务性工作交由计算机完成，将人们从烦琐的事务中解放出来，有利于管理效率的提高。

商流和物流是流通的重要组成部分，两者关系密切。在过去，两者往往合二为一；但在物流发展过程中，商流和物流逐渐分离，如图3-1所示。

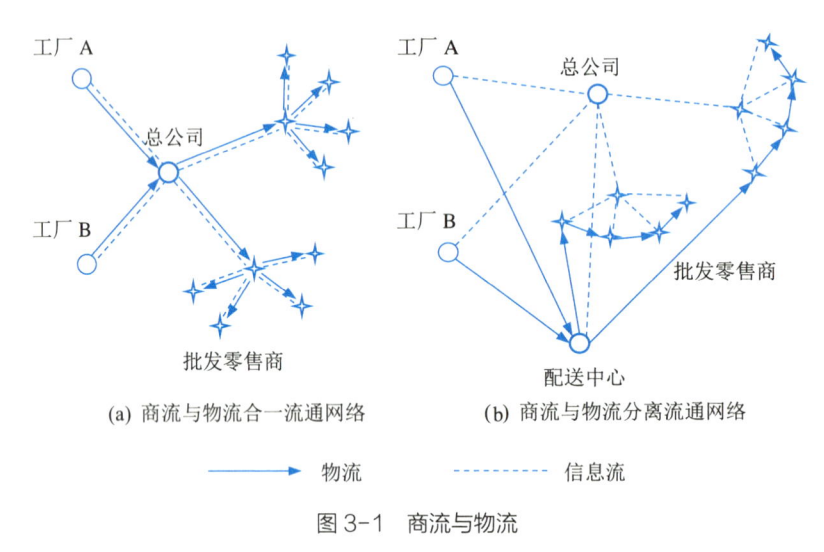

图 3-1 商流与物流

在现代物流中，物流主要是信息沟通的过程，物流的效率依赖于信息沟通的效率，商流、物流和信息流是分不开的，商流和物流都是在信息流的控制下运作的，信息流控制物品、资金流动的时间、方向、大小和速率。

现代物流趋向于商流和信息流一体化，通过构建现代物流中心或信息处理中心这一全新的现代物流体系，使商流、物流和信息流在物流信息系统的支持下实现互动，从而能提供准确和及时的物流服务。

物流信息系统可以同时完成对物流的确认、跟踪和控制，它不仅使企业自身的决策快、反应快，灵活机动，对市场的应变能力强，而且增强了和客户的沟通联系，能最大限度地满足客户的需要，为客户创造更多的价值，因而容易锁定原有的客户，同时吸引潜在的客户，从而增强企业的竞争优势。

物流信息系统的引进和完善帮助物流企业有效地解决了单点管理和网络化业务之间的矛盾、成本和客户服务质量之间的矛盾、有限的静态资源和动态市场之间的矛盾、现在和未来预测之间的矛盾。它通过直接切入物流企业的业务流程来实现对物流企业各生产要素的合理组合和高效利用，降低经营成本，直接产生明显的经营效益。它有效地把各种零散数据变为商业智慧，赋予了物流企业新型的生产要素——信息，大大提高了物流企业的业务预测能力和管理能力，通过"点、线、面"的立体式综合管理，实现了物流企业内部一体化和外部供应链的统一管理，有效地帮助物流企业提高服务质量，提升物流企业的整体效益。

（二）物流信息系统产生的背景

1. 物流信息系统产生的商业背景

在竞争日益激烈的环境下，如何整合上游供应商和下游客户、缩短物流过程、降低产品库存、加快对市场的反应，这是所有企业都要面对的问题。然而，在过去，很多企业对商品物流环节的管理相对比较薄弱，对物流没有统一的规划，导致物流、信息流和资金流不能有序流通，当市场发生变化时，不能快速地进行产品调整。

针对这些问题，有必要为供应商、制造商、分销商和经销商提供一套物流信息系统，用物流信息系统将库存管理、供应链管理和分销管理整合起来，将物流、信息流、资金流在制造商、供应商、分销商、经销商和客户组成的网络中进行协调和集成管理，从而实现商品在流通领域中的全过程管理，优化企业之间的合作关系，进而提高企业的竞争能力。

2. 物流信息系统产生的技术背景

随着人们对物流理解的深入，物流不仅是把货物从一个地方移动到另一个地方，更重要的是把货物移动的相关信息准确地传递给合作伙伴和最终客户。物流管理者需要根据需求变化及时、动态地进行优化调整，信息技术在这一点上起着关键的作用。

计算机网络的日益发展使人们对通过网络获取信息的依赖性逐渐变强，这不仅体现在获取和提交信息量的增大，更体现在对获取信息的实时性和方便性的迫切需求上。为此，人们从硬件、软件、网络、技术和决策等方面做出了不懈努力。

（1）**在硬件方面**，出现了更多便携式的移动设备，如笔记本电脑、掌上电脑、个人数据助理（personal digital assistant，PDA）等，这些移动设备称为可移动计算机。

（2）**在软件方面**，出现了诸如Palm OS、Windows CE、WebOS、Android、IOS等适用于移动客户端的操作系统以及针对移动条件的数据库管理软件。数据仓库概念的提出和普及也为信息分析奠定了基础，并为数据驱动型的决策支持提供了数据基础。

（3）**在网络方面**，发展了各种无线通信网络，并综合利用固定网络和无线网络来传输数据，实现了固定网络和无线网络的无缝连接。手机的普及使得移动终端逐渐代替传统计算机设备，移动设备的便携和不受通信线路限制的特点极大地优化了通信、信息传输和技术应用的服务和体验。

（4）**在技术方面**，物联网、可穿戴设备、云计算等技术的发展和推广大大提高了物流数据的收集、存储、整理和分析等能力。

（5）**在决策方面**，以应用服务和人工智能为导向的技术极大地促进了计算机网络技术的变革和发展，加速了数据时代的到来，帮助人们更准确、客观、智能地进行物流决策。

3. 物流信息系统产生的社会背景

电子计算机技术的迅速发展和网络的广泛延伸使整个社会进入了信息时代。在这个网络时代，只有融入信息社会，企业才可能有较大的发展。更何况，信息技术的发展已经为信息系统的开发打下了坚实的基础。物流作为一种社会服务行业，必然要建立属于物流业自己的信息系统。

随着社会经济的发展和科学技术的进步，生产专业化程度进一步提高，产业组织和企业组织更趋复杂，这也呼唤着物流信息系统的出现，并要求其不断革新、顺应发展。人们的生活水平在不断提高，生活方式也逐渐趋向于多元化和个性化，购买行为的变化会直接影响物流信息系统的建设。

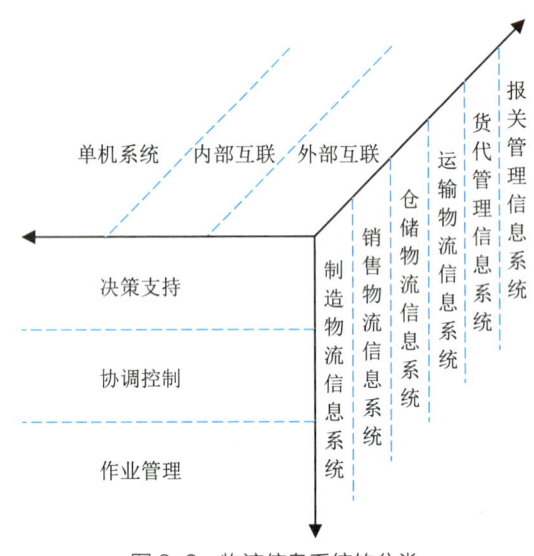

二、物流信息系统的分类

物流信息系统有多种类型，可以从不同角度对物流信息系统进行分类，比较典型的分类如图 3-2 所示。

图 3-2　物流信息系统的分类

（一）按管理决策的层次分类

物流信息系统按管理决策的层次不同，可以分为物流决策支持系统、物流协调控制系统和物流作业管理系统。各系统功能如图 3-3 所示。

物流决策支持系统	客户服务分析 网络/设施选址配置 存货水平和管理 与第三方/外源的垂直一体化
物流协调控制系统	仓储调度、动态配载 线路选择、设备调度 车辆调度、成本控制 资产管理、生产率衡量
物流作业管理系统	订单受理记录、出入库管理 货物库存管理、货物加工管理 货物运输管理、车辆在途监控

图 3-3　物流信息系统按管理决策层次分类

（二）按系统的应用对象分类

供应链上不同的环节、部门所实现的物流功能不尽相同。按系统应用对象的不同，物流信息系统可以分为面向制造商的物流信息系统，面向零售商、中间商、供应商的物流信息系统，以及面向物流企业的物流信息系统，如图 3-4 所示。

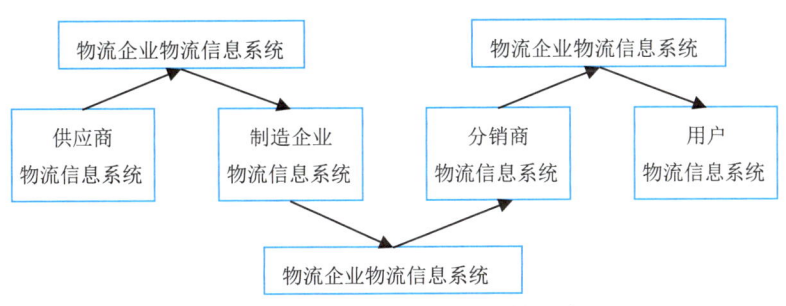

图 3-4　物流信息系统按应用对象分类

（三）按系统采用的技术分类

物流信息系统的实现有多种形式。按系统采用的不同技术，物流信息系统可以分为单机系统、内部网络系统以及与合作伙伴和客户互联系统。

（1）**单机系统**。在这种模式下，系统的应用往往只局限于料账管理、打印报表和简单的统计。物流信息系统与企业的其他系统，如财务、人事等系统的运作互不相干、各自独立运行。这时，物流企业虽然解决了手工制作单证的问题，但内部数据往往难以实现共享，存在大量重复的劳动，可能造成同样的数据需要在不同的系统中重复输入的情况。

（2）**内部互联（内部网络系统）**。这类系统在物流企业中常常采用大型数据库技术及网络技术。内部局域网建成后，物流企业各部门间的信息流动基本实现无纸化，内部数据可以较好地实现共享。物流企业内部不同地区的子公司之间可以采用企业内联网（Intranet）技术，借助增值网络，将企业分布在不同地理区域的机构有机地结合在一起，同时结合互联网技术，随时随地向客户和公司的管理层提供所需的各种信息，从而保证供应链的各个环节有机结合。

（3）**外部互联（与合作伙伴和客户互联系统）**。在这种模式中，企业内部网络系统与外部合作伙伴及客户的管理信息系统的接口已经做好，数据可通过专门的通信通道进出物流企业，形成了物流企业的外联网（extranet）。这种系统将企业内部网络和互联网有机结合在一起，充分利用互联网技术所带来的便利，以较低的成本和能够迅速扩张的能力，为公司的管理层、合作伙伴和客户提供各种信息。

三、几种典型的物流信息系统

（一）决策支持系统

决策支持系统是一个能为决策提供支持的交互式计算机系统。它能为决策者提供有价值的信息、创造性思维与学习的环境，并能为决策者对半结构化问题的求解提供支持。一般情况下，决策支持系统可分为智能决策支持系统、分布决策支持系统和群体决策支持系统。

决策支持系统以日常业务处理系统的数据为基础，利用数学的方法或模型，对业务数据进行综合分析，预测未来业务的变化趋势，在企业发展、市场经营战略等重大问题上为领导层提供决策帮助。通过综合应用决策科学的理论和方法，并与计算机技术和管理科学有机结合，决策支持系统能够为企业决策者提供各种定量分析，从而减轻管理者从事低层次信息处理和分析的负担，使得他们专注于最需要决策智慧和经验的工作，提高决策的质量和效率，同时有效地提高决策者的决策能力，提升决策的科学性、可信度和可行性。

决策支持系统具有如下特点：以模型管理为主，实现定量处理；系统的运行不仅需要企业外部、内部的原始数据，还需要按照决策问题的要求运行处理后的数据。因此，决策支持系统不仅依赖于数据库的支持，还需要借助数据仓库；不仅需要单一的数据，还需要多方的数据。对用户来说，系统只是支持而不是替代，即系统能为用户提供多个备选方案，并按照设定的评价指标集对方案进行评价，但是最终的方案还是由用户来选择。当前，决策支持系统对业务的支持能力还是有限的。

（二）运输管理系统

运输管理系统主要处理各种运输问题，它应当支持多网点、多机构、多功能作业的立体网络运输，特别是网络机构庞大的运输体系。运输管理系统能够协助管理人员进行资源分配、作业匹配、路线优化等操作，同时，运输管理系统与RF、GPS/GIS系统实现无缝连接，在充分利用条码的系统内可以实现全自动接单、配载、装运和跟踪。这里需要补充的是，运输管理系统还应有基本资料的管理（包括车辆信息、行驶路线信息等基本资料的维护）、油料管理（包括油料的采购、库存转移和领用管理）、物料管理（包括物料的采购、领用和破损处理等）和成本管理（包括控制车队日常运营成本时产生效益的主要手段和途径）等功能。

（三）采购管理系统

采购管理系统可以实现所有与采购有关的信息管理和数据处理。采购管理系统通常包括采购单管理、供应商管理、采购单到期提醒、采购单数据处理、采购变更处理以及周期报表生成等功能模块。

采购管理系统的主要业务流程及功能如下：当收到一个采购请求时，采购部门需要确定能够满足此需求的供应商。系统首先根据订单的物料清单查询库存量，并查询数据库中相关的供应商，如果数据库中没有合意的供应商，则根据现实信息新建一个供应商信息。经过向供应商询价、核价等过程，采购人员通过系统做出采购计划并制作采购单，等待供应商发货。系统根据采购单到期的日期提前提醒供应商，以保证物料能及时到货。如若订单取消，系统可记录与取消采购单相关的信息。系统可在一定周期内，根据采购单的类别（紧急采购单或一般采购单）提供采购单周期的资料查询。

（四）库存信息系统

库存信息系统是物流信息系统中应用较为广泛的系统，也可以说是各类型物资及物流管理信息系统的基础系统。无论进行何种管理，库存信息都是首先要掌握和收集的。库存信息系统的应用主要有以下几个目的：一是便于掌握各分销地点的库存量及生产企业库存量；二是对具体的某一仓库进行库存管理；三是在高层货架仓库中建立库存信息分系统；等等。

（五）配送信息系统

配送信息系统是物流信息系统的重要组成部分，配送的成败决定着企业和经营部门对市场的占有程度和控制程度。美国通用电气公司的综合信息及销售管理系统是经典的配送信息系统。该公司将分布于各个州的销售部门、产品仓库及制造厂联结起来，及时掌握和分析库存情况，一旦有订货，则由中央计算机进行集中信息处理，在15秒内即可处理完毕，然后通过网络将发货信息传递到距离用户最近（或运费最低）的配送点命令发货。由此可见，配送信息系统的主要目的包括：向各分销点或营业点提供配送物资的信息，根据订货查询库存及配送能力，发出配送指令、结算指示及发货通知，汇总并反馈配送信息，等等。

（六）订单处理系统

一个企业从发出订单到收到货物的时间称为订货提前期，而对于供货方，这段时间称为订货周期。在订货周期中，企业要相继完成五项重要活动：订单准备、订单传输、订单录入、订单履行、订单状况报告。这就是订单处理的流程。

在订单处理流程的任一环节缩短了时间，都可以为其他环节争取时间或者缩短订货周期，从而保证客户服务水平的提高。生产企业的订货周期就是购买者的订货提前期，如果生产企业的订货周期比较短，并且很稳定，那么购买者就可以降低再订货点，减少保险库存，节约大量的存货成本。由此可见，生产企业订货周期的长度及波动性对于购买企业的成本和灵活性具有重大影响，是购买企业在选择供应商时的重要参考指标，它直接影响企业的市场竞争力。从客户的角度来看，评价企业对客户需求的反应灵敏程度是通过分析企业订货周期的长短和稳定性来实现的。因此，完善的订单处理系统对企业而言是十分重要的。

（七）财务管理系统

财务管理系统可能包含在其他物流信息管理的子系统中，也可以看成物流信息系统中的独立单元。财务管理系统主要管理所有与物流费用有关的信息和资料，对企业发生的所有物流，包括运输、库存、行政、办公等费用进行计算，根据规范的合同文本、货币标准、收费标准自动生成结算凭证，为企业以及物流公司的自动结算提供完整的结算方案。

四、物流信息系统的结构与功能

（一）物流信息处理的流程

在物流管理活动中，信息处理的结果起着十分重要的作用。进行物流管理时，需要大量准确的信息，信息的遗漏和错误都将影响相应决策的制定和执行，从而影响物流管理的效果和企业的效益。

物流信息处理是指按照业务应用的需要，采用一定的方法与手段对信息进行采集和输入、存储、传输、加工、输出的过程。业务应用的需要是进行信息处理的依据，输出是信息处理的归宿。物流信息处理流程如图3-5所示。

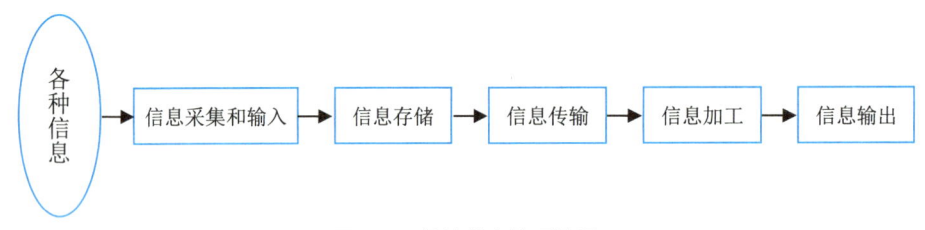

各种信息 → 信息采集和输入 → 信息存储 → 信息传输 → 信息加工 → 信息输出

图 3-5 物流信息处理流程

1. 信息采集和输入

物流信息采集是指通过采集子系统从系统内部或外部将信息采集到预处理系统中，并将之处理为系统要求的格式和形式，然后通过输入子系统输入物流信息系统中。这一过程是其他功能得以发挥作用的前提和基础，如果一开始采集和输入的信息不完全或不正确，在接下来的过程中得到的结果就可能与实际情况完全相左，这会导致严重的后果。因此，在衡量一个信息系统的性能时，应注意它采集信息的完善性、准确性、校验能力以及预防和抵抗破坏的能力等。

2. 信息存储

物流信息经过采集和输入阶段后，在其得到处理之前，必须在系统中存储下来。即使在处理之后，若信息还有利用价值，也要将其保存下来，供以后使用。物流信息系统的存储功能就是要保证已得到的物流信息不丢失、不走样、不外泄、整理得当、随时可用。无论哪一种物流信息系统，在涉及信息的存储问题时，都要考虑存储量、信息格式、存储方式、使用方式、存储时间、安全保密等问题。如果这些问题没有得到妥善解决，信息系统是无法投入使用的。

3. 信息传输

物流信息在物流系统中需要准确、及时地传输到各个职能环节，否则信息就会失去其价值。这就需要物流信息系统具有克服空间障碍的能力。物流信息系统在实际运行前，必须充分考虑所要传递的信息种类、数量、频率、可靠性要求等因素。只有这些因素符合物流系统的实际需要，物流信息系统才有实际使用价值。

4. 信息加工

物流信息系统的最根本目的就是将输入的数据加工处理成物流系统所需要的物流信

息。数据和信息是有所不同的，数据是得到信息的基础，但数据往往不能直接使用；而信息是通过数据加工得到的，它可以直接被利用。只有得到了具有实际使用价值的物流信息，物流信息系统的功能才算得以发挥。

5. 信息输出

信息输出是物流信息系统的最后一项功能，也只有实现了这个功能，物流信息系统的任务才算完成。信息的输出必须采用便于人或计算机理解的形式，力求易读易懂、直观醒目。

这是物流信息系统的五项基本功能，缺一不可。而且，只有五个过程都没有出错，最后得到的物流信息才具有实际使用价值，否则会造成严重的后果。

（二）物流信息系统的结构

从系统的观点出发，构成物流信息系统的要素有硬件、软件、数据库与数据仓库、相关人员，以及物流企业管理思想和理念、管理制度与规范等。

1. 硬件

硬件包括计算机、服务器、通信设施等，它是物流信息系统的物理设备和硬件资源，是实现物流信息系统的基础，也是构成物流信息系统的硬件平台。物流信息系统的物理结构如图3-6所示。

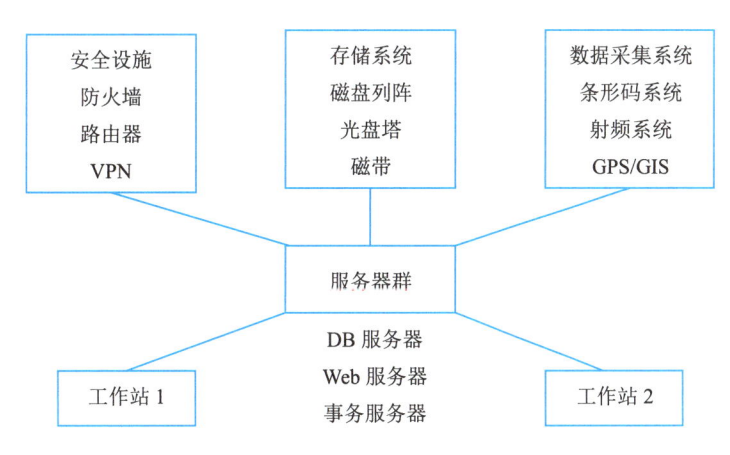

图3-6 物流信息系统的物理结构

2. 软件

在物流信息系统中，软件一般包括系统软件、实用软件和应用软件。

（1）**系统软件**主要有操作系统、网络操作系统等，它能控制、协调硬件资源，是物流信息系统必不可少的软件。

（2）**实用软件**的种类很多，对于物流信息系统而言，主要有数据库管理系统、各种开发工具等，用于管理数据资源、开发应用软件、实现通信等。

（3）**应用软件**是面向问题的软件，与物流企业业务运作相关，具有辅助企业管理的功能。不同的企业可以根据应用的要求来开发或购买软件。

3. 数据库与数据仓库

一般来讲，大量的数据存放在数据库中。随着物流信息系统应用的深入，采用数据挖掘技术的数据仓库也应运而生。数据库与数据仓库用以存放与应用相关的数据，为辅助企业管理和做出决策提供数据基础。

4. 相关人员

系统的开发涉及多方面的人员，包括企业高层领导、信息主管、中层管理人员、业务主管、业务人员、系统分析人员、系统设计人员、程序设计人员、系统维护人员等。不同人员在物流信息系统开发过程中起着不同的作用。对于一个物流企业来说，配备什么样的专业队伍，既取决于企业对物流信息系统的认识，也取决于企业对物流信息系统开发的管理模式。

5. 物流企业管理思想和理念、管理制度与规范

在物流行业中，新的管理思想和理念不断产生，如供应链管理理念、第三方物流概念等。物流企业本身的决策者和管理者及其客户所能接受和贯彻的管理思想和理念以及程度决定了物流信息系统的结构。

物流企业管理制度与规范通常包括组织结构、部门职责、业务规范和流程、岗位制度等，它们是物流信息系统成功开发和运行的管理基础和保障。

（三）物流信息系统的主要功能

物流信息系统是把各种物流活动与某个一体化过程连接在一起的通道。一体化过程建立在四个功能层次上：交易系统、管理控制、决策分析和战略计划。

交易系统是用户启动和记录个别物流活动的最基本的层次；管理控制要求把主要精力集中在功能衡量和报告上，功能衡量对于提供有关服务的水平和资源利用等的管理反馈来说是必要的，管理控制以可估价的、策略上的、中期的焦点问题为特征，涉及评价过去的功能和鉴别各种可选方案；决策分析要求把主要精力集中在决策应用上，协调管理人员鉴别、评估和比较物流战略和策略上的可选方案，但与管理控制不同的是，决策分析强调有效，而不是强调效率；战略计划要求把主要精力集中在信息支持上，以开发和提炼物流战略，这类决策往往是决策分析层次的延伸，通常更加抽象、松散，并且注重于长期效果，包括通过战略联盟使协作成为可能、厂商的能力和市场机会的开发和提炼以及消费者对改进的服务所做出的反应。综上所述，物流信息系统的功能可概括为以下几点。

（1）**市场交易活动功能**。交易活动主要包括记录接货内容、安排储存任务、作业程序选择、制订价格及相关人员查询等。物流信息的交易作用就是记录物流活动的基本内容，其主要特征是程序化、规范化和交互式，强调整个信息系统的效率性和集成性。

（2）**业务控制功能**。对物流服务的水平和质量以及现有管理个体和资源的管理要借助信息系统来实施，需要建立完善的考核指标体系来对作业计划和绩效进行评价和鉴别。信息系统对控制工作和加强控制力度具有至关重要的作用。

（3）**工作协调功能**。在物流运作中，加强信息的集成、流通与共享有利于提升工作

时效，提高工作的质量与效率，降低劳动强度。物流信息系统在这里发挥了重要的作用。

（4）**决策和战略支持功能**。物流信息系统可以协助工作人员和管理层进行活动的评估以及成本—收益分析，从而更好地进行决策。

第二节　传统物流技术

一、什么是物流技术

物流技术是提高物流生产力的决定性因素，物流技术的创新与发展是推动物流业发展的重要动力源。当下，物流技术已经成为衡量一个国家物流发展水平的重要标志。

物流技术一般是指物流活动中所采用的自然科学与社会科学方面的理论和方法，以及设施、设备、装置和工艺等。它不但包括物流活动中所运用到的各种操作方法，如流通加工技术、物品包装技术、物品标识技术、物品实时跟踪技术等，而且还包括物流活动中所运用到的各种管理技能，如物流规划、物流评价、物流设计、物流策略等。因此，物流技术大体上可以分为硬件技术和软件技术两个方面。

（1）**物流硬件技术**。具体包括：①材料技术，如集装材料、包装材料等；②机械技术，如装卸机械、包装机械、运输机械、加工机械等；③设施，如仓库、车站、港口、机场、配送中心等。

（2）**物流软件技术**。具体包括：①预测，即根据数字参数预测物流数量的技术，如时间序列技术、因果关系技术等；②设计，即对流通形态和硬件技术进行规划研究与改进的技术，如选址的分析技术、最小总成本设计和物流战略的选择等；③运用，即对运输工具的选择使用，如装卸方法、库存管理、劳务管理等；④评价，如成本计算、生产率评价等。

在现代物流学产生之后，物流技术发展的特点是将各个环节的技术进行综合、复合化而形成最优系统技术。因此，现代物流技术呈现多元化特征，如物流技术的信息化、全球化、数字化、网络化、智能化、柔性化、敏捷化、可视化、节能化、绿色化、微型化、集成化、安全化等。其中，全球化和信息化是现代物流技术最重要的特征。如表3-1所示，从物流的功能活动角度看，现代物流技术包括集装化技术、货物运输技术、货物仓储技术、货物包装技术、物流配送技术、流通加工技术及物流信息技术等。

表 3-1 现代物流技术

功能	技术	特点
集装化	集装箱化	以集装箱作为货物单元的一种集装化形式，应用较为泛用
	托盘化	以托盘作为货物单元的一种集装化形式，应用较为泛用
	货捆化	主要适用于钢材、建材等货物的流通
	网袋化	应用普遍，可以很方便地实现各种散货的集装化
	框架化	玻璃等易碎品可以通过各种集装框或集装架实现集装化
	滑板化	解决了托盘材料消耗大、流通周转复杂等问题
	半挂车	相当于一种带轮的大型集装箱，是集装箱化技术的改良
货物运输	铁路运输	适用于大批量、长距离运输，成本相对较低
	公路运输	灵活便捷，适用于短途运输及门到门服务
	水路运输	大运量、低成本但效率较低，适用于大宗货物长距离运输
	航空运输	快速高效但成本较高，适用于紧急或高价值货物运输
	管道运输	稳定、连续但前期成本较高，适用于非固体特殊物品运输
货物仓储	立体自动化仓储	占地面积小、仓储作业迅速准确
	虚拟仓库	消除了地域限制，且使存储和需求尽可能地接近，减少了供应链的总成本
货物包装	防湿防水包装	采用防水材料做阻隔层，防止水汽进入包装内部
	防霉包装	通过材料与包装内部结构两部分设计达到防霉的要求
	防震包装	关键是确定防震材料的种类和设计防震包装的结构形式
	保鲜品质包装	目的是使货物的品质能够最大限度地保存
	危险品包装	针对危险品类需要采用特殊的包装技术
物流配送	集中配送	将不同来源的货物集中到大型仓库统一配送，减少成本
	配送中心	高效分拣、智能调度，大幅度提高物流运输效率
	同城配送	依托于本地仓储与配送网络，满足即时性需求
	冷链物流	通过恒温环境及专业设备保证生鲜等货物的品质
	无人机配送	利用无人机提高运输效率，同时减少配送成本
流通加工	剪板加工	常用于生产资料的流通
	集中开木下料	常用于木材的流通加工
	冷冻加工	在食品流通中广泛运用，采用低温冻结的方式
	分选加工	针对农副产品等规格及质量较大产品的加工技术
	精致加工	在产地或销售地设加工点，去除农副产品等的无用部分
物流信息	条形码	为实现信息的自动扫描而设计，能够快速、可靠地采集数据
	电子数据交换	企业之间用于改善经营活动及数据传输效率的技术
	全球卫星定位	运用最广泛的全球定位技术
	北斗卫星导航	我国自行研发的全球定位技术
	地理信息系统	为地理研究与决策研发的计算机系统
	射频技术	可读写、携带大量数据，难以伪造且相对智能化

二、传统物流技术介绍

（一）物流包装与集装技术

包装是指在采用容器、材料和辅助物的过程中施加一定技术方法等的操作活动，对产品进行包装主要是为了：（1）保护产品；（2）方便储运；（3）促进销售；（4）美化产品；（5）方便消费。

过去包装主要依靠人工作业。进入大量生产、大量消费时代以后，包装的机械化也就应运而生。包装机械化从逐个包装开始，然后向装箱、封口、捆扎等外包装关联作业推进。实现包装的机械化是提高包装作业效率、减轻工人包装作业强度的基础。目前，包装机械主要有液体、颗粒、粉剂自动包装机，塑料带捆扎机，自动封箱机，超声波自动封口机，真空包装机，封口机，打码机，吸塑包装机，贴体包装机，电磁感应封盖机以及自动贴标机等。采用包装机械可以显著提高包装质量与劳动生产率，并降低成本，改善劳动条件。

另外，集合包装技术是目前采用较多的一类先进包装技术。它是指将一定数量的包装件或产品装入具有一定规格、强度和能够长期周转使用的更大包装容器内，形成一个合适的搬运单元的包装技术。推行集合包装有利于节约包装费用，提高经济效益。集合包装器主要有集装箱、托盘、集装袋等。这一技术需要遵循以下三项原则。

（1）**通用化**。集合包装应与物流系统的设备与工艺相适应，各种集装工具之间要相互通用，以便在"门对门"运输过程中畅通无阻。

（2）**标准化**。为了流通方便，集合包装工具的外形、重量、刚度、耐久性试验方法、装卸搬运加固规则、编号及标准都需按照统一要求进行。

（3）**系统化**。集合包装需要建立一个具有成套物流设施、工艺和管理，能够联系生产与生产、生产与消费的动态系统。

随着经济的高速发展，商品竞争愈趋激烈，产品种类繁多，人们的消费观已从重视物质需求向重视精神需求的方向变化，广大消费者要求包装便于携带、取放、开启和处理。产品的生产与包装不断趋于以消费者需求为导向，这就促进了包装的现代化。要实现包装的现代化，就需要大力发展现代化的包装产品，加快开发现代化的包装机械设备和推广普及先进的包装技术，加快新型包装材料的研制和生产。在物资的运输包装方面，要充分发挥集装箱、集装袋、纸箱和托盘的作用，逐步实现包装集装化；同时，包装要和运输工具、储存、装卸手段相互配套，以便实现包装的系列化、规格化和标准化。

（二）物流运输技术

运输是物流作业中最重要的环节之一，原材料和货物都需要通过运输来实现空间上的转移。在目前的市场环境中，有许多运输方式可以选择，不同的运输方式其费用、风险和效果等都不相同。对于物流管理者来说，正确地安排运输可以提高整个物流系统的运行效率和绩效。目前主要有五种基本的运输方式：公路运输、铁路运输、水路运输、航空运输和管道运输。各运输方式的成本结构特点如下。

（1）**公路**。公路建设的固定成本高，变动成本适中（主要包括燃料、维修等）。

（2）**铁路**。在设备、端点站、轨道等方面的固定成本比较高，变动成本低。

（3）**水路**。船舶和设备的固定成本适中，变动成本低，具有运输大吨位货物的能力。

（4）**航空**。固定成本低，变动成本高。

（5）**管道**。固定成本最高（主要用于管道建设），变动成本最低。

除此之外，不同的运输方式有不同的侧重点以及优缺点，表3-2介绍了这五类运输方式的适用范围、基本设施及特点。

表3-2　运输技术简介

运输方式	适用范围	基本设施	特点
公路运输	短距离、小批量货物运输	1. 公路； 2. 交通控制系统； 3. 汽车； 4. 汽车站	运输机动灵活 全运程效率高 受外界影响小 资金周转快 安全性较低 环境污染严重
铁路运输	长距离、大批量货物运输	1. 车站系统； 2. 铁轨； 3. 铁路机车	运输量大 计划性强 安全程度高 灵活性差
水路运输	长距离、大批量货物运输	1. 水路运输工具； 2. 港口设施	运输量大 单位运输成本低 续航能力强 天气因素影响大 投资巨大且回收周期长
航空运输	珍贵或紧急货物运输	1. 飞机； 2. 航空港系统	运输速度快 适用范围广 建设周期短 不受地形限制 安全且舒适 运输成本高
管道运输	液体或气体等流体运输	1. 管道； 2. 储存库； 3. 压力站； 4. 控制中心	运输成本低 货物损耗少 有利于环境保护 灵活性差

【案例】百度完成全球首次自动驾驶物流闭环，快递包裹飞越太平洋

2019年1月9日，国际消费类电子产品展览会正式开幕。百度Apollo自动驾驶车队用接力的方式，从长沙出发，乘坐飞机跨越太平洋后，在当天将一个具有Apollo标识的包裹由无人货运车送到美国拉斯维加斯，创造历史。百度官方表示，这是全球首次实现自动驾驶物流闭环，也是在展览会前夕百度为大家带来的一次自动驾驶成果展示。

此外，在展览间隙，百度还发布了全球首个最全面的智能驾驶商业化解决方案——Apollo Enterprise。据了解，Apollo Enterprise 是提供给全球汽车企业、供应商和出行服务商的一套加速实现智能化、网联化、共享化的自动驾驶和车联网解决方案。与此同时，百度还推出了 Apollo 3.5 版本，可以实现从简单城市道路到复杂城市道路的自动驾驶，自动应对窄车道、减速带、人行道、十字路口、无信号灯路口、借道错车行驶等十几种路况。

资料来源：物流行业 10 大技术创新案例 [EB/OL]. (2019-07-18) [2023-05-01]. http://www.zgjtys.com.cn/news/n2764.html.

（三）物流装卸搬运技术

装卸是指在同一地域（地点）范围内（如车站、机场、码头、工厂、仓库内部等），以改变物料的存放状态或支承状态为主要内容和目的的活动。搬运是指在同一场所内，对物品进行水平移动为主的物流作业。在实际操作中，装卸与搬运是密不可分的，两者通常是相伴发生的。

装卸搬运技术需要应用在多种场景中。如表 3-3 所示，装卸搬运技术能够根据不同的分类标准细分为不同的种类。

表 3-3　各类装卸搬运技术

分类标准	类别	描述
作业场所	车船装卸	在载运工具之间进行的装卸作业
	港站装卸	在机场、码头等进行的装卸作业
	场库装卸	在仓库、集散点、物流中心等进行的装卸作业
作业方式	吊上吊下	采用起重机吊起货物进行运输
	叉上叉下	采用叉车从货物底部托起货物进行运输
	滚上滚下	通常用于船上装卸，利用拖车推拉运输货物
	移上移下	在两车之间靠接，将货物转移到另一辆车上
作业特点	连续装卸	连续不断作业，适用于同种大批量散装货物装卸
	间歇装卸	有较强的机动性，适用于类别不固定的货物
操作内容	堆码拆取	将货物移送到指定场所并按要求码放
	分拣配货	将货物按要求分类，后集合为车辆、托盘等单元
	搬送移送	为进行装卸、分拣、配送等活动而进行的货物移动作业
运动形式	垂直装卸	专用集装码头常用的方法，利用起重机等对集装箱进行搬运
	水平装卸	适用于小体积货物搬运，利用叉车、拖车等对货物进行搬运
搬运对象	散装货物	对货物不加包装，以自然形态装卸搬运
	单件货物	逐件完成，多用于长大笨重、不宜集装的危险货物
	集装货物	以集装箱为货物单元进行搬运

（四）物流仓储技术

仓储是指通过仓库对物资进行储存、保管以及进行相关的物流作业，是物流活动的基础要素。仓库是保管、储存物品的建筑物和场所的总称。物流仓储主要有四项职能：

（1）储存和保管货物；（2）流通加工；（3）调节供需；（4）调节生产和营销。因此，它不仅是物流系统中的重要基础设施，而且是物流运营过程中的重要节点。

仓储作业包括商品从入库到出库之间的装卸、搬运、储存养护和流通加工等一切与商品、设备、人力相关的作业。仓储作业的具体流程如图 3-7 所示。

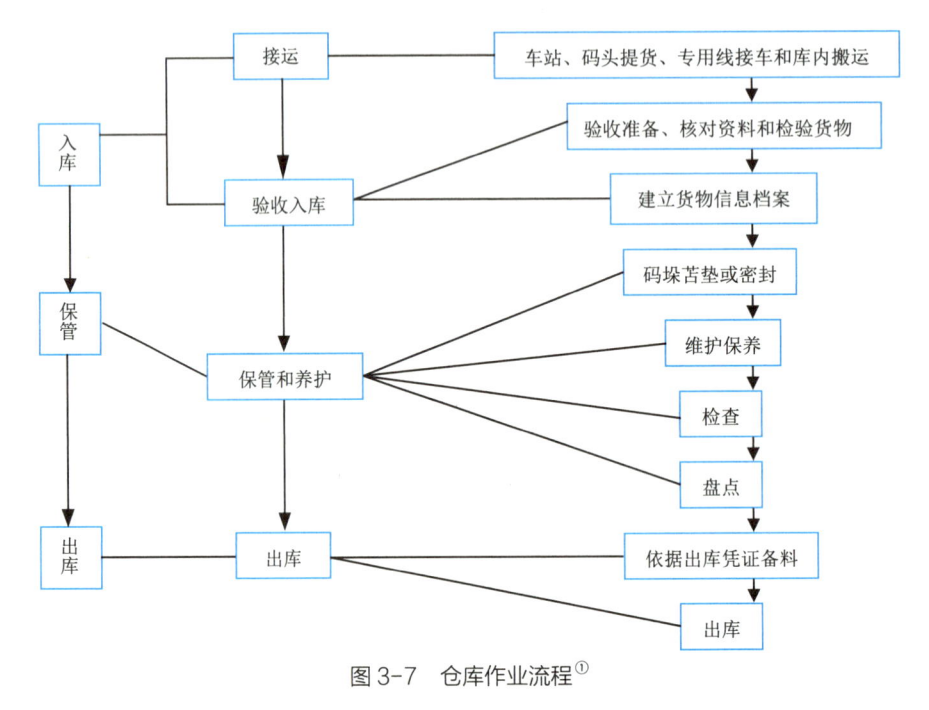

图 3-7 仓库作业流程[1]

可以看到，仓储主要包含货物入库、货物保管及货物出库三个环节，其中货物入库环节包括货物接运、验收以及办理入库手续。在货物保管环节，要注意尽可能减少出入库移动的距离，缩短作业时间，提高空间利用率，从而降低运行费用。仓储采用的储存方法主要有以下几种。

（1）**定位储存**。将具有不同要求的货物存放在固定的储位。

（2）**随机储存**。每种货物随机储存。

（3）**分类储存**。按产品的特性和大小进行分类储存。

（4）**分类随机储存**。每一类货物都有固定的存储区，但每种货物的储位是随机的。

（5）**共同储存**。根据各种货物进出库的时间，不同货物可共用相同的储位。

货物出库环节是将订单信息通过拣货单传给仓储人员，仓储人员从存货区将客户订购的物料拣出。常见的货物出库方式有两种：一种是用料单位凭存货单位的出库凭证到仓库自提；另一种是仓库凭存货单位的出库凭证备料后，委托运输公司送货或直接送货。在货物出库后，仓库信息系统会及时进行更新。

在整个物流仓储环节中，起到重要作用的设备是仓库和货架。现代仓库的主要设备包括储存设备、物料搬运设备、订货拣取设备、流通加工设备和物流周边配合设备等。从

---

[1] 资料来源：程国全，王转，张庆华. 物流技术与装备[M]. 北京：高等教育出版社，2008：126.

不同的侧面来分析，仓库可以有不同的分类标准。表3-4从三个方面介绍了仓库的不同类别。

表3-4　仓库不同类别

仓库分类标准	仓库种类
仓库用途	采购供应仓库
	批发仓库
	零售仓库
	储备仓库
	中转仓库
	加工仓库
	保税仓库
保管货物的特性	原料仓库
	产品仓库
	冷藏仓库
	恒温仓库
	危险品仓库
	水面仓库
仓库的管理体制	自用仓库（第一方或第二方物流仓库）
	公用仓库（第三方物流仓库）

货架是物流发展到一定程度的产物，从字面意义上理解，泛指存放货物的架子。在仓库设备中，货架是指专门用于存放成件物品的保管设备。货架的出现提高了生产效率，节省了仓储空间，为企业节约了成本。仓库功能的改善以及管理水平的提高不仅要求提供数量众多、功能完善的货架，而且要求货架与机械化、自动化相适应。为满足不同的货物、储存单位、承载容器及存取方式的需求，货架按存取作业方式的不同可以分为人工或叉车存取、自动化设备配合存取和全自动存取三类。在仓储环节采用货架主要有以下作用。

（1）货物能立体储存，充分利用仓库空间，提高仓库容量利用率，提升仓库储存力。

（2）货物能分类储存，便于进行清点、划分、计量等十分重要的管理工作。

（3）能预定储存货物的位置，货物存取方便，做到先进先出，使库存流畅地周转。

（4）可以采取防潮、防尘、防盗、防破坏等措施，提高货物存储的质量，存入货架的货物互不挤压，减小货物在储存环节中可能的损失。

（5）满足大批量、品种繁多的货物的存储与集中管理需要，配合机械搬运设备来存取货物，节省人工及时间。

（6）满足现代化企业低成本、低损耗、高效率的物流供应链的管理需要。

【案例】快仓智能：发力"AI+智能仓储"

在智能仓储领域，中国已经形成"三足鼎立"的格局，即上海的快仓智能、杭州的海康威视和北京的极智嘉。高工产研锂电研究所的中国仓储AGV企业竞争力榜单显示，这三家企业在该领域一直占据三甲位置，且据公开资料估算，它们在该细分市场的总占有率超过80%。它们分别于2014年、2015年、2016年进入智能仓储机器人赛道，其中，快仓智能是最早入局也是最早落地的大规模集成项目，目前仍是该细分市场中单仓部署智能机器人规模较大的企业。

1. 加快行业布局

成立于2014年的快仓智能恰逢国家大力扶持"智能制造"产业，这让快仓智能捕捉到了市场机会。快仓智能的策略是：驻场式调研不同行业的用户，了解它们的每一个仓储物流相关细节，抽取复杂的场景特征，做出标准化产品和定制化产品兼具融合的解决方案。

快仓智能将电商物流作为第一个深度扎根的行业，已与菜鸟网络联手在全球部署多个智能无人仓。位于江苏无锡的菜鸟天猫智能机器人仓是单仓部署机器人规模全球第二大的，它基于物联网和边缘运算、机器人、大规模的大智能体规划和调度等技术，打破了原有AGV系统仅能单区执行的局限，在业内率先实现了"货到人"+"车到人"并行作业模式，高峰期平均每天完成天猫超市全品类10万单订单的入库、拣选、打包、分拨等，整体效率提升了3倍左右，同时也降低了人工成本，提升了空间利用率等。

2. 争当行业领头羊

智能仓储机器人行业有很高的门槛，新的创业者容易遭遇发展障碍：第一，技术原始创新难，这个行业需要尖端的技术，而技术研发人才资源很难获取；第二，技术的成熟应用是有一定周期的，把一系列新技术信息转化成产品的挑战很大。

"应该有成熟企业通过赋能产业链成为这个万亿级市场的灯塔，我们正在往这个方向努力。"快仓智能创始人杨威表示。自2019年以来，快仓智能在推动智能机器人与操作系统产品的标准化、平台化、SaaS化上做了许多工作。同时，快仓智能开始打造"全球研发+场景验证中心"，该中心远期的目标是要做智能仓储机器人行业的创新发源地。

业内人士认为，传感器、人工智能等相关技术的成熟使得仓储行业进入前所未有的智能化阶段，全球范围内大量的仓储科技创业公司涌现，快递业是它们服务的众多行业之一。中国快递仓储市场空间巨大，快递量连续五年居世界第一，但智能仓储普及率却远低于美国。截至2018年，亚马逊累计部署了10万台仓储机器人，超过中国仓储机器人主要制造企业同时间段内累计出货量。中国智能仓储机器人从业者们任重道远。

资料来源：快仓智能：发力"AI+智能仓储"[EB/OL].（2019-10-29）[2023-05-01]. http://www.xinhuanet.com/enterprise/2019-10/29/c_1125168070.htm.

第三节　物流信息自动采集技术

在现代物流管理领域中，信息流和实物流是分离的，但信息流终究要为实物流服务，实现信息流和实物流的互联。这主要依赖于自动识别和采集技术，包括条形码技术、射频识别技术、磁识别技术、声音识别技术、图形识别技术、光字符识别技术、生物识别技术等。在物流领域则主要是应用条形码技术和射频识别技术，它们显著地提高了物流管理的效率。

一、条形码信息采集技术

条形码最早出现于 20 世纪 40 年代，历经多年发展，是比较成熟的标准化的物流信息编码和采集技术。它是一种可印刷的机器语言，是由一组按特定编码规则排列的条、空组成的图形符号，可表示特定的信息内容。条形码自动识别系统由条形码标签、条形码生成设备、条形码识读器和计算机组成。条形码标签绝大多数是纸质基材，由信息系统控制打印生成，具有经济、抗电磁干扰能力强等特点。在物流过程中，识读器根据条、空对光的反射率不同这一原理，利用光电转换器件，获取条形码所示信息，并自动将其转换成计算机数据格式，传输给计算机信息系统。条形码信息采集技术具有录入速度快、可靠性高、实用性强等优点。

在物流领域中，条形码是通过标准化来实现数据共享的。条形码技术的标准化是指在条形码技术的社会实践中，对重复性事物和概念制定、发布和实施统一的标准。推行条形码技术标准化有利于充分发挥条形码在国际贸易中的通用语言效能。在标准化实践中，条形码的码制是指条形码符号的类型，每种类型的条形码符号都是由符合特定编码规则的条和空组合而成，都有固定的编码容量和条形码字符集。条形码从产生到现在，已有几百种之多，但常用的只有十几种，而国际上公认的只有三种，即 EAN 码、交叉 25 码和 UCC/EAN-128 码，这三种码制基本上能够满足物流应用的要求。

（一）一维条形码

条形码技术主要分为一维条形码和二维条形码。其中一维条形码由一个接一个的条和空排列组成，条形码信息靠条和空的不同宽度和位置来传递，信息量的大小是由条形码的宽度和印刷的精度来决定的。条形码越宽，包容的条和空越多，信息量就越大；条形码印刷的精度越高，单位长度内可以容纳的条和空就越多，传递的信息量也就越大。这种条形码技术只能在一个方向上通过条与空的排列组合来存储信息，所以称其为一维条形码。

通常，任何一个完整的一维条形码都是由静区、起始字符、数据字符、中间分隔字符（主要用于 EAN 码）、校验字符、终止字符等组成的，图 3-8 展示了 EAN-13 条形码的符号结构。一维条形码符号中的数据字符和校验字符是代表编码信息的字符，扫描识读后需要传输处理，左右两侧的静区、起始字符、终止字符等都是不代表编码信息的辅助符号，仅供条码扫描识读时使用，不需要参与信息代码传输。

图 3-8 EAN-13 条形码的符号结构

（二）二维条形码

一维条形码自出现以来，发展速度很快，极大地提高了数据录入和采集的效率。但是，一维条形码所携带的信息量有限，在应用中，更多的是对物品进行"标识"，而不是对物品进行"描述"。一维条形码必须依赖数据库的支持才能表达更多的信息，这在一定程度上限制了它的应用。现代高新技术的发展迫切要求条形码在有限的几何空间内表达更多信息以满足各种需要，二维条形码正是在这种形势下于20世纪90年代产生的。目前，二维条形码主要有PDF417码、Code 49码、Code 16K码、Data Matrix码和MaxiCode码（图3-9）等，主要分为层排式和棋牌式两大类。二维条形码主要用于以下方面：电子商务中的单证；证件（如护照、身份证、驾驶证等）；物流中心、仓储中心等的物品盘点；商业机密；政治情报；军事机密；私人信函；等等。

PDF417码　　Code 49码　　Data Matrix码　　MaxiCode码

图3-9　二维条形码示意

二维条形码的优点体现在以下五个方面。

（1）**信息密度大**。二维条形码利用垂直方向的尺寸来提高条形码的信息密度，通常情况下其密度是一维条形码的几十倍到几百倍，这样就可以把产品信息全部存储在一个二维条码中，要查看产品信息，只需用识读设备扫描二维条形码即可，不需要依赖数据库，真正实现了用条形码"描述"物品。

（2）**纠错能力强**。二维条形码可以表示数以千计的字节的数据，如果没有纠错功能，当二维条形码的某部分损坏时，该条形码便变得毫无意义，因此，二维条形码引入了错误纠正机制。这种纠错机制使得二维条形码成为一种安全可靠的信息存储和识别载体，这是一维条形码无法比拟的。

（3）**编码范围广**。多数二维条形码都具有字节表示模式，即提供了一种表示字节流的机制。它能够设法将各种数字化信息（如文字、图像、声音、指纹等）转换成字节流，然后再将字节流用二维条形码表示。

（4）**保密性能好**。加密机制的引入是二维条形码的又一优点。二维条形码可以采用密码防伪、软件加密技术或利用所包含的信息，如指纹、照片等进行防伪，因此，它具有极强的保密和防伪性能。

（5）**成本低廉**。利用现有的点阵、激光、喷墨、热敏/热转印、制卡机等打印技术，即可在纸张、卡片、聚氯乙烯甚至是金属表面印出二维条形码。

（三）条形码采集与传输系统

条形码所载信息由条形码识别系统采集到物流信息系统中。条形码自动识别系统主要构成元素包括能够自动读入条形码的装置——条形码自动阅读器（扫描器和译码器）、把读入的信息传送到处理器的通信系统以及识别条形码的处理器。

（1）**条形码的读入**。自动识别的第一步是条形码的读入。条形码的读入由扫描器和译码器完成。扫描器利用光电转换技术对条形码符号进行扫描，获取条形码信息。物流信息系统中使用的扫描器主要有三种：①手动式条形码阅读器，如手持式光笔条形码阅读器、手持式CCD条形码阅读器和手持式激光条形码阅读器。②固定式条形码阅读器。扫描器固定不动，条形码在扫描器前移动通过时进行扫描，可对条形码远距离自动识别，不需要任何人工操作，因此在物流识别与跟踪中广泛使用。③全向式条形码阅读器。这种阅读器如同摄像头，当条形码进入摄像区域时，条形码的整体信息被直接摄入。其特点是阅读器与符号之间不必相对移动，无论条形码以什么角度进入阅读区域都能正确读入。

为满足物流信息采集连续性、实时性和多采集点的要求，有必要采用一定结构的条形码数据采集系统。经常使用的多通道管理器可对多点条形码信息进行管理。此外，运用射频识别技术可使数据采集系统具有更好的柔性。

（2）**信息的解译**。译码器通过分析阅读器读入的信号，译解出条形码的编码信息。衡量一个译码器优劣的主要指标是误码率和首读率。误码率表示对一组数据进行识别时可能出现一个错误数据的概率。首读率是对一组条形码进行一次性识别成功的概率。一个符合质量标准的译码器，在条形码符号印刷质量比较好的情况下，其误码率要求在 $10:9 \sim 10:8$，首读率在90%以上。

（3）**条形码信息的传输**。读入并被译解的信息通常需要传送到中央处理计算机进行处理。一般在条形码译码器内部由单片机或专用集成电路来完成译码与传送。它与中央处理计算机采用串行接口或键盘接口。由于条形码识别与生产控制流程、信息管理作业等相关，因此还需要建立相应的条形码数据采集系统，将各点位获取的条形码信息通过网络传输，并集中进行处理。

二、射频信息采集技术

2003年11月4日，全球最大的连锁超市集团——美国沃尔玛公司宣布了一项重大决策，要求其100家最大的供货商必须于2005年1月1日前在商品包装上使用RFID标签；余下的8万多家供货商最迟在2006年1月1日前采用该技术。从历史发展的角度看，条形码技术正是由沃尔玛等全球连锁超市推动发展起来的，所以此举在当时被看作RFID技术即将在商业物流应用中普及并取代条形码技术主流地位的一个明显征兆。此外，IBM、因特尔及微软等业界巨头厂商也纷纷宣布发展RFID技术；国际上的许多相关组织机构以及各国政府也积极制定相关的标准和政策。目前，RFID技术的商业应用已经进入实用化和快速发展的阶段。

(一)RFID技术概述

无线电技术在自动识别领域的应用被称为RFID技术。RFID技术的基本原理是电磁理论,利用无线电波对记录媒体进行读写。RFID系统的优点是不局限于视线,其识别距离比光学系统远。射频识别卡具有可读写能力,可以携带大量数据,且数据难以伪造并具有一定的智能性。RFID技术特别适合于物料跟踪、运载工具识别等要求非接触数据采集和交换的场合。此外,这一技术是自动识别技术中最优秀、应用领域最广泛的技术之一,具有环境适应性强、可全天候使用、抗干扰能力强、可以穿透非金属物体进行识别处理等优点,在物流管理中有着广阔的应用前景。

最基本的RFID系统由三部分构成。(1)射频标签(tag):也称为非接触IC卡、RF卡、ID卡等,由耦合元件及芯片组成,每个标签具有唯一的电子产品编码(electronic product code,EPC),附着在要标识的目标物体上。(2)阅读器(reader):也称为读写器、读出装置等,是用来读取(有时还可以写入)标签信息的设备。(3)天线(antenna):在标签和阅读器间传递射频信号。此外,一个完整的RFID应用系统还包括以下三部分。(1)中间件(application interface):又称RFID管理软件,它能够为后台业务系统提供强大的支撑,从而驱动更广泛、更丰富的RFID应用。(2)应用系统硬件(application hardware):主要由无线终端、无线网关和服务器构成。终端一般是一台手提电脑加扫描器,具有无线通信功能。(3)应用系统软件(application software):具有记录数据、实现物流管理等功能。这一技术的基本工作原理是:当标签进入磁场后,接收解读器发出的射频信号,凭借感应电流获得的能量发送出存储在芯片中的产品信息(passive tag,无源标签或被动标签),或者主动发送某一频率的信号(active tag,有源标签或主动标签);解读器读取信息并解码后,发送至中央信息系统进行有关数据的处理。

(二)RFID标签的类型

RFID标签具有多种类型,并且有多种不同的分类方式,主要包括以下五种。

(1)**按供电方式的不同**可分为有源卡和无源卡。有源卡内有电池提供电源,其作用距离较远,但寿命有限、体积较大、成本高,且不适合在恶劣环境下工作;无源卡内无电池提供电源,它利用波束供电技术将接收到的射频能量转化为直流电源为卡内电路供电,其作用距离相对有源卡较短,但寿命长,且对工作环境要求不高。

(2)**按载波频率的高低**可分为低频射频卡、中频射频卡和高频射频卡。低频射频卡的频率主要有125kHz和134.2kHz两种,中频射频卡的频率主要为13.56MHz,高频射频卡的频率主要为433MHz、915MHz、2.45GHz、5.8GHz等。低频射频卡主要用于短距离、低成本的场合,如多数的门禁控制、校园卡、货物跟踪等;中频射频卡应用于门禁控制和需传送大量数据的系统;高频射频卡应用于需要较长的读写距离和高读写速度的场合,如火车监控、高速公路收费等系统,其天线波束方向较窄且价格较高。

(3)**按调制方式的不同**可分为主动式和被动式。主动式射频卡用自身的射频能量主动地发送数据给读写器;被动式射频卡使用调制散射方式发射数据,它必须利用读写器的载波来调制自己的信号，该类技术适合用于门禁或交通系统中，因为读写器可以确保只激活一定范围之内的射频卡。在有障碍物的情况下用调制散射方式，读写器的能量必须来回穿过障碍物两次。由于主动式射频卡发射的信号仅穿过障碍物一次，因此主动式射频卡主要用于有障碍物的情况，到达的距离也更远（可达 30 米）。

（4）**按作用距离的远近**可分为密耦合卡（作用距离小于 1 厘米）、近耦合卡（作用距离小于 15 厘米）、疏耦合卡（作用距离约 1 米）和远距离卡（作用距离为 1～10 米，甚至更远）。

（5）**按芯片的不同**可分为只读卡、读写卡和 CPU 卡。

（三）**RFID 系统的分类**

根据功能的不同，RFID 系统可分为四种类型：电子防盗（electronic article surveillance，EAS）系统、便携式数据采集系统、物流控制系统和定位系统。

（1）**EAS 系统**。EAS 技术是一种设置在需要控制物品出入的门口的 RFID 技术。这种技术的典型应用场合是商店、图书馆、数据中心等，当未被授权的人从这些地方非法取走物品时，EAS 系统会发出警告。在应用 EAS 技术时，首先在物品上粘附 EAS 标签，当物品被正常购买或者合法移出时，只要在结算处通过一定的装置使 EAS 系统失活，物品就可以被取走。物品经过装有 EAS 系统的门口时，EAS 系统能自动检测标签的活动性，如果发现活动性标签，EAS 系统就会发出警告。EAS 技术可以有效防止物品被盗，不管是大件的商品还是很小的物品同样有效。EAS 技术使物品不必再锁在玻璃橱柜里，而可以让消费者自由地观看、检查，这在自选日益流行的今天有着非常重要的现实意义。

（2）**便携式数据采集系统**。便携式数据采集系统通过带有 RFID 阅读器的手持式数据采集器采集 RFID 标签上的数据。这种系统具有比较大的灵活性，适用于不宜安装固定式 RFID 系统的环境。手持式阅读器（数据输入终端）可以在读取数据的同时通过无线电波数据传输方式实时地向主计算机系统传输数据，也可以暂时将数据存储在阅读器中，再一批批地向主计算机系统传输数据。

（3）**物流控制系统**。在物流控制系统中，RFID 阅读器分散布置在固定的区域，并且直接与数据管理信息系统相连，信号发射机是移动的，一般安装在移动的物体或人身上。当物体或人流经阅读器时，阅读器会自动扫描标签上的信息，并把数据信息输入数据管理信息系统进行存储、分析、处理，达到控制物流的目的。

（4）**定位系统**。定位系统用于自动化加工系统中的定位以及对车辆、轮船等进行定位。阅读器放置在移动的车辆、轮船上或者自动化流水线中移动的物料、半成品、成品上，信号发射机嵌入操作环境的地表下面。信号发射机上存储着位置识别信息，阅读器一般通过无线或者有线的方式连接到主信息管理系统获取位置信息。

（四）**RFID 技术在物流管理中的应用**

物流行业广泛采用条形码标签。这种标签的缺点是识读成功率低、识读距离需比较近、必须逐一扫描，这在某种程度上影响了物流速度，而 RFID 技术的优点恰恰弥补了条形码技术的不足。因此，RFID技术的应用给物流行业带来了革命性的变化。

（1）**零售环节**。RFID技术可以改进零售商的库存管理，实现适时补货，有效跟踪运输与库存，提高效率，减少差错。RFID技术能对某些时效性强的商品的有效期限进行监控；商店能利用RFID系统在付款台实现自动扫描和计费，从而取代人工收款。RFID标签在供应链终端的销售环节，特别是在超市中消除了跟踪过程中的人工干预，并能够生成100%准确的业务数据，因而具有很大的吸引力。RFID技术还有助于解决零售业两个最大的难题：商品断货和损耗。

（2）**仓储环节**。在库存管理中，RFID技术广泛应用于存取货物与库存盘点。它可以实现自动化的存货和取货操作。在仓库管理中，将供应链计划系统中的各项计划与RFID技术相结合能够准确高效地完成各种业务操作，如存取货物、装箱运输等。当RFID技术应用于库存盘点时，可大幅减少人力使用，实现商品登记自动化，使盘点工作不再需要人工检查或扫描条码，更加快速准确。

（3）**生产环节**。在生产制造环节应用RFID技术，可以实现在生产线上对原材料、零部件、半成品和成品的自动识别与跟踪，降低人工识别成本和出错率，从而提高生产效率和经济效益。尤其是在采用准时制生产方式的自动化流水线上，RFID技术使产品生产流程的各个环节均被置于严密的监控和管理之下，可实现流水线均衡、稳步生产，同时也加强了对质量的控制与追踪。

（4）**配送/运输环节**。RFID技术不仅可以准确高效地对配送过程中的货物进行分拣和中转，还可以方便快捷地记录货物配送信息，提高物流业的服务、管理水平，减少人工和配送成本。RFID技术还可以有效应用于高速公路的自动收费系统，让车辆快速通过收费站的同时自动完成收费，充分体现其非接触识别的优势。

第四节　空间数据交换技术

物流活动中，物资常处在运动的状态，需要全球定位系统、地理信息系统、无线电通信移动定位系统等技术对其移动的空间数据进行有效的管理。为使读者初步了解物流信息的动态跟踪技术，本节简要介绍北斗卫星导航系统、全球定位系统、位置信息服务和地理信息系统的基本原理及其在物流信息系统中所起的作用。

一、北斗卫星导航系统

北斗卫星导航系统（Beidou Navigation Satellite System，BDS），简称北斗系统，是由中国自主发展、独立运行的全球卫星导航系统，是联合国全球卫星导航系统国际委员会已认定的供应商，与美国全球定位系统、俄罗斯格洛纳斯卫星导航系统和欧洲伽利略卫星导航系统构成全球四大导航系统。北斗系统可在全球范围内全天候、全天时为各类用户提供高精度、高可靠服务，并且具备短报文能力，已经初步具备区域导航、定位和授时能力，为分米、厘米级别，测速精度0.2米/秒，授时精度10纳秒。截至2020年，全球范围内已经有 137 个国家与北斗卫星导航系统签下了合作协议。2023 年 2 月，公开数据显示，北斗终端数量在交通运输营运车辆领域超过 800 万台，农林牧渔业达到 130 余万台。随着全球组网的成功，北斗卫星导航系统未来的国际应用空间将会不断扩展。

（一）北斗系统的建设与发展

我国北斗系统的建设坚持自主创新、分步建设、不断完善的"三步走"发展战略，先后经历了"北斗一号"系统、"北斗二号"系统、"北斗三号"系统三个发展阶段。

（1）**"北斗一号"系统**。"北斗一号"系统于 1994 年启动建设，也称北斗卫星导航试验系统。2000 年，随着两颗地球静止轨道卫星的发射，"北斗一号"系统建成并投入使用，采用有源定位体制，为中国用户提供定位、授时、广域差分和短报文通信服务，其中短报文通信服务是北斗系统的特色服务之一。2003 年，该系统发射了第 3 颗地球静止轨道卫星，进一步增强了系统性能。

（2）**"北斗二号"系统**。2004 年，"北斗二号"系统工程建设启动。2012 年底，该系统完成了 14 颗卫星（5 颗地球静止轨道卫星、5 颗倾斜地球同步轨道卫星和 4 颗中圆地球轨道卫星）发射组网。"北斗二号"系统在兼容"北斗一号"技术体制基础上，增加了无源定位体制，为亚太地区用户提供定位、测速、授时、广域差分和短报文服务。

（3）**"北斗三号"系统**。2009 年，"北斗三号"系统建设正式启动。该系统继承了北斗有源服务和无源服务两种技术体制。2018 年，该系统面向"一带一路"共建国家和地区提供基本服务。2020 年 6 月，该系统完成了 35 颗卫星发射组网，为全球用户提供服务，并可为亚太大部分地区提供更优质的服务。

（二）北斗系统的组成

北斗系统的基本组成包括空间段（卫星星座）、地面段（地面监控）和用户段（接收机）。

（1）**空间段**。北斗系统空间星座由 5 颗地球静止轨道卫星、27 颗中圆地球轨道卫星和 3 颗倾斜地球同步轨道卫星组成。北斗系统星座组成示意图如图 3-10 所示，GEO 卫星轨道高度为 35786 千米，分别定点于东经 58.75°、80°、110.5°、140° 和 160°；IGSO 卫星轨道高度为 35786 千米，轨道倾角为 55°，分布在 3 个轨道面内，升交点赤经分别相差 120°，其中 3 颗卫星的星下点轨迹重合，交叉点经度为东经 118°，其余两颗卫星星下点轨迹重合，交叉点经度为东经 95°；MEO 卫星轨道高度为 21528 千米，轨道倾角为 55°，回归周期为 7 天 13 圈，相位从 Walker 24/3/1 星座中选择，第一轨道面升交点赤经为 0°，4 颗 MEO 卫星位于第一轨道面 7、8 相位、第二轨道面 3、4 相位。

图3-10 北斗系统星座组成示意

（2）**地面段**。地面段主要由主控站、时间同步/注入站、监测站等组成，负责系统导航任务的运行控制。主控站是北斗系统的运行控制中心，其主要任务包括：

①收集各时间同步/注入站、监测站的导航信号监测数据，进行数据处理，生成导航电文等；

②负责任务规划与调度和系统运行管理与控制；

③负责星地时间观测比对，向卫星注入导航电文参数；

④卫星有效载荷检测和异常情况分析等。

时间同步/注入站主要负责完成星地时间同步测量，向卫星注入导航电文参数。监测站对卫星导航信号进行连续观测，为主控站提供实时观测数据。

（3）**用户段**。用户段是指各种类型的北斗终端，包括与其他导航系统兼容的终端。用户设备的部分主要功能是捕获按一定卫星截止角所选择的待测卫星，并跟踪这些卫星的运行。当接收机捕获到跟踪的卫星信号后，即可测量出接收天线至卫星的伪距离和距离的变化率，解调出卫星轨道参数等数据。根据这些数据，接收机中的微处理计算机就可以进行定位计算，计算出用户所在地理位置的经纬度、高度等信息。

（三）北斗系统的特点

（1）北斗系统空间段采用由三种轨道卫星组成的混合星座，与其他卫星导航系统相比，高轨卫星更多，抗遮挡能力更强，尤其是低纬度地区的性能优势更为明显。

（2）北斗系统提供多个频点的导航信号，能够通过多频信号组合使用等方式提高服务精度。

（3）北斗系统创新融合了导航与通信能力，具备定位导航授时、星基增强、地基增强、精密单点定位、短报文通信和国际搜救等多种服务功能。

（四）北斗系统的应用与产业化

北斗系统是一种民用和军用兼顾的全球卫星导航系统，可同时为多用户提供时空通信服务，具有高精度、全球覆盖、全天候、连续、实时等特点。其中，北斗系统在交通运输和航空航天、海洋作业和渔业、测量和勘探、水文监测、气象预报、森林防火、通信系统、农业生产、救灾减灾等民用领域得到了广泛应用。

（1）**在交通运输和航空航天方面**，北斗系统广泛应用于地面车辆的导航、跟踪和物流运输管理、城市智能交通管理，船舶的水上航行和进港引导、远洋船舶的跨洋航行管理，飞机的飞行导航、进场着陆和空中交通管制，以及重点运输过程监控管理、公路基础设施安全监控、港口高精度实时定位调度监控等领域。

（2）**在海洋作业和渔业方面**，北斗系统应用于海上钻井平台的拖航就位、海洋测量、海洋资源的普查和渔业生产。北斗系统为渔业管理部门提供船位监控、紧急救援、信息发布、渔船出入港管理等服务。

（3）**在测量和勘探方面**，北斗系统广泛应用于大地测量、物理和资源勘查、地壳运动监测、地籍测量等。

（4）**在水文监测方面**，北斗系统成功应用于多山地域水文测报信息的实时传输，提高了灾情预报的准确性，为制定防洪抗旱调度方案提供重要支持。

（5）**在气象预报方面**，北斗气象测报型终端设备和大气海洋及空间监测预警示范应用形成了切实可行的系统应用解决方案，实现了气象站之间的数字报文自动传输。

（6）**在森林防火方面**，北斗系统成功应用于森林防火。短报文通信功能在实际应用中发挥了较大作用。

（7）**在通信系统方面**，北斗系统的双向授时功能应用于电力时间同步，为电力事故分析、电力预警系统和保护系统等高精度时间应用创造了条件。

（8）**在农业生产方面**，北斗系统的实时精密定位功能应用于土地和大田的整理和管理，能够以分米级的定位精度实现对农田的精密耕作。

（9）**在救灾减灾方面**，基于导航定位、短报文通信以及位置报告功能，北斗系统能够提供全国范围的实时救灾指挥调度、应急通信、灾情信息快速上报与共享等服务，显著提高了灾害应急救援的快速反应能力和决策能力。例如，北斗系统在南方冰冻灾害、四川汶川和青海玉树地震、舟曲特大泥石流抗灾活动中发挥了重要的作用。

二、全球定位系统

全球定位系统（Global Positioning System，GPS）是美国于1973年开始研制的第二代被动式无线电导航系统，是美国继"阿波罗"登月飞船和航天飞机之后的第三大航天工程，研究历经20年，耗资300多亿美元。GPS是一种全天候空间基准导航系统，能够为全球绝大多数地区或近地空间的用户连续提供高精度的三维位置、速度和时间信息。1994年，该系统全面建成，美国政府宣布从2000年5月1日起，取消对GPS的保护政策，向全世界用户免费开放。

（一）GPS的组成结构

GPS由三部分组成：空间星座部分——GPS卫星星座，地面控制部分——地面监控系统，用户设备部分——GPS信号接收机。

（1）**GPS卫星星座**。它是由21颗工作卫星和3颗备用卫星组成的，记为（21＋3）GPS卫星星座。

如图 3-11 所示，卫星均匀分布在 6 个轨道平面内，轨道平面相对于赤道平面的倾角为 55°，各个轨道平面之间夹角为 60°。每个轨道平面内的各卫星之间的夹角为 90°，任一轨道平面上的卫星比相邻轨道平面上的相应卫星超前 30°。在 2×104 千米高空的 GPS 卫星绕地球一周的时间为 12 恒星时。每颗卫星每天约有 5 个小时在地平线以上，同时位于地平线以上的卫星数量随着时间和地点的不同而不同，最少可见到 4 颗，最多可见到 11 颗。在用 GPS 信号导航定位时，为了计算观测站的三维坐标，必须观测 4 颗 GPS 卫星，称为定位星座。

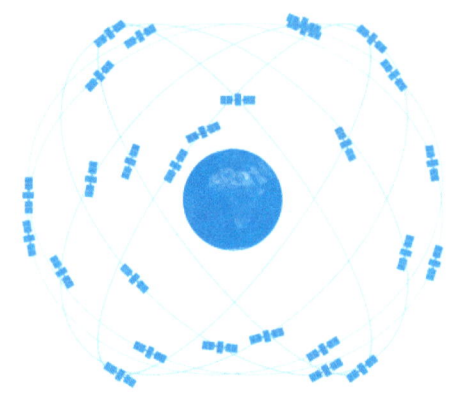

图 3-11　GPS 卫星星座组成示意

（2）地面监控系统。GPS 工作卫星的地面监控系统主要由 1 个主控站、3 个信息注入站和 5 个监测站组成。对于导航定位来说，GPS 卫星是一个动态已知点。卫星的位置是依据卫星发射的星历——描述卫星运动及其轨道的参数算得的。每颗 GPS 卫星所播发的星历是由地面监控系统提供的。地面监控系统的另一个重要作用是保持各颗卫星处于同一时间标准——GPS 时间系统。这就需要地面站监测各颗卫星的时间，求出时间差，然后由地面注入站发给卫星，卫星再通过导航电文发给用户设备。

（3）GPS 信号接收机。GPS 信号接收机的任务是捕获到按一定卫星高度截止角所选择的待测卫星的信号，并跟踪这些卫星的运行，对所接收到的 GPS 信号进行变换、放大和处理，以便测量出 GPS 信号从卫星到接收机天线的传播时间，解译出 GPS 卫星所发送的导航电文，实时地计算出观测站的三维位置，甚至三维速度和时间，最终实现利用 GPS 进行导航和定位的目的。

（二）GPS 的工作原理

（1）三角测量法。GPS 的工作原理并不复杂，它采用"三角测量法"来定位，如图 3-12 所示。三角测量法需要有 3 个坐标已知的参考点，并且知道被测点到参考点之间的距离，以参考点为圆心、以被测点到各参考点的距离为半径画圆周，3 个圆周的唯一交点即被测点的确切位置。这种方法不仅可以用于二维平面定位，也可以用于三维空间定位。

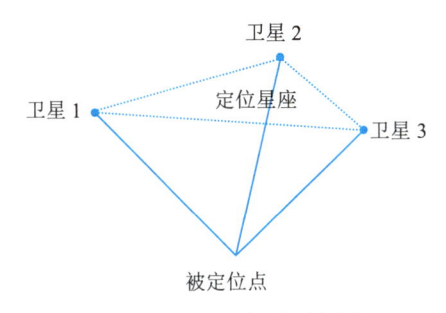

图 3-12　三角测量法定位

在 GPS 中，3 个参考点就是 3 个悬在空中的卫星，如果它们的位置已知，被测点到它们之间的距离就可以通过接收从卫星发来的无线电波测量出来，被测点在地球上的位置则可由地面接收装置中的计算机计算出来。对于陆上和海上的二维位置（经度和纬度），只要观测 3 颗卫星就可以；对于空间的三维位置（经度、纬度和高度），则需要采集 4 颗卫星的信号才能计算确定（需要 4 颗卫星信号是因为在定位计算中使用时间差而非信号传播时间，所以需要联立 4 个方程）。

（2）**测定相隔距离**。从 GPS 工作原理可知，地球上所测地点的位置可以根据它与至少 3 颗人造卫星的相隔距离来确定。那么，问题就归结为如何测定它到空间中一个飘浮移动的物体的距离大小。从计算方法上讲，此问题似乎很简单，即所求距离等于速度与通过时间的乘积。根据 GPS 运行的实际情况，经过这段距离的是无线电信号，因此，这里的速度就是光速。这样，问题又归结为如何测定无线电信号通过这段距离的时间。只要测定从人造卫星处发出的信号到达所测地点接收器所需的时间长短，就能计算出相隔距离。

（三）GPS 在物流管理中的应用

GPS 的建立给导航和定位技术带来了革命性变化，它从根本上解决了人类在地球上的导航和定位问题，可满足不同用户的需要。目前，GPS 的诸多功能在物流领域的运用已被证明是卓有成效的，尤其是在货物配送领域中。由于货物的配送过程是实物空间位置转移的过程，所以货物的运输、仓储、装卸、送递等各个环节所涉及的问题，如运输路线的选择、仓库位置的选择、仓库的容量设置、装卸策略的合理化、运输车辆的调度和投递路线的选择等，都可以通过运用 GPS 进行有效的管理和决策分析。这无疑将有助于配送企业有效地利用现有资源，降低消耗、提高效率。具体来看，货物配送主要运用了 GPS 以下四方面的功能。

（1）**精确导航**。GPS 帮助人们准确测定所在地点的位置，但是，有时候知道从一地怎样准确地到达另一地显得更加重要。GPS 起初的设计目标就是为船只和飞机提供导航信息。毫无疑问，这项技术不仅适用于海运和空运，同样也适用于陆运。GPS 可以为物流配送提供精确的导航服务。

（2）**疏导交通**。GPS 能随时随地提醒驾驶者注意危险、道路拥挤等情况，还能提示怎么走最合理，能使驾驶者快速安全地到达目的地。科学家预测，不久的将来装有 GPS 的飞机、火车、轮船、汽车等效能工具将会出现在地球的任何一个角落，人们不会再为道路、航线、港口、车站拥挤而烦恼，也用不着为自己托送的货物究竟到了什么地方而感到迷茫。GPS可以为物流配送选择更为合理的路线，节省配送时间。

（3）**车辆跟踪**。GPS与地理信息系统（geographic information system，GIS）、移动通信系统（global system for mobile communications，GSM）及计算机车辆管理信息系统相结合，可以实现对车辆的跟踪。目前，人们已开发出把GPS、GIS及GSM技术结合起来对车辆进行实时定位、跟踪等的技术，能够满足掌握车辆基本信息、对车辆进行远程管理的需要，有效避免车辆的空载现象；同时，客户也能通过互联网技术了解货物在运输过程中的详细情况。

（4）**货物配送路线规划**。货物配送路线规划是GPS的一项重要辅助功能，其根据路线设计主体的不同又可分为两种。①动态路线规划。由驾驶者确定起点和终点，由计算机软件按照要求自动设计最佳行驶路线，包括最快的路线、最简单的路线、通过高速公路路段次数最少的路线等。②人工路线设计。由驾驶员根据自己的目的地设计起点、终点和途经点等，自动建立路线库。路线规划完毕后，电子地图上便能够显示该路线，同时显示汽车的运行路径和运行方法。

三、位置信息服务

位置信息服务（location based service，LBS），有时也被称为"定位服务"或"基于位置的服务"。LBS通过电信移动运营商的网络获取移动终端用户的位置信息（经、纬度坐标），在电子地图平台的支持下，为用户提供紧急呼叫、道路救援和驾驶方位指示等空间地理位置的信息服务，如中国移动提供的动感位置查询服务。

（一）LBS的工作原理

LBS的工作原理为：移动电话测量不同基站的下行导频信号，得到不同基站下行导频的到达时刻（time of arrival，TOA），根据该测量结果并结合3个基站的坐标，采用三角测量法，就能够计算出移动电话所处的位置。三角测量法在实际操作中往往要考虑更多的基站（3个以上），因此算法要复杂很多。一般来说，移动台测量的基站数目越多，测量精度越高，定位效果就越好。LBS的定位较慢且精度较差，目前商业应用较少。

（二）LBS的特点

（1）**定位手段的多样性**。除广泛使用的GPS外，基于手机或基于通信网络的无线定位技术也得到广泛应用。

（2）**通信手段的广泛性**。基于GSM、GPRS、CDMA等网络的SMS、MMS、HTTP都可作为LBS服务器数据交换的途径。此外，众多无线通信专网以及有线电话、寻呼网、卫星通信等均可成为LBS的通信手段。

（3）**用户终端的多样性**。与通信手段相对应的GPS车载硬件、手机、PDA等均可成为LBS的用户终端。由于手机终端具备灵活性、方便性和普及性，因此其作为LBS的终端具有很高的实用价值。

GPS定位和LBS定位在工作原理、精度、收费模式等方面存在着明显的区别，如表3-5所示。

表3-5 GPS定位和LBS定位的区别

对象	GPS定位	LBS定位
工作原理	卫星定位	基站网络定位
精度	3～20米	50～2000米
是否收费	免费	收费
盲区对比	对卫星依赖大，需至少捕捉3颗卫星，导致盲区较大；室内、车里、阴天定位信号较弱	在移动网络覆盖区域内均可实现

（三）LBS在物流管理中的应用

（1）**运输车辆导航**。车辆导航是LBS最为广泛的应用领域之一。在LBS获得应用之前，车辆一般都是使用专门的GPS设备来导航的。这种专门的定位系统的优点是定位精度高，可达10～20米，缺点是造价比较贵，且在有建筑物遮挡或山洞隧道等地方无法正常工作。随着城市基础设施建设的现代化以及定位技术的成熟，用户可以通过LBS进一步增强车辆导航定位能力。

（2）**物流数据共享**。货运行业业务覆盖地域广，涉及车辆多，需要位置服务信息的用户多，因此对数据共享的要求更高。

（3）**运输过程监控**。现代物流监控不仅要确定物体的位置，同时还要保障货物运输的最优安排和准确及时运送，要求时刻跟踪货物的位置和状态。LBS平台可为企业提供物流实时监控、配送路线优化以及车辆运行监视等服务。

四、地理信息系统

地理信息系统（geographic information system，GIS）是罗杰·汤姆林森（Roger Tomlinson）于1963年提出的，从20世纪80年代开始走向成熟。它把各种信息同地理位置和有关的视图结合起来，在物流管理中有着广泛的应用。

（一）GIS的概念

GIS有时又称为"地学信息系统"或"资源与环境信息系统"，是一种十分重要的空间信息系统。它是在计算机硬、软件系统支持下，对整个或部分地球表层（包括大气层）空间中的有关地理分布数据进行采集、储存、管理、运算、分析、显示和描述的技术系统。GIS处理和管理的对象是多种地理空间实体数据及其关系，包括空间定位数据、图形数据、遥感图像数据、属性数据等，用于分析和处理在一定地理区域内分布的各种现象和过程，解决复杂的规划、决策和管理问题。

2000年以来，基于互联网技术的地理信息系统——Web GIS得到迅速发展。全球任意一个用户均可通过互联网访问GIS服务器，并根据用户的权限进行浏览空间数据、制作专题图，以及进行各种空间检索和空间分析，甚至是更改数据的操作。

（二）GIS的功能

在具体的应用领域中，GIS可以帮助分析解决下列问题。

（1）**定位**（location）：研究的对象位于何处？周围的环境如何？研究对象相互之间的地理位置关系如何？

（2）**条件**（condition）：有哪些地方符合某项事务（或业务）发生（或进行）所设定的特定经济地理条件？

（3）**趋势**（trend）：研究对象或环境从某个时间起发生了什么样的变化？今后演变的趋势是怎样的？

（4）**模式**（pattern）：研究对象的分布存在哪些空间模式？

（5）**模拟**（modeling）：发生假设条件时，研究对象会发生哪些变化？会引起怎样的结果？

GIS最明显的作用就是能够把数据以地图的方式表现出来，把空间要素和相应的属性信息组合起来就可以制作出各种类型的信息地图。从原理上讲，专题地图的制作并没有超出传统的关系数据库的功能范围，但是把空间要素和属性信息联系起来后，应用功能便大大增强了，应用范围也得到了扩展。

（三）GIS的优势

与单纯的数据库及计算机辅助设计（computer aided design，CAD）技术相比，GIS具有独特的技术优势。

（1）**图形显示输出上的优势**。GIS提供良好的图形展示界面。除了CAD的显示、出图功能以外，GIS也能根据属性资料做不同的主题展示，将图形根据需要任意缩放。此外，GIS制图可以解决传统的单一主题叠合问题，将统一坐标系下的不同主题有效结合。

（2）**分析功能上的优势**。CAD等绘图软件着重于图形的绘制，不包含图形特征的相关属性内容，各点之间不具备拓扑关系，缺乏分析功能。一般的统计软件虽能处理大量的统计资料，但是缺乏处理图形的能力。只有GIS才能够将两者有机结合，使得图形资料能够灵活应用，进行任意的叠合、分割、截取和统计分析。而且，GIS的空间分析功能能够对点、线、面做不同的空间分析，获取相关信息，在分析物流的最短路径、分割配送区域中具有独特作用。

（3）**模型模拟上的优势**。GIS的强大功能还表现在它能够根据不同的模型对地面目标物体进行模拟，完全在可视化的操作界面下模拟和了解物流业务的开展情况。

（四）GIS在物流管理中的应用

物流管理是以满足消费者的需求为目的，将企业在采购、制造、运输、销售等过程中有关市场的情况统一起来进行思考，进而据此做出决策的一项战略措施。GIS按照地理特征的关联，将多方面的数据以不同层次的联系构成现实世界的模型，在此模型上使用空间查询和空间分析进行管理，并通过空间信息模拟和分析软件包进行空间信息的加工、再生，为空间辅助决策的分析打下基础。由于物流对地理空间有较大的依赖性，因此采用

GIS技术建立企业的物流管理系统可以实现企业物流的可视化和实时动态管理。

GIS在物流管理领域中的应用主要是利用GIS强大的地理数据功能来完善物流分析技术，合理调整物流路线和流量，合理设置仓储设施，科学调配运力，提高物流业的效率。目前，人们已开发出了专门的物流分析软件用于物流分析。完整的GIS物流分析软件集成了以下模型。

（1）**车辆路线模型**。该模型用于解决在一个起始点、多个终点的货物运输中降低物流作业费用并保证服务质量的问题。物流分析中，在一对多收、发货点之间存在着多种可供选择的运输路线的情况下，应该以物资运输的安全性、及时性和低费用为目标，综合考虑，权衡利弊，选择合理的运输方式并确定费用最低的运输路线。

（2）**设施定位模型**。该模型用于确定一个或多个设施的位置。在物流系统中，仓库和运输路线共同组成了物流网络。仓库处于网络的节点上，而节点决定着路线。此模型能够根据供求的实际情况并结合经济效益等原则，解决在既定区域内设立多少个仓库、每个仓库的位置、每个仓库的规模及仓库之间的物流关系等问题。

（3）**网络物流模型**。该模型用于寻求最有效的货物分配路径，也就是解决物流网点布局问题。例如，将货物从N个仓库运往M个商店，每个商店都有固定的需求量，因此，需要确定从哪个仓库提货送给哪个商店所耗费的运输成本最小，此外还包括决定使用多少辆车、每辆车的路线等。

（4）**分配集合模型**。分配集合模型可以根据各个要素的相似点把同一层上所有或部分要素分成几个组，从而解决确定服务范围和销售市场范围等问题。例如，某一分公司要设立X个分销店，要求这些分销店不仅要覆盖某一区域，而且每家分销店的消费者数目要大致相等。

（5）**空间查询模型**。该模型可以查询以某一商业网点为圆心，某半径内配送点的数目，以此判断哪一个配送中心距离最近，为安排配送做准备。

第五节　电子数据交换技术

电子数据交换（electronic data interchange，EDI）是指商业贸易伙伴之间信息的标准化、格式化交换。这一技术始于20世纪60年代，主要是指商业贸易伙伴将按标准、协议规范化和格式化的经济信息通过电子数据网络在单位的计算机系统之间进行自动交换和处理。它是电子商业贸易的一种工具，能够将商业文件按统一的标准编制成计算机能识别和处理的数据格式，使其在计算机之间进行传输。EDI技术与条形码、射频、GPS、GIS等信息技术配合使用，不仅能够提高企业自身的物流运作效率，而且能够极大地提升企业之间的物流运作效率。

国际标准化组织（International Standards Organization，ISO）对EDI的技术定义为：为商业或行政事务处理，按照一个公认的标准，形成结构化的事务处理或消息报文格式，从计算机到计算机的数据传输方法。这表明EDI应用有它自己特定的含义和条件。

（1）使用EDI的是交易的双方，而非同一组织内的不同部门。

（2）交易双方传递的文件具有特定的格式，采用的是报文标准。

（3）双方各有自己的计算机系统。

（4）双方的计算机（或计算机系统）能发送、接收并处理符合约定标准的交易电文的数据信息。

（5）双方计算机之间有网络通信系统，信息传输是通过该网络通信系统自动实现的，信息处理是由计算机自动进行的，无须人工干预或人为介入。

所传输的数据是交易双方互相传递的具备法律效力的文件资料，可以是各种商业单证，如订单、回执、发货通知、运单、装箱单、收据发票、保险单、进出口申报单、报税单、缴款单等，也可以是各种凭证，如进出口许可证、信用证、配额证、检疫证、商检证等。

一、EDI系统

EDI系统由EDI数据标准、EDI软件与硬件、通信线路这三大要素组成。其中EDI数据标准是由各企业、各地区代表甚至ISO共同讨论、制定的电子数据交换共同标准，可以使各组织之间实现文件交换的目的；而为了应用EDI，需要配备相应的EDI软件和硬件，如转换软件、翻译软件、通信软件及相关硬件等；通信线路最常用的是电话线路，如果对传输时效及资料传输量有较高要求，可以考虑租用专线（leased line）。EDI通信方式有多种，包括点对点、一点对多点、多点对多点、网络连接等。

在EDI中，参与者所交换的信息客体称为"邮包"。在交换过程中，如果接收者从发送者处所得到的全部信息包括在邮包中，则认为语义完整，并称该邮包为完整语义单元（complete semantic unit，CSU）。CSU的生产者和消费者统称为EDI的终端用户。在EDI工作过程中，所交换的报文都是结构化的数据，整个过程都是由EDI系统完成的，而这一系统主要包含以下五个模块。

（1）**用户接口模块**。业务管理人员可用此模块进行输入、查询、统计、打印等，及时地了解市场变化，调整策略。

（2）**内部接口模块**。内部接口模块是EDI系统和本单位内部其他信息系统及数据库的接口。一份来自外部的EDI报文在经过EDI系统处理之后，大部分相关内容都需要经内部接口模块送往其他信息系统，或查询其他信息系统才能给对方EDI报文以确认答复。

（3）**报文生成及处理模块**。这一模块有两个功能：①接收来自用户接口模块和内部接口模块的命令和信息；②自动处理由其他EDI系统发来的报文。如因特殊情况不能满足对方的要求，经双方EDI系统多次交涉后不能妥善解决的，则把这一类事件提交用户接口模块，通过人工干预决策。

（4）**格式转换模块**。所有的EDI单证都必须转换成标准的交换格式，转换过程包括语法上的压缩、嵌套、代码的替换以及必要的EDI语法字符控制。在格式转换过程中，控制程序要进行语法检查，对于语法出错的EDI报文应拒收并通知对方重发。

（5）**通信模块**。通信模块是EDI系统与EDI通信网络的接口，包括执行呼叫、自动重发、合法性和完整性检查、出错报警、自动应答、通信记录、报文拼装和拆卸等功能。

另外，EDI系统还必须具备命名和寻址、安全管理、语义数据管理等功能。

二、基于互联网的EDI

由于增值网（value added network，VAN）的安装和运行费用较高，许多中小企业对此难以承受，因此，它们大都使用传真和电话进行贸易往来。而即使是使用EDI的大公司也无法完全节省费用，因为它们的许多贸易伙伴并没有使用EDI。互联网提供了一个费用更低、覆盖面更广且服务更好的系统，使小型公司和企业都能使用EDI。

随着技术的发展，EDI与互联网结合后产生了以下四种新的形态。

（一）基于电子邮件的EDI

电子邮件是最早把EDI带入互联网的方式。基于电子邮件的EDI用图像信号处理（image signal processing，ISP）代替传统EDI所依赖的增值网，降低了信道使用的费用。但是，简单的电子邮件协议存在以下问题：（1）缺少保密性，电子邮件在互联网上传送明文；（2）具有可抵赖性，电子邮件很容易伪造，而且发送者可以否认自己是邮件的作者；（3）无法确认是否交付，电子邮件协议不能保证用户正确交付了邮件，也无法知道是否丢失。近年来，电文加密、电子认证等技术解决了部分相关问题。

（二）基于标准执行协定的EDI

在使用EDI过程中，不同行业或企业常根据自身需要对标准进行选择。标准执行协定（Standard Implementation Convention，SIC）是一种特殊的针对特定应用的跨行业国际标准，着重解决EDI的多版本执行协定问题。此标准不同于以往的专业、行业、国家及国际标准，其使用简单，无过多选择项，令EDI可在互联网环境下方便使用。

（三）基于Web的EDI

基于Web的EDI（Web-EDI）方式被认为是目前基于互联网的EDI中最好的方式。基于标准执行协定的EDI无法减少那些仅有很少贸易单证的中小企业的使用费，而Web-EDI的目标是允许中小企业只需通过浏览器和互联网连接去执行EDI交换。Web是EDI消息的接口，典型情况下，其中一个参与者是较大的公司，其针对每个EDI信息开发或购买相应的Web表单，将之改造成适合自己的IC，然后把它们放在Web站点上，此时，表单就成为EDI系统的接口。各种基于互联网的EDI，尤其是Web-EDI方式的使用使传统EDI走出了困境。

（四）基于XML的EDI

XML（extensible markup language）称为可扩展标记语言，能够方便地将网页转换成商务文件。基于XML的EDI着重解决转换问题，其引进了模板的概念，模板描述的是报文的结构以及如何解释报文，这样无须编程就能实现报文的转换。目前，这一语言的标准已经形成并不断完善。随着XML的发展，这种方式可能会成为未来EDI的主要传输方式。

三、EDI在物流管理中的应用

（一）发货人

为了方便运输商预先安排车辆以及收货人制订接收计划，发货人在接到订单后会通过EDI把货物清单和运送时间安排等相关信息发送给运输商和收货人。同时，他们还会根据客户订单的要求和自己制订的货物运送计划进行分拣配货、打印标签贴在货物包装箱上等。

（二）运输商

运输商主要通过扫描读数仪来读取货物的标签，从发货人处提取货物；此外，在确认运输货物时，还需要核对先前收到的货物运输相关数据。

运输商在使用EDI向收货人发送相关货物信息之前，就已经在物流中心对运输的货物进行了整理、集装等。收货人收到货物后，需使用EDI向发送人反馈关于运费的信息以及运输业务完成的相关情况。

（三）收货人

和运输商收取货物时一样，收货人也是使用扫描读数仪对收取的货物标签信息进行读取，同时核对先前收到的运输数据，确认之后再开出收货发票，把货物入仓。而后，收货人使用EDI把收货确认信息发送给发货人和运输商。

本章要点

1.物流信息系统作为一类企业信息系统，可以理解为通过对物流相关信息的加工处理来达到对物流、资金流的有效控制和管理，并为企业提供信息分析和决策支持的人机系统。

2.物流信息系统有多种类型，可以按管理决策的层次、系统的应用对象、系统采用的技术进行分类。

3.物流信息系统结构主要包括硬件、软件、数据库与数据仓库、相关人员和物流企业管理思想和理念、管理制度与规范。物流信息系统的主要功能包括市场交易活动功能、业务控制功能、工作协调功能、决策和战略支持功能。

4.从物流的功能活动角度看，传统物流技术主要包括集装化技术、货物运输技术、货物仓储技术、货物包装技术、物流配送技术及流通加工技术等。

5.条形码技术和射频识别技术是物流信息自动采集的主要技术。条形码是一种可印刷的机器语言，是由一组按特定编码规则排列的条、空组成的图形符号，可表示特定的信息内容，能够提高物流信息的标准化水平和采集的效率。射频识别技术是自动识别技术中最优秀、应用领域最广泛的技术之一，在物流管理中有着广阔的应用前景。

6.全球定位系统和地理信息系统可以为物流管理提供物流运动和地理空间信息，在物流定位、配送路线规划、物流跟踪等方面有着广泛的应用前景。

7. EDI是指商业贸易伙伴将按标准、协议规范化和格式化的经济信息通过电子数据网络在单位的计算机系统之间进行自动交换和处理。它是电子商业贸易的一种工具。EDI技术与条形码、射频、GPS、GIS等信息技术的配合使用不仅能够提高企业自身的物流运作效率，而且能够极大地提高企业之间的物流运作效率。

思考题

1. 什么是物流信息系统？物流信息系统如何分类？
2. 简述物流信息系统的基本结构和主要功能。
3. 什么是物流技术？物流技术包括哪几个方面？
4. 传统物流技术的未来发展趋势是什么样的？
5. 请对条形码技术与射频技术的优劣势进行比较。
6. 北斗导航系统的发展历程是什么样的？它和全球定位系统有什么区别？
7. 全球定位系统和地理信息系统可以为物流管理提供哪些物流数据？
8. 物流信息采集技术、空间数据管理技术、电子数据交换技术之间存在什么样的关系？
9. 互联网与EDI技术结合后诞生了哪几种技术？请简述它们的特点。

第四章
电子商务环境下的物流管理

本章数字资源

通过本章学习，你需要：
1. 掌握电子商务环境下物流系统的特征；
2. 了解物流对于电子商务的影响及作用；
3. 掌握物流配送中心的含义、职能及系统管理。

【开篇案例】京东自建物流服务

京东是中国最大的自营式电商企业，2015年第一季度在中国自营式B2C电商市场的占有率为56.3%。京东的物流配送服务包括211限时达、次日达、极速达、京准达、夜间配送以及无人机配送。

京东选择自建物流的原因有三。(1) 第三方物流有弊端。调查显示，40%的电商企业对于第三方物流的表现并不满意，其中80%的不满可以归结于第三方物流无法对企业客户的需求变化进行快速及时的响应。(2) 竞争对手和其他物流公司带来压力。目前，各个大型电子商务企业都在大力推动自建物流体系，如阿里的菜鸟网络，苏宁电器、国美电器进军电子商务也开始自建物流等。不仅是竞争对手，快递行业也开始"反攻"，开始跨界进入电子商务领域。2010年，中国邮政携TOM亲耕"邮乐网"上线；2011年4月，中铁快运打造的公共网络交易平台"快运商城"正式上线运行。此外，"三通一达"（圆通、申通、中通、韵达）以及顺丰等多家民营快递公司也开始积极进军电子商务领域。(3) 京东商城不断增长的订单量也满足了自建物流的要求。自建物流还能降低物流成本，提升消费者体验。

2009年起，京东网上商城陆续在天津、苏州、杭州、南京、深圳、宁波、无锡、济南等重点城市建立了城市配送站，均由自建快递公司提供物流配送、货到付款、移动POS刷卡、上门取换件等服务。此外，京、沪、粤三地仓储中心也已扩容至8万平方米，仓储吞吐量全面提升，分布在华北、华东、华南的三大物流中心覆盖了全国各大城市。2009年3月，京东网上商城斥资2000万元人民币成立了上海圆迈快递公司，上海及华东地区乃至

117

全国的物流配送速度、服务质量得以全面提升。2010年4月初，京东商城在北京等城市率先推出"211限时达"配送服务，除此之外，还有次日达、极速达、京准达、夜间配送以及无人机配送服务。2010年5月15日，在上海嘉定占地200亩的京东商城"华东物流仓储中心"内，投资上千万的自动传送带投入使用。工人们手持掌上电脑，开着小型叉车在数万平方米的仓库内调配商品。这是京东截至当时最大的仓储中心，承担了一半销售额的物流配送，也是公司将融到的2100万美元的70%投放到物流建设的结果。在这里，京东每日能正常处理2.5万个订单，日订单处理能力达到5万单。在此基础上，公司于2011年在嘉定建成了一座约18万平方米的超大型仓储中心。

除了注重自建物流体系外，京东还积极与第三方物流相结合。随着京东的业务阵营逐渐扩展到二线城市和三线城市，这些城市对物流系统的需求也显著提升。然而，如果在全国每个二线城市都建立自己的物流或运输公司，成本至少要在数百亿。在自营配送到达不了的区域内，京东商城选择与当地的快递公司合作，来完成货物的配送任务。

在配送大家电时，京东还选择与厂商进行合作，因为大家电的物流配送成本较高，假设京东自行运送则成本将高于利润。例如，从上海发到武汉的大家电，平均成本是每件400多元，但若与当地厂商合作，向其租赁库房，每件的配送成本只有48元，能省下90%。而厂商拥有自己的合作伙伴，并都建有自己的服务网点。京东与厂商合作不仅能节约成本，也能用厂商的知名度来帮助自己做宣传。

在逆向物流方面，京东也采用与快递公司合作的模式。从2010年开始，京东的消费者所购买的货品如果有任何需要退换的问题，京东商城都提供免费上门取件服务。京东通过与圆通快递合作，将此服务扩大到全国。

资料来源：任翔.京东物流案例分析［J］.中国科技期刊数据库科研，2018（5）：192-193.

第一节　电子商务概述

一、电子商务的基本概念

电子商务（electronic commerce，EC）是经济和信息技术发展并相互作用的必然产物。关于电子商务的概念，不同时期的中外学者和专家从不同的角度提出过不同的定义，但迄今为止，还没有一个非常全面、具有权威性、被大多数人所接受的定义。以下是关于电子商务一些较为系统和全面的定义。

（1）《中华人民共和国电子商务法》中的定义：电子商务指通过互联网等信息网络销售商品或者提供服务的经营活动。

（2）联合国经济合作与发展组织（Organization for Economic Co-operation and Development，OECD）的定义：电子商务是发生在开放网络上的企业之间、企业与消费者之间的交易。

（3）美国政府《全球电子商务纲要》中的定义：电子商务是指通过互联网进行的各项商务活动，包括广告、交易、支付、服务等，全球电子商务涉及世界各国。

（4）加拿大电子商务协会的定义：电子商务是通过数字通信进行商品和服务的买卖以及资金的转移，它还包括公司间和公司内部利用电子邮件、电子数据交换、文件转移、传真、电视会议、远程计算机联网所能实现的全部功能（如市场营销、金融结算、销售以及商务谈判）。

（5）全球信息基础设施委员会电子商务工作组的定义：电子商务是运用电子通信作为手段的经济活动，通过这种方式，人们对带有经济价值的产品和服务进行宣传、购买和结算。这种交易的方式不受地理位置、资金多少或零售渠道的所有权影响，任何个人和组织都能自由地参加广泛的活动。电子商务能使产品在世界范围内进行交易，并向消费者提供多种多样的选择。

（6）IBM公司的定义：电子商务是在计算机网络环境下的商业化应用，不仅是硬件和软件的结合，也不仅是一般意义下的狭义的交易，而是把买方、卖方、厂商及其合作伙伴在互联网、企业内部网和企业外部网结合起来的应用。

（7）惠普公司的定义：电子商务是通过电子化手段来完成商业贸易活动的一种方式，它使我们能够以电子交易为手段完成物品、服务等的交换，是商家和客户之间联系的纽带。

以上的定义没有对错之分，只是从不同角度各抒己见。从宏观上讲，电子商务是计算机网络的又一次革命，旨在通过电子手段建立一种新的经济秩序，它不仅涉及电子技术和商业交易本身，而且涉及在诸如金融、税务、教育等领域的应用；从微观上讲，电子商务是指各种具有商业活动能力的实体（生产企业、商贸企业、金融机构、政府机构、个人消费者等）利用网络和先进的数字化传媒技术进行的各项商业贸易活动。

二、电子商务的功能和特点

电子商务之所以得到广泛的发展，是因为它相对传统的商务活动而言具备许多新的功能和特点。

（一）电子商务的功能

电子商务的功能模块主要包括内容管理（content management）、协同处理（cooperative processing）和电子交易（electronic transaction）三项。这三项功能相互交叉组合，从而使电子商务具有了广告宣传、咨询洽谈、网上订购、网上支付、电子账户、服务传递、意见征询、交易管理等功能。

（1）**内容管理**。内容管理就是管理需要在网上发布的各种信息，通过充分利用信息来增加品牌价值，扩大公司的影响力，主要包括对外进行广告宣传，提供产品和服务的相关信息；对内进行信息传播，通过互联网将公司的政策、信息等传递给利益相关者。

（2）协同处理。协同处理能支持群体人员的协同工作，通过提供自动业务处理流程来减少公司运营成本和缩短产品开发周期，具体包括企业内各个部门及企业外合作伙伴的联系及通信、企业内部资源管理等。

（3）电子交易。电子交易能完成网上交易，并提供交易前、交易中、交易后的各种服务，主要包括网上订购、网上支付、交易管理等。

（二）电子商务的特点

（1）**便捷性**。在电子商务的环境下，客户不再受到地域和时间的限制，能够非常便捷地完成过去复杂的商务活动。客户和消费者可以快速搜索到所需要的产品和服务的供应商，并根据相关资料进行比较，从而获得满足自身需要的产品和服务。供应商则可以将自己的产品和服务的品种、特性发布在网站上，并及时获得反馈，拓宽与潜在客户的触达渠道。

（2）**高效性**。电子商务交易的双方从洽谈、签约到货款的支付以及交货等的整个过程都可以在网络上进行，通畅、快捷的信息传递提高了交易的效率。互联网贸易中的商业报文标准化使商业报文能在世界各地瞬间完成传递与自动处理活动。而传统的贸易方式用信件、电话、传真传递信息，必须有人的参与，每个环节都要花费不少时间。有时因人员合作和工作作息等问题，会延误信息传输而失去最佳商机。电子商务克服了传统贸易方式的不足，极大地缩短了交易的时间，使整个交易过程变得快捷与方便。

（3）**低成本**。电子商务使买卖双方的交易成本大大降低，如买卖双方通过网络进行商务活动，减少了交易的中间环节；卖方可通过互联网进行产品介绍、宣传，避免了用传统方式发送广告、印刷品等而产生的大量费用；互联网使得买卖双方即时沟通供需信息，使无库存生产和无库存销售成为可能，从而使库存成本可以降为零；通过互联网把公司总部、代理商以及分布在其他国家和地区的子公司、分公司联系在一起，及时地对各地市场做出反应，进行即时生产，利用快捷配送提供交货服务，从而降低成本。

（4）**协调性**。商务活动是一种协调过程，它需要制造商、供应商以及其他商务伙伴间进行协调。企业通过电子商务将供应商、制造商和客户连接起来，形成对客户需求的快速响应，既能迅速满足客户的个性化需求，又能降低商品的库存数量和资金积压。因此，协调性是电子商务的重要特性。

三、电子商务的应用类型

电子商务作为一种交易平台和方式，有效地拓展了贸易服务范围和业务范围，可以形成从政府到市场、从市场到企业生产、从企业生产到消费者的多方网络化连锁关系，打破行业间的界限。不同行业能够联手引入各自的消费群体，交叉推介、互为代办，形成成本低、花费少、见效快、效率高的电子商务活动网络，最大可能地实现生产需求与交换的一体化和透明化。

电子商务的结构模式通常按照参与交易的对象进行分类，主要有企业对企业（business to business，B2B）、企业对消费者（business to customer，B2C）、企业对政府机构（business to government，B2G）、消费者对政府机构（customer to government，C2G）、消费者对消费者（customer to customer，C2C）。而随着互联网的普及，满足海量消费者的个性化需求成为企业新的发展趋势，消费者到企业（customer to business，C2B）模式也应运而生。此外，线上到线下（online to offline，O2O）则是互联网技术与服务业经营管理结合的产物。

（一）B2B结构模式

B2B结构模式是指商业机构（或企业）利用互联网和各种商务网络向供应商（企业）订货和付款的电子商务应用模式。该模式以阿里巴巴为代表。

（二）B2C结构模式

B2C结构模式是指以互联网为主要手段，实现公众消费和服务提供，并保证相关付款方式电子化的商务运营模式。该模式以京东、天猫等为代表。

（三）B2G结构模式

B2G结构模式是指利用互联网完成政府与企业之间的采购、税收、商检、管理条例发布等各项事务的电子商务应用模式。

（四）C2G结构模式

C2G结构模式是指由政府通过电子商务手段进行福利费发放、个人税费征收等的电子商务运营模式。

（五）C2C结构模式

C2C结构模式是指利用互联网完成个人与个人之间的信息交换和交易，如个人的网上拍卖等。该模式以淘宝为代表。

（六）C2B结构模式

C2B结构模式是指由消费者先提出需求，生产企业按需求进行定制化生产的电子商务运营模式。具体可分为以小米手机为代表的"众筹"定制形式，以团购和预售为代表的聚合需求形式，以Priceline、猪八戒网为代表的要约形式，以戴尔、海尔为代表的模块定制形式，以及在模块定制基础上进一步发展而来的个性化定制和由大数据指导生产线研发、设计、生产、定价的大数据定制。

（七）O2O结构模式

O2O结构模式是指将线下商务与互联网结合在一起，让互联网成为线下交易前台的电子商务运营模式。

电子商务的分类并不是绝对的，各类别之间也不是完全孤立的，按照交易对象划分的B2B、B2C、C2G和B2G等可以集成在一起，如图4-1所示。实际上，当企业建立了自己的网站和相应的信息系统时，其也就完成了电子商务物理系统的建设，而系统的运行效率则取决于企业整个供应链系统信息流的集成能力。

图 4-1 电子商务集成

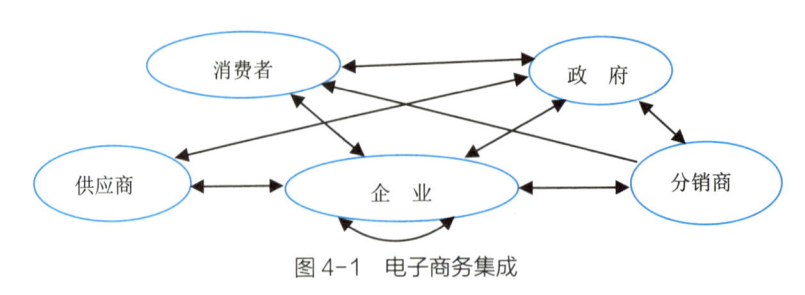

需要指出的是，电子商务是以计算机为主体的网络贸易方式的革命，它通过电子手段建立一种新的经济秩序，不应该仅仅被看作一种在线销售模式。更重要的是，在电子商务中，企业与企业之间、企业与消费者之间、企业与政府行政部门之间，甚至政府与市民之间的信息交流实现了数据化的处理过程。

四、电子商务的发展及现状

电子商务产生于20世纪60年代，发展于20世纪90年代，经历了从局部的、在专用网上进行的电子交易，到开放的、基于互联网的电子交易的发展过程。特别是近年来，互联网的快速发展给电子商务注入了新的活力，为电子商务提供了新的发展空间。

（一）电子商务发展的历史

从20世纪60年代起，商业电子化的发展主要经历了两个阶段。

1. 20世纪60—90年代：基于EDI的电子商务

电子商务实际上在网络出现以前就已存在。1994年之前，企业层面的电子商务主要是通过EDI进行的。EDI指的是商业交易信息（如发票和订单）以一种业界认可的标准方式在计算机与计算机间的传输。对于某些交易来说，在减少交易错误和缩短处理时间方面，EDI发挥了重大作用，因此，人们形象地称之为"无纸贸易"或者"无纸交易"。

尽管如此，基于EDI的电子商务仍然面临着很大的交易成本支出。首先，EDI通常经过专有增值网络进行，这需要花费一大笔投资；其次，EDI离不开分布式软件，这种软件既昂贵又复杂，给参与者增添了很大的负担；最后，EDI是批量传输的，影响了实时生产、采购和定价。正是这些原因，EDI才没有大规模普及，在中国尤其如此。

2. 20世纪90年代以来：基于互联网的电子商务

20世纪90年代中后期，互联网迅速得到普及，商业贸易活动正式进入互联网王国，电子商务成为互联网应用的最大热点。在此阶段，电子商务又分为三个不同的应用时期。

第一个应用时期：基础电子商务。在这一时期，买家和卖家开始尝试在没有中介的情况下开展交易。成功的先行者把它们的网站当作主要的销售渠道（如思科和戴尔），它们通常是技术公司，面向懂技术的消费者，没有或只有很少的渠道冲突。对其他大多数公司而言，它们仍然只把网站当作展示产品和市场推广材料的地方。

第二个应用时期：商务社区。在此时期，第三方目的网站开始把交易双方带到共同的社区之中。商务社区创造了市场透明度，一旦买主和卖主开始定期在社区中会面，各种各样的可能性就会出现。

第三个应用时期：协同式商务。这是一个崭新的时期，商业合作伙伴间的几乎每一个业务流程都可以借助网络加以改善或重组。与 B2C 相比，B2B 涉及的关系要复杂得多。用建筑中的意象作比，B2C 像是等待一所房子完工之后买下它，而 B2B 则更像从事一个庞大的建筑项目，需要在专业工作者之间协调多项流程。我们把这样的工作称为"协同"，虽然它面临的障碍很多，但也蕴藏着更大的机会。

（二）我国电子商务的发展现状

1996 年，国家信息化工作领导小组的成立标志着我国电子商务征途的起始。从 20 世纪 90 年代初开始，我国相继实施了"金桥""金卡""金税""金贸""金卫""金智"等一系列"金字工程"，并且进展顺利，为我国电子商务的发展营造了良好的政策环境。

2008 年，我国电子商务市场规模约为 3 万亿元，同比增长 41.7%，金融危机并未影响电子商务的发展。发展至今，我国电子商务经历了 1996—1999 年的萌芽期、2000—2002 年的雏形期、2003—2005 年的回暖期、2006—2007 年的稳定期、2008—2010 年的群雄期和 2011 年后的融合期等阶段。

2019 年，我国电子商务交易额达 34.81 万亿元，全国网上零售额达 10.63 万亿元，全国农村网络零售额达 1.7 万亿元，海关跨境电子商务管理平台零售进出口商品总额达 1862.1 亿元，电子商务服务业营收规模达 4.47 万亿元，电子商务从业人数达 5125.64 万人，快递服务企业业务量累计完成 635.2 亿件。

2020—2023 年，我国电子商务行业呈现出强劲的增长势头。随着互联网技术的快速发展，电子商务在过去几年内快速发展，成为全球经济发展的重要组成部分。特别是在 2020 年全球新冠疫情暴发的情况下，电子商务成为人们购物的重要途径之一。海关总署数据显示，2020 年我国跨境电商进出口贸易额达到 1.69 万亿元人民币，同比增长 31.1%。其中，出口贸易额达到 12 万亿元人民币，同比增长 40.1%；进口贸易额达到 0.57 万亿元人民币，同比增长 16.5%。

发展至今，处于融合期的我国电子商务发生着翻天覆地的变化，更萌生了诸如"双十一"、支付宝、农村电商等具有中国特色的电子商务景象。"双十一"改变了人们购物狂欢的方式，支付宝改变了人们的日常支付方式，农村电商则推动着电子商务向农村发展。随着融合期的进一步推进以及"互联网+"概念的普及，电子商务生态系统正成为中国电子商务发展的趋势和方向。

第二节 电子商务与物流的关系

一、电子商务对物流发展的影响

公司的经营中，信息流、资金流及物流这三个要素始终是紧密结合在一起的。各个环节的流畅运行才形成了整个商业系统的良性循环。电子商务作为商务活动的新形式，有其便捷性和协同性的特点，对于物流服务提出了更高质量、更快反应的要求，从而极大地促进了物流的发展。

（一）电子商务改变物流的运作方式

电子商务可使物流实现网络的实时控制。在电子商务的实际运作过程中，人们通过网络可以及时准确地掌握产品的销售信息与消费者信息。此时，存货管理应采用拉式存货方法，按所获得信息组织产品生产和对零售商供货，这样可以有效地实现对物流的实时控制，实现物流的合理化。例如，在电子商务方案中，可以利用信息网络，通过信息沟通将实物库存暂时用信息代替，将信息作为虚拟库存，为生产厂商和下游的经销商、物流服务商提供服务，共享库存信息，这样就能够在不降低供货服务水平的同时尽量减少实物库存。在传统的物流活动中，虽然也有通过计算机对物流进行实时控制的，但这种控制都是以单个的运作方式来进行的，而不能把从生产厂商到消费者整个链条上的信息进行共享。

（二）电子商务改变物流企业的竞争状态

电子商务的发展决定了物流跨时域性与跨区域性的特点。在这种情况下，需要一个全球性的物流系统来保证商品实体的合理流动。然而，对于一个企业来说，即使其规模再大，也是难以达到这一要求的。即使规模达到了这样的要求，也很难保证经济效益。在这种情况下，物流企业应相互联合起来，在竞争中形成一种协同合作的状态，从而实现物流的高效化、合理化和系统化。

（三）电子商务促进物流基础设施的改善

电子商务高效率和全球性的特点要求物流也必须具备同样的能力。而物流要具备这样的能力，良好的交通运输网络、通信网络等基础设施是最基本的保证。除此之外，相关的政策、法规等都要不断地改善。

（四）第三方物流成为物流的主要形式

第三方物流（third party logistics，3PL）是指由物流劳务的供方和需方之外的第三方去完成物流服务的物流运作方式。第三方物流在电子商务环境下得到极大发展，这是由电子商务的跨时域性与跨区域性所决定的。在这种模式下，物流成本在商品交易成本中占很大比重，尤其是在跨国（地区）交易中，如果没有良好的物流系统为双方服务，物流成本增加的幅度会更大。而双方组建各自的物流系统不仅难度很大，而且在出入境时仍然存在衔接不畅的问题。在此情形下，第三方物流企业可以给双方提供最佳的服务，实现门到门的送货。

在电子商务时代，B2C的物流支持都要靠配送来提供，B2B的物流业务也主要外包给第三方物流。同时，电子商务使制造业与零售业实现"零库存"，实际上是把库存转移给了物流的配送中心，因此，物流配送中心成为整个社会的"仓库"。由此可见，物流业的地位大大提高了。

（五）第四方物流成为物流的发展趋势

第四方物流（fourth party logistics，4PL）是一个提供全面供应链解决方案的供应链集成商。电子商务的发展无形中提升了消费者的期望，从而促使企业对自身供应链战略进行重新评估，加上日益激烈的市场竞争，共同推动了第四方物流的产生。第四方物流不仅控制和管理特定的物流服务，而且对整个物流过程提出方案。电子商务的发展便利了该程序的集成，从而为消费者提供迅速、高效、低成本、个性化的服务。

第四方物流在第三方物流的基础上发展起来，但又与第三方物流有所不同。第三方物流偏重将物流运作和物流资产外部化，从而降低企业的投资和成本；而第四方物流则偏重对整个供应链进行优化和集成，从而降低企业的运行成本。

信息共享是第四方物流成功运行的必要条件，信息流能否与物流保持同步已成为检验物流服务水平高低的关键因素。可以说，电子商务便捷性、高效性、低成本和协调性的特性为第四方物流发展提供了良好的条件。

【案例】平台型物流服务商——菜鸟物流的优势

菜鸟物流作为互联网思维下的新模式，主要的优势在于以下三点。

1. 阿里巴巴所拥有的大数据资源

在网络化的现代社会，拥有大数据这一资源和技术无疑会增加菜鸟物流在运作过程中的稳定性及准确性。通过大数据可以计算出货物从发货到收货最省时、省力、省资源的路线，不单降低了运输成本，也减少了运输时间，从而带给消费者更便捷的购物体验。

2. 菜鸟物流所拥有的智能化服务

菜鸟物流通过电子面单、智能仓储等智能化服务为商家减轻了大量的负担，也使仓储变得更加便捷。电子面单服务可以帮助商家快速处理大量的订单，区别于传统纸质面单，其更高效环保。电子面单能使一件包裹在上亿件包裹中被识别，进而录入信息并配送。数据系统可以自动为发货商家、快递公司与消费者更新数据信息。智能化的下单大大节约了录单时间，提升了整体的发货效率。智能仓储利用智能化的系统和机器人，在从买家下完订单到包裹生成的过程中，将不必要的人力用智能机器代替，不仅节约时间，还节约了人力成本。菜鸟先进的仓储配送服务也是传统物流所不能实现的。

3. 菜鸟物流减轻"最后一公里"的负担

"最后一公里"是物流中最后也是最重要的一步。菜鸟物流推出菜鸟驿站服务，减轻了快递商家和消费者的负担。菜鸟物流流程简便，当快递到达菜鸟驿站后，菜鸟系统自动将取货短信发送到消费者的手机中，消费者再凭借短信进行自提取货。这种方式给不愿意透露身份信息和不能随时收取快递的消费者带来了福音。

资料来源：李宁，范婷婷.菜鸟物流的模式及发展分析［J］.现代商业，2017（4）：20-21.

二、物流在电子商务中的地位和作用

（一）物流是电子商务的重要组成部分

电子商务的任何一笔交易都包含着信息流、商流、资金流和物流，如图4-2所示。

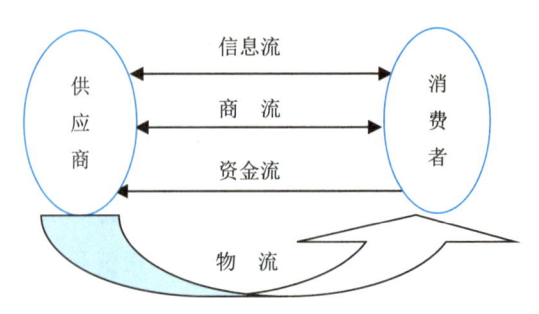

图 4-2 供应商和消费者的交互关系

（1）**信息流**包括商品信息的提供、广告促销、技术支持、售后服务等内容，也包括询价单、报价单、付款通知单、转账通知单等，还包括交易方的支付能力和支付信誉。

（2）**商流**是指商品在购、销之间进行交易和商品所有权转移的运动过程，具体是指商品交易的一系列活动。

（3）**资金流**主要是指资金的转移过程，包括付款、转账等。

在电子商务环境下，对信息流、商流、资金流的管理都可以通过计算机和网络通信设备来实现。

物流是指物资实体的流动过程，具体指运输、储存、配送、装卸、保管和物流信息管理等活动。在电子商务中，一些电子出版物，如软件、音像制品等可以通过网络以电子的方式传送给消费者，但绝大多数的商品仍要通过其他途径才能完成从供应商到消费者的物流过程。

（二）物流是实现电子商务的重要保证

电子商务提供了一个虚拟的网上经营环境，但交易的实现却离不开物流系统，物流是实现电子商务的重要环节和基本保证。

生产制造企业的电子商务中包含三部分物流：其一是企业采购、供应物流，即企业生产前的原材料、设备的准备；其二是生产过程中的生产制造物流，即原材料、半成品及产成品的企业内部物流；其三是产品以销售为目的的销售物流。

商贸企业可以通过电子商务进行订购、促销，但需要通过物流获得生产厂商的产品，并提供给消费者。物流的效率决定了商贸企业业务的成败。

对于直销企业而言，成功的关键是要建立一个覆盖面广、反应迅速、成本有效的物流网络和系统。

合理化、现代化的物流能够通过降低费用来降低成本、优化库存结构、减少资金占用、缩短生产周期，保证现代化生产的高效运行。相反，缺少了现代化的物流，生产将难以顺利进行，无论电子商务是多么便捷的贸易形式，仍将是无米之炊。

三、电子商务环境下物流系统的特征

高效的物流系统是电子商务取得成功的重要保证，同时电子商务的发展和以互联网为代表的信息技术的运用对传统物流系统产生了巨大的冲击。

与传统物流系统相比，电子商务环境下的物流系统具有以下特征。

（一）整个系统具有无限的开放性

电子商务是构建在互联网上的，整个物流系统的物流节点都通过公司网络互相连接，与合作节点互换信息，协同处理业务。基于互联网的开放性，节点的量几乎可以无限多。每个节点都可以与其他节点发生联系，快速进行数据交换。某个节点的变动不会影响其他节点，整个系统具有无限开放性和拓展能力。在传统物流系统下，节点之间信息交换的范围和速度受到制约，这就导致物流的范围和速度受到限制。

（二）物流节点普遍实行信息化管理

物流连接社会生产、生活的各个部分，使之成为一个有机整体，每个参与物流过程的环节构成了物流系统化的基础。素材只有经过筛选和加工才能变成有效的信息，信息只有经过消化吸收才能转化为生产力。信息化管理在电子商务的环境下不仅体现在广泛利用自动化、机械化操作设备方面，更重要的是利用自动化设备收集和处理商流和物流过程中产生的信息，并对物流信息进行分析和挖掘，最大程度地利用有效的信息对物流进行指导和管理。

（三）信息流在物流过程中起引导和整合作用

信息流贯穿商务活动的始终，引导着商务活动的发展。商流是物流的前提，物流是商流的继续，是商流最终实现的保证。物流要完成商流活动中物资实体的流通过程，它同样需要信息流的引导和整合。在紧密联系的网络系统中，每个节点回答上游节点的询问，向下游节点发出业务请求，根据上下游的请求和反馈提前安排货物输送过程。信息流在物流过程中起到了事先测算流通路程、即时监控输送过程、事后反馈分析的作用。在环环相扣的物流过程中，虚拟的场景和路程简化了操作程序，极大地减少了失误和误差，使得每个环节之间的停顿时间大幅降低。

（四）系统具有明显的规模优势

网络将各个分散的节点联结为紧密联系的有机整体，在一个相当广泛的区域内发挥作用。在电子商务系统中，系统不以单个点为中心，系统功能被分散到多个节点，各节点间交叉联系，形成网状结构。大规模联合作业降低了系统的整体运行成本，提高了工作效率，也降低了系统对单个节点的依赖性，抗风险能力明显增强。如果某个节点出现意外，其他节点可以很快替补。

四、电子商务对物流系统的要求

电子商务的发展对物流系统提出了多方面的要求。

（一）电子商务物流系统要求物流的运作方式——信息化、网络化

电子商务要求物流处理的全过程处于受控状态，能够采集并处理运输、递送等各个环节的信息，对信息网络实施有效的控制，实现物流的信息化和网络化。同时要求通过互联

网实现一个地区、一个国家乃至全球范围内整体的、系统的实时控制。

（二）电子商务物流系统要求物流的运作水平——标准化、自动化

标准化是现代物流发展的基础。一方面，信息社会要求所有的物品乃至运输工具都采用标准的标识码技术，对盛装容器、运输包装等进行标准规范，从而便于信息的自动采集和自动处理；另一方面，要求配置机械化、自动化设备，对各种物品和容器实施高效的自动化分拣处理，缩短物品的流通时长。

（三）电子商务物流系统要求物流的快速反应能力——高速化、系统化

物流系统的快速反应是物流发展的目标之一，速度就是效率和效益，这是电子商务制胜的关键。用户轻松地进行网上交易之后，商流和资金流以电子速度在网上流动，它要求实物商品从订单受理、分拣、配送、运输直至递送到用户手中也高速流动的，这就要求物流系统拥有较高效的配送中心和快捷的运输方法。物流系统化管理是指为了实现既定的物流系统目标、提高向消费者和用户供应商品的效率，而对物流系统进行计划、组织、指挥、监督和调节的活动。物流系统管理的高度化发展能有力地促进物流活动的合理化和纵深化发展。现代物流的系统化管理有六个特征：（1）以客户满意为第一目标；（2）重点关注整个物流渠道的商品运动；（3）以优化企业的整体效益为目的；（4）重视效率，更重视效果；（5）以信息技术支持商品的实时供给；（6）对商品运动的一元化管理。

（四）电子商务物流系统要求物流的动态调配能力——个性化、柔性化

电子商务创造了个性化的商务活动，在网络营销过程中，它可以根据各个用户提供不同的产品和服务。在这样的背景下，作为电子商务支撑的物流必须也能根据用户的不同要求提供个性化的物流服务，物流系统应具有动态调配能力和柔性化的组织水平。

（五）电子商务物流系统要求物流的经营形态——社会化、全球化

传统物流业中的某种物流系统往往是由某一企业来进行组织和管理的，而电子商务有跨行业、跨时空的特点，它要求从社会化的角度对物流实行系统的组织和管理，实现物流经营的社会化和全球化。一方面要求物流企业相互联合起来，在竞争中形成一种协同作用；另一方面要求物流业向第三方综合代理多元化、综合化以及第四方供应链集成的方向发展。

第三节　电子商务物流配送与配送中心

电子商务范畴下的配送中心是信息化、现代化、社会化的配送中心。配送中心采用网络化的计算机技术和现代化的硬件设备、软件系统及先进的管理手段，能够减少生产企业库存，加速资金周转，提高物流效率，降低物流成本；同时刺激了社会需求，有利于整个社会的宏观调控，也提高了整个社会的经济效益，促进了市场经济的健康发展。

一、电子商务物流配送基本情况

（一）配送的含义

配送是指在经济合理区域范围内，根据客户要求对物品进行拣选、加工、包装、分割、组配等作业，并按时送达指定地点的物流活动。

配送是物流中一种特殊的、综合的活动形式，是商流与物流的紧密结合，既包含了商流活动和物流活动，也包含了物流中若干功能要素。在物流系统中，配送是承担"将货物从物流节点送交收货人"任务的关键环节。

配送几乎包括了所有的物流功能要素，是物流的一个缩影，是某个小范围内全部物流活动的体现。一般的配送集装卸、包装、保管、运输于一身，通过这一系列活动实现将货物送达的目的。特殊的配送还包括加工活动，涉及的范围更广。配送的主体活动与一般物流有所不同，一般物流主要是运输及保管，而配送主要进行运输及分拣、配货，分拣和配货是配送的独特活动，以送货为目的的运输是实现配送的主要手段，从这一主要手段出发，常常将配送简化地看成运输的一种。但运输和配送两者存在着区别（如表4-1所示），所有物品的移动都是运输，而配送则专指短距离、小批量的运输。因此，可以说运输是整体，配送则是指整体中的一部分，而且配送的侧重点在于一个"配"字，它的主要意义也体现在"配"字上，"送"是为最终实现资源配置的"配"而服务的。

表4-1 运输和配送在移动意义上的区别

运 输	配 送
长距离大量货物的移动	短距离少量货物的移动
节点间的移动	企业送交至消费者
地区间货物的移动	地区内部货物的移动
卡车一次向一地单独运送	卡车一次向多处运送，每处只获得少量货物

运输功能要素包括供应及销售物流中车、船、飞机等方式的运输以及生产物流中管道、传送带等方式的运输。配送功能要素是物流进入最终阶段，以配货、送货的形式最终完成社会物流并实现资源配置。配送活动一度被看成一种运输形式，被作为运输活动的末端对待，而未被看作独立的功能要素。但是，配送作为一种现代流通方式，集经营、服务、社会集中库存、分拣、装卸搬运等多功能于一体，已不是单纯的送货运输所能涵盖的，因此现已将配送视为独立功能要素。

（二）电子商务物流配送的含义和特点

电子商务物流配送是采用网络化的计算机技术和现代化的硬件设备、软件系统及先进的管理手段进行的配送活动，是信息化、现代化、社会化的物流配送，也可以说是一种新型的物流配送。

在传统的物流配送企业中，往往有大量的人从事简单的重复劳动，效率低下且错误率高。在网络化管理的新型物流配送企业中，这些机械的工作都交给了计算机和网络。电子商务物流配送除了具备传统物流配送的特征外，还具备以下基本特征。

（1）**高效性**。企业可以利用现代网络建立一套完整有效的自动信息系统，将一些程序化的活动通过自动信息系统来实现。企业可根据用户的需求情况，通过自动信息系统调整库存数量和结构，进而调整配送作业活动。而对于一些非程序的活动，可通过自动信息系统进行提示或预报，提高信息的传输和效率。这些自动化的信息极大地节约了人力成本，同时也提高了运行效率和决策效率，保证了物流配送的高效性。

（2）**低成本**。电子商务不仅使配送双方节约了成本，而且降低了整个社会的配送成本。基于电子商务的信息共享，企业能够更为迅速地掌握消费市场的动态变化，使库存管理的费用下降。同时，电子商务配物流送可以使双方通过网络进行结算，降低了结算成本。

（3）**个性化**。通过电子商务，企业可以记录用户需求、配送习惯等，从而确定用户下一次对配送的具体要求。因此，电子商务不仅使普通的大宗配送业务得到发展，而且能够顺应用户需求多样化的发展趋势和潮流。

二、配送中心的含义、类型与功能

（一）配送中心的含义

《中华人民共和国国家标准：物流术语》（GB/T18354—2021）中关于配送中心是这样定义的：具有完善的配送基础设施和信息网络，可便捷地连接对外交通运输网络，并向末端客户提供短距离、小批量、多批次配送服务的专业化配送场所。

王之泰在《新编现代物流学》中将"配送中心"定义为：从事货物配备（包括集货、加工、分货、拣选、配货）和组织对用户的送货（运输），以高效率在一定区域范围内为生产、销售等物流活动提供支持的物流节点和组织。

作为一个常用名称，配送中心有着多重含义。配送中心可以说是从供应者手中接收多种大量的货物，进行倒装、分类、保管、流通加工和情报处理等作业，然后按照众多需要者的订货要求备齐货物，以令人满意的服务水平进行配送的设施；也可以说是接收并处理末端用户的订货信息，对上游运来的多品种货物进行分拣，根据用户订货要求进行拣选、加工、组配等作业，并进行送货的设施和机构。不管从哪个角度来定义配送中心，可以肯定的是，配送中心是一种以物流配送活动为核心的经营组织，是配送活动的聚集地和发展地，同时也是物流运输的枢纽。

配送中心是物流领域中社会分工、专业分工进一步细化之后产生的。在新型配送中心出现前，配送中心承担了某些转运的职能。之后这类配送中心的一部分向纯粹的转运站发展以衔接不同的运输方式和不同规模的运输，另一部分则增强了"送"的职能，而后向更高级的"配"的方向发展。

配送中心的出现是物流系统化和大规模化的必然结果。孙炜在《变革中的配送中心》一文中指出，"由于用户在货物处理的内容上、时间上和服务水平上都提出了更高的要求，为了顺利地满足用户的这些要求，就必须引进先进的分拣设施和配送设备，否则就建立不了正确、迅速、安全、廉价的作业体制。因此在运输界，大部分企业都建造了正式的配送中心"。

（二）配送中心的类型

对配送中心的适当划分有助于加深对其的认识和理解。配送中心按运营主体的不同，大致有四种类型：以制造商为主体的配送中心、以批发商为主体的配送中心、以零售商为主体的配送中心、以仓储运输商为主体的配送中心。

（1）**以制造商为主体的配送中心**。这是制造商为了自身生产和销售业务需要而投资建设的配送中心。这种配送中心里的商品全都是由制造商自己生产制造的，从而降低了流通费用，并提高了售后服务质量。通过建立配送中心，制造商为客户提供了更好的货物运输递送服务。

（2）**以批发商为主体的配送中心**。批发商作为制造商和消费者的中间纽带，需要按照不同部门和商品类别将制造商的商品集中起来，再以单一品种或搭配向零售商配送。对商品进行汇总和再销售是该类配送中心进行的一项重要活动。

（3）**以零售商为主体的配送中心**。这是专门为某个集团、企业或组织供货的配送中心。零售企业发展到一定规模后，就会从增强核心竞争力的高度去研究建设配送中心的问题。例如，华联、联华、华润万家等大型连锁超市公司自建的配送中心就是以销售经营为目的、以配送为手段的企业供货枢纽。

（4）**以仓储运输商为主体的配送中心**。强大的运输配送能力是该类配送中心的优势，借助优越的地理位置（如公路、铁路、港湾枢纽），其可快速实现货物的配送。该类配送中心只提供仓储管理和运输配送的专业化职能，基本不从事经营服务，属于专业配送中心，其专业化、现代化、机械化程度都非常高。

（三）配送中心的功能

配送中心是独立于生产领域之外，从事与商品流通有关的各种经济活动的机构，也是一种多功能、集约化的物流节点，是商流、物流、信息流的交汇点，是现代配送活动的集聚地和策源地。商品流通的全过程大致可分为购、销、存、运四个环节，配送中心是集多种流通功能于一体的现代化流通中心，承担着商品的进货、库存、分拣、加工、运输、送货、信息处理等职能，其功能远远超过了传统的仓储和运输的范围。

一个集约化配送中心通常应具备以下功能。

（1）**集货功能**。为了满足门店"多品种、小批量"的要货和消费者在任何时候都能买到所需商品的要求，配送中心必须从众多的供应商那里按需要的品种较大批量地进货，以备齐所需商品，此项工作称为集货。配送中心通过集货功能疏通销售渠道，协调产需矛盾，调剂商品余缺。

（2）**储存保管功能**。尽管配送中心不是以储存商品为目的的，但是为了满足市场的需求，以及保证配货、流通加工等环节的正常运转，其也必须保有一定的库存。这种集中储存可大大降低库存总量，减少仓库基建费用，压缩社会商品库存，减少仓储费用、保管费用和资金占压。

（3）**流通加工功能**。流通加工是物品在从生产领域向消费领域流动的过程中，为了促进销售、维护产品质量和提高物流效率而对其进行的加工。例如，配送中心根据各商店的不同需求，按照销售批量大小，直接进行集配分货（如拆包分装、开箱拆零等），有时其供应给零售店的一部分商品可能较零星，品种繁多，需拆箱组配后再拼箱。流通加工功能提高了服务水平和资源利用程度，增加了流通附加值。

（4）**分拣功能**。分拣是指将一批相同或不同的货物按照不同的要求（如配送给不同的门店）分别拣开后集中在一起等待配送。例如，连锁超市配送中心的分拣任务就是按照门店（或客户）的订货单，把库存商品拣选后分别集中待配送。分拣功能保证了配送中心可以按照客户要求及时有效地送达货物。

（5）**配送功能**。这是指按照客户的订货要求，在配送中心进行分货、配货作业，并将配好的商品送交收货人。与运输相比，配送通常是在商品集结地——配送中心完全按照客户对商品种类、规格、品种搭配、数量、时间、送货地点等的各项要求，进行分拣、配货、集装、合装整车、车辆调度、路线优化等一系列工作，再将商品运送给客户。合理化的配送运输可以提高运输工具的利用率，消除重复运输、空载运输带来的浪费。

（6）**信息处理功能**。配送中心有相当完善的信息处理系统，能有效地为整个流通过程的控制、决策和运转提供依据。无论是集货、储存、拣选、流通加工、分拣、配送等一系列环节，还是物流管理和费用、成本结算，均可实现信息共享。而且，配送中心可与销售商进行直接交流，及时得到商店的销售信息，有利于合理组织货源，控制最佳库存。同时，配送中心可将销售与库存信息及时反馈给制造商，以指导商品生产计划的安排。可以说，配送中心是整个流通过程的信息中枢。

三、电子商务配送中心管理

电子商务配送中心需要符合电子商务的特点，提高反应效率以及服务质量，因此，其需要现代化的管理理念和管理方法。

（一）电子商务配送中心管理的内容

电子商务配送中心管理的主要内容有以下五个方面。

（1）**设备管理**。设备管理是指对配送中心所使用的各种设备、设施进行管理，包括统计使用设备的类型、数量，根据业务情况添加新设备、淘汰旧设备，同时还要对设备进行维修、保养，统计设备的使用状况，根据现有情况对设备进行调整，以使设备达到最高的使用效率。

（2）**配送作业管理**。配送作业管理是指对配送中心开展的各项配送业务进行统一管理。具体包括进货入库作业管理、在库保管作业管理、加工作业管理、理货作业管理和配货、配装作业管理。配送作业管理是配送中心管理的主要内容，合理安排作业对提高配送效率有至关重要的作用。

（3）**客户管理**。客户管理是指维持对老客户的服务质量，同时挖掘新的、潜在的客户，分析客户现有需求，挖掘潜在需求，更好地为客户服务。

（4）**业务管理**。业务管理是指对配送中心各项业务活动的管理，如合同管理、各种文档管理以及计划的制订、实施等的管理。

（5）**人力资源及财务管理**。人力资源及财务管理在配送中心管理中发挥了支撑作用。

（二）电子商务配送中心管理的目标

电子商务配送中心管理的目标是为客户提供高质量、高水平的现代物流配送服务，同时控制活动成本。即在规定的时间内将物品以准确的数量、符合要求的质量、合适的价格送到准确的地点，递交给客户。

以我国配送中心发展的现状来看，要实现以上目标，电子商务配送中心除了要加强内部的管理外，还应从以下三个方面提供相应的政策环境和法律环境，以促进配送中心的合理发展。

（1）**加强法律政策的制定和相关基础设施的建设**。国家需要对配送中心建设进行整体规划、合理布局，出台相应的适合配送中心物流运营的法律法规。由于物流配送中心的建设、运营涉及社会多个方面，因此需要工商、税务、海关、交通运输等多方面的合作监管，以完善配送中心运营的整体环境。

（2）**注重物流人才的培养和引进**。我国在配送中心运营方面的实践经验不足，对配送中心的作用认识不够，因此必须加强物流人才的培养和引进，提升整个行业对配送中心的认识。

（3）**构建管理信息系统**。采用自建、合作等方式建立电子商务网站，引进条形码技术、射频识别技术、电子订货系统、电子数据交换系统等电子商务技术，构建完善的信息系统，加强配送中心内部管理及外部信息联系。通常，电子商务配送中心应建立销售管理、采购管理、仓库管理、财务会计、辅助决策等信息管理子系统。

（三）配送中心的作业流程及管理

不同模式的配送中心的作业内容有所不同。一般来说，配送中心执行如下作业流程：进货—进货验收—入库—存放—标示包装—分类—出货检查—装货—送货。归纳起来，配送中心的作业管理主要有进货入库作业管理、在库保管作业管理、加工作业管理、理货作业管理和配货作业管理。

（1）**进货入库作业管理**。进货入库作业主要包括收货、检验和入库三个流程。收货是指连锁店总部向供货厂商发出进货指令后，配送中心对运送的货物进行接收。收货检验工作一定要慎之又慎，因为一旦商品入库，配送中心就要担负起保护商品完好的责任。一般来说，配送中心收货员应及时掌握连锁店总部（或客户）计划中或在途中的进货量、可用的库房空储仓位、装卸人力等情况，并及时与有关部门、人员进行沟通，做好以下接货计划：①使所有货物直线移动，避免出现反方向移动；②使所有货物的移动距离尽可能短，动作尽可能少；③使机器操作最大化、手工操作最小化；④将某些特定的重复动作标准化；⑤准备必要的辅助设备。

检验活动包括核对采购订单与供货商的发货单是否相符，开包检查商品有无损坏、商品分类、所购商品的品质与数量等。数量检查有四种方式：①直接检查法，将运输单据与供货商的发货单进行对比；②盲查法，即直接列出所收到的商品种类与数量，待发货单到达后再做检查；③半盲查法，即事先收到列明商品种类的单据，待货物到达时再列出商品数量；④联合检查法，即将直接检查法与盲查法结合起来使用，如果发货单及时到达就采用直接检查法，未到达就采用盲查法。

经检查准确无误后方可在厂商的发货单上签字并将商品入库，及时记录有关入库信息并转达给采购部，经采购部确认后开具收货单，从而使已入库的商品及时进入可配送状态。

（2）**在库保管作业管理**。商品在库保管的主要目的是加强商品养护、确保商品质量安全，同时还要加强储位合理化工作和储存商品的数量管理工作。商品储位可根据商品属性、周转率、理货单位等因素来确定；储存商品的数量管理则需依靠健全的商品账务制度和盘点制度来支撑。商品储位合理与否、商品数量管理精确与否将直接影响商品配送作业效率。

（3）**加工作业管理**。加工作业管理主要是指对即将配送的产品或半成品按销售要求进行再加工，包括：①分割加工，如对大尺寸产品按不同用途进行切割；②分装加工，如将散装或大包装的产品按零售要求进行重新包装；③分选加工，如对农副产品按质量、规格进行分选，并分别包装；④促销包装，如搭配促销赠品；⑤贴标加工，如粘贴价格标签、打制条形码。加工作业完成后，商品即进入可配送状态。

（4）**理货作业管理**。理货作业是配货作业最主要的前置工作之一，即配送中心接到配送指示后，及时组织理货作业人员，按照出货优先顺序、储位区域别、配送车辆趟次别、门店号、先进先出等方法和原则，把配货商品整理出来，经复核人员确认无误后，放置于暂存区，准备装货上车。

理货作业主要有两种方式：一是"播种方式"，二是"摘果方式"。所谓"播种方式"，就是把所要配送的同一品种货物集中搬运到理货场所，然后按每一货位（按门店区分）所需的数量分别放置，直到配货完毕。在保管的货物较易移动、门店数量多且需要量较大时，可采用此种方法。所谓"摘果方式"（又称挑选方式），就是搬运车辆巡回于保管场所，按理货要求取出货物，然后将配好的货物放置到配货场所指定的位置，或直接发货。在保管的商品不易移动、门店数量较少且要货比较分散的情况下，常采用此种方法。在实际工作中，可根据具体情况来确定采用哪一种方法，有时两种方法亦可同时运用。

（5）**配货作业管理**。配货作业过程包括计划、实施、评价三个阶段。

配货计划是根据配送的要求，事先做好全局筹划并对有关职能部门的任务进行安排和布置。全局筹划主要包括：①制订配送中心计划；②规划配送区域；③规定配送服务水平；④根据配送的性质和特点决定运输方式、车辆种类；⑤现有库存的保证能力；⑥现时的交通条件。配货计划决定配送时间，从而选定配送车辆，规定装车货物的比例和最佳配送路线、配送频率。配货计划制订后，将到货时间、到货品种、规格、数量以及车辆型号通知各门店做好接车准备；同时向各职能部门，如仓储、分货包装、运输及财务等部门下达配送任务，各部门做好配送准备，然后组织配送发运。理货部门按要求将各客户所需的货物进行分拣及聚集，然后进行适当的包装并详细标明客户名称、地址、送达时间以及货物明细。按计划将各客户所需的货物组合、装车，运输部门按指定的路线运送至各客户，完成配送工作。如果客户有退货、调货的要求，则应将退、调商品随车带回，并完成有关单证手续。

四、电子商务配送系统

配送系统作为物流系统的一个子系统，需要符合物流系统的整体要求，同时它也相对独立存在，通过将配送活动各要素组合成一个有机体来实现自己的目标、功能和作用。

（一）电子商务配送系统的含义与特点

电子商务配送系统是依托网络技术、通信技术和计算机技术把配送活动的各要素联系在一起，为实现配送目的、功能和作用而形成的一个有机统一体。电子商务的发展不仅为配送系统的建立提供了技术基础，也提供了市场基础。相对于传统配送系统来说，电子商务配送系统具有以下四方面的特点。

（1）**虚拟性**。企业对配送进行虚拟的管理和操作，合理地调配资源，从而实现高效率和合理化的配送。同时，它也实现了书写的电子化及传递的数据化，使配送双方均可在不同地域实现快速、准确、双向式的数据信息交换和电子支付。

（2）**实时性**。在电子商务配送中，配送的运作是以信息为中心的，信息决定着配送的运动方向和运动方式。在实际的配送过程中，电子商务技术使企业能够对其实施有效的实时控制。同时，电子商务对配送的实时控制是以整体配送为中心来进行的。

（3）**互动性**。配送活动需要将多种要素有机地结合在一起。配送既包括外部的配送活动，也包括内部的配送组织活动。电子商务配送系统通过协调这些活动建立了企业与外部的联系，加强了企业内部各要素之间的联系，从而实现配送的合理化。同时，互动性使个性化配送服务成为可能，为企业赢得更多的客户和市场。

（4）**标准性**。配送的标准化主要包括配送货物信息的标准化和配送作业流程的标准化。配送货物信息的标准化是指将货物的各种特征和属性信息化，使其有利于双方对货物的理解和认可，便于货物的使用、统计、配送及管理。配送作业流程的标准化是指配送的各个环节、各个层次应按照统一规定的流程来进行作业，以保证各个作业环节的合理衔接和有序调整。此外，电子商务配送的标准化还包括配送技术的标准化和配送管理的标准化等。

（二）电子商务配送系统的构成

（1）**配送系统的基本模式**。配送系统主要由环境、输入、输出、处理和反馈等方面构成。①环境。主要包括外部环境和内部环境。外部环境主要是指影响配送系统的一系列外部因素，包括用户需求、观念及价格等。内部环境主要是指影响配送系统的一系列内部因素，不仅包括系统、人、财、物的规模与结构，而且包括系统的管理模式、策略和方法等。一般来说，外部环境是系统不可控的，而内部环境则是系统可控的。②输入。是指一系列对配送系统发生的作用，包括原材料、设备和人员等。③输出。是指输入经过处理后的结果，即提供的配送服务，包括货物的转移、各种劳务、质量和效益等。④处理。是指配送的转换过程或配送业务活动的总称，包括运输、存储、包装、搬运和送货等，此外，还包括信息的处理及管理工作。以上四个方面中，输入和输出能使配送系统与外部环境进行交换并适应外部环境，而处理则是系统内部的转换，能够使其功能更加完善、合理及科学。

（2）**电子商务配送系统的构成**。一般来说，电子商务配送系统主要由管理系统、作业系统、网络系统及环境系统四部分组成。①管理系统。管理系统是整个配送系统的支柱。管理系统包括配送系统的战略目标、功能目标、配送能力、配送需求预测和创造以及存货管理等。配送系统的战略目标是指与服务对象、消费者性质和地理位置相适应的配送服务；功能目标是指确定配送系统所要达到的目标；配送能力的大小主要取决于企业投入人、财、物的数量及管理水平；配送需求预测和创造主要是对市场进行预测分析，以掌握和了解未来客户配送需求的规模，开展促销业务，以系统的高效率、低成本和高质量的服务创造配送需求；存货管理主要是通过预测、创造需求以及网络的特点合理地确立存货的规模与结构，存货的规模与结构要与客户的要求以及配送系统的作业能力保持一致。②作业系统。作业系统是配送实物作业过程中所构成的系统。在电子商务时代，配送实物作业应根据管理系统下达的信息指令来进行操作。作业系统的功能主要包括货物的接收、装卸、储存、分拣、配装及运送和交付等。③网络系统。网络系统的功能包括接收、处理信息和订单等。④环境系统。环境系统主要是指配送的外部环境，包括宏观环境和微观环境。宏观环境主要包括经济、政治、技术、法律及社会文化环境等；微观环境主要包括需求环境、竞争环境及供给环境等。

本章要点

1.从不同角度看，电子商务有着不同的定义。从宏观上讲，电子商务是计算机网络的又一次革命，旨在通过电子手段建立一种新的经济秩序，它不仅涉及电子技术和商业交易本身，而且涉及诸如金融、税务、教育等领域；从微观上讲，电子商务是指各种具有商业活动能力的实体利用网络和先进的数字化传媒技术进行的各项商业贸易活动。

2.按照参与交易的对象进行分类，电子商务基本的结构模式主要有企业对企业（B2B）、企业对消费者（B2C）、企业对政府机构（B2G）、消费者对政府机构（C2G）、消费者对消费者（C2C）。除此之外，随着互联网的普及，消费者到企业（C2B）模式和线上到线下（O2O）模式也应运而生。

3.电子商务相对传统的商务活动有许多特征和优点：便捷性、高效性、低成本、协调性。

4.物流是电子商务的重要组成部分，是实现电子商务的重要环节和基本保证。与传统物流系统相比，电子商务环境下的物流系统具有以下特征：整个系统具有无限的开放性；

物流节点普遍实行信息化管理，信息流在物流过程中起引导和整合作用，系统具有明显的规模优势。

5.电子商务的发展对物流系统提出了多方面的要求：要求物流的运作方式——信息化、网络化；要求物流的运作水平——标准化、自动化；要求物流的快速反应能力——高速化、系统化；要求物流的动态调配能力——个性化、柔性化；要求物流的经营形态——社会化、全球化。

6.配送是指在经济合理区域范围内，根据用户要求以最有效的方式对物品进行拣选、加工、包装、分割、组配等作业，并按时送达指定地点。一般情况下，配送活动包括七个环节：进货、储存、分拣、配货、分放、配装和送货。

7.配送中心是从事货物配备（集货、加工、分货、拣选、配货）和组织对用户的送货，以高水平实现销售或供应的现代流通设施。配送中心按运营主体的不同，大致有四种类型：以制造商为主体的配送中心、以批发商为主体的配送中心、以零售商为主体的配送中心、以仓储运输商为主体的配送中心。

8.配送中心管理主要是对配送中心的作业以及设备进行管理。不同模式的配送中心的作业内容有所不同。一般来说，配送中心执行如下作业流程：进货—进货验收—入库—存放—标示包装—分类—出货检查—装货—送货。归纳起来，配送中心的作业管理主要有进货入库作业管理、在库保管作业管理、加工作业管理、理货作业管理和配货作业管理。

9.电子商务配送系统是依托网络技术、通信技术和计算机技术把配送活动的各要素联系在一起，为实现配送目的、功能和作用而形成的一个有机统一体。电子商务的发展不仅为配送系统的建立提供了技术基础，也提供了市场基础。电子商务配送系统具有虚拟性、实时性、互动性、标准性的特点。

10.配送系统主要由环境、输入、输出、处理和反馈等方面构成。电子商务配送系统主要由管理系统、作业系统、网络系统及环境系统等几部分组成。

思考题

1.电子商务的定义是什么？
2.电子商务有哪些类别？各有什么特点？
3.请简述我国电子商务的发展历程。
4.电子商务的发展对物流的发展有什么影响？
5.电子商务环境下的物流系统有什么特点？
6.配送活动的主要环节有哪些？
7.什么是配送中心？什么是配送系统？
8.电子商务下配送系统的构成要素有哪些？其特征有哪些？

第五章
跨境物流管理

本章数字资源

学习目的

通过本章学习，你需要：
1. 描述跨境物流的基本含义；
2. 了解跨境物流系统的组成；
3. 掌握跨境物流系统的三阶段模式；
4. 解释影响跨境货运方式选择的因素；
5. 区分跨境物流的基本业务和特有业务；
6. 说明跨境物流运输方式及其特点；
7. 了解跨境物流货运的主要路线；
8. 了解跨境物流仓储的主要流程；
9. 描述跨境物流出现的新形态；
10. 认识跨境物流的基本格局。

【开篇案例】中欧班列新辟"国际大通道"

2011年3月19日，从中国重庆到德国杜伊斯堡的"渝新欧"集装箱货运班列发车，标志着中国和欧洲之间的铁路货运新模式——"中欧班列"正式开通。截至2021年4月，中欧班列已开行10年有余。概括地看，中欧班列的发展呈现以下特点。

1. 开行规模快速增长

班列数量不断增加是中欧班列自开行至今最显著的特点。2011年，中欧班列全年开行量仅17列；2020年，班列累计开行1.24万列。

2. 运输覆盖范围不断扩大

一方面，中国境内不同省份陆续探索班列新线路；另一方面，班列早期线路在维持主线运营的基础上通过开行支线打造"1 + N"线路布局，促使中欧班列连通的地区更加广阔。截至2020年，中欧班列运行线路达73条。其中，境内累计开行超过百列的城市增至29个，通达欧洲城市90多个，涉及20余个国家，初步形成了相对稳定的运营格局，为中国与沿线国家共建"一带一路"提供了有力支撑。

3. 货品种类持续增多

中欧班列早期所运货物品类相对单一，最早开通的线路"渝新欧"起初主要是将当地生产的笔记本电脑运往欧洲。随着开行规模、覆盖范围不断增加，中欧班列逐渐分化为与当地经济特点相结合的两种类型：一种类型的线路强调当地生产的商品在所运货品中的特殊地位，如"渝新欧"就以服务于当地笔记本电脑、机械制品等企业的进出口作为重要目标；另一种类型的线路重视发挥交通枢纽等区位优势，集结其他地区货物统一运输。在这个过程中，中欧班列所运货物扩大到电子产品、机械制品、化工产品、木制品、纺织品、小商品、食品等众多品类。

4. 运营模式相对清晰

形成相对清晰的运营模式是中欧班列能够不断发展的基础。以境内货物通过中欧班列运往境外为例，其流程一般是：境内货运委托人与地方线路平台公司签订货物运输协议，地方线路平台公司再与境内外铁路运输承运方签署协议，由它们分别负责境内段和境外段的实际运输业务，并最终将货物交付给境外收货方。地方线路平台公司由开行中欧班列的省份或城市专门成立，比如，开行"渝新欧"线路的渝新欧（重庆）物流有限公司、开行"郑欧"线路的郑州国际陆港开发建设有限公司等。除渝新欧（重庆）物流有限公司是合资企业外，其他地方线路平台公司以国有企业为主，同时还包括少量私营企业。它们在地方政府政策和资源支持下负责从境内货运市场揽货，主要向具有货运需求的境内货运委托人提供跨境货运代理、多式联运和集运等运输服务。境内铁路运输承运方主要是中国铁路总公司，境外运输承运方主要是过境国和欧洲的大铁路公司，如俄铁、哈铁、波铁、德铁等。中国、俄罗斯、哈萨克斯坦、波兰、德国等沿线国家的铁路公司是中欧班列集装箱运输的实际承运人，它们通过铺画线路、提供车板、组织换装和运输等完成班列集装箱运输工作。

资料来源：马斌. 中欧班列的发展现状、问题与应对［J］. 国际问题研究，2018（6）：72-86.

第一节　跨境物流概述

随着全球化的深入，新的国际贸易组织逐步建立，若干地区已经突破关境的限制形成统一市场，贸易全球化成为大势所趋，与之相伴的跨境物流也日显重要。跨境物流的观念及方法随物流的全球化步伐不断扩展，引起了各方学者的广泛关注。

一、跨境物流的概念

遵循大卫·李嘉图（David Ricardo）的比较利益学说，国际分工呈现日益细化与专业化趋势，任何国家（地区）要想包揽一切专业分工的生产经营活动是不可能的，也是不现实的。不仅一个国家（地区）基于自身的利益考虑会融入全球化大生产的浪潮中，通过跨境合作与交流，借助广泛的跨境贸易来增强国家经济实力、提高科技水平；在激烈竞争的当今世界，任何一个谋求发展壮大的企业，也都意识到充分利用全球资源关系着企业运营效率的提高、竞争实力的增强以及战略目标的实现。因此，无论从国家（地区）还是从企业角度来看，跨境合作与全球范围内的资源配置都具有极高的战略意义。而与全球化资源配置不可分割的，就是跨境物资流动。

跨境物流是现代物流系统中重要的领域，也是一种新的物流形态。它是指不同国家（地区）之间的物流，即跨越关境的实体物资流动，各国（地区）间的相互贸易最终通过跨境物流来实现。

跨境物流是跨境贸易的一个必然组成部分，因此从狭义上来讲，跨境物流是指贸易性的跨境物流。具体指当全球化制造与消费的某些环节分别在两个或两个以上的国家（地区）独立进行时，为了克服相关环节的空间和时间上的距离，对物资进行物理性移动的一项跨境物资流通活动。如果站在从事全球化经营活动企业的角度上讲，跨境物流可以更加确切地表述为根据境外消费者下的订单，将货物装载、运输，最终到达消费者手中的过程。而广义的跨境物流还包括非贸易性跨境物流，包括各种展览品、办公用品、支援物资、捐赠物资等非贸易货物的跨境流动。由于在跨境物流中一般以贸易性的跨境物流为主体，因此，本章主要涉及贸易性的跨境物流。

接受订单是相对简单的，但在履行订单时将货物进行跨境配送则是比较复杂的。随着跨境贸易、全球化作业的发展，更长的供应链、更低的确定性和更多的物流单证使得对物流管理的要求不断提高；物流经营者面临距离、需求、多样性和单证等多方面的壁垒。跨境物流的目的就在于让企业在进行全球营销和全球化作业的同时，保持服务与成本的有效性。尽管物流原理在境内和境外基本相同，但全球化经营的复杂性使跨境物流产生了许多不同于境内物流的特点。对于这些特点的确切把握，不仅可以进一步加深对跨境物流概念的理解，而且有助于设计与实施低成本、高效率的跨境物流系统。

二、跨境物流的特点

（一）地域广泛性

跨境物流业务突破了关境的限制，随着一些企业全球化战略的实施，物资在全球范围内流动频繁，每项物流都不可避免地涉及多个国家（地区）。跨境物流跨越不同国家（地区），跨越海洋和大陆，运输距离长，运输方式多样，这就需要合理选择运输路线和运输方式，尽量缩短运输距离和货物在途时间，加速货物的周转并降低物流成本。

（二）环境差异性

跨境物流一个非常重要的特点是各国（地区）物流环境的差异，尤其是物流软环境的差异。譬如，不同国家（地区）的经济和科技发展水平所支撑的物流现代化水平不同、相关标准差异等，这些物流环境方面的差异不仅使跨境物流的困难程度相对增加，有时甚至会阻断跨境物流。当然，困难中往往蕴含着机会，企业对国际（地区间）环境差异的充分认识可转化为企业通过跨境物流获取竞争优势的一项重要能力。

（三）系统复杂性

物流本身的功能要素和系统与外界的沟通已经构成了一个复杂的系统，物流全球化又在这个复杂的系统中掺入一系列对跨境物流产生直接影响的不同国家（地区）之间的差异要素，加之物流时空的进一步延展，无疑使原本复杂的物流系统更加错综复杂。跨境物流系统的复杂性主要包括跨境物流通信系统设置的复杂性、法规环境的差异性和商业现状的差异性等。

（四）风险国际性

跨境物流的风险涉及不同国家（地区）的政治风险、经济风险以及跨境运输当中遭遇的自然风险等。政治风险主要指物流所经过国家（地区）的政局动荡，如罢工、战争等可能造成货物的损坏或丢失，以致物流的中断；经济风险可分为汇率风险和利率风险，主要指从事跨境物流必然要发生资金的跨境流动，当所涉及国家（地区）的汇率及利率发生波动时，因时间上的延滞而产生货币资金的贬值风险；自然风险则指物流过程中所遭遇的自然因素，如海啸、暴雨、触礁等引起的货物损失的风险。

（五）技术先进性

物流技术一般是指与物流要素活动有关的所有专业技术的总称，可以包括各种操作方法、管理技能，如流通加工技术、物品包装技术、物品标识技术、物品实时跟踪技术等，此外，还包括物流规划、物流评价、物流设计、物流策略等。跨境物流自身的复杂性对跨境物流技术提出更高的要求。随着计算机网络技术应用的普及，物流技术中综合了许多现代技术，如地理信息系统、北斗卫星导航系统、全球定位系统、电子数据交换、条形码等在跨境物流中得到大量应用。

（六）业务多样性

跨境物流业务不仅包含了运输、保管、包装、装卸、流通加工和信息传递等克服时间和空间阻隔的活动，而且由于涉及物资的跨境流通，还包含自身特有的诸如商检、报关、跨境货物保险、跨境货运代理及理货等多项活动，所以给物流的具体操作带来更大的难度。

三、跨境物流的发展

虽然物流的观念早在 20 世纪 40 年代就在美国萌生，但跨境物流概念的产生和发展却是最近 40 多年的事。例如，美国物流的国际化、信息化及迅速发展是 20 世纪 80 年代中期开始的；日本物流的现代化和国际化几乎与美国同步，也于 20 世纪 80 年代中期发展起来；欧洲物流的国际化起步相对较晚，于 20 世纪 90 年代开始；21 世纪以来，我国现代物流迅速国际化发展。跨境物流活动的发展大体上经历了萌芽、起步和发展阶段。

（一）萌芽阶段

20 世纪 50 年代至 80 年代初是跨境物流的萌芽阶段。这一时期，物流设施和物流技术得到了极大的发展，十万吨级邮轮、集装箱等运输工具的运用，配送中心、立体无人仓库、物流标准化管理体系的出现以及电子计算机在管理中的广泛应用等，大大提高了货物跨境转移的效率。这一时期，尽管物流活动已经远远超出了关境范围，但物流全球化的趋势还没有得到人们的重视。业务扩展的全球地理位置的选择仍是大型跨国（地区）公司获取竞争优势的重要手段，而这种地理位置的选择几乎全部基于资源和市场的考虑。也就是说，正确选择了业务扩展的地理区域，就意味着获得了能带来竞争优势的资源和市场。这一时期跨境物流的概念还未被正式提出。

（二）起步阶段

20 世纪 80 年代初至 90 年代初是跨境物流的起步阶段。这一时期，跨境贸易进一步扩张，以伴随着跨境多式联运出现的物流信息系统和电子数据交换系统的运用为标志，跨境物流进入了新一阶段的发展，物流全球化趋势开始得到各界的广泛关注。大型跨国（地区）公司已经充分意识到，先进的信息技术与发达的运输手段正在加速消解商业运作中距离所带来的优势。在业务扩展中，地理位置仍不失其重要性，但却蕴含着与以前不同的竞争优势获取途径。这一时期，跨境物流的概念首先在美国被正式提出，随后在日本和欧洲一些发达国家得到积极的推动和发展。因此，物流全球化的趋势和对于跨境物流的理论探讨及实践操作也主要集中在这些区域。

（三）发展阶段

20 世纪 90 年代初至今是跨境物流的发展阶段。这一时期，经济全球化和一体化加速了物流全球化的发展，互联网、条形码、北斗卫星导航系统以及全球卫星定位系统在物流领域得到普遍应用，跨境物流的概念和重要性已为世界各国（地区）所接受。参与全球竞争的公司都已转向跨境物流寻求竞争优势，十亿级的资金每年都花费在用于计划和管理有效物流活动的专业计算机软件的开发和第三方物流上。同时，贸易伙伴遍布全球的实际情况必然要求物流全球化，包括物流设施全球化、物流技术全球化、物流服务全球化、货物运输全球化、包装全球化和流通加工全球化等。世界各国（地区）广泛开展跨境物流理论和实践方面的大胆探索，跨境物流进入了前所未有的发展时期。人们已经形成共识：只有广泛开展跨境物流合作，才能促进世界经济繁荣。

第二节　跨境物流系统

跨境物流作为将货物进行跨境物理性移动的商务活动，是一种集各种一般物流功能于一体的开放系统。它既包含一般物流系统的功能要素，如包装、装卸、储存、运输、流通加工、配送、物流信息等子系统，又涉及与货物跨境移动相关的一些特殊的物流问题，如商检、海关手续和跨境支付等，这些都使得跨境物流系统的复杂性大大增加。跨境物流想要正常和良好地运作，使其价值得到充分发掘和利用，就必须按照一般物流系统规程，结合跨境贸易和全球化制造与营销的特殊性，恰当而科学地构造跨境物流系统。跨境物流系统通过各种物流系统化安排，实现跨境物流的合理化，最大限度地发挥跨境物流的功能。

一、跨境物流系统化的特点

跨境物流活动贯穿于整个供应链，而全球化是该供应链的突出特点。因此，跨境物流是一个名副其实的复杂开放系统。跨境物流系统是在一定的时间和空间里为进行物流活动，由物流人员、物流设施、待运物资和物流信息等要素构成的具有特定功能的有机整体。跨境物流系统化就是对跨境物流系统进行系统分析、系统综合和系统管理等的一系列过程。它具有效率化和最优化两大目标。目前，无论是学术界还是企业界，都在尝试设计高效的跨境物流系统模式。由于跨境物流本身的复杂性，加之具体环境的差异性，跨境物流系统模式呈现多样性。综合来看，跨境物流系统化一般具有以下特征。

（一）整体有机

传统的物流概念是指物资实体在空间和时间上的流动，即商品在运输、装卸、储存等方面的活动过程。在谈及跨境物流时，受到传统物流概念的影响，很容易将其简单地理解为跨境货物运输、装卸和储存等活动的代名词。然而，引入了高科技手段的现代物流延伸并扩大了传统的物流功能，使跨境物流与各种处理跨境货物时涉及的单一活动，如包装、装卸、运输、储存等存在明显区别，成为一种高度有机化、整体化的综合物流活动。跨境物流过程通常包含包装、装卸、运输、储存、配送、流通加工、物流信息及报关等多项活动。如果这些活动分开管理，则意味着跨境流动失去现实意义，因为这时的跨境物流是各个子系统割裂开的。实际上，要达到跨境物流系统化的效率化与最优化两大目标，跨境物流系统必然要形成一个有机整体，而不是原有各种业务活动的简单相加。同时，从理论上讲，跨境物流系统化也要求整体有机，而不是割裂孤立。

（二）宏观参照

物流系统化是要将全球供应链上的所有参与者所涉及的包装、装卸、运输、储存、配送、流通加工、物流信息及报关等这些以前分开管理的物流活动作为一个总体系统来构造、组织和管理。这种构造、组织和管理没有地理上的界限概念，它是要将全球供应链上的每个节点构造成一个总的系统。因此，跨境物流系统化是作为微观物流组织者的生产、流通企业进行物流系统革新的宏观参照物。

（三）关联协调

跨境物流系统化不是包罗所有子系统的简单拼凑，其成为有机整体的前提是各个子系统相互关联与协调，达到系统总体功能大于各子系统功能之和的效果。如果只是将包装、装卸、运输、储存、配送、流通加工、物流信息及报关等业务活动简单地罗列，没有考虑各项业务活动之间的衔接与配合，各项活动之间往往容易产生冲突，使整个物流系统的效率下降，甚至阻断物资的合理流动。跨境物流系统化也不是简单地研究每个子系统的运作机理，进而提高它们各自的效率。实际上，如前所述，各子系统之间存在的冲突没有得到解决，一味地单方面提高子系统效率，反而会导致整个跨境物流系统效率更大程度地降低。因此，跨境物流系统化谋求的是各子系统之间的协调，其着重研究的不是各子系统本身，而是各子系统之间的联系与制约关系。只有充分认识各子系统之间的关联，理顺并协调好它们之间的运作关系，跨境物流才能体现其系统化优势。

（四）硬软兼备

跨境物流系统化以硬件为基础，以软件为主体。跨境物流系统化是把包装、装卸、运输、储存、配送、流通加工、物流信息及报关等业务活动作为一个总体系统来构造、组织和管理，并不是说企业所实现的物流系统是一个囊括以上所有活动装备的硬件集合体。实际上，虽然各种硬件设施是跨境物流的前提条件，但它们的地域分布广泛，作为协调与整合它们工作的各类软件就显得十分重要，例如，目前在跨境物流中广泛采用的地理信息系统、全球卫星定位系统、电子数据交换及互联网技术等。没有了这些软件的支撑，跨境物流是不可能发展到当前的先进水平的。跨境物流的系统化不仅对硬件与软件之间的良好结合提出了越来越高的要求，而且这种结合为新价值的创造提供了广阔空间。

二、跨境物流系统的组成

跨境物流系统是由商品的包装、储存、运输、检验、流通加工和其前后的整理、再包装、跨境配送以及贯穿整个物流活动的信息子系统组成的。运输和储存子系统是物流系统的重要组成部分。跨境物流通过商品的储存和运输，实现其自身的时间和空间效益，满足跨境贸易活动和跨国（地区）公司生产经营的要求。

（一）运输子系统

运输的作用是将物资的使用价值进行物理空间的移动，进而产生资源使用价值的增加。物流系统依靠运输作业打破物品供需空间上的阻隔，创造出物品的空间效益。跨境货物运输子系统实现了货品由供方向需方的转移，是跨境物流系统的核心部分。运输子系统一般包括境内运输和跨境运输两个阶段。以出口为例，货物被运输到港口（机场），办完出关手续即开始跨境运输环节。跨境货物运输具有占商品价格费用比重大、路线长、环节多、涉及面广、手续繁杂、风险性大、时间性强等特点。跨境运输子系统主要包括运输方式的选择、运输单据的处理以及投保等有关方面的活动。

（二）仓储子系统

仓储是跨境货物流通过程中从分散到集中，再由集中到分散的必不可少的环节。实际上，从另外一种角度理解，跨境物流就是货物跨境的集散过程。在集散过程中，货物不可避免地处于一种或长或短的相对滞留状态，这种滞留发生在仓储子系统中。跨境贸易和经营中的货物从供方被集中运送到装运港口，某些情况下须临时存放一段时间，再装运出口；在途中转运或更换运输工具都可能需要短时间的仓储；等到达目的港后，货物往往被卸载下来进行存放，等待海关的放行和需方组织装运。整个过程是一个集和散的过程。在集和散之间，仓储发挥着重要作用。从提高跨境物流效率的角度看，仓储应尽量减少储存时间和储存数量，加速货物和资金周转。

（三）检验子系统

由于跨境物流涉及全球供应链上多方参与者的利益，也涉及不同国家（地区）货物进出口的不同法规和要求，因此，商品检验成为跨境物流系统中重要的子系统。商品通过检验，明确交货品质、数量和包装等条件是否符合合同规定，以备发现问题后分清责任，向有关方面索赔。在跨境贸易合同中，一般都订有商品检验条款，其主要内容有检验时间与地点、检验机构与检验证明、检验标准与检验方法等。

（四）通关子系统

跨境货物的出入境必须申请报关，即出口商（进口商）向海关申报出口（进口），经海关检查、关税缴付和手续办理之后货物得到放行的过程。一般来说，报关手续包括四个基本环节：申报、查验、征税和放行。在现实操作中，物流运营者需要熟知目标国（地）的通关政策，避免海关成为跨境物流中的"短板"。

（五）包装与装卸子系统

货品在经过长程的跨境运输时，由于货柜的堆叠和反复装卸，容易出现磨损、破损以及丢失的情况。因此，良好、可靠的包装对于提高跨境物流的效率、降低损耗具有重要意义。运输包装分两种：一种是单件运输包装，如箱、桶、袋、包、捆、卷、筐、篓或罐等；另一种是集合运输包装，如集装包、集装袋、托盘、集装箱等。跨境物流涉及的运输距离长、风险大，要求根据流通货物及运输方式的特点选择经济适用的运输包装。

装卸是短距离的物品搬移，在跨境物流运输、存储等过程中发挥着不可或缺的纽带和桥梁作用。装卸作业的代表形式是集装箱化和托盘化，使用的装卸设备是吊车、叉车、传送带和各种台车等。如何节省装卸费用、缩短装卸时间是降低跨境物流开销、提高物流效率的重要问题。

（六）跨境物流信息子系统

跨境物流信息子系统的主要功能是采集、处理和传递跨境物流和商流的信息情报。没有功能完善的信息管理系统，跨境贸易和跨境物流将难以实现。跨境物流信息的主要内容包括进出口单证的作业过程、支付方式信息、客户资料信息、市场行情信息和供求信息等。跨境物流信息系统具有信息量大、交换频繁、传递量大、时间性强、环节多、战线长等特点。实业界一直在探索建立技术先进的跨境物流信息系统，地理信息系统、全球卫星定位系统、电子数据交换、条形码以及互联网等先进信息技术在跨境物流中的运用对其效率的提高起到极大的推动作用。随着跨境物流技术水平的不断提高，跨境物流信息子系统发挥着越来越重要的作用。

上述子系统中，运输子系统和仓储子系统是两大支柱，信息子系统是各子系统之间有机联系、统筹规划的重要纽带。

三、跨境物流系统模式

（一）跨境物流系统是境内物流系统的延伸

系统模式一般包括系统的输入部分、系统的输出部分以及将系统的输入转换成输出的转换部分。在系统的整个运行过程中，伴随作为反馈的信息流，要不断对其进行调整与校正，以促进系统运行的不断完善。

境内物流系统体现了系统的这种三阶段模式。货物由卖方提供，经由境内运输抵达买方，涉及运输、保管、包装、装卸、流通加工和信息传递等活动。虽然货物经境内物流发生了空间上的转移，但这种转移没有超出关境。因此，与跨境物流相比较，境内物流节省了许多中间环节。而由于跨境物流所具有的地域广泛性、环境差异性、系统复杂性、风险国际性、技术先进性及业务多样性等特点，其相对境内物流更为复杂，如图5-1所示。

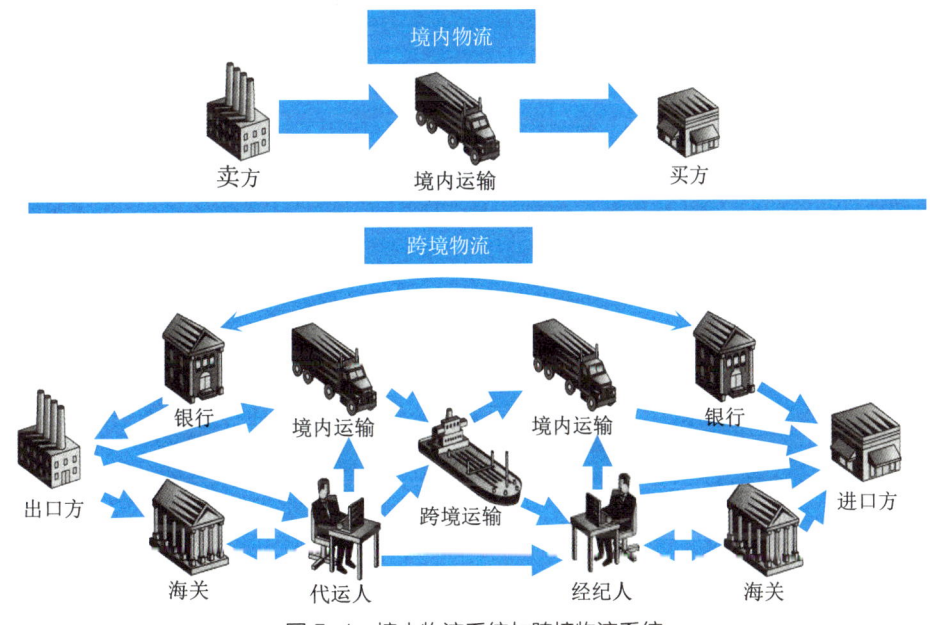

图5-1 境内物流系统与跨境物流系统

跨境物流系统遵循一般系统模式的原理，它的复杂性使其构成了自身独特的物流系统模式。从图5-1中可以看到，由于海关、跨境运输和跨境支付（银行）的介入，跨境物流系统呈现出网络模式的特点。相应地，跨境物流所涉及的活动也明显多于境内物流。虽然跨境物流涉及出口、进口和转口等贸易活动，但是其中的贸易方式和环节多种多样，是一个极其复杂和高度开放的物流系统。从构成物流系统的要素和环节上看，与不同贸易活动和贸易方式相对应的跨境物流仍有其运行规律。下面按照一般系统运行模式，以出口为例，简要介绍跨境物流系统模式，如图5-2所示。

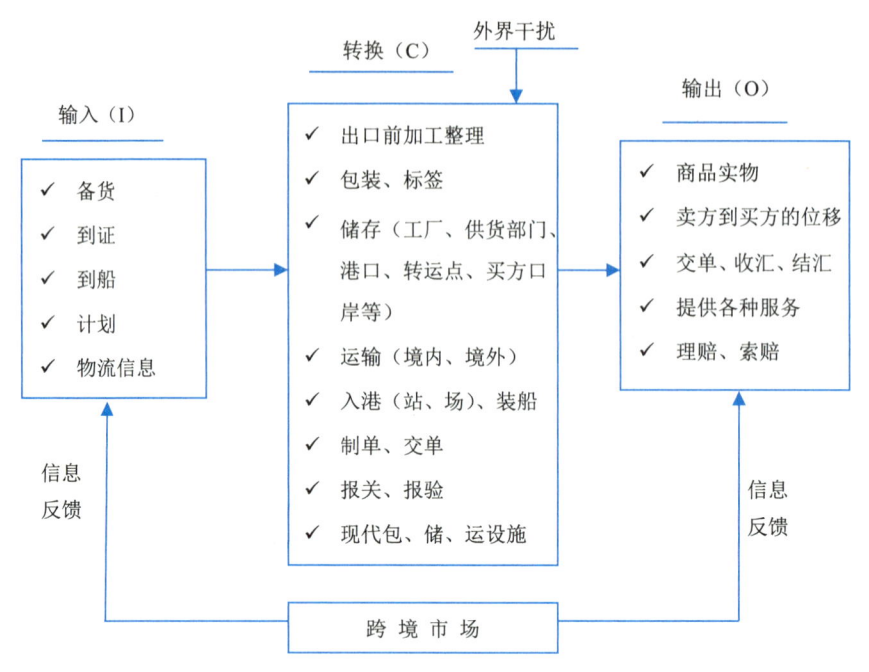

图 5-2 跨境物流系统模式（出口）

一般情况下，跨境物流系统输入的内容包括：备货，货源落实；到证，接到买方开来的信用证；到船，落实租船订舱；编制出口货物运输计划；其他物流信息。输出部分的内容包括：商品实体从卖方经由运输送达买方手中；交齐各项出口单证；结汇、收汇；提供各种物流服务；经济活动分析及理赔、索赔。跨境物流系统的转换过程包括：商品出口前的加工整理；包装、标签；储存、运输（境内和境外段）；商品入港、装船；制单、交单；报关、报验；现代物流管理方法、手段和现代物流设施的介入。

除了上述三项主要环节外，跨境物流系统还会经常受到许多外界不可控因素的干扰，使系统运行偏离原计划内容。近年来，随着地方保护主义、贸易壁垒的抬头以及极端或非法组织的猖獗活动，尽管跨境物流的基础设施日益改善，但物流环境的不可控因素也在增加。针对外界不可控因素，建立起一套具有较强应变性或适应能力的跨境物流系统仍然是必要的，它是当代跨境物流系统保持较强生命力的关键之一。

（二）跨境物流系统网络模式

跨境物流系统作为一个涵盖范围广泛的开放系统，通过相互关联的各子系统的有效运作和密切协调来实现高效运行，如图 5-3 所示。它们相互协同，以系统化的服务满足跨境贸易活动的需要，实现跨境物流系统的基本运行目标——高效的商品实体转移、低廉的跨境物流费用、良好的消费者服务，从而推动跨境贸易活动的发展。

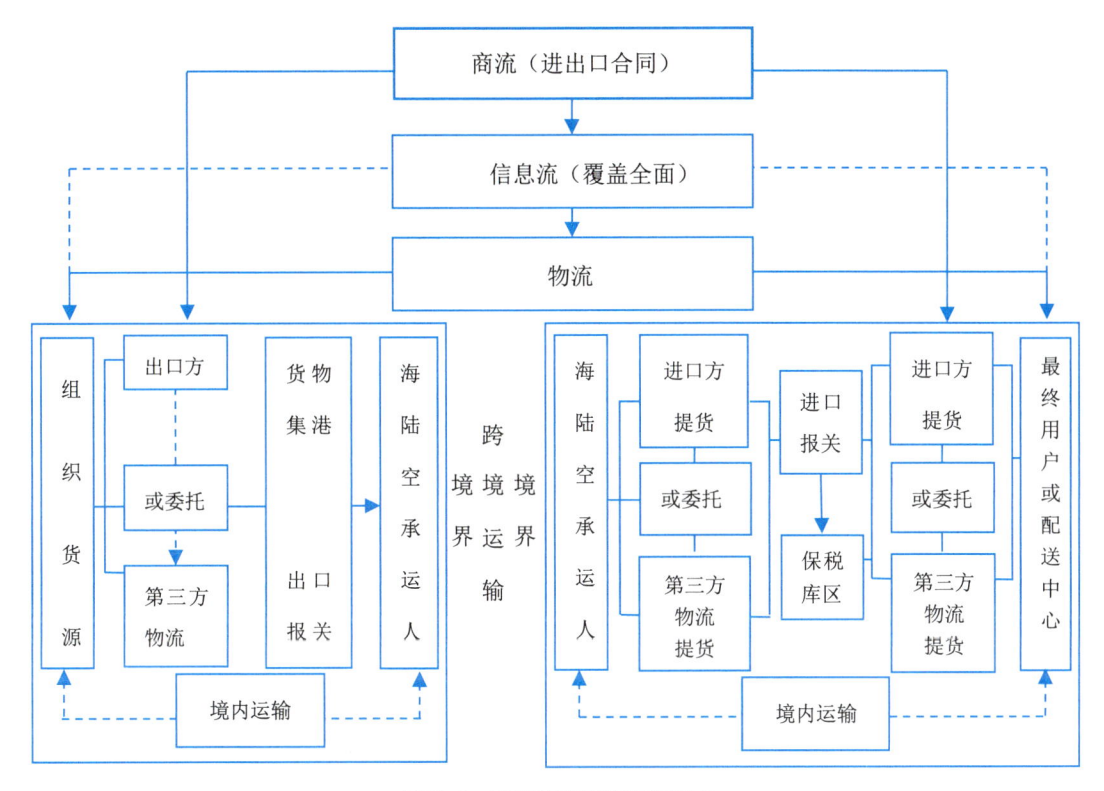

图 5-3　跨境物流系统运作模式

　　跨境物流系统表现为一个各子系统遍布各地、纵横交错、密切配合的物流网络。跨境物流系统的实施是各子系统相互协同和交互作用的过程，即在跨境信息流系统的支撑下、在进出口中间商的通力协助下，通过运输、储存、包装和加工等一般性和增值性物流作业（通常是在第三方物流供应商的参与下进行的），利用特定的跨境物流方式和设施，共同完成的一个遍布全球的商品实体移动过程。

　　按照网络术语，跨境物流系统网络是由多个收发货的"结点"和它们之间的"连线"所构成的物流物理网络，以及与之相伴随的信息流动网络的有机结合。以这种网络概念来诠释跨境物流系统有助于我们整体把握其运作机理和一体化的过程。图 5-4 展示了典型的跨境物流网络结构。

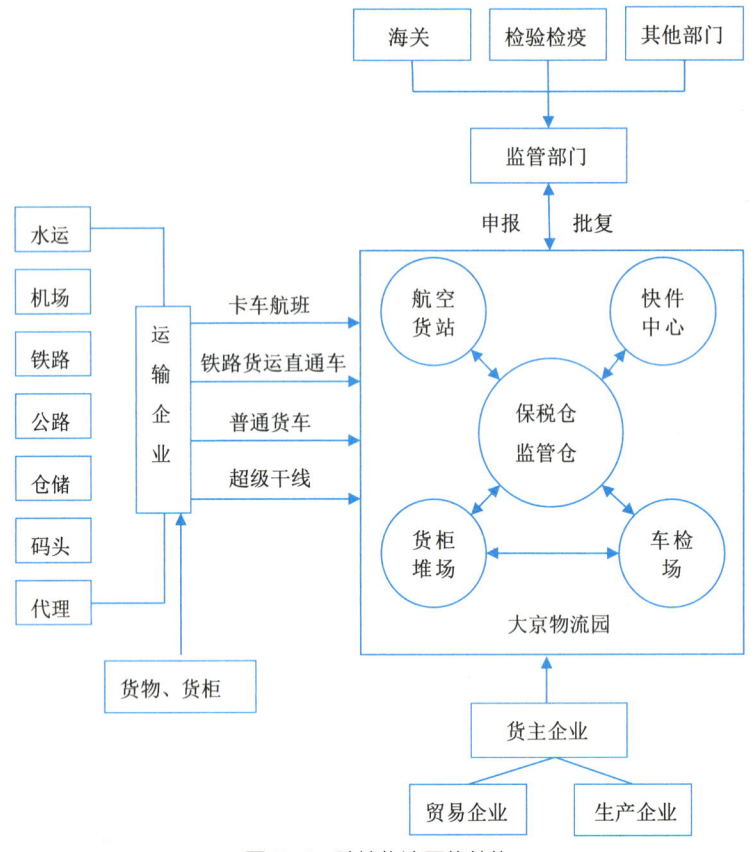

图 5-4 跨境物流网络结构

物流物理网络中,所谓收发货"结点"是指进出口方的各层级仓库,具备转运、储存、流通加工等功能,包括厂商仓库、货运代理人仓库、口岸仓库、流通加工中心仓库和保税区仓库等,商品就是通过这些仓库的收入、储存和发出实现跨境流通的。所谓"连线"是指众多收发货"结点"间的运输通道,这些"连线"是库存货物移动(运输)轨迹的物化形式。每一对"结点"之间可以有许多"连线",这些"连线"表示不同的运输路线、不同产品的各种运输服务,各"结点"的状态表示存货流动或暂时停滞,其目的是更有效地移动(收或发)。

物流信息网络一般由管理信息子系统、采购信息子系统、库存信息子系统、生产信息子系统、销售信息子系统、报关检验子系统、跨境运输信息子系统、财务信息子系统和决策支持子系统等一系列具有不同作用的子系统组成。在信息网络的构建中,要注意各子系统间的信息流与数据接口,包括通信协议和数据标准定义。信息网络也可以抽象为"节点"和"连线"所构成,"连线"是指邮件、电话、电报、EDI等各种电子信息传递媒介,"节点"则是指各种物流信息的汇集和处理环节,如出口单证编制。事实上,物流物理网络的"结点"往往会和物流信息网络的"节点"发生重合。

物理网络和信息网络并非彼此独立,它们之间是紧密相连的。完善的跨境物流运作系统网络可以精准地确定跨境贸易和生产中进出口货源点(或货源基地)和消费者的位置,以及各层级仓库及中间商批发点（或零售点）的位置、规模和数量，从而使跨境物流系统达到合理化。

（三）跨境物流系统整合模式

经济全球化以及与物资流动和信息流动相关的高新技术的发展，前者如越库（cross docking）等，后者如企业资源计划（enterprise resource planning，ERP）、高级计划与排程系统（advanced planning and scheduling system，APS）、客户关系管理（customer relationship management，CRM）和互联网等，使得各种跨境物流模式的设计成为可能。但无论何种模式，大多是基于合作展开的，它们一般包括以下三个整合特征。

（1）**功能整合**。功能整合是指有效的作业与物流管理基于各种作业功能（制造、物资配送、售后服务等）所引起的物流之间的良好协调。如果营销、物流和制造为了协调起来而能定位于各种共有活动之中，那么新产品的投入、老产品的退出、促销活动以及包装或营销渠道的选择，这一系列的活动中都将蕴含极大的发展潜能。

（2）**领域整合**。在传统的供应链中，供货商、制造商、零售商和消费者相互独立地最优化各自的物流和生产作业。结果是不可避免地给链条上其他参与者带来问题或导致低效率，而且所有这些问题与低效率在最后的计算中都将导致整个系统成本的增加。协作作业（cooperation）的方向同时由生产者和销售者实施的解决方案所限定，而该解决方案是由客户需求所拉动的，不是由产品供给所推动的。在消费品快速变化的领域中，有效消费者响应（efficient consumer response，ECR）计划是对交叉协作作业边界的一种初始的尝试，我们称之为领域整合。领域整合的另外一个主要角色就是第三方物流，它支撑和促进所有产业领域的生产者和销售者之间的协作作业。第三方物流行业正经历着传统货运者之间大量的联盟、合并与兼并，目的是为生产者与销售者提供正确且高效的解决方案。

（3）**地理整合**。当今商业世界的全球一体化趋势显示了制定跨境发展战略的重要性。差别工资率、境外市场的扩大及改进的运输方式正在打破国家（地区）之间的时空障碍，迫使物流活动在全球维度之上进行。这里要再一次提到第三方物流，它通过提供诸如飞机、贸易中心、仓储系统等物流解决方案以及信息流解决方案，来追踪物资流动情况。这使得全球第三方物流公司在最短的时间内以更低的存储成本运送长距离货物成为可能。

通过以上三方面的有效整合，跨境物流在公司实现其战略目标过程中起到重要作用。将跨境物流提高到战略层次，大型跨国（地区）公司的高层决策者不仅能够承担起解决各种挑战的职责，而且会设计出具有地方特色的全球化解决方案。物流专家则在动态大规模定制中发挥重要作用。

第三节　跨境物流业务

跨境物流业务不仅涵盖了境内物流涉及的所有业务活动，还包含一些与跨境贸易紧密相关的特有业务。与境内物流相同，跨境物流基本业务活动同样包括运输、仓储、包装、装卸及流通加工、保险和信息管理等。相对于境内物流，跨境物流的基本业务活动普遍更复杂，对管理水平要求更高；此外，跨境物流还具有一些特有的业务，包括商检、报关及跨境货运代理等。

跨境物流业务与普通物流业务在运输与仓储两个环节中有较大差异，因此本节会着重介绍跨境物流运输以及跨境物流仓储相关内容。

一、跨境物流业务主要流程

（一）运输

跨境货物运输是指跨越国家（地区）的货物运输，其突出特点是持续时间长、跨越距离远。跨境货物运输涉及多种运输方式，包括最常见的海运、空运、铁路运输、公路运输、管道运输以及多种运输方式组合的多式联运等。

（二）仓储

跨境物流需要办理进出口手续，要在海港（站、场）码头装卸并转运货物，这就需要跨境物流仓储作业。仓储业务活动的中间环节多、涉及单证手续多、货物滞留时间长，物流费用因此会相应增加。仓储费用在跨境物流成本中占较大比重。仓储作业的作用主要包括：调整商品在生产和消费之间的时间错位，降低单位成本；在物流过程中进行流通加工；调节运输工具运力的不均衡；等等。

（三）包装

跨境物流运输时间长、距离长，运输过程中货物堆积存放的滞留时间长，这对某些易腐烂变质货物的包装提出了特别要求；跨境货物运输的运量大、装卸次数多，货物在运输途中损伤的可能性大，这对易损坏货物的包装要求很高；另外，由于各国（地区）出于对自身环境保护、宗教信仰、病虫害预防、消费习惯等方面的考虑，往往对输入国（地区）的货物提出特殊的包装要求。

（四）装卸及流通加工

集装箱在跨境运输中的广泛应用导致了跨境物流装卸设备的标准化、大型化以及装卸活动的机械化、效率化，这对各港口码头的基础设施要求很高。另外，为了符合货物输入国（地区）的标准和满足销售商的要求，往往需要在流通过程中对货物进行分类、小包装作业及粘贴商品标签、价格等流通加工活动。

（五）保险

早在14世纪，地中海沿岸的贸易中就出现了针对避免天灾、抛弃、禁令、捕捉等所造成损失的保险。我国于1949年10月成立了国家保险机构——中国人民保险公司，办理包括跨境货物运输保险和其他涉外保险在内的业务。随着改革开放的深入，我国保险业已形成以国有保险公司和股份制保险公司为主体、中外保险公司并存的新格局。

根据运输方式不同，跨境货物运输保险可以分为海洋货物运输保险、陆上货物运输保险、航空货物运输保险等。各国（地区）保险公司不会对所有损失都予以补偿，每一种保险类型都有特定的承保范围。

海洋货物运输保险的险别很多，大体上可分为基本险别和附加险别。基本险别包括平安险、水渍险和一切险三种。附加险别一般包括偷窃、提货不着险，淡水雨淋险，短量险，混杂、玷污险，渗漏险，碰撞、破碎险，串味险，受热、受潮险，钩损险，包装破裂险，锈损险等11种。它们不能独立投保，只能在投保了平安险或水渍险的基础上加保。陆上货物运输保险的险别分为陆运险和陆运一切险两种。航空货物运输保险分为航空运输险和航空运输一切险两种。邮政保险分为邮包险和邮包一切险两种。

货物运输保险的选择要依据货物运输工具和货物自身特点做出，要在充分考虑安全性的基础上兼顾经济性。

（六）信息管理

跨境物流信息分布广、数量大、种类多，其覆盖面超越关境，不仅涉及跨境物流系统内部各时期、各层次、各方位及各环节，也与相关的各国（地区）经济政策、自然环境、发展战略等外部条件密切相关。处于全球供应链上的所有参与者都是一个信息源，它们散布在世界各个角落，通过现代信息技术互通信息，进而促进跨境物流的顺利进行，并提高物流效率。跨境物流涉及环节多、业务复杂，与之相关的信息数量大。

跨境物流中的信息管理主要涉及物流过程中的各种单据传输和存储、信息传递的电子化、在途货物的跟踪定位和市场信息的跨境传递。主要的信息传输手段有EDI、地理信息系统与全球定位系统等。

二、跨境物流特有业务

（一）商检

进出口商品检验，简称"商检"，是对出口方交付商品的品质和数量进行鉴定，以确定交货的品质、数量和包装与合同规定一致的活动。商检的主要功能是检查卖方是否已按合同履行了交货义务，并在发现卖方所交货物与合同不符时，为买方拒收货物或索赔提供保障。

各国（地区）根据自己的实际情况所规定的商品检验范围有所不同。以我国进出口商品检验为例，其范围主要包括以下五个方面。

（1）现行《商检机构实施检验的进出口商品种类表》所规定的商品。

（2）《中华人民共和国食品卫生法（试行）》和《中华人民共和国进出境动植物检疫法》所规定的商品。

（3）船舶和集装箱。

（4）海运出口危险品的包装。

（5）对外贸易合同规定由商检局实施检验的进出口商品。

除以上所列内容外，根据《中华人民共和国商检法》规定，商品检验还包括其他法律、行政法规规定需经商检机构实施检验的进出口商品或检验项目。

关于商检的时间和地点一般有三种不同的做法：第一种是以离岸品质、数量为准；第二种是以到岸品质、数量为准；第三种是两次检验、两个证明、两份依据。在跨境物流中，对这三种做法的选择没有统一的规定，检验的时间与地点不仅与贸易术语、商品及包装性质、检验手段的具备与否有关，而且还与国家（地区）、规章制度等因素有密切关系。为使检验顺利进行、提高物流效率，买卖双方应将检验的时间和地点在合同的检验条款中详细订明。

跨境物流中的商检工作一般由专业性的检验部门或检验企业进行，从事商检的机构大致包括官方机构、非官方机构和工厂企业、用货单位的化验室、检验室。这些检验机构的检验标准和方法有所不同。选用哪类检验机构检验商品取决于各国（地区）的规章制度、商品性质及交易条件等。在实际操作中，检验机构的选择一般采取就近原则，即在出口国（地）工厂或装运港一般由出口国（地）检验机构检验；在目的港则一般由目的港所在国（地）实施检验。

商品检验完毕后，应由检验机构发给能证明商品的品质和数量符合合同规定的商检证书。在跨境贸易中，常见的商检证书包括检验证书、品质证书、重量证书、卫生证书、兽医检疫证书、植物检疫证书、价值证书、产地证书及其他相关证明。在跨境物流中，具体需要的证书要依据成交商品的种类、性质、相关法律和贸易习惯以及有关政府的涉外经济政策而定。

（二）报关

报关是指货物在进出境时，由进出口货物的收、发货人或其代理人按照海关规定格式填报进出口货物报关单，随附海关规定应交验的单证，请求海关办理货物进出口手续。

（1）**报关单证**。海关规定，对一般的进出口货物交验下列单证：①进出口货物报关单是海关验货、征税和结关放行的单据，也是海关对进出口货物汇总统计的原始资料。为了及时提取货物和加速货物的运送，报关单位应按海关规定的要求准确填写，并加盖经海关备案的报关单位的"报关专用章"和报关员的印章签字。②进出口货物许可证或国家（地区）规定的其他批准文件。凡国家（地区）规定应申领进出口许可证的货物，报关时都必须交验外贸管理部门签发的进出口货物许可证。凡根据国家（地区）有关规定需要有关主管部门批准文件的还应交验有关的批准文件。③提货单、装货单或运单。这是海关加盖放行章后发还给报关人提取或发运货物的凭证。④发票。它是海关审定完税价格的重要依据，报关时应递交载明货物真实价格、运费、保险费和其他费用的发票。⑤装箱单。单一品种且包装一致的件装货物和散装货物可以免交。⑥减免税或免检证明。⑦商品检验证明。⑧海关认为必要时应交验的贸易合同及其他有关单证。

（2）**报关期限**。《中华人民共和国海关法》规定，出口货物的发货人或其代理人应当在装货的24小时前向海关申报。进口货物的收货人或其代理人应当自运输工具申报进境之日起14天内向海关申报。逾期处以罚款，征收滞保金。如自运输工具申报进境之日起超过三个月未向海关申报，其货物可由海关提取变卖。如确因特殊情况未能按期报关，收货人或其代理人应向海关提供有关证明，海关可酌情处理。

（3）**进出口货物报关程序**。《中华人民共和国海关法》规定，进出口货物必须经设有海关的地点进境或出境，进出口货物的收货人、发货人或其代理人应当向海关如实申报、接受海关监管。对一般进出口货物，海关的监管程序是接受申报—查验货物—征收税费—结关放行。而相对应的收、发货人或其代理人的报关程序是申请报关—校验货物—缴纳税费—凭单取货。

（4）**关税计算**。关税政策和税法是根据一个国家（地区）的社会制度、经济政策、社会生产发展水平、外贸结构和财政收入等综合因素考虑制定的。进出口货物应纳税款是在确定单货相符的基础上，对相关货物进行正确分类，确定税率和完税价格后，依据基本公式"关税税额＝完税价格 × 关税税率"计算得到的。

（三）跨境货运代理

由于跨境物流系统运作的复杂性，企业在独自办理进出口货物的各项业务时会面临很多困难，因此，跨境物流业务的中间人——跨境货运代理——应运而生。跨境货运代理本身并不承担运输职责，是专门从事跨境货物运输及各项业务的机构或代理人。

跨境货运代理涉及的业务内容包括以下五个方面。

（1）组织进出口货物运输和代办货运保险。

（2）就运费、包装、单证、结关、检查检验、金融、领事要求等提供咨询，并对境外市场的价格、销售情况提供信息和建议。

（3）把小批量的货物集中进行运输。

（4）运用通信技术和代理人网络，跟踪货物全程的运输信息。

（5）促进新运输方式的创造、新运输路线的开发以及新费率的制定等。

根据委托项目的性质划分，跨境货运代理可以分为货物进口代理、货物出口代理、航线代理、转运代理、报关代理和揽货代理等。

三、跨境物流运输

跨境物流运输是跨境物流活动中的重要环节，它是指国家（地区）与国家（地区）之间的货物运输。跨境物流运输活动突出的特点是时间长、距离长，因此货物更加容易受损。跨境物流的运输方式多样化，在不同情况下对运输方式的选择直接影响运输成本及运输效率。本节将从跨境物流运输的主要方式、影响跨境物流运输方式选择的因素以及跨境物流运输的主要路线三个方面分别介绍跨境物流运输。

（一）跨境物流运输的主要方式

跨境物流运输包含多种方式，如图 5-5 所示。

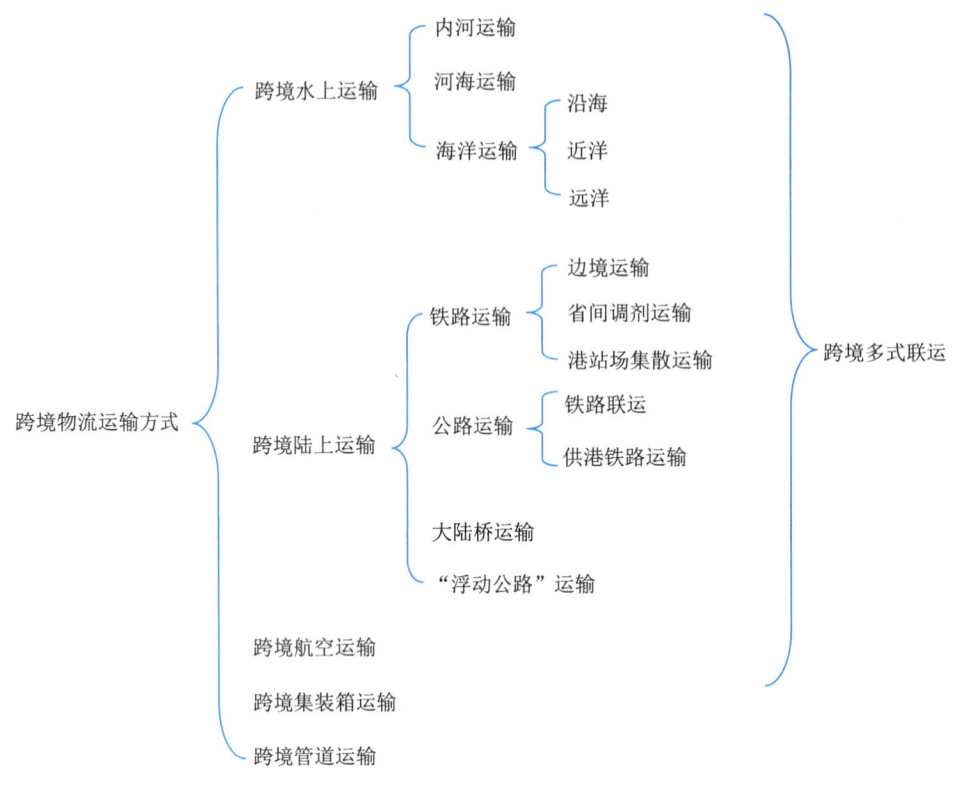

```
跨境物流运输方式
├── 跨境水上运输
│   ├── 内河运输
│   ├── 河海运输
│   └── 海洋运输 ── 沿海/近洋/远洋
├── 跨境陆上运输
│   ├── 铁路运输 ── 边境运输/省间调剂运输/港站场集散运输
│   ├── 公路运输 ── 铁路联运/供港铁路运输
│   ├── 大陆桥运输
│   └── "浮动公路"运输
├── 跨境航空运输
├── 跨境集装箱运输
└── 跨境管道运输
                                        跨境多式联运
```

图 5-5　跨境物流运输方式的分类

1. 跨境水上运输

跨境水上运输包括内河运输、河海运输以及海洋运输，其中，运用最广泛的是海洋运输。目前，海洋运输运量在跨境物流运输总量中占 90% 以上。海洋运输之所以受到青睐，是因为相对于其他运输方式而言，它具有适合跨境物流的显著特点：通过能力大、运量大、运费低等。海洋运输可以利用四通八达的天然航道，延伸至全球各个地区，它不像火车、汽车会受到轨道和公路的限制。海洋运输船舶的运载能力远远大于铁路和公路运输车辆，更是航空运输所无法比拟的。如一艘万吨船舶的载重量一般相当于 250～300 个车皮的载重量。而且，海洋运输的运量大、行程远，分摊到每货运吨的运输成本就少，规模经济性显著，运价明显比其他运输方式低廉。

当然，海洋运输也存在不足之处。例如，海洋运输受天气等自然条件的影响大，行期难以确定，且风险较大。此外，海洋运输的速度也较慢。

2. 跨境陆上运输

跨境陆上运输包括铁路运输、公路运输、大陆桥运输和"浮动公路"运输等多种形式。

（1）**铁路运输**。在跨境物流运输中，铁路运输是一种仅次于海洋运输的主要运输方式。海洋运输的进出口货物大多也是靠铁路运输进行集中和分散的。铁路运输具有许多优点，一般受气候条件的影响小，可保障全年的货物运输，而且运量较大，速度较快，有高度的连续性，运转过程中可能遭受的风险也较小。办理铁路货运的手续比海洋运输简单，且发运人和托运人可以在就近的始发站（装运站）和目的站办理托运和提货手续。但其受铺设的铁路线限制，通过能力较小。2011年，我国开通的"中欧班列"就是一种典型的铁路运输，连接欧洲十几个国家。

（2）**公路运输**。公路运输是指跨境货物借助一定的运载工具，沿着公路做跨越两个或两个以上国家（地区）的移动的过程。目前，跨境物流运输一般以汽车作为运输工具，因此，它实际上也就是跨境汽车物流运输。它既是一个独立的运输体系，也是车站、港口和机场集散物资的重要手段。公路运输的运量小，但其机动灵活，直达性好，适应性较强，受地理和气候条件的影响小。

（3）**大陆桥运输**。大陆桥运输是指利用横贯大陆上的铁路和公路运输系统，把大陆两端的海洋连接起来的运输方式。其一般以集装箱为运输单位，因此也称"大陆集装箱运输"。大陆桥运输以集装箱为核心，采用水运、铁运和汽运相结合的联合运输方式，具有作业手续简洁、速度快捷、物流风险较小、运输质量好以及资金周转速度快、成本低廉等优点。目前，世界上有许多大陆桥，最主要的有三条：西伯利亚大陆桥、美国大陆桥和加拿大大陆桥。

（4）**"浮动公路"运输**。"浮动公路"运输是指利用一段水运衔接两端陆运，衔接方式采用将车辆开上船舶，以整车货载完成这一段水运，到达另一港口后，车辆开下继续利用陆运的联合运输方式。其优点是两种运输有效衔接，运输方式转换速度快，而且在转换时不触碰货物，因而有利于减少和防止货物损坏。

3. 跨境航空运输

跨境航空运输是指利用飞机来完成跨境物流的运输方式。跨境航空运输与海洋运输和铁路运输相比，具有运输速度快、运输路程短的特点，适合鲜活易腐和季节性商品的运送；同时，跨境航空运输条件好，货物很少产生损伤、变质，适合贵重物品的运输；此外，它又可简化包装，节省包装费用。航空运输迅速准时，在商品买卖中有利于巩固现有市场和提高信誉，但航空运输运量小，运输费用高。随着新技术的发展和进步，产品生命周期日益缩短，产品由厚、重、长、大向薄、轻、短、小等方向发展。近年来，随着跨境电商的迅速发展，跨境物流中采用航空运输的商品越来越多，航空港的货物吞吐量和占跨境物流总量的比例逐年上升。

4. 跨境集装箱运输

集装箱运输是以集装箱作为运输单位进行货物运输的一种现代化运输方式。它适用于海洋运输、铁路运输及跨境多式联运等。集装箱是一种容器，是具有一定规格强度的专为周转使用的货箱，也称货柜。这种容器和货物的外包装不同，它是进行货物运输、便于机械装卸的一种成组工具。

集装箱运输一经产生便发展迅速，目前，它已经成为主要班轮航线上占有支配地位的运输方式。它具有以下特点。

（1）能够提高装卸效率和港口的吞吐能力，加速了船舶的周转和港口的疏港。

（2）能够减少货物装卸次数，提高运输质量，减少货损货差。

（3）能够节省包装费、作业费等各项费用，降低货运成本。

（4）能够简化货运手续，便于货物运输。

（5）能够把传统单一运输串联成贯的成组运输，从而促进跨境多式联运的发展。

集装箱运输的产生和发展不仅使运输方式发生了巨大的变化，也使货运比例发生了巨大的变化，同时还使有关部门发生了深刻的变化，故被称为"20世纪运输领域的一次革命"。

5. 跨境多式联运

跨境多式联运是多种方式联合运输的简称。跨境多式联运是在集装箱运输的基础上产生和发展起来的一种综合性的连贯运输方式，它一般以集装箱为媒介，把海、陆、空各种单一运输方式有机地结合起来，组成一种跨境的连贯运输。《联合国国际货物多式联运公约》对跨境多式联运的定义是："按照多式联运合同，以至少两种不同的运输方式，由多式联运经营人把货物从一国境内接运货物的地点运至另一国境内指定交付货物的地点。"

跨境多式联运的最大好处是它能集中发挥各种运输方式的优点，使跨境货物运输既快捷又安全。同时，它简化了手续，减少了中间环节，加快了货运速度，降低了运输成本，并提高了货运质量，为实现"门到门"运输创造了有利条件。

6. 跨境管道运输

跨境管道运输是借助高压气泵的压力将管道内的液体、气体或浆体货物输入目的地的一种运输方式。相应地，管道运输可分为液体管道运输、气体管道运输和浆体管道运输。与其他运输方式相比，管道运输的特点在于：（1）运输通道与运输工具合二为一；（2）运量大；（3）成本低；（4）安全性高；（5）受气候影响小；（6）劳动生产率高；（7）专业化强；等等。此外，组织跨境物流必须正确选择运输方式和管理组织方式。跨境物流的运输方式多样，选择适当的运输方式组织跨境物流是提高跨境物流效率、降低跨境物流成本的关键。由于跨境物流系统的复杂性，其对运输方式的选择受到多方面的影响。

（二）影响跨境物流运输方式选择的因素

影响跨境物流运输方式选择的因素有以下五个。

1. 运输成本

运输成本是跨境物流在运输方式选择中的首要考虑因素，其原因是运距太长，运费占整个物流成本的比例很大。据统计，在外贸商品的价格中，运输费用有时可占出口货价的30%～70%，对于煤炭、矿石等低价值货物，这一比例则更高。

在跨境物流中，大型专用船舶的运输成本较低，定期班轮较高，包轮则更高。一般而言，海运成本低于陆运成本，陆运成本低于空运成本；但如果海运有大迂回，则可利用大陆桥运输，其在运载成本方面有一定优势。

2. 运行速度

对跨境物流而言，速度至关重要，主要原因包括：一是运距长，需较多时日，资金占用时间长，加快运输速度有利于释放占用的资金；二是市场价位，因速度慢而错过了好的价位，会使经济效益下降；三是对于季节性商品和易腐烂变质商品，客观上要求加快运输速度。由此可见，加快物流速度会带来一系列好处。

在各种物流货运方式中，航空货运虽然速度最快，但价格也最高。在洲际运输中，用大陆桥运输取代海运会使物流速度显著提高。

3. 货物的特点及性质

货物的特点及性质有时对物流方式的选择起决定性作用。一般来说，管道运输只适用于液体、气体及浆体货物的运输，其运输货物的特性限制了管道运输的适用范围；而其他各种运输方式的适用范围则要广泛得多。但对于诸如水泥、石油、沥青、危险品等而言，由于其自身的特点，运输方式的选择范围较窄。例如，对于附加值很低的货物，如水泥等，选择汽车或飞机作为跨境物流运输方式显然是不合适的。

4. 货物数量

在跨境物流的各种货运方式中，相比较而言，航空运输的运载能力较小，而汽车运输的通过能力较差，从经济角度考虑，两者都不适用于大批量长距离的运输，因此，在待运货物数量庞大或者运输距离较长时，一般考虑选用海洋运输或铁路运输的方式。

5. 物流基础设施条件

由于跨境物流涉及跨境运输，而不同国家（地区）的地理位置和自然条件不同，物流基础设施也存在差异，因此会对物流方式的选择产生很大影响。如果物流的始点和终点两端国家（地区）缺乏必要的水域条件，就不能考虑仅采用海洋运输的方式将货物运至目的地。在这种情况下，多式联运也许比较适合。如果任何一方不具备相当的港口条件，以致大型船舶无法作业，则无论价格多么具有诱惑力，大型船舶运输也不应该在选择范围之内。如果没有大型集装箱码头和集装箱集疏的腹地条件，也不能大量选择集装箱方式。

跨境物流运输方式选择不当给企业造成的损失远大于境内物流。因为跨境物流的运输距离普遍较长，货物在途时间也相应较长，如果运输方式选择不当，延长了货物在途时间，不仅会影响企业资金的流动，而且当货物销售时效性较强时，错过销售时机将给企业带来严重损失。这一点对于进行全球化制造的企业而言尤为重要。当某些企业基于战略考虑而要抢先生产某种产品以占领市场时，如果因跨境物流货运方式选择失误而延迟了原材料或零部件的到达，被竞争对手抢占了先机，不仅会影响企业的近期盈利水平，而且会对企业的未来发展产生严重影响。因此，出于竞争战略的考虑，企业在选择跨境物流货运方式时要综合多方面因素，力求根据具体情况做出适当的选择。

（三）跨境物流运输的主要路线

与跨境物流紧密相关的跨境货物运输路线从大体上可划分为跨境海洋运输航线、跨境航空运输航线以及大陆桥与小陆桥运输路线等。

1. 跨境海洋运输航线

按航行范围来划分，主要有以下跨境海运航线。

（1）**太平洋航线**。该航线细分为远东—北美西海岸航线、远东—北美东海岸航线、远东—加勒比海航线、远东—南美西海岸航线、远东—澳大利亚航线、远东—新西兰航线、澳大利亚—北美东西海岸航线、新西兰—北美东西海岸航线。

（2）**大西洋航线**。该航线可分为西北欧—北美东海岸航线、西北欧—加勒比海航线、北美东海岸—加勒比海航线、西北欧—地中海—远东航线、北美东海岸—地中海—远东航线、南美东海岸—好望角—远东航线、西北欧—南美东海岸—远东航线、地中海—南美东海岸航线。

（3）**印度洋航线**。该航线可分为波斯湾—好望角—西欧航线、波斯湾—好望角—北美航线、波斯湾—东南亚—日本航线、波斯湾—苏伊士运河—地中海—西欧航线、波斯湾—苏伊士运河—地中海—北美航线。

（4）**北极航线**。北极航线由两条航道构成：加拿大沿岸的"西北航道"和西伯利亚沿岸的"东北航道"。"东北航道"也称为"北方海航道"，大部分航段位于俄罗斯北部沿海的北冰洋离岸海域。从北欧出发，向东穿过北冰洋巴伦支海、喀拉海、拉普捷夫海、东西伯利亚海和楚科奇海五大海域直到白令海峡。在"东北航道"上，连接五大海域的海峡多达58个，其中最主要的有10个。"西北航道"大部分航段位于加拿大北极群岛水域，以白令海峡为起点，向东沿美国阿拉斯加北部离岸海域，穿过加拿大北极群岛，直到戴维斯海峡。这条航线在波弗特海进入加拿大北极群岛时，分成两条主要支线，一条穿过阿蒙森湾、多芬联合海峡、维多利亚海峡到兰开斯特海峡；一条穿过麦克卢尔海峡、梅尔维尔子爵海峡、巴罗海峡到兰开斯特海峡。

2. 跨境航空运输航线

世界上有以下重要航空航线。

（1）**北大西洋航空线**。该航线连接西欧、北美两大经济中心区，是当今世界最繁忙的航线之一，主要往返于西欧的巴黎、伦敦、法兰克福和北美的纽约、芝加哥、蒙特利尔等机场。

（2）**北太平洋航空线**。该航线连接远东和北美两大经济中心区，是世界上又一重要的航空线，它由香港、东京和北京等重要国际机场经过北太平洋上空抵达北美西海岸的温哥华、西雅图、旧金山、洛杉矶等重要国际机场，再连接北美大陆其他航空中心。

（3）**西欧—中东—远东航空线**。该航线连接西欧主要航空港和远东的香港、北京、东京、首尔等重要国际机场，为西欧与远东两大经济中心区之间的往来航线。

其他还有北美—澳新航空线、西欧—东南亚—澳新航空线、远东—澳新航空线、北美—南美航空线、西欧—南美航空线、西欧—非洲航线等。

3. 大陆桥与小陆桥运输路线

（1）美国大陆桥包括两条路径：一条是从美国西部太平洋的洛杉矶、西雅图、旧金山等港口上桥，通过铁路横贯至美国东部太平洋的纽约、巴尔的摩等港口转海运；另一条是从美国西部太平洋港口上桥，通过铁路至南部墨西哥湾的休斯敦、新奥尔良等港口转海运。

（2）加拿大大陆桥从日本海海运至温哥华或西雅图港口后，换装并利用加拿大铁路横跨北美大陆至蒙特利尔，再换装海运至欧洲各港。

（3）西伯利亚大陆桥连接太平洋与波罗的海和北海，其路径为：从俄罗斯远东地区日本海口岸纳霍卡港或东方港上桥，通过横穿俄罗斯的西伯利亚铁路，至波罗的海沿岸港口转海运至西北欧，或者直接通过白俄罗斯、波兰、德国、比利时和法国的铁路至波罗的海沿岸港口转海运至西北欧等地。

（4）亚欧第二大陆桥东起我国连云港等港口，经铁路进入哈萨克斯坦，最终与中东地区黑海、波罗的海、地中海以及大西洋沿岸的各港口相连接。

（5）美国小陆桥是指从日本或远东至美国东部太平洋口岸，经美国大陆铁路或公路，至南部墨西哥湾口岸或其相反方向；美国微型桥是指从日本或远东至美国东部太平洋港口，经铁路或公路到达美国中西部地区或其相反方向。

四、跨境物流仓储

在跨境物流中，仓储不仅担负着进出口商品保管的任务，还担负着出口加工、挑选、整理、刷唛、备货、组装、包装等一系列任务，其中跨境物流仓库、仓储运作流程、保税仓库与传统物流仓储有较大区别。

（一）跨境物流仓库

按照用途的不同，跨境物流仓库可分为口岸仓库、中转仓库、加工仓库和存储仓库；按存储商品的性能及设备的不同，可分为通用仓库、专用仓库和特种仓库。其中，专用仓库用于存储某类商品，比如对湿度、温度有要求或者不宜与其他商品混放的商品。特种仓库则用于存储化学危险品、易腐蚀品、石油及部分医药商品等，这类仓库配备专门的设备，包括冷藏库、保温库、危险库等。

跨境物流仓库的管理模式主要有两种：企业自行管理和委托第三方管理。企业自行管理有利于控制仓储流程、协调跨境物流过程，更能满足企业的实际需求；相应地，自行管理仓库需要一定的资金、技术和人员支撑，仓库管理的灵活性不够。委托第三方管理包括两种方式：租赁公共仓库，即由外运公司管理本企业的仓储业务；第三方仓储，即由专业的物流公司管理本企业的仓储业务。

（二）仓储运作

跨境物流仓储业务的基本运作流程包含三个环节：入库、储存保管和出库。入库的业务程序如图5-6所示，包括四个环节。储存保管主要包括货物的存放、保管、检查与盘点。

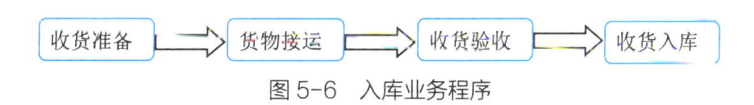

收货准备 → 货物接运 → 收货验收 → 收货入库

图5-6 入库业务程序

跨境货物出库流程包括审核仓单到填单销账等六个环节，如图5-7所示。

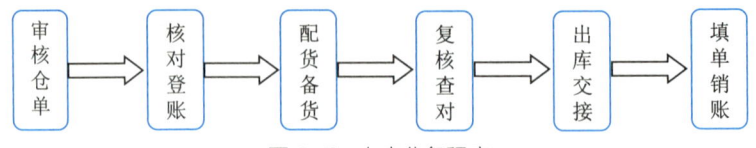

图 5-7　出库业务程序

（三）保税仓库

保税仓库是经海关批准、受海关监管、专门存储保税商品的仓库，是跨境货物仓储的重要组成部分。保税仓库作为保税制度在跨境物流活动中应用最为广泛的形式之一，具有较强的服务功能和较大的灵活性。保税仓库具备保税仓储、转口贸易、简单加工、增值服务、物流配送、商品展示等功能，一般境外货物的保税期最长为两年。

各国政府允许的能够在保税仓库存放的货物不尽相同，如我国的海关监管制度规定以下货物可以进入保税仓库：（1）缓办纳税手续的进口货物；（2）需做进口技术处置的货物；（3）来料加工后再出口的货物；（4）过境转运的外销货物。

第四节　跨境物流新形态

随着互联网技术的快速发展以及全球化的不断推进，跨境物流逐渐衍生出了跨境电商、海外仓、保税物流以及自由贸易园区等新形态。

一、跨境电商与跨境物流

（一）跨境电商概述

跨境电商（cross-border e-commerce），即跨境贸易电子商务。所谓跨境电商是指分属不同关境的交易主体借助互联网等电子商务平台达成交易、进行支付结算，并通过快件、包裹等跨境物流实现商品送达的交易过程，是一种全球性的商业活动。

在我国，一般把跨境电商分为B2B（企业对企业）和B2C（企业对消费者）两种模式。B2B模式类似于传统贸易，但是信息发布、交易达成都可以在网上实现；B2C模式下企业直接面对境外消费者，物流方面则主要采用航空小包、邮寄、快递以及近几年热门的海外仓等方式。另外，从进出口方向来划分，跨境电商可以分为进口和出口两类。

跨境电商的发展经历了三个阶段。

（1）**1.0阶段（1999—2003年）**：以网上展示、线下交易的外贸信息服务为主要模式。第三方电子商务平台主要是提供信息展示的平台，不涉及任何交易环节。典型代表平台有阿里巴巴国际站、环球资源网、中国制造网等。

（2）**2.0阶段（2004—2012年）**：由信息展示模式转变为在线交易模式，更能体现电子商务的本质。在这一阶段，B2B平台模式成为跨境电商的主流，典型的平台有敦煌网、速卖通等；第三方平台实现营收多元化，收费模式由"会员收费"转变为交易佣金，并通过平台的营销推广、物流服务等实现增值收益。

（3）3.0阶段（2013年至今）：2013年，跨境电商整个产业链都出现了模式的转变，包括亚马逊等平台的跨境B2C业务出现井喷式发展、B类买家形成规模、大型订单比例提升、大型服务商加入等。

此外，2020年由于疫情影响而兴起的跨境电商独立站模式也对跨境物流的发展有较大影响。独立站模式是指品牌在亚马逊、eBay、速卖通、Wish等第三方平台之外建立一个具有独立域名、服务器和程序的电商平台。独立站模式的优势包括行业处于增长期、试错成本很低、岗位人才增多等。这种模式具有一定的经营灵活性，能够有效规避第三方跨境电商平台合规风险，因此能够让品牌更好地控制流量，更好地把握站点上用户产生的数据和行为，从而更好地运营私域流量。

独立站模式最早出现在2004年左右，但出于各种原因，早期的独立站并没有得到很大发展。这一局面直到能够让建站成本大规模降低的SaaS平台诞生之后才得到改善。2020年，新冠疫情席卷全球，影响了全球消费者的消费习惯，更多消费者选择线上购物，带来全球范围内电商的二次增长。在多个因素的共同作用下，2020年以来中国独立站发展迅猛，许多跨境电商卖家都在尝试这种模式。当然，独立站运营模式也面临着流量来源问题等新的挑战。独立站模式为跨境电商提供了一种新的选择和方式，并且可能会推动跨境电商进入新的发展阶段。

（二）跨境电商物流

跨境物流递送涉及的环节较多，本书把跨境物流全程服务分为三个部分。

（1）海运拼箱及空运等业务，主要支持B2B较大额业务。

（2）小包、快递等业务。

（3）外贸服务，围绕贸易过程中的验厂、检测验货、跟单等环节，以及一般的通关、货代等业务展开。

目前，满足跨境电商的跨境物流模式有邮政包裹、商业快递、专线物流、海外仓和境内快递的全球化服务等。邮政包裹是跨境电商物流使用最普遍的模式，其运输时间较长、丢包率较高，主要包括特快专递和邮政小包。据统计，中国跨境电商的出口包裹有70%通过邮政系统投送。商业快递主要是指UPS、FedEx、DHL和TNT四大国际快递巨头，具有投送速度快、客户体验好的特点，但价格比邮政包裹要昂贵很多。专线物流一般通过航空包舱方式进行货物投送，覆盖范围有限。保税仓是在保税区内建仓，先备货后接单，使用跨境电商保税进口模式可以极大改善客户的速度体验。境内民营快递如顺丰、申通均在跨境物流方面抢先布局，但受限于业务差异，发展较为缓慢。

商家在选择物流模式时应重点考虑产品的特点、物流成本和时效要求。表5-1比较了常用的跨境电商物流方式。

表 5-1 跨境电商物流方式的比较

物流方式		服务介绍及优势线路	费用比较	运输时效	收货期	货物跟踪	适用产品
商业快递	UPS	强势线路是美洲、欧洲与日本等发达国家和地区	较贵，常有住宅地址附加费、额外手续附加费等额外费用	2～5天	23天	1. 官方网站查询；2. 信息准确；3. 可通过参考信息查询	1. 售价较高；2. 对运输时效性要求较高；3. 追求质量和服务
	DHL	强势线路是美国、欧洲、西亚和中东					
	FedEx	优势线路是美国、加拿大，东南亚价格、速度优势明显					
	TNT	在西欧国家清关能力较强					
中国邮政（EMS）		邮政渠道的国际特快专递	中等	5～8天	27天	官方网站查询	1. 对运输时效性要求一般；2. 体积相对较大；3. 比较注重运输成本
邮政包裹	中国邮政航空包裹	通过中国内地邮政或中国香港邮政将货物发往境外，由当地邮政系统送达买家	低廉	7～14天	39天	1. 挂号后跟踪；2. 许多境外目的地无法跟踪；3. 查询时间长	1. 对运输成本较敏感；2. 对运输时效性要求不高；3. 体积较大；4. 价值较低

二、海外仓

海外仓是指跨境电商卖家按照一般的跨境贸易方式，将商品批量出口（一般走海运或陆运）到境外仓库，在线完成交易后，商品直接从境外仓库发出，送达消费者手中。随着跨境电商越来越火爆，商家对配套跨境物流水平也不断提出更高的要求，海外仓的"先备货、后交易"服务模式以其便捷、高效、快速受到市场的追捧。从 2013 年起，行业内就掀起了一批海外建仓潮，超级大卖场或者大型物流企业纷纷建设海外仓，以减少物流过程中商品丢失、破损、延误等的情况。中华人民共和国商务部 2015 年发布《"互联网+流通"行动计划》，推动建设 100 个电子商务海外仓。2021 年 7 月，国务院办公厅印发《关于加快发展外贸新业态新模式的意见》，明确提出完善跨境电商发展支持政策，扎实推进跨境电子商务综合试验区建设，培育一批优秀海外仓企业，完善覆盖全球的海外仓网络。同年 12 月，商务部对外贸易司司长李兴乾在国务院政策例行吹风会上表示，截至 2021 年底，我国海外仓的数量已经超过 2000 个，总面积超 1600 万平方米。海外仓是跨境电商重要的境外节点，是新型外贸基础设施，也是带动外贸高质量发展的重要平台。

那么，哪些产品适合海外仓呢？海外仓产品选择一般要考虑产品特性、销量、成本和运营等问题，典型的有以下四类。

（1）"**三超**"**商品**，即体积超大、重量超限、价值超高的商品。此类商品直邮无法满足其物流需求，快递包裹无法运送或费用太高，如家具、园艺、灯饰等。

（2）**品牌商品**，这类商品需要提升品质和服务来实现品牌溢价，是未来海外仓的主要需求来源。

（3）**低值易耗品**，非常符合本地需求的快消品以及那些需要快速送达的产品，往往是热销的单品，如工具类、饰品类、玩具、3C配件、爆款服装等。

（4）**境内小包快递无法运送的商品**，如液体、膏状商品、带电产品等。

目前，欧美发达国家、日本、澳大利亚的海外仓比较成熟，拉美、非洲、东南亚等新兴市场受到法律政策、文化等因素制约，海外仓仍在摸索之中。在模式上，海外仓包括FBA（亚马逊物流服务）、自建和第三方这几种。如果商家选择自建模式，需要考虑选址、租仓、人员招聘、派送资源、招商、当地法律、税务、财务等一系列问题。

三、保税物流和自由贸易园区

（一）保税物流

保税物流货物是指未办理纳税手续，经海关批准允许进境，在境内储存后复运出境的货物，具有"进境暂缓纳税、复运出境免税、内销补缴税款"的特点。海关对保税物流货物的监管模式一般分为两类：非物理围网式监管，包括保税仓库、出口监管仓库；物理围网式监管，包括保税物流中心、保税物流园区、保税区、保税港区等。

保税物流园区是指经国务院批准，在保税区规划面积或者毗邻保税区的特定港区内设立的、专门发展现代跨境物流业的海关特殊监管区域。园区内不得开展商业零售、加工制造、翻新、拆解及其他与园区无关的业务。法律和行政法规禁止进出口的货物不得入园。保税物流园的业务范围包括：（1）存储进出口货物及其他未办结海关手续的货物；（2）对所存货物开展流通性简单加工和增值服务；（3）进出口贸易，包括转口贸易；（4）国际采购、分销和配送；（5）国际中转；（6）检测、维修；（7）商品展示；（8）经海关批准的其他国际物流业务。

保税港区是指经国务院批准，设立在国家对外开放的口岸港区和与之相连的特定区域内，具有口岸、物流、加工等功能的海关特殊监管区域。保税港区具备国际中转、配送、采购、转口贸易、出口加工区等功能。我国目前在天津、大连、宁波等地共设立了14个保税港区。根据中国海关总署发布的《中华人民共和国海关保税港区管理暂行办法》，保税港区可以开展的业务有：（1）存储进出口货物和其他未办结海关手续的货物；（2）对外贸易，包括国际转口贸易；（3）国际采购、分销和配送；（4）国际中转；（5）检测和售后服务维修；（6）商品展示；（7）研发、加工、制造；（8）港口作业；（9）经海关批准的其他业务；等等。

（二）自由贸易园区

自由贸易园区源自海关合作理事会（世界海关组织的前身）所解释的"自由区"，是指一国（地）的部分区域，在这部分区域内运入的任何货物就进口关税及其他各税而言被认为在关境以外,并免于实施惯常的海关监管制度。其特点是一个关境内的小块区域,且对境外入区货物的关税实行免税或保税。

全球典型的自由贸易园区包括美国纽约港自贸区、中国香港自由港、德国汉堡自由港、巴拿马科隆自贸区、迪拜杰贝-阿里自贸区、荷兰阿姆斯特丹港自贸区、爱尔兰香农自贸区、韩国釜山镇海经济自由区、巴西玛瑙斯自由贸易区。我国境内的第一个自由贸易园区于2013年9月成立,目前已有广东、天津等多个自贸区。

【案例】上海自由贸易试验区促进地区金融发展

自2013年9月29日中国(上海)自由贸易试验区正式挂牌成立以来,广东等10个自由贸易试验区相继获批设立,中国"1+3+7"的自由贸易试验区试点新格局基本形成。自由贸易试验区作为集投资、贸易、金融和科技创新等领域开放与创新于一体的综合改革试验区,对于全面深化改革、扩大开放具有重大示范带动意义。

在自由贸易试验区涉及的众多改革领域中,金融改革既是重点,又是难点,引发了社会各界的广泛关注。上海自由贸易试验区建设方案中强调了自贸区金融建设的先行使命与重要地位,并在金融领域进行了积极探索和大胆尝试。

为考察上海自由贸易试验区对地区金融发展水平的影响,研究人员首先使用因子分析法和熵值赋权法,对中国31个省(区、市)2008—2016年的金融发展水平进行测度,随后采用合成控制法,实证分析了自由贸易试验区金融改革对地区金融发展水平的动态影响。实证结果表明:第一,上海自由贸易试验区的设立短期内对地区金融水平的影响并不显著,长时期能够有效推动地区金融水平的提升;第二,稳健性检验结果表明,在3.704%左右的显著性水平下,可以得出上海自由贸易试验区推动了当地金融发展水平提升的结论。

资料来源:杨旭,刘祎.自由贸易试验区对地区金融的影响效应研究[J].统计与决策,2020,36(4):141-144.

本章要点

1.从狭义上来讲,跨境物流是指贸易性的跨境物流。具体指当全球化制造与消费的某些环节分别在两个或两个以上的国家(地区)独立进行时,为了克服相关环节的空间和时间上的距离,对物资进行物理性移动的一项跨境物资流通活动。广义的跨境物流还包括非贸易性跨境物流,包括各种展览品、办公用品、支援物资、捐赠物资等非贸易货物的跨境流动。

2.跨境物流系统是由商品的包装、储存、运输、检验、流通加工和其前后的整理、再包装、跨境配送以及贯穿整个物流活动的信息子系统组成的。跨境物流系统可以分为运输子系统、仓储子系统、检验子系统、通关子系统、包装与装卸子系统、跨境物流信息子系统等六大子系统。

3.与境内物流系统相类似,跨境物流系统可以分成系统的输入部分、系统的输出部分以及将系统的输入转换成输出的转换部分。由于海关、跨境运输和跨境支付的介入,跨境物流系统呈现出网络模式的特点。相应地，跨境物流所涉及的活动也明显多于境内物流。

4. 跨境物流系统的整合模式有功能整合、领域整合、地理整合。

5. 跨境物流基本业务活动同样包括运输、仓储、包装、装卸及流通加工、保险和信息管理等。由于跨境物流的自身特点，相对境内物流而言，跨境物流的基本业务活动普遍更加复杂，对管理水平要求更高；此外，跨境物流还具有一些特有的业务，包括商检、报关及跨境货运代理等。

6. 影响跨境货运方式选择的因素有运输成本、运行速度、货物的特点及性质、货物数量、物流基础设施条件等。

7. 与跨境物流紧密相关的跨境货物运输路线从大体上可划分为跨境海洋运输航线、跨境航空运输航线以及大陆桥与小陆桥运输路线等。

8. 保税仓库具备保税仓储、转口贸易、简单加工、增值服务、物流配送、商品展示等功能，一般境外货物的保税期最长为两年。

9. 满足跨境电商的跨境物流模式有邮政包裹、商业快递、专线物流、海外仓和境内快递的全球化服务等。邮政包裹是跨境电商物流使用最普遍的模式，有运输时间较长、丢包率较高，主要包括特快专递和邮政小包。商业快递主要是指UPS、FedEx、DHL和TNT四大国际快递巨头，具有投送速度快、客户体验好的特点，但价格比邮政包裹要昂贵很多。专线物流一般通过航空的包舱方式进行货物投送，覆盖范围有限。保税仓是在保税区内建仓，先备货后接单，使用跨境电商保税进口模式可以极大改善客户的速度体验。境内民营快递公司如顺丰、申通均在跨境物流方面抢先布局，但受限于业务差异，发展较为缓慢。

10. 海外仓的运作流程一般为三段式：头程——境内集货送到海外仓；库内——订单操作及库存管理；尾程——出仓配送及售后服务。

11. 保税物流货物是指未办理纳税手续，经海关批准允许进境，在境内储存后复运出境的货物，具有"进境暂缓纳税、复运出境免税、内销补缴税款"的特点。保税港区是指经国务院批准，设立在国家对外开放的口岸港区和与之相连的特定区域内，具有口岸、物流、加工等功能的海关特殊监管区域。保税港区具备国际中转、配送、采购、转口贸易、出口加工区等功能。自由贸易园区的特点是一个关境内的小块区域，且对境外入区货物的关税实行免税或保税。

思考题

1. 描述跨境物流的基本含义，谈谈其有什么特点。
2. 简要叙述跨境物流的发展历程。
3. 为什么说跨境物流系统是境内物流系统的延伸？

4. 跨境物流系统由哪些子系统组成？
5. 跨境物流系统网络模式有什么特点？
6. 跨境物流包括哪些基本业务？有哪些特有业务？
7. 跨境物流货运主要方式有哪些？各有什么特点？
8. 跨境多式联运有什么优势？
9. 影响跨境货运方式选择的因素有哪些？你认为什么是最主要的因素？
10. 跨境海洋运输包括哪些主要航线？航空运输包括哪些重要航线？
11. 跨境电商经历了哪几个阶段？
12. 跨境电商的跨境物流有哪些模式？各模式都有什么特点？
13. 海外仓如何选品？
14. 描述海外仓的运作流程。
15. 描述保税港区和保税区的区别。
16. 描述保税物流园区和自由贸易园区的区别。

供应链篇

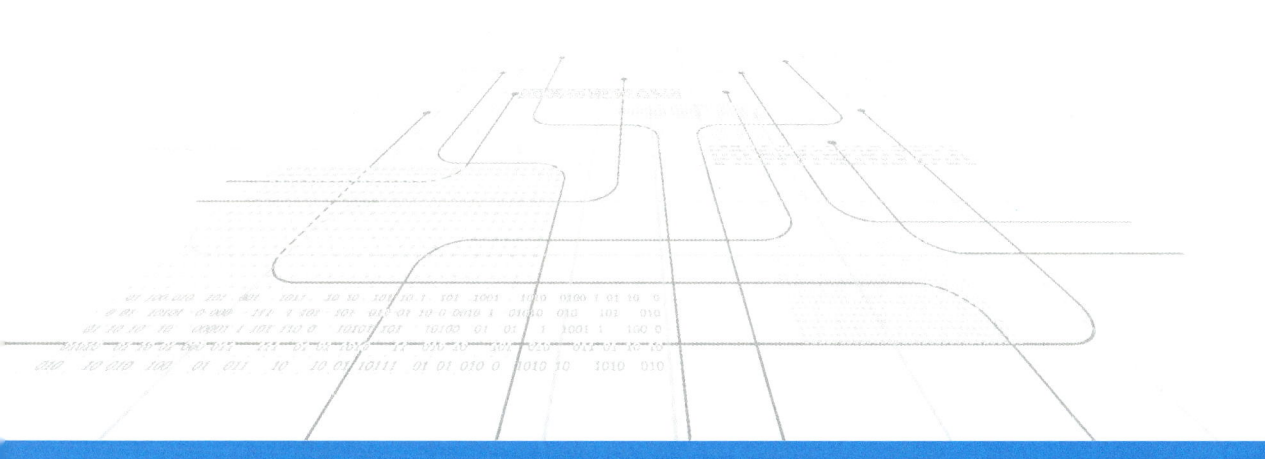

物流与供应链管理

Logistics and Supply Chain Management

第六章
供应链管理

本章数字资源

学习目的

通过本章学习，你需要：
1. 理解供应链战略管理的基本理念；
2. 了解供应链中的"牛鞭效应"；
3. 了解CPFR协作规划、预测和补货模型；
4. 了解SCOR供应链运作参考模型；
5. 了解供应链中的物流管理；
6. 了解电子商务环境下供应链管理战略发生的变化。

【开篇案例】苹果公司的供应链成本控制

苹果手机凭借着高售价、低成本在智能手机市场上独树一帜。除了创新和设计，企业的成本控制发挥了很大的作用。苹果公司之所以能成为全球电子科技公司巨头，是因为其具有卓越的成本控制优势，对供应链的牢牢把控为其创造了巨大的利润空间。苹果公司对供应链的成本控制包括以下几个方面。

1. 简化产品线，降低供应链管理的难度

苹果公司供应链成本控制的第一个方面是进行合理的产品规划。曾经的苹果产品线相当复杂，且没有重点。1997年，乔布斯再次掌舵苹果时，公司那一年的亏损达到10亿美金。供应链管理方面，其产品线过于冗杂，每条产品线上有多种型号的产品——仅台式电脑就有12种型号，加之各种游戏机、相机等，造成了大量的库存积压；运营管理方面，生产效率低下，成本居高不下。面对这一困境，苹果所做的决策就是将其在产品设计上推崇的极简主义延伸到了供应链管理上。2001年以后，苹果的存货资产占总资产的比重一直保持在1%左右。产品线的简化使得供应链各个环节的管理都得到了简化，包括计划、研发、执行、采购生产、物流、销售等，有效地控制了交易成本；同时，苹果公司的订单开始呈现品种单一、数量巨大的特点，这既可以引发规模效应，又可以大大降低供应商成本。

2. 集中资源，专注研发设计

苹果公司集中资源投入核心业务，聚焦于研发设计，合理地进行了产品线的规划。其一，由于苹果公司简化了产品线，因此可以将相对多的资源集中在每一条产品线上，提高效率的同时，也可以减少整体的研发支出；其二，苹果收购了大量规模较小的科技公司，涉及语音搜索、地图、云技术、开发工具、音乐服务等。以指纹识别技术为例，苹果公司在2012年7月以3.56亿美元收购了指纹感应器制造商AuthenTec。几年后，苹果成为智能手机中首创指纹识别的公司。比起自行研发专门的技术，苹果公司更多地采取并购小规模科技企业的形式。从长远的角度看，这种并购策略不仅可以帮助苹果公司获得更多的人才与技术，还能有效降低研发费用，提高研发投入产出比，并在行业中形成技术壁垒。

3. 非核心业务外包，建立全球生产供应链

对于非核心业务即生产环节，苹果公司将生产、制造、组装等环节外包到全球各地，建立全球生产供应链。在砍去了大部分产品线后，苹果公司在一段时间依然摆脱不了运营低效的状态，原因是当时苹果公司仍然独立承担着零部件的生产和装配工作。这种供应链模式在IT产业分工日渐精密、技术和设备要求日渐提高、从纵向产业结构演化为横向产业结构的趋势下早已不合时宜。苹果公司采取的策略是大规模裁减公司的制造资产，将非核心业务外包给其他公司，采用代工生产模式；同时，苹果公司亲自把控原材料，统一原材料采购，在保证零部件质量的同时，又压缩了成本。

4. 存货周转天数短，现金储备强大，锁住供应商

存货周转率是评价供应链管理的重要指标，加快库存周转一般可以提高现金周转率，从而实现企业现金流的健康与投资回报率的提升。根据数据计算，停止生产以后，苹果公司出售全部库存的手机、平板、电脑等只需7天；三星电子则需要漫长的51天。因此，苹果公司总是能快速地收回投资、获得利润，从而用于新一轮的投资和生产。这种速度也为它巨额的现金储备奠定了基础。大量的现金储备使得苹果公司能更加深度地参与供应链，在资金和技术上帮助供应商发展，给予这些厂商专项资金支持，以拉拢并控制上游零件供应商以及代工厂商。单一的产品线使得苹果单款产品的订单采购量大增，从而使其对供应商拥有更加强大的议价能力。

5. 加强品牌营销

除对研发设计的牢牢把控外，苹果公司还非常重视品牌营销。苹果公司建立了线上线下多种销售渠道，其中，最有特色的是其体验式专卖店。现在苹果公司在全球的直营零售店有400多家，一直在塑造品牌文化上的软实力，并以此为手段渗透到各个地区。当其他许多实体零售店都很难持续经营，不得不选择减少线下渠道、转向线上的时候，苹果公司的体验式专卖店

却在全球各个地区不断扩张,并且在装修风格、员工培训等方面都极具品牌特色。这种形式有助于提升用户体验,增加消费者对品牌的忠诚度。苹果公司在营销方面强调品牌文化,从而将之转化为品牌溢价。

综上几点,可以借助微笑曲线总结苹果公司的供应链管理模式。微笑嘴型的一条曲线,两端朝上,在产业链中,附加值更多体现在两端,即设计和营销、品牌运营上,而处于中间环节的制造则附加值最低。苹果公司产业链中位于上游的产品、技术、研发及设计,以及位于下游的营销、品牌服务等创造的附加值较大,而位于中间的零部件生产、配件组装等环节创造的附加值较低,利润率也较低。在整个流程中,苹果公司主要负责上游的研发设计、后期营销、品牌运作环节,而中间的生产制造则全部外包。苹果公司之所以将成本控制的重点放在中间环节的供应链成本控制上,是因为从供应商零件采购到代工,直至分销商销售,是附加值低的生产制造部分,因付出的成本回收少,故而要控制住这些环节的成本。于是,苹果公司选择将这一部分外包到全球,利用全球任何国家(地区)的比较优势,通过供应链协同的形式,把这些国家(地区)纳入自己的全球战略布局中。

资料来源:刘戈. 基于微笑曲线的供应链成本控制研究:以苹果公司为例[J]. 财务监督, 2017(22):99-105.

第一节　供应链战略管理

随着市场竞争的加剧,商业运作日趋复杂。企业渐渐发现无法在其内部完成所有的经营职能。通常,一家企业如果能够利用其他企业拥有的资源和技术知识,就可以更好地实现自身的职能。因此,战略联盟和业务外包已经成为企业赢得竞争优势的重要选择。然而,企业进行联盟和寻找外包时,仍然需要维持并不断提高有别于其他企业的独特能力,只有这样,企业才能寻找到自身在供应链中的独特价值。

一、供应链管理中的战略管理

(一)战略联盟的概念

战略联盟(strategic alliance)是公司之间典型的、多方位的、目标导向型的长期伙伴关系,联盟成员共享收益、共担风险。战略联盟会为合作各方带来长期的战略利益。在许多情况下,战略联盟既可以避免全面收购带来的问题,又可以带来比市场交易更多的资源承诺。

企业或许拥有履行某项任务的资源,但供应链上的另一家企业很可能拥有能够更好地完成这项任务的能力。只有全面分析供应链上各企业的位置、资源和技能专长,才能共同决定谁是供应链中最适合履行某项职能的企业。当然,仅仅知道供应链上谁最适合履行某项职能并不够，必须采取措施使这项职能的确由最适合的企业来完成。

（二）战略联盟的框架

在选择合适的战略联盟时，企业会面临许多难题。要确定某种特定的战略联盟是否适合你的企业，必须考虑这一联盟是否有助于解决下列问题。

（1）**增加产品的价值**。与联盟企业之间的伙伴关系可以增加现有产品的价值。例如，合作关系能够改善产品上市时间、修理情况，这些将有助于提高市场对企业的认知价值。类似地，拥有互补生产线的企业之间的伙伴关系可以增加双方企业的产品价值。

（2）**改善市场进入**。良好的伙伴关系非常有益，它可以带来更好的广告宣传效果，或者带来更多进入新市场渠道的机会。例如，消费品的制造商可以相互合作，共同关注大型零售商的需求，以增加双方的销量。

（3）**强化运作管理**。企业之间通过联盟可以有效降低系统成本和周转次数，并以此改善双方的运行方式，使设备和资源得到更加有效的利用。例如，拥有季节性互补产品的公司可以更有效地利用仓库和运输车辆。

（4）**增强技术力量**。技术共享的伙伴关系可以提高合作双方的技术能力。同时，新旧技术之间转移的困难可以由一方的专业技术加以解决。例如，供应商可能需要某一项特定升级的信息系统来为某些特定的消费者服务，如果与已经具备该系统专业技术的企业结成联盟，就更容易解决这些技术难题。

（5）**促进战略成长**。许多新机遇具有较高的进入壁垒。伙伴关系可以使企业共享资源和专业技术来克服这些壁垒，并发现新的机遇。

（6）**提高组织技能**。联盟为组织学习提供了大量机会。除相互学习外，合作各方必须更深入地了解自身，以确保联盟的运作。

（7）**建立财务优势**。除解决上述竞争性问题外，联盟还有助于建立财务优势。一方面，联盟的销售收入会提高；另一方面，联盟的管理成本有可能因为合作一方或各方的专业技能而降低。当然，联盟也会因风险共担而导致投资方向受限。

二、供应链管理中的核心能力

战略联盟是企业获取竞争优势的一种具有潜力的战略选择，但是，企业仍然需要经营自己的核心能力或核心竞争力，即将自身与竞争对手区分开来的能力。这些核心能力不能因为联盟而削弱，如果为了合作成功而将资源从核心能力上转移出去，或者在技术、战略力量上妥协，就会造成反面结果。同样，与竞争对手之间的关键性差异不应轻易丢弃，因为在关键技术共享或竞争导致进入壁垒降低时，这种情况就有可能发生。

很明显，确定这些核心能力非常重要。然而，这也相当困难，它取决于业务和企业的性质。核心能力不一定对应着大量的资源投入，它可以是无形的东西，如管理技能或品牌形象等。确定公司的核心能力时，要考虑该公司如何在上述七个关键方面区别于其他竞争者。

三、供应链管理中的外包战略

（一）外包的概念

企业在供应链中建立战略联盟时，一方面要保持和提升自身独特的核心能力，另一方面需要将不擅长的业务外包给供应链上更为专业的企业。

供应链管理强调要把主要精力放在企业的关键业务上，以充分发挥其优势，并根据企业的自身特点专门从事某一领域、某一业务，力求在某一点形成独特的核心能力。同时，要积极与全球范围内合适的企业建立战略合作关系，将企业中非核心业务通过外包形式给其他企业或由合作企业完成，这就是所谓的"业务外包"。

（二）外包的收益

在整个 20 世纪 90 年代，实行外包，即把关键部件的生产进行外包，是一个快速降低成本的有效措施。进行外包的主要收益如下。

（1）**规模经济**。进行外包的一个重要目标是通过将不同购买者的订单集中起来，获得规模效益，从而降低生产成本。这种集中使供应商在采购和生产过程中充分利用了规模经济。

（2）**风险分摊**。外包可以将需求的不确定性转移给供应商，而供应商的优势是它们能将来自不同采购者的需求进行集成，从而通过风险分摊的机制来降低需求的不确定性。这样，供应商就能够在保证甚至提高服务水平的同时降低部件的库存。

（3）**降低资本投入**。进行外包的另一个重要原因是将需求不确定性以外的资本投入也转移给合同生产商。当然，供应商之所以进行这个投资是因为它能在几家客户之间分摊这部分费用。

（4）**专注于核心竞争力**。只有通过认真地进行外包业务，公司才能够专注于它的核心能力，即它区别于竞争对手并能被用户识别的特殊才干、技能和知识结构。例如，耐克公司将重点放在创新、营销、分拨和销售上，而不是生产上。

（5）**提高灵活性**。①能更好地应对消费者需求变化的能力；②利用供应商的技术、特长缩短产品开发周期的能力；③获得新技术和创新能力。这三个方面对技术更新较为频繁的行业而言是成功的关键。

（三）外包的风险

外包策略能够带来上述优势的同时，也存在一些风险。

（1）**失去竞争知识**。将关键部件外包出去可能会给竞争对手"可乘之机"。同样，外包也意味着公司将失去根据自己的时间表引入新技术的机会。而且，将不同部件的生产外包给不同的供应商会阻碍新想法的产生。

（2）**产生目标冲突**。供应商和购买者之间往往具有不同甚至相互冲突的目标。例如，购买者将不同部件的生产外包出去，希望提高灵活性，这便需要具备根据市场需求调整产品，以更好实现供需平衡的能力。但这恰恰与供应商所希望达到的"长期、稳定及平衡订货"目标相矛盾。

【案例】中国即时配送物流现状

近两年,外卖行业中以商超、生鲜为主的新零售行业发展相当迅速,即时物流作为运力需求的供应方已然成为其中不可或缺的一环。在即时物流的应用中,主要存在两种模式:其一,自己搭建配送平台;其二,外包配送,由第三方物流企业承接配送服务。

即时配送行业的规模在2020年达到了1700多亿元(2022年,即时配送服务行业订单规模达到380.7亿单,行业整体仍处于快速发展中)。如此庞大的市场蛋糕吸引了各类企业的注意。在中国即时物流产业链中,需求方市场上的即时物流企业主要有外卖平台"美团外卖""饿了么",零售平台"苏宁小店""多点"和"京东到家",以及生鲜平台"盒马鲜生""每日优鲜"等;供给方市场上的即时物流企业主要有"点我达""达达""UU跑腿"等。

在外卖市场争霸的双雄"美团外卖"和"饿了么"分别有自己的即时配送平台,即"美团配送"和"蜂鸟配送",且两者的日均订单量分别达到2180万和1200万(2020年)。零售平台"京东到家"也有自己的配送平台"达达快送"。值得一提的是,据2019年第一季度即时配送行业数据,"蜂鸟配送""达达快送"和"美团配送"的市场份额占比分别为28.4%、25.6%和24.8%,几乎占据了我国80%的配送市场份额。其他竞争者持续涌入赛道,如圆通、韵达等快递公司开始组建自己的同城配送体系;本身就是即时物流企业的"UU跑腿""闪送"也开始陆续承接代买、代送服务;生鲜平台"盒马鲜生""叮咚买菜"上线了自主配送服务。甚至连网约车平台也想要在即时配送市场中分一杯羹。由于两轮电动车配送市场已经饱和,四轮汽车已开始加入赛道,例如,"哈啰出行"最近上线了"哈啰快送"业务,"曹操出行"推出"曹操帮忙",滴滴打车也推出了"跑腿"服务。

资料来源:马向阳,王瑞娜."万千好物、即时可得":"达达"如何构建商业模式[EB/OL].(2021-01-12)[2023-05-01]. https://www.cmcc-dut.cn/Cases/Detail/5090.

第二节 供应链合作伙伴关系构建

在过去,供应商和下游客户(如经销商和零售商)间经常表现出竞争且不合作的情况。当下还有一些企业依然如此,它们的目的是通过降低成本,或者依靠供应链上伙伴的损失来获取更高的利润。然而,这些企业没有意识到,这样做只是改变了同一条供应链中上下游企业之间的利润分配,实际上并没有使供应链获得更多的竞争优势。在进入市场时为产品付出的所有成本都会通过终端消费者愿意付出的价格得到反映。处于市场领先地位的企业已经意识到上述做法的不当,并开始转变观念,将供应链视为一个整体,通过增加产品的总价值来降低产品的总成本,提升供应链的竞争力。企业必须真正明白现在的竞争已经不仅仅发生在企业和企业之间,而是发生在供应链和供应链之间。因此,供应链中的企业只有建立起紧密的合作关系,才能使整个供应链获得竞争优势,从而使供应链上的所有成员都获得利益。

一、供应链合作关系的影响因素

战略联盟或合作伙伴关系的建立并不容易，失败的比例高达60%。美国企业家联合会曾经对455名首席执行官进行了访谈，发现战略联盟失败主要有以下八个原因：（1）过于乐观；（2）沟通不力；（3）缺少利益共享；（4）见效慢；（5）缺少财务支持；（6）对运营原则理解错误；（7）文化交流存在障碍；（8）缺少联盟的经验。建立牢固的供应商合作伙伴关系需要双方大量的工作和对彼此的承诺。下面列出一些比较典型的有利于建立合作伙伴关系的因素。

（1）**建立信任**。信任对任何合作伙伴和联盟都至关重要。信任能够推动组织之间互换有价值的信息，投入相应的时间和资源去理解彼此的业务，从而获得个体所能实现的最大结果。

（2）**分享企业愿景和目标**。所有的合作伙伴都应该明确各自的预期和目标，并将它们分解到合作当中。合作双方必须分享并接受对方的愿景和目标。许多联盟和合作伙伴关系之所以破裂，是因为成员各自的目标没有很好地统一。

（3）**共同的利益和需求**。当企业之间有一致的需求时，双方的合作很有可能得到双赢的结果。共同需求不仅会产生有利于协作的环境，还为创新提供了机会。当合作双方分享利益时，它们的合作就会积极和长久。

（4）**高层管理的支持**。找到一个合适的合作伙伴需要大量的时间和艰苦的工作。一旦找到，双方就需要投入大量时间、人员和精力去建设成功的合作伙伴关系。没有参与就没有承诺，承诺必须从高层开始。当高层管理人员支持合作伙伴关系时，这种关系就有了成功的保障。

（5）**信息共享和沟通渠道**。为使信息顺畅地流动，双方应该建立正式的和非正式的沟通渠道。如果双方具备高度的信任，信息系统就可以完全针对客户的需求为彼此提供高效的服务。

（6）**绩效标准**。良好的运营绩效评价体系不仅能够提供易于理解的测评指标，也便于衡量并关注购买者和供应商共同价值的实现。

（7）**持续改进**。对供应商的运营评价是建立在相互认可的评价体系之上的，这为持续改进提供了机会。购买者和供应商都必须持续地改进他们的能力，以满足客户在成本、质量、运送和技术方面的要求。

二、供应链合作伙伴的选择

对于供应链系统来说，不同的企业所提供的增值作用是不同的。另外，不同的企业具有的竞争力也不同，包括产品的生产质量、交货期、柔性、成本等。根据增值作用和竞争能力的不同可以将伙伴企业分为四类：关键性、一般性、战略核心、竞争性伙伴企业，如图6-1所示。

关键性 伙伴企业	战略核心 伙伴企业
一般性 伙伴企业	竞争性 伙伴企业

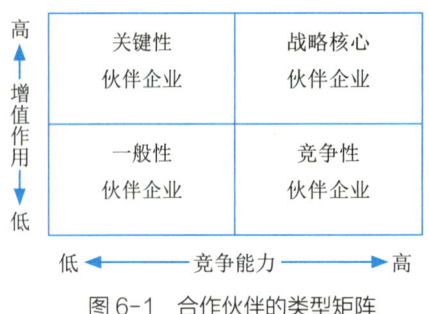

纵轴：增值作用（低→高）；横轴：竞争能力（低→高）

图 6-1 合作伙伴的类型矩阵

在供应链系统的合作伙伴企业选择和关系建立过程中，应根据不同的需求采取不同的策略。对于长期需求，应选择战略核心伙伴企业，并建立紧密的合作关系；对于中期需求，应根据具体情况选择竞争性伙伴企业或关键性伙伴企业作为合作对象；对于短期需求，则可以考虑选择一般性伙伴企业作为合作对象。

供应链合作伙伴的评价和选择应考虑生产质量、交货期、柔性、成本等多方面因素，具体方法包括招标法、采购成本比较法、直觉法、基于活动的成本分析法、层次分析法、神经网络算法等。评价和选择的过程是与环境状态变化相适应的动态过程。

三、CPFR模型

（一）CPFR的概念

供应商管理库存（vendor managed inventory，VMI）和联合管理库存（joint managed inventory，JMI）是供应链管理中两种比较成功的模式，但VMI和JMI仍然存在着缺陷，如VMI不能调动下级节点企业的积极性，而JMI不能实现真正的集成，使得库存水平较高、订单落实速度慢等。针对VMI和JMI的不足，1995年，沃尔玛（Walmart）、Wamer-Lamhert（后于2000年被辉瑞公司收购）、SAP、Manugistics和Benchmarking Partners等5家公司联合成立了零售供应和需求链工作组，进行协同计划、预测及补货（collaborative planning forecasting and replenishment，CPFR）的研究和探索，其目的是开发一组业务流程，使供应链中的成员能够利用它实现从零售商到制造商之间的功能合作。

CPFR是一种协同式的供应链业务流程管理模型，它能同时降低销售商的存货量并增加供应商的销售量。CPFR的最大优势是能及时准确地预测由各项促销措施或异常变化带来的销售高峰和波动，从而使双方都能做好充分准备，赢得主动权。同时，CPFR采取"双赢"原则，以库存管理为核心，兼顾供应链上其他方面的管理。CPFR能实现供应链伙伴间更为广泛深入的合作，主要体现在以下三个方面。

（1）面向客户需求的合作框架。

（2）基于同一销售预测报告制订生产计划。供应链上各公司根据这个共同的预测报告制订各自的生产计划，从而使供应链的管理得到集成。

（3）供应过程约束限制的解除。供应商减少甚至去掉库存，可以大大提高企业的经济效益。通过解决贯穿于产品制造、运输及分销等过程中企业间资源的优化调度问题，

CPFR为供应链合作伙伴带来丰厚的收益。

(二) CPFR模型实施步骤

自愿性行业间商务标准(voluntary interindustry commerce standards,VICS)将CPFR的实施分为9个步骤,如表6-1所示。CPFR为销售商和供应商提供了一个共享关键信息、共同计划的框架。在CPFR模型指导下,供应链合作伙伴制订统一的预测。供应商和销售商通过一起工作形成共同预测;或者首先形成各自的预测,然后使用这些预测形成共同预测。这一协调和信息共享机制使销售商和供应商能够优化他们的供应链活动,由此很自然地基于销售商的需求来制订生产计划。CPFR协作的本质是形成更好的需求预测,这能够提高供应商的供货水平、改善库存水平、降低缓冲库存。成功实施CPFR能够同时实现提高销售和降低库存的目标。

表6-1 CPFR过程模型步骤[①]

步骤	内容
步骤1	建立协作关系
步骤2	制订共同的商务计划
步骤3	制订销售预测
步骤4	识别销售预测例外情况
步骤5	协作解决销售预测的例外情况
步骤6	制订订货预测
步骤7	识别订货预测例外情况
步骤8	协作解决订货预测的例外情况
步骤9	生成订单

(三) CPFR的收益

CPFR提供的信息共享机制为供应链合作伙伴带来了许多收益。吉恩·弗利德纳(Gene Fliedner)列出了3条显著的收益。

(1) 销售商收益,即销售收入增加、更高的服务水平、更快的订单响应速度、更低的产品库存、更少的过时产品和变质产品。

(2) 生产商收益,即销售收入增加、更高的订单满足率、更低的产品库存、更高的周转率、降低产能要求。

(3) 共享供应链收益,即直接的物资流动(如可以减少仓库数量)、改善预测精度、更低的系统成本。

【案例】京东和美的实现协同计划、预测及补货(CPFR)

在对京东和供应商协同的实际业务进行调查时发现,业务多关注采购环节,较少关注供应商的商品生产环节,导致需要补货时发现供应商库存不足。因此,实现京东和供应商

---

① 资料来源:Fliedner G. CPFR: An Emerging Supply Chain Tool[J]. Industrial Management and Data Systems, 2003, 103(1): 14-21.

在计划和预测层面的信息共享、将供应链协作延伸到生产环节显得十分有必要。2014年底，京东和美的达成了战略合作关系，双方将在物流配送、大数据分析、智能设备等方面进行深度合作，目标即打造京东和美的供应链的深度协同，实现京东和美的在销售计划、订单预测、物流补货等方面数据的充分共享，建立协同型供应链。

京东和美的进行的协同计划、预测及补货项目基于电子数据交换技术实现数据有效及时的共享，构建了从计划到预测及补货流程的全面协同。业务流程分为三个方面。

（1）协同销售计划。京东提前一个月向美的报备提货计划，美的接收并反馈供货计划，双方以供货计划作为下个月采购及供货依据。然后美的根据供货计划制订每周排产计划，并共享给京东。

（2）协同订单预测。美的完成商品入库后，同步库存数据给京东。京东应用自动补货系统，以仓到仓支援关系及供应商库存等为限制因素，计算出各仓补货建议，并将补货建议共享给美的，美的根据发货要求进行调整并反馈给京东。

（3）协同订单补货。美的评审后的补货建议自动形成京东采购单，美的接收系统自动发起仓库入库预约，收到预约号后进行发货，并反馈京东发货单，京东仓库收到货物后回传美的收货确认。

项目实现供应商共享京东大数据及智慧采购的能力，具体体现在：①共享京东大数据分析能力。在销售计划协同中，长期备货计划通过模拟历史销量数据、参考促销等因素得到对未来销量的预测，为美的安排生产计划提供参考。②共享京东智慧采购能力。在订单预测协同中，应用智能补货系统，根据美的的实际库存，并参考销量预测、备货周期、送货市场等，计算出各仓的建议补货量，实现一键下单。

资料来源：赵建萍，李朝霞. 京东和美的：供应链实现数据充分共享[J]. 条码与信息系统，2016（4）：23.

第三节　供应链绩效评价

供应链的有效管理需要供应链绩效评价体系作为保障。供应链上各公司的绩效评价体系往往存在着较大差异，另外，很多公司在评价绩效时往往单一地考虑本公司利益，而忽视供应链上合作伙伴的利益。因此，设计和实施能够协调和平衡供应链所有成员的绩效评价体系并非易事。对于供应链中所有成员来说，绩效评价体系必须既清楚又便于交流；同时，供应链合作伙伴需要进行持续的合作，这样才能得到对供应链所有成员都有利的结果。

一、供应链绩效评价体系

供应链绩效评价体系必须能够有效连接供应链中的各个合作伙伴，以便为终端客户创造突破性价值。供应链绩效评价体系必须能够覆盖整个供应链，以确保每个供应链成员的利益，使它们都能为整个供应链的战略目标做出贡献。在一个成功的供应链里，成员们都会一致认同供应链的绩效评价体系，其关注点应该是为最终客户创造价值，因为客户的满意度决定着供应链所有成员的销售和利润。

为了评价供应链的实施给企业群体带来的效益,就要对供应链的运行状况进行必要的度量。供应链绩效评价在以下几个方面起着积极作用:(1)对整个供应链的运行效果做出评价;(2)对供应链内各节点成员企业做出评价;(3)对供应链内企业与企业之间的合作关系做出评价;(4)对企业起到激励作用。

供应链绩效评价有着多种体系,如传统的基于成本、收入和利润率的评价体系,平衡计分卡,标杆法,供应链运作参考模型,等等。这里仅简要介绍典型且有效的供应链绩效评价体系:平衡计分卡和供应链运作参考模型。

(一)平衡计分卡

1992年,卡普兰(Kaplan)和诺顿(Norton)推出了通过平衡计分卡(balanced score card,BSC)评价绩效的方法。这是一种将公司的绩效评价与战略计划和目标结合起来的方法,因此也有助于改善公司的管理与决策。这一方法得到了广泛应用。据统计,1998年60%的《财富》1000强公司都使用过BSC,包括美孚石油、AT & T、英特尔、毕马威等。

BSC为企业提供了一个正式的战略制定和实施框架,使财务结果和非财务结果之间达到平衡,并兼顾了长期和短期规划。图6-2显示的BSC框架由四个角度组成。

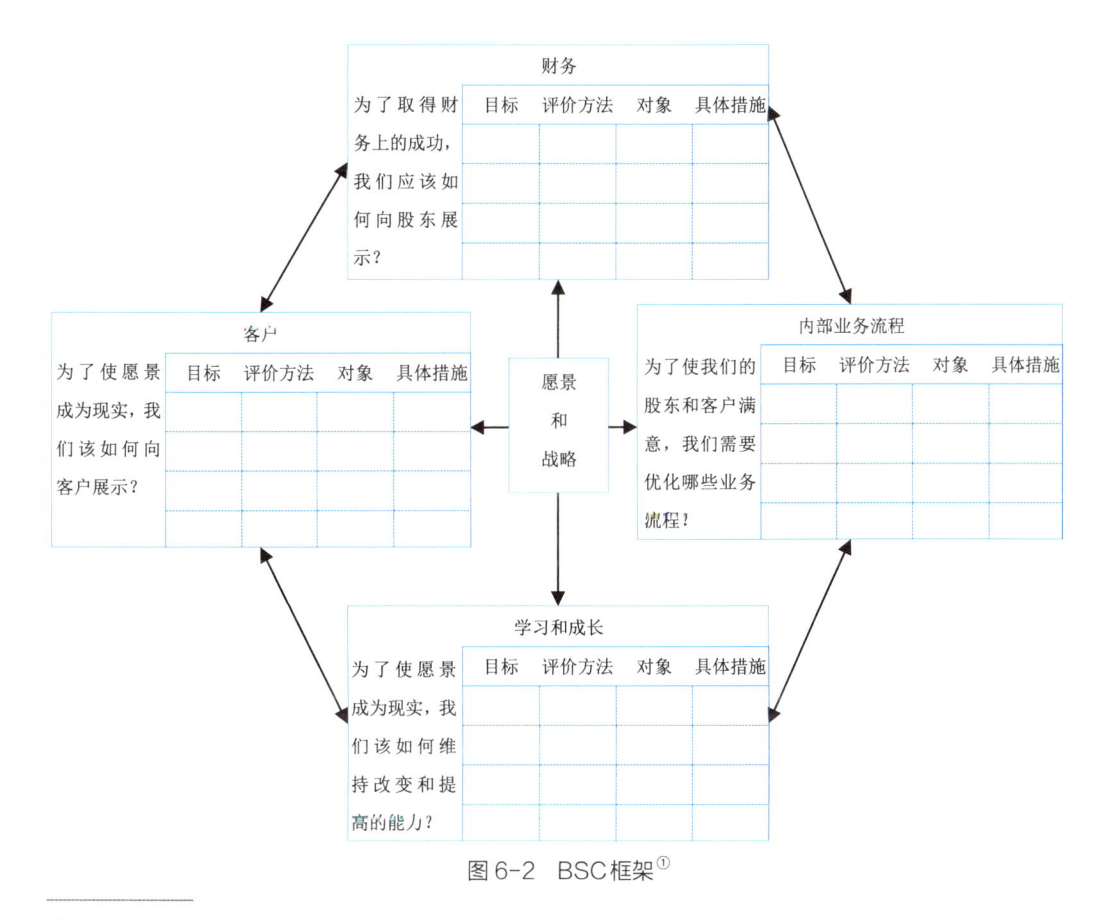

图6-2 BSC框架[①]

---

① 资料来源:Kaplan R S, Norton D P. Using the Balanced Scorecard as a Strategic Management System [J]. Harvard Business Review, 1996, 74(1): 75−87.

（1）**财务角度**。从收入增长、产品组合、成本下降、生产率、资产利用率和投资战略等方面进行评价。

（2）**内部业务流程角度**。着重于机构内部主要业务流程绩效评价，包括质量、灵活性、流程的创新成分以及时间基准评价。

（3）**客户角度**。着重于对客户需求和满意度的评价，包括客户满意度评分、客户流失、获取新客户、客户的价值特征、客户的利润度以及生产份额。

（4）**学习和成长角度**。针对机构人员、系统和程序的评价，包括无形资产、员工的继续教育、信息技术和系统的提高、员工的满意度等。

平衡计分卡绩效评价体系将上述四个角度的内容联系在一起。针对公司战略计划的每个目标进行评价体系设计，包括产出评价体系和取得这些产出的动力评价体系。在这个过程中，高层管理者可以引导公司内部人员能力的发展方向，使其朝着公司的目标发展。正确的计分卡设计应该能够支持公司的战略，由一套连接紧密、相互一致、相互补充的评价体系构成。

制定平衡计分卡的过程从确定公司的战略开始，一旦理解了公司的战略，并得到了高层管理者的认同，下一步就可以把这些战略目标转化为绩效评价体系。BSC四个角度的每一方面都要求有4～7项绩效评价指标，这样一张计分卡中对每个战略就有大约20项相关评价指标。如果公司对自己所期望达到的目标不明确，没有意识到那些有着正确绩效评价的计分卡是和公司所推行的战略密切相关的，那么即便公司采用了BSC，仍然有可能会失败。

（二）供应链运作参考模型

另一个在整合供应链和评价供应链成员运营绩效中广为认可的方法就是供应链运作参考（supply chain operations reference，SCOR）模型，如图 6-3 所示。该模型由国际供应链协会在 1996 年推出。从图 6-3 中可以看出，SCOR 模型把卖家的运送运作和买家的采购活动连接起来，这样就可以把供应链成员的运作整合起来。

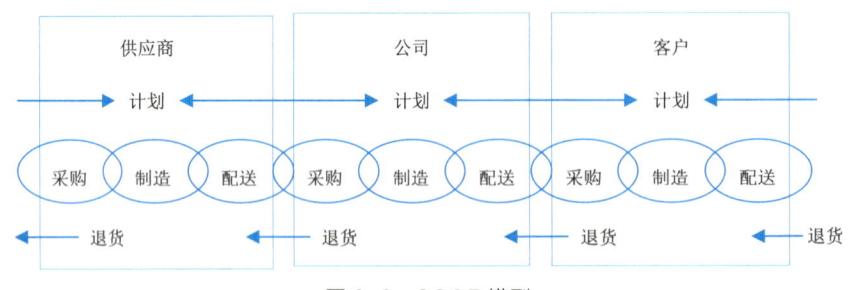

图 6-3 SCOR模型

全球很多行业的制造和服务公司都把 SCOR 模型作为供应链管理诊断和流程改进的工具。成功使用 SCOR 模型的著名公司包括英特尔、IBM、3M、思科、西门子、拜耳等。SCOR 模型把供应链的运作划分为五个过程，即计划、采购、制造、运送和退货。

（1）**计划**。需求和供应计划包括：根据需求平衡资源；供应链计划的制定和执行；对商业规则、供应链运营、数据搜集、库存、资本资产、运输和规则需求的管理。

（2）**采购**。资源储备，按订单生产和设计，包括：计划运送时间；收货、验货、产品运输；批准给供应商付款；考察、选择供应商；评价供应商的绩效；管理进货库存和供应商协议。

（3）**制造**。面向库存生产、按订单生产、按订单设计，包括：安排生产活动；生产、检测、包装、分段运输、产品交付；对按订单设计的产品的定制；对在制品、设备、设施和生产网络的管理。

（4）**运送**。对库存、按订单生产及按订单设计的产品的订单、仓储、运输和安装的管理，包括：从订单的询价、报价到安排运输和选择承运商的所有订单步骤的管理；从产品入库、挑选到产品的出库、运输的仓储管理；对客户开具发票；管理成品库存和进口/出口需求。

（5）**退货**。把采购的物料退还给供应商，以及接受客户对最终产品的退还，包括：同意和安排退货；收货、查验、对次品或多余产品的处理；退货更换或担保；管理退货库存。

第四节 电子商务环境下的供应链管理战略

电子商务的兴起为供应链管理带来了较大的变化。由于电子商务对供应链的要求与传统供应链有较大的不同，因此在电子商务环境下，供应链管理需要进行相应的转型升级，并制定相应的供应链管理战略，以满足电子商务行业的要求。

一、电子商务对供应链管理的影响

企业运用电子商务的技术优势可以迅速、快捷地收集和处理大量供应链信息。利用这些信息资源，供应商、制造商和销售商得以制订切实可行的需求、生产和供货计划，使信息沿着整个供应链顺畅流动，有助于整个产业的协调运行。电子商务应用到供应链管理过程中，主要会产生以下几个方面的影响。

（一）与客户建立新型的关系

电子商务使供应链管理者通过与其客户和供应商之间构筑信息流和知识流来建立新型的客户关系。基于电子商务，供应链中的企业与客户可以通过直接沟通加强联系，从而更有利于满足客户的各种需求，并有效留住现有客户。

（二）开辟了解消费者和市场需要的新途径

收集、分析电子商务交易中有关消费者的信息成为企业获得消费者和市场需求信息的有效途径。特别是对于全球经营的一些企业来说，电子商务的发展可以使业务延伸到世界的各个角落。

（三）开发高效率的营销渠道

企业利用电子商务与其经销商协作，可以建立零售商的订货和库存系统。通过信息系统，企业可以获知有关零售商商品销售的信息，并在此基础上进行连续的库存补充和销售指导，从而与零售商共同提高营销的效率，提高消费者的满意度。

（四）构筑企业间或跨行业的价值链

通过利用每个企业的核心能力和行业共享的做法，电子商务开始被用来构筑企业间的价值链。当供应链上的企业开始使用第三方服务的时候，供应链上的生产商、零售商以及第三方服务供应商便共同形成了一条完整的价值链。

（五）具有全球化资源配置和管理能力

与市场全球化相对应，企业间的竞争也在全球范围内展开，一个企业如果要获得竞争优势，必须在全球范围内分配利用资源，开展经营活动。企业为了实现竞争优势，通过采购、制造、物流等方面的规模经济效应，寻求降低成本，但全球供销渠道的大数量和多样化增加了全球物流活动的复杂性。电子商务模式下的供应链管理增强了企业全球化资源配置和管理能力。

（六）改变传统的供应链构成

信息技术正在改变传统供应链的构成，并模糊产品和服务之间的区别。电子商务使供应链管理覆盖了从产品设计到客户服务等的全过程，特别是能够按照需求方的自动作业来预测需求量，从而为客户提供个性化的产品和服务。这种管理方式使资源可以在供应链上合理流动，从而缩短交货周期、降低库存、提高企业竞争力。

（七）推动产业集群转型升级

产业链作为供应链的物资基础逐渐发展为产业集群，即产业内企业不但在空间地理上靠近，而且在纵向上构成完整的产业链，在横向上构成竞争与合作并存的链。随着电子商务的发展，集群系统中各个经营者之间能够实现信息共通与平台共享，这种既有合作也有竞争的模式不仅能够促进各企业的良性发展，也能有效推动企业间的合作。可以说，电子商务与传统产业集群结合已成为产业集群转型升级的重要渠道。

二、电子商务供应链管理与传统供应链管理的比较

电子商务给供应链管理带来了非常大的影响，电子商务供应链管理与传统供应链管理的主要区别体现在以下几点。

（一）不同类型的物流和承运

在传统的供应链管理中，由于缺乏电子商务网络技术，所以对货物的追踪只能通过集装箱、托盘或其他包装单元来进行，因而难以看到供应链的全部环节。而在电子商务供应链管理模式下，供应链的各个环节是完全透明的，借助网络信息技术，客户可以追踪供应链上货物的实时位置。

（二）不同类型的客户

在传统供应链管理模式下，企业服务的对象往往是既定的，一般为大型的传统客户。

供应链服务提供商需要明确掌握消费者的类型及其所要求的服务和产品，以确定合理的供应链管理策略。没有信息技术，供应链服务提供商往往难以提供及时的个性化需求服务，只能提供大批量的、变化性较小的服务。

随着电子商务的到来，对物流和商流方式的要求变得快捷、高效且划分更为细致。此时，客户变成未知实体，他们根据自己的愿望、季节需求、价格考量以及便利性，进行产品订购。面对这一变化，供应链服务提供商则利用先进的信息技术，及时获得他们的多样化需求，从而实现快速反应和满足。

（三）不同的供应链运作模式

传统供应链是一种典型的推式经营模式，制造商为了克服商品转移空间和时间上的障碍，利用物流将商品送达市场或消费者手中，其中商流和物流都是推动式的。而在电子商务供应链中，商品生产、分销以及仓储、配送等活动都是根据消费者的订单进行的，商流、物流、资金流都是围绕市场需求展开的，物流为商流提供了有力保障。因此，电子商务供应链是拉式的。

（四）不同的库存和订单流

在传统供应链运作模式下，库存和订单流是单向的，买卖双方没有互动和沟通的过程。而在电子商务供应链条件下，客户可以定制订单和库存，其流程是双向互动的：作为客户可以定制和监控，甚至修改其库存和订单；而作为制造商、分销商同样也可以随时根据消费者的需要及时调整库存和订单，以使供应链运作实现绩效最大化。

（五）不同的物流目的地

在传统供应链中，由于不能及时掌握商品流动过程中的信息（尤其是分散化消费者的信息）和个性化服务能力不足等因素，物流只能实现集中批量化的运输和无差异性服务，即运输目的地是集中的。而电子商务供应链则完全是根据消费者的个性化要求来调控商品的流动的，这种物流不仅要通过集运来实现运输成本的最低化，也需要借助差异化的配送来实现高服务，即运输目的地是分散化的。

（六）不同的供应链管理要求

传统供应链管理强调的是物流过程的稳定和一致，否则物流活动就会出现混乱，任何物流运作过程中出现的波动和变异，都有可能造成上下游企业的巨大损失。而电子商务供应链管理却不同，由于其物流需求本身就是差异化的，且物流是建立在高度信息管理基础上的增值活动，因此，物流必定会呈现出高度的季节性和不连续性，这就要求企业在管理物流活动中，必须按照及时应对、提供高质量服务以及实现总体成本最优化的原则行事。

（七）不同的供应链管理责任

在传统供应链运作环境下，企业只是对其所承担的环节负责，例如运输企业只管有效运输和相应的成本等。供应链各个运作环节之间往往没有明确的责任人，供应链经营活动是分散的，其结果往往出现局部最优而整体绩效很差的情况。然而，电子商务供应链强调供应链管理是一种流程性管理，它要求企业站在整个供应链的角度来实施商品物流过程以及相应的成本管理。

（八）不同的物流信息管理系统

传统供应链管理中物流信息一般都是通过人工采集、传输、汇总，信息具有单向性，供求双方的信息是不对称的，物流信息管理系统一般都是单机系统，至多是一个局限于内部网络的局域网络系统。而在电子商务环境下的供应链管理中，物流信息的采集可以由供求双方通过互联网进行在线采集，信息具有双向性和对称性，信息管理系统是一个对供求双方开放的基于互联网的系统，该系统确保信息具有高度的实时性、准确性和有效性。

（九）不同的资金结算方式

在传统供应链管理中，资金结算大都是通过现金、支票或转账方式进行；而在电子商务环境下的供应链管理中，交易都是在线进行，以在线电子支付为主要结算方式。

三、电子商务环境下供应链管理战略的主要内容

企业供应链涉及的领域是多方面的，包括产品、生产、财务与成本、市场营销、策略流程、支持服务、人力资源等，利用电子商务技术，供应链中的节点企业能更好地实现信息共享，加强供应链整合的力度，为供应链提供更大的增值。因此，做好电子商务环境下的供应链管理战略对当今的企业来说是至关重要的，供应链管理战略主要有以下几点。

（一）建立互信机制，激励合作伙伴间的协作

在信息化供应链的构建中，基于信任的合作是最根本的理念。随着市场的不确定性越来越大，供应链中单独成员很难预测未来的所有变化，而无法预见未来则增加了企业的经营风险。因此，在供应链内部，各成员企业要想灵活地适应环境，就必须在相互依赖与各自独立之间找到平衡，建立互信机制，激励合作伙伴间的协作，成为彼此信任、彼此忠诚的供应链网络，从而为供应链的长久生存和成员企业的共同发展打下坚实的基础。政府或者行业协会也应制定相应的信用等级评比制度，为供应链合作伙伴提供协助。

（二）集成供应链，建立供应链合作网络

在建立互信机制的基础上，企业需要进一步集成供应链，即把供应商、制造商、分销商、零售商等在一条链路上的所有环节都联系起来并进行优化。其实质在于企业与其相关企业形成融会贯通的网络整体，对市场进行快速反应。

供应链的集成，改变了过去仅仅在供应链中将费用从一个口袋转移到另一个口袋的做法，它优化了整个供应链的执行，给最终客户提供了最优的价值。另外，它还多方位地影响了市场，例如：形成了宽口径、短渠道的物流体系，大大提高了流通效率；促进了流通现代化和信息技术在各领域的广泛应用；使产品竞争压力由消费者通过流通体系向生产者快速传递，迫使生产者提高产品品质，降低成本，以更好地满足市场需求。

（三）加速企业信息化进程

信息化是电子商务供应链管理的基础，信息化为企业带来的最大价值是将以生产为核心的传统经营方式转换成以消费者为中心的企业经营模式。应用网络信息技术，可以连接企业中相关的每一个个体，达到迅速反应、快速决策的作用，以应对不断变化的环境，从而为企业创造无限商机。

信息化供应链管理作为一种新兴的管理理念，在实施中，最主要的障碍是来自企业传统观念的阻力，因而观念的转变和更新是实施信息化供应链管理的前提。为此，我国企业必须树立电子商务意识，应主动意识到供应链管理给企业带来的真正价值，并清楚认识到电子商务环境下的供应链与传统供应链管理的区别，以及电子商务对供应链管理及企业经营发展所起到的重要影响，更要清楚了解企业信息化对发展供应链管理以及企业参与国际竞争的重要性。企业对电子商务环境下的供应链管理的观念，应该从不了解到逐渐接受，直至最终应用于实践。

（四）业务流程重组，企业组织结构再造

我国绝大多数企业的组织结构仍以传统的职能为中心，难以适应电子化供应链管理的要求。因此，企业必须研究基于供应链管理的流程重构问题，建立以流程为中心的组织，并明确该供应链管理组织系统的构成要素及采取的结构形式。企业组织形式应由金字塔式结构向扁平化、小型化、网络化转变，以便对外界环境变化迅速做出反应。

本章要点

1. 战略联盟是公司之间典型的、多方位的、目标导向型的长期伙伴关系，它们共享收益、共担风险。战略联盟是企业获取竞争优势的一种具有潜力的战略选择，但是企业仍然需要经营自己的核心能力或核心竞争力。这些核心能力不能因为联盟而削弱。

2. 供应链管理强调把主要精力放在企业的关键业务上，充分发挥其优势，根据企业的自身特点，专门从事某一领域、某一专门业务，在某一点形成自己的核心能力，同时将企业中非核心业务外包给其他企业或由合作企业去完成。

3. CPFR是一种协同式的供应链业务流程管理模型，它能同时降低销售商的存货量，增加供应商的销售量。CPFR的实施分为九个步骤：建立协作关系、制订共同的商务计划、制订销售预测、识别销售预测例外情况、协作和解决销售预测的例外情况、制订订货预测、识别订货预测例外情况、协作解决订货预测的例外情况、生成订单。

4. 供应链的有效管理需要供应链绩效评价体系作为保障。平衡计分卡和供应链运作参考模型是两种典型且有效的供应链绩效评价体系。供应链绩效评价平衡计分卡包括企业内部和外部合作关系的评价，使公司员工明确关注公司绩效对整个供应链绩效所做的贡献。SCOR供应链运作参考模型是得到广泛认可的供应链整合和供应链绩效评价模型。SCOR模型把供应链的运作划分为五个过程，即计划、采购、制造、运送和退货。

SCOR模型由一系列分为多个级别的指标体系构成。

5.电子商务环境下的供应链管理战略会有较大的变化，做好电子商务环境下的供应链管理战略对当今的企业来说是至关重要的。

思考题

1. 简述供应链战略管理的基本理念。
2. 何为战略联盟？战略联盟的框架是什么样的？
3. 供应链管理中的外包战略是什么？这一战略有哪些风险和收益？
4. 供应链合作伙伴的选择主要考虑哪几个方面？
5. CPFR模型是什么？简述该模型的实施步骤和收益。
6. 评价供应链绩效有何必要性？
7. 用于评价供应链绩效的平衡计分卡应该如何设计？
8. SCOR模型体现了哪些供应链管理的先进思想？如何实施SCOR模型？
9. 在电子商务环境下，企业应如何调整供应链管理的相关战略？

第七章
供应链的设计与构建

本章数字资源

通过本章学习，你需要：
1. 掌握供应链设计的目标；
2. 掌握供应链的基本模型和常见类型；
3. 理解供应链设计的原则；
4. 了解供应链设计的步骤；
5. 理解如何从客户需求出发来设计供应链；
6. 理解如何从供应角度出发来设计供应链；
7. 理解如何从配送角度出发来设计供应链；
8. 了解模块化设计如何应用在供应链设计中；
9. 了解如何开展供应链的柔性设计；
10. 了解供应链复杂性的内容。

【开篇案例】希音（Shein）的柔性供应链

希音（Shein）是一家起源于中国的互联网跨境电商公司，于2014年成立，主要经营各类快时尚属性的服装、配饰、家具、美妆等商品。在快时尚领域，希音打破了前辈飒拉（Zara）一年上新75000个存货单元（stock keeping unit，SKU）的记录，创造了一年上新26万个SKU的"神话"。与此同时，希音还打造了极为高效的供应链体系，一个产品从设计到上架只需21天，到产品最终送达顾客手中只需28天，上架速度超过了全球快时尚龙头Zara（25天）。希音在保持丰富的产品种类和高效的供应链体系时，仍能维持相当低的成本，这使得其能够以5～25美元的单价保持对竞争对手的优势，受到全球大量时尚青年的追捧。该公司2015—2020年销售收入的年复合增长率高达189%，2022年销售收入更是达到227亿美元。希音的竞争优势体现在"上新快""款式多"和"成本低"三个方面，这些都是通过其精心打造的柔性供应链实现的。希音打造的柔性供应链成为全球快时尚企业学习的标杆，也是中国跨境电商企业竞相模仿的对象，更是利用数字技术对传统行业进行重构的典型示范。

顾客需求：希音的顾客定位为20～25岁对时尚高度敏感、消费能力有限的青年群体。这类群体的特点是喜好差异大、需求高度不确定、对产品的价格高度敏感。这些特点使得希音一方面需要保证丰富的款式，另一方面需要制定低廉的价格（单价区间5～25美元）。这对希音的产品设计、生产、仓储、物流效率和成本控制提出了很大的挑战。

产品设计：快时尚领域的特点是模仿及有限的创新。龙头企业Zara聘请了有经验的国际一流设计师团队进行基于模仿的设计，而希音则开发了基于数字智能中心的"情报收集"系统，抓取当下最流行元素交给广东本地的设计师进行快速加工处理，通过快速设计、快速上架测试、快速返单的方式找到潜在的畅销款式。这种方式使得希音的产品上新速度远远超过Zara的上新速度。

产品生产：由于产品款式数量众多，难以预测哪些产品会成为爆款，希音采用"小单快反"的柔性生产方式。每个产品生产100～200件，通过其销售平台的数据分析发现爆款后快速反单，供应商在接单后7天左右即可交货。希音的生产模式需要供应商能够在不同产品间快速切换，生产规模较大的服装厂通常难以满足这种需求，因此希音的生产主要交由大量规模较小的工厂进行。

供应商管理：希音的生产模式使其只能选择大量中小工厂进行生产，这种模式的运转依赖于我国珠三角地区较为成熟的服装产业集群。在希音总部周围有着大量中小服装企业和面料制造企业，这种产业集群使得希音可以在7天左右将产品设计转化为最终产品。为了确保供应链的高效运作，希音采取了强管控的方式，开发了供应链协同系统，采用自动派单或供应商在线抢单机制，通过制造执行系统（manufacturing execution system，MES）对工厂和工人的生产进行过程管理，将大量缺乏标准化、信息化管理的小工厂改造成生产过程高度透明、可控的柔性制造单元。

物流运输：为了缩短产品运输时间，希音采取国内直发的方式，产品生产出来后运送到广东佛山的中心仓，然后根据订单采用航空运输加本地快递的方式发送到顾客手中，约95%的产品由中心仓发货，这种方式使希音的履单时间缩短到7天左右，同时也避免了供应链中产生大量库存。

履单退货策略：在快时尚行业中，由于顾客对产品的体验差异很大，退货率通常比较高，希音所处的电商销售渠道更是"重灾区"。为此，希音采取了多种措施来平衡退货的影响。为了将商品快速送达顾客，希音的订单配送采用快递方式，这与大部分电商的配送策略相同，其设置了满129美元可免快递费的政策，并且无条件退货期可达45天，长于竞争对手7天。较短的履单时间和较长的退货时间抵消了电商相对于实体门店在顾客体验上的劣势，免运费的门槛则鼓励顾客提高客单价，弥补航空运输和快递配送带来的高额物流成本。

希音在供应链上对产品设计、生产、配送等流程所做的改造都围绕其数字智能中心所开发的一系列数据分析和管理系统展开，该系统包括个性化推荐、时尚情报收集、订单分配、生产过程控制以及物流与履单信息控制等功能。在该系统的支持下，希音成功地将产品的供应链流程缩短到21天，在保持着惊人的产品更新速度的同时维持着较低的运作成本，这也让其成为全球快时尚行业的黑马。

资料来源：①朱阳，王小龙. SHEIN"长期主义"与"唯快不破"[EB/OL]. (2021-03-01)[2023-05-01]. https://www.ckgsb.edu.cn/chuang/content/news_detail/912. ②疾如风，徐如林. 品牌出海系列深度·SheIn篇，中泰证券[R]. 全国母婴大会，2022.

第一节 供应链设计概述

供应链管理的思想要求管理者突破自身组织的局限，从供需满足的整个流程出发来思考提供产品和服务的效率与质量，并采取针对性的措施进行改造和提升。这一过程势必会造成供需流程在各个方面的重构，因此需要经过科学合理的设计。有效的供应链设计可以充分实现企业的竞争战略，提升企业的竞争能力，巩固供需链条中各环节企业的合作，提升客户服务水平，减少链条中存在的浪费和无效活动，降低链条的系统成本，增强链条应对风险和变化的能力。

在供应链设计过程中，需要始终围绕供需过程进行思考，以满足顾客需求为中心，围绕效率、速度、可持续性等方面，运用各种新观念、新方法、新技术和新手段，在整个链条上对产品设计、生产、仓储、销售、配送、回收等一系列活动进行设计和重构，最终达到提升顾客服务水平、平衡运营成本和服务质量、提升企业竞争力、供应链成员共赢的目标。

一、供应链设计的目标

供应链设计通常由链条上的核心企业或主要企业共同完成，是核心企业实现竞争战略的工具。供应链设计要构建以满足顾客需求为中心的供需生态链条，明确链条参与主体的协作关系和利益分配关系，梳理链条上物资流、信息流和资金流的流动过程，形成围绕核心企业或主要企业的供应链竞争力。

供应链设计的主要目标包括以下方面。

（1）明确构建什么样的供应链来实现企业的竞争战略。

（2）理清供应链各主要参与成员及其协作方式。

（3）识别链条上物资流、信息流和资金流流动过程中存在的瓶颈。

（4）平衡产品质量、响应速度、运作成本等几个主要管理要素。

（5）给出供应链各环节的改进方案和实施步骤。

（6）明确拓展市场、开发新产品、改善服务水平、提高客户满意度等绩效指标的提升优先级和实现方法。

二、供应链的结构模型

为了在设计过程中更好地理解供应链体系内企业与企业之间的相互关系，下文通过简化的结构模型进行分析。

（一）链状模型

完整的产品形成过程从自然界的资源开始，经过供应商、制造商、分销商，最终到达消费者手中。被消费后的产品最终又回到自然界，从而完成物资循环，如图7-1(a)所示。通常，供应商和制造商的意义是相对而言的，供应商相对于它的上家来说是制造商，制造商相对于它的下家制造商来说则是供应商，所以一般采用如图7-1(b)所示的链状模型，供应链上的各个成员抽象为链上的节点。

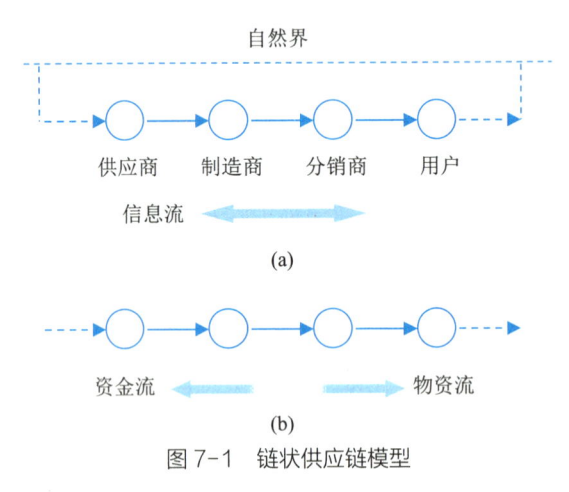

图 7-1 链状供应链模型

供应链中包含物资流、信息流和资金流的流动。物资流一般沿着供应商、制造商、分销商往用户的方向流动；资金流的方向则相反；信息流在两个方向上都有流动，但从满足客户需求角度来说，信息流的起点应在用户端。供应链的方向以物资流的方向来定义。

链状模型是一个简化模型，在供应链设计中使用链状模型通常是为了突出采购、生产、分销、配送、回收等主要环节以及三种流在系统中的流动情况，帮助管理者快速找到瓶颈所在。实际的供应链中由于存在许多供应商、制造商和分销商，且其相互之间往往存在着交叉关系，所以在供应链设计的深入分析中，可以采用网状模型来更加细致地刻画供应链结构。

（二）网状模型

供应链的网状结构模型如图7-2所示。供应链上的某节点企业往往有多家供应商向其供货，同时它也可以为多个企业或用户提供产品。供应链系统中，某些节点是物流的流入点（入点），某些节点是物流的流出点（出点），一个系统中可以有多个入点和出点。一个企业可以同时承担入点和出点功能，例如，一个企业同时具有供应和分销功能。

在许多情况下，供应链中存在着核心企业，如图7-2所示最终产品制造商被看成核心公司。虽然核心公司是最终产品的制造商，但是事实上在供应链中，处于任何环节上的公司都有可能成为核心公司，这取决于管理者审视供应链的角度以及供应链中各节点企业的重要程度。

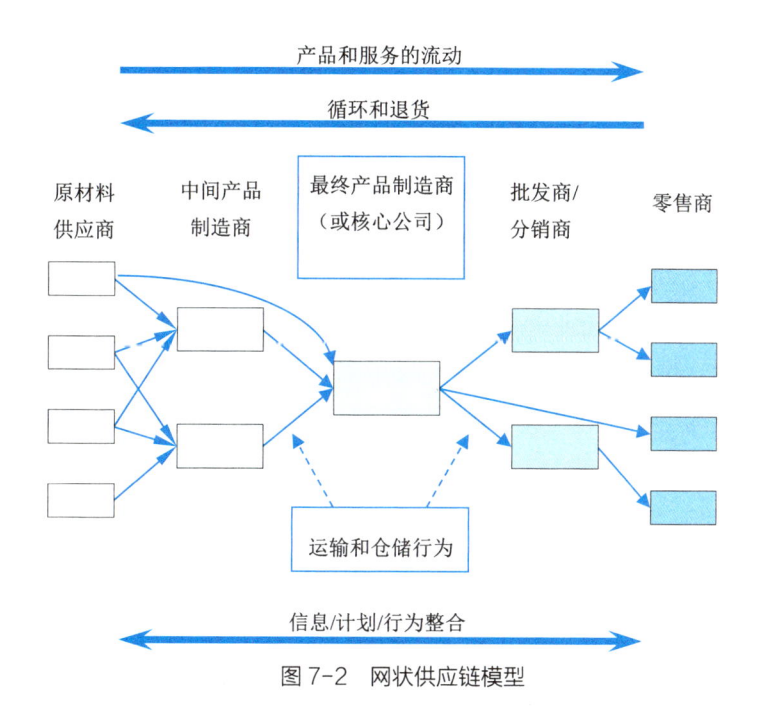

图7-2 网状供应链模型

三、供应链的类型

在供应链设计中，首先要解决的问题是确定供应链类型，不同类型供应链的设计思路和管理模式存在很大差异。常见的供应链类型主要包括三种模式：后推（push）模式、前拉（pull）模式和推拉结合模式。

（一）后推模式

后推模式又称预测型模式，图7-3介绍了该模式的典型阶段及其顺序。制造商通过市场预测进行产品设计，并按照当前的库存情况和预设的安全库存水平确定生产量和原材料采购量；分销商和零售商根据预设的安全库存水平和历史记录确定预先订货量，并通过各种促销手段将货物卖给消费者。这个过程是从供应链后端（制造商）开始推动，根据其预测来安排整个供应链中的产品存量的，因此被称为后推模式。后推式供应链的特征是生产和采购具有明显的计划性，这种计划性可以充分发挥供应链中核心企业、核心设备的效率，从而实现规模经济效益。例如，手机制造业和传统服装制造业采用的就是后推式供应链。由于这种计划性来源于需求预测，因而会与真实需求有一定偏差，所以往往需要在供应链末端保有足够的产品库存来减轻供需间的不平衡。

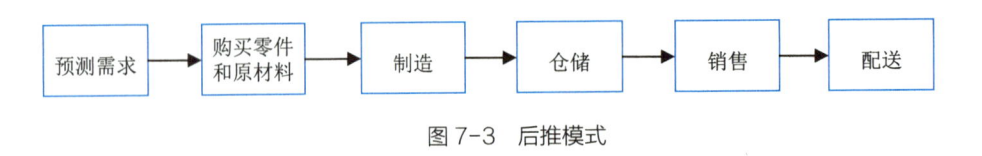

预测需求 → 购买零件和原材料 → 制造 → 仓储 → 销售 → 配送

图 7-3 后推模式

（二）前拉模式

前拉模式又称响应型模式，图 7-4 描述了根据客户订单进行生产或装配的步骤。在此模式下，零售商收集消费者购买产品的记录，结合其存货基准确定补货量；供应链的后端（制造商）根据这些记录数据和产品需求预测来确定产品制造量。在这个过程中，供应链的运行来自前端（消费者）的需求拉动，因此被称为前拉模式。与后推式供应链不同，前拉式供应链的订单来源于顾客的真实需求，这使得供应链中产品库存可以大大减少，同时可以根据顾客的不同需求调整产品生产，使得供应链能够满足顾客的多样化需求。例如，快时尚服装业和汽车制造业就是典型的前拉式供应链。由于供应链内的生产、采购根据顾客订单来进行，履单周期就成了影响顾客需求的重要因素，能否及时交付顾客所需要的产品或服务并将成本维持在合理的范围内就充分体现了前拉式供应链的设计水平和管理水平。

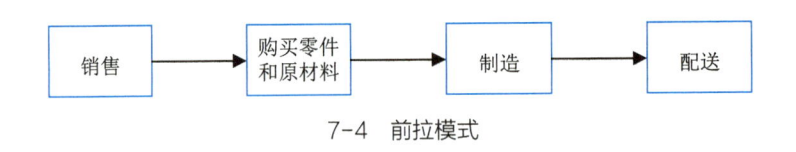

销售 → 购买零件和原材料 → 制造 → 配送

7-4 前拉模式

（三）推拉结合模式

后推模式和前拉模式各有特点：前拉模式的市场反应比较快，产品库存水平较低，但相对而言，其生产方式、管理方式比较复杂，往往需要采用一些新技术手段，如POS、EDI等，还需要对供应链各环节进行整合和改造，因而实施难度相对较大；而后推模式库则表现为存量较高，对市场反应比较慢，但其管理相对比较容易，可以围绕核心企业或核心设备的效率进行设计和优化，从而实现较低的管理成本。对于企业而言，单纯使用上述一种可能都不合适，需根据产品特点、市场情况、自身条件选择供应链的运行模式，在实际运作中往往将二者结合，只是其中的比例和程度有所差异。实施推拉结合模式的关键在于综合考虑多方面因素来分析如何选择适合供应链的模式结合点。例如，化工行业和笔记本电脑制造业等都是采用推拉结合模式。

（四）精益与敏捷供应链

在推拉结合的供应链基础上，按照设计目标的优先度还可以将供应链进一步分为精益供应链（lean supply chain）和敏捷供应链（agile supply chain）。

精益供应链的思想源于日本企业的精益生产，主张消除供应链上一切不必要的环节和流程，认为这些都会造成资源浪费。通过降低供应链各环节中的库存，可以暴露出供应链运行中存在的各种问题，从而引导管理者去处理和解决问题。精益供应链以此达到降低运行成本的目标。在实际运行中，有时精益供应链也代表了成本导向的供应链。

敏捷供应链则关注供应链如何快速响应顾客多变的需求，这要求及时发现顾客需求并迅速传递给供应链的各个环节。这类供应链通常集成度较高，通过POS、EDI等技术直接从销售点获得顾客信息，然后通过供应链信息共享、同步作业、联合补货等方式迅速满足顾客需求。在运行过程中，企业管理者通常采用多批次小批量的供应方式。随着信息技术和物流网络的迅猛发展，越来越多的供应链管理者在思考如何向敏捷供应链的方向改造。

精益供应链和敏捷供应链并不是相互矛盾的形式，两者之间往往相互渗透和相互借鉴，可以说它们体现了供应链管理目标侧重点的不同。

四、供应链设计的内容

供应链设计的内容主要包括供应链成员及合作伙伴的选择、供应链网络结构的设计和供应链运行规则的设计。

（一）供应链成员及合作伙伴的选择

在明确供应链竞争战略和供应链类型选择的基础上，需要确定供应链上各个环节的成员企业来匹配相应的供应链类型。这些成员企业包括供应商、制造商、分销商、零售商等。根据供应链设计目标还需要选择其中一部分作为不同程度的合作伙伴，在进一步设计中实现供应链的分工协作和集成优化。

（二）供应链网络结构的设计

供应链网络结构主要涉及各个节点企业在供应链中的连接方式，以及物资流、信息流和资金流如何通过供应链连接在各个节点企业间流动。供应链网络结构既有助于明确物资流是如何一步步从原材料、零配件到产品，以及如何从供应商向客户流动的，也可以明确物资流在各个存储点的汇集程度和消耗情况，还可以显示不同信息流和资金流的传递范围和传递效率。网络结构的设计主要是从供应链整体角度分析这些节点的合理性和各种流的效率，从而找到符合供应链竞争战略的网络结构，并设计合理的资源分配方式。

（三）供应链运行规则的设计

供应链运行规则的设计进一步明确了供应链内各成员的组织方式以及物资流、信息流和资金流的控制方式，其中涵盖供应链运行的各个方面，具体内容如下。

（1）**配送网络设计**。配送网络设计的主要内容为确定配送网络中存储点的位置、形式以及物资在存储点的存储规则、各个节点间流入流出的规则和形式等。配送网络结构会受到供应链成员的变动、供应合同变动、供需变动等因素影响，具有一定的动态性。

（2）**库存管理规则**。库存管理规则的主要内容为确定供应链上各种物资在不同位置是否存储、补货规则是什么。对于不同类型的供应链，其建立库存的位置和补货规则有着很大差异，这些规则直接决定了生产效率、履约时间等指标。

（3）**生产采购规则**。生产采购规则主要确定哪些物资通过生产来满足、哪些物资通过采购来满足，同时还需要确定生产的规模、批量，采购的规模、批量，等等。

（4）**供应合同设计**。供应合同设计明确了供应链上下游间的供需方式、满足方式、信息传递方式和供应链利润的传导方式。供应链中各成员企业通常是独立决策，在很多情况下分散独立决策供应链的总体收入会低于集中决策，通过供应合同的设计，可以引导上下游企业在分散决策的情况下仍然达到集中决策的优化效果。

（5）**配送策略设计**。配送策略设计主要涉及产品在供应链中的运输形式。不同运输形式在成本、时间上差异很大，需要根据供应链竞争战略和供应链类型选择匹配的运输形式，并在服务水平和成本控制间找到平衡。

（6）**供应链集成策略**。供应链集成策略是供应链管理中特有的内容，通过不同水平的集成，其可以让上下游成员在产品设计、库存、需求信息、资金、技术等方面实现不同程度的共享和集中决策，从而有利于缩短产品设计、生产、履约的流程和时间，降低各环节成本以及信息不确定性对供应链效率的影响，提升供应链成员的资金利用效率，等等。集成策略的设计主要涉及成员伙伴、合作内容、集成方式、收益分配方式等内容。

（7）**产品设计**。产品设计涉及供应链中产品的定义、更新速度、设计形式、成本控制等。供应链的产品策略往往对采购、生产、配送等决策产生非常大的影响，属于在供应链设计中优先考虑的内容。

（8）**信息系统和决策支持系统**。信息系统和决策支持系统是供应链管理中的"神经"和"大脑"，因此其开发越来越受到管理者的重视。设计新的信息系统可以帮助核心企业快速、准确地获得市场需求变化、供需能力情况、物资流动情况等信息。而开发更加智能的决策支持系统则可以更高效地提供各种决策，包括下达不同种类订单、控制生产进度、控制物资流动水平等，从而提升供应链的响应速度和柔性供应能力，同时降低供应链中的生产和管理成本。

五、供应链设计的原则

供应链设计过程中需要遵循一些基本原则，这些原则体现了供应链管理的战略性、协作性、集优性和动态性。

（一）战略性原则

供应链设计要围绕供应链的核心竞争战略开展，这通常由核心企业或主要企业的战略目标决定。为了形成供应链核心竞争力，往往需要对链条上各企业进行一定的改造，这是一种跨越组织的分工协作，其涉及面广、影响深远，需要用规划发展的眼光进行设计，并要求参与的管理者具有较强的前瞻性和预见性。战略性原则是供应链设计首先要遵循的原则。

（二）简洁性原则

简洁性原则是供应链设计中需要遵循的一个重要原则。其要求参与成员特别是核心企业从供需过程总体出发，对整个供需流程进行全面分析和设计，从而找到其中冗余、低效、浪费的环节，并运用各种机制、方法、技术等加以改造，旨在提高物资流、信息流和资金流的流动效率，从而确保供应链可以灵活、快速地响应市场需求，并具有低成本、高效率地完成产品设计、采购、生产、运输、配送等一系列工作的能力。

（三）集优性原则

集优性原则也称为互补性原则。这一原则要求供应链设计中各节点企业的核心业务具有互补性，通过供应链的分工协调和组织实现供应链的核心竞争力。在协作过程中，各节点企业要集中精力提升各自的核心业务，在供应链中形成独立发展的作业单元，让供应链的发展具有足够的活力，避免运行出现僵化。同时，集优性原则也会让链条上各企业形成一定的核心业务门槛，以避免供应链上下游间由于业务重叠而造成相互侵蚀，从而降低供应链整体协作效率和竞争力的情况。

（四）协作性原则

无论是供应链设计的简洁性原则，还是集优性原则，都需要链条内部成员进行分工协作。这种协作并不是一味地追求合作，也不是简单的核心企业强制其他节点企业进行配合，这两种情况往往会导致成员企业合作意愿下降，使得供应链发展不稳定，甚至效率退化。参与设计的管理者必须清楚供应链中各企业间是竞争加合作的关系。在供应链设计中，既要通过协作提升供应链整体竞争力，扩大终端市场，实现供应链绩效提升，同时也要认识到链条中各成员企业存在各自利益，具有竞争关系，需要通过合理的分配方式将协作带来的超额利润有效地分配到各个环节中，通过提升各成员企业的合作意愿来实现供应链的长期稳定发展。简而言之，协作性原则就是要让供应链中各企业实现合作共赢。

（五）双向性原则

双向性原则是指在供应链的设计过程中，要采用自上而下和自下而上相结合的设计方法。自上而下是指供应链的设计需要围绕核心企业的发展战略，从全局宏观规划到局部细节来进行。自下而上则是指供应链设计的可行性分析和落地方案需要从各个局部功能的实现逐步汇集到全局功能的集成。这一过程通常由企业高层管理者从战略发展目标出发，根据市场环境和企业发展现状制定宏观设计目标，然后再通过各实施部门从流程和操作出发来进行。在这一过程中，各个环节会遇到各种问题，需要高层管理者就设计目标和设计内容进行协调，最终形成符合供应链发展战略的可行设计方案。

（六）动态性原则

企业的经营环境时刻在发生变化，供应链的设计也需要考虑到这些变化带来的影响。在设计过程中，需要提升信息传递的效率，同时引入一些柔性设计，让供应链能够在市场环境、供需条件发生变化的时候快速获得准确信息，从而及时调整适应变化，降低不确定性带来的负面影响。

（七）创新性原则

供应链设计中还要充分体现创新性原则。随着信息技术、物流技术、制造技术等快速发展，企业管理理论也在不断创新发展。在供应链设计中，需要充分利用这些新技术、新思想、新方法，以发挥各成员企业和管理人员的创造力，构建新业态、新结构、新模式，挖掘新市场，并不断创新供应链的核心竞争力。

【案例】从制造飞机零部件到3D打印：铂力特的成长之路

从制造飞机零部件到生产3D打印设备，历经11年创新探索，铂力特已成为涵盖3D打印全产业链的增材制造龙头企业之一，在3D打印领域中不断探索。

1. 大飞机"催生"的新公司

成立于2011年的铂力特，是从西北工业大学凝固技术国家重点实验室中一个服务于国产大飞机C919的科研项目中走出来的。步入铂力特的产品展厅，一个高约3米的"十"字形中央翼缘条矗立于展厅核心区域，通体银灰色，材质细腻。这便是曾用于国产大飞机设计验证阶段的零部件之一。

"当时距离C919项目验证的时间很近，如果利用传统的金属加工方式制造中央翼缘条，工期太久来不及。而3D打印技术可以将制造工期由数个月缩短至30天。"铂力特科研项目部部长张莹指着眼前这件展品说。

2. 多元应用助转型

在工艺品展区，一个利用3D打印完成的"秦岭"工艺品引人注目。这个长约20厘米、高约9厘米的摆件呈网状结构，金属丝弦纵横交错，"织"起秦岭的"连绵山脉"。工艺品"秦岭"旁边，一个由钛合金打造的金属"蝉"栩栩如生，通体采用镂空设计，蝉翼轻薄似纱，却又坚硬如铁。

3D打印赋予了设计者更大的创作空间，能够轻易实现传统机器加工无法实现的复杂设计。除做工艺品、消费品外，3D打印的实用性也在其他应用领域崭露头角。脊柱融合器是应对颈椎、腰椎退行性疾病的关键治疗器材之一，其结构复杂、孔洞多、精度高、悬空部位多，用传统方式制造难度较大，而3D打印技术提供了一种新的实现路径。

资料来源：雷肖霄，张博文. 从制造飞机零部件到3D打印——看铂力特的成长之路[N/OL].（2022-09-02）[2023-05-01]. http://m.news.cn/2022-09/02/c_1128970432.htm.

六、供应链设计的步骤

供应链设计一般可以归纳为以下10个步骤。

（一）分析核心企业的竞争环境

通过对核心企业所处市场竞争环境的分析，了解市场需求和用户诉求；通过对供应链各环节企业（包括客户、零售商、生产商、供应商、竞争对手等）的调查，了解细分市场的情况、竞争对手的实力和所占市场份额、原材料供应情况、产品销售情况、行业前景、宏观政策等影响供应链竞争力的外部因素。

（二）分析核心企业的供应链现状

通过对核心企业供应能力和需求管理现状进行分析和总结，找到企业所处供应链存在的问题，明确供应链核心竞争力发展方向，研究供应链设计方向或设计定位。如果企业已经建有供应链管理体系，则进一步对供应链管理现状进行分析，发现系统中低效、冗余的部分，总结已有供应链的优势，并列出阻碍供应链发展的要素，整理影响供应链竞争力的内部因素。

（三）明确供应链设计目标

供应链设计的主要目标在于通过构建合适的供应链体系来平衡产品质量、响应速度、运作成本等。同时还要理清各细分目标的提升优先级和实现方式，主要包括：进入新市场，拓展已有市场；开发新产品，调整已有产品；优化分销渠道；改善服务水平，提升客户满意度；降低成本；提升效率；建立合作伙伴联盟；等等。

（四）分析组成供应链的各要素

组成供应链的各要素的情况包括供应商、客户、原材料、零部件、产品、市场等的情况，也包括竞争对手的情况。应分析其对供应链竞争力形成和供应链运行可能产生的各种影响，包括贡献、风险等，并按照影响大小进行排列，给出风险的应对方案。

（五）提出供应链设计框架

围绕竞争战略确定供应链的类型，并结合各要素的情况来确定供应链的主要成员及定位，包括供应商、制造商、分销商、零售商及客户等。描述物资流、信息流和资金流的流动情况，通过流程分析和价值链分析等方法，提出供应链的基本框架，并确定供应链成员的选择标准和评价指标，包括质量、价格、按时交货、提前期、运行能力、管理水平等。

（六）评估设计方案可行性

在供应链设计框架的基础上，对设计方案的技术可行性、功能可行性、运营可行性、管理可行性等进行分析。这不仅是供应链设计策略或改进技术的清单，也是实现供应链设计到供应链管理的第一步。管理者需要围绕供应链的竞争战略，结合企业实际情况，在可行性分析的基础上，提出更加具体的技术、方法和工具的选择建议。这是一个迭代决策过程：如果认为方案可行，可以进行后续的设计；如果不可行，就要重新进行设计，寻找新的设计方案或调整设计目标。

（七）完善设计方案细节

在设计方案确定后，需要对设计方案的细节进行完善。从供应链结构的角度来说，需要关注供应商、设备、作业流程、分销中心等的选择、定位、计划与控制等；从原材料供应角度来说，需要考虑供应商能力、价格、质量、提前期等；从生产角度来说，需要考虑需求预测、生产计划、作业计划、流程控制、库存管理等；从销售和分销能力设计来说，需要考虑销售/分销网络、定价、配送、服务等；从三种流的角度来说，需要考虑各种信息管理系统的设计、物流管理系统的设计、供应链金融系统的设计等。

（八）测试设计方案

在完成供应链设计方案后，可以进一步采用模拟运行的方式，并借助仿真技术、虚拟现实技术等对供应链进行测试，根据测试中发现的问题进行不断调整和改进，直到满足供应链设计要求。

（九）对比新旧供应链

如果企业已有供应链管理体系，则可以对比新旧供应链的优势和劣势，分析供应链实施所需要的内外部环境，确定实施步骤以逐步更新替代原有供应链体系。在这一过程中，需总结各种问题，形成新的管理经验，促进供应链的顺利运行。

（十）完善供应链的运行

随着内外部环境的变化，供应链在运行过程中会不断出现各种管理问题，这就需要管理者持续学习和总结，凝练出适应性更强的供应链管理方法和模式。

第二节　供应链设计决策

本节主要介绍供应链设计过程中涉及的一些决策，从不同的维度来分析供应链设计中各种决策的影响因素和决策依据，以梳理供应链设计的决策思路。

一、从自身定位出发

在供应链设计过程中，企业应该首先分析自身所处供应链的内外部环境，明确供应链的竞争战略和核心竞争力，评估企业自身在链条中的定位和核心竞争力，了解主要竞争对手和潜在竞争对手的竞争策略和核心竞争力，得出企业在供应链设计中所应发挥的作用。这一过程不仅需要对现状进行分析，还要对供应链和所在行业的未来发展方向进行一定的预判。这一阶段的主要决策是**供应链的竞争战略**和**企业的发展定位**。

对于核心企业来说，需要明确供应链的竞争战略是成本导向、服务导向还是响应速度导向的，供应链的核心竞争力是来源于原材料资源、产品设计能力、市场规模、技术能力、供应组织能力还是服务响应能力。在此基础上，需要把握竞争对手所在供应链的竞争优势和竞争战略，了解竞争对手的发展方向和发展速度，分析新进入市场的潜在竞争对手所拥有的竞争力，如更加敏捷的产品设计能力、更加柔性的生产能力、更加快速的服务响应能力等。在单核心的供应链中，核心企业的竞争战略与供应链竞争战略一致，需要通过后续设计来实现链条中各成员的协同。对于多核心供应链来说，由于几个核心企业在供应链上的重要性相当，所以供应链的发展方向必须同时符合这些企业的发展方向。因此，在选择供应链的竞争战略时将会更加困难，需要更多的平衡和创新。

对于非核心企业来说，需要明确所在供应链的竞争战略与发展方向，认清自身在供应链中的定位和核心竞争力，进而明确未来发展方向。通过对照供应链伙伴的选择原则，可以判断企业当前对供应链的贡献程度和合作潜力。非核心企业可以根据供应链对自身发展的重要性做出不同的决策。如果供应链所在业务并非企业的核心业务或战略性业务，则可以考虑维持不变。如果是企业核心业务或战略性业务，则需要考虑在实现供应链战略目标的过程中，企业自身能够提供哪些支撑、能够获得什么样的能力，进而提高在供应链中的贡献度和重要性。

二、从客户需求出发

明确了供应链竞争战略和企业的定位后，还需要围绕客户需求进一步分析并选择合适的供应链类型。客户需求往往是多样化、不确定的，不同行业满足客户需求的方式差别很大，即使是同一个行业，不同细分市场的客户需求也可能存在很大差异。这里我们选择从产品种类、产品需求数量、需求的不确定程度和新产品引入速度几个主要维度，来分析不同情况下供应链的选择方式。

（一）精益与敏捷的选择

在供应链的需求满足过程中，企业常常要面临的问题是通过提供大量不同的产品来差异化地满足顾客的需求，还是提供少而精的几种标准化产品来高效率地满足顾客的需求。这两种方式在满足顾客需求方面各有优势：多样化的产品往往伴随着顾客需求的分散，使得每种产品的需求量减少，产品设计、生产的复杂性提高，因而顾客需要付出更高的价格才能获得符合自己口味的产品；少量标准化的产品则可以集中满足大部分顾客，每种产品的需求量较高，可以通过精细化管理大幅降低产品的成本，让顾客以合理的价格买到相对高品质的产品。

图 7-5 反映了企业如何在产品多样性和产品需求量之间进行权衡。

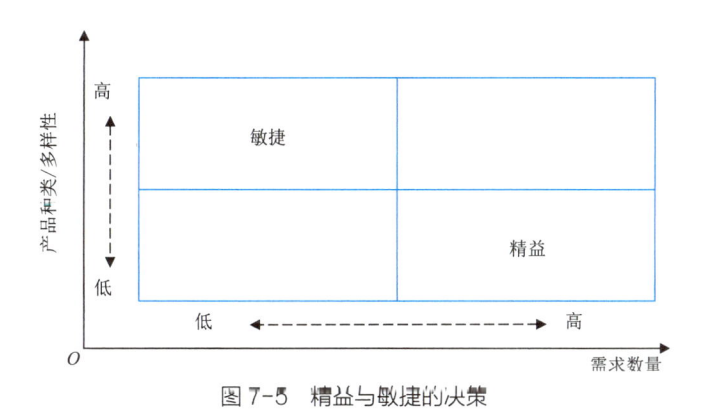

图 7-5　精益与敏捷的决策

如果顾客的需求差异不是很大，能够通过少量的标准化产品满足大部分顾客的需求，则可以考虑采用精益供应链。采用少量标准化产品势必造成部分顾客找不到合适的产品而从市场流失，但如果这部分顾客比例相对较小，企业还是可以通过标准化的方式将市场需求汇聚到少量产品中。这种汇聚可以让每种产品的需求量较大，让企业能够发挥供应链的规模经济性，充分利用精益供应链在成本管理方面的优势，用较低的成本生产出品质较高的产品。同时，由于产品数量较少，企业在产品设计、生产制造、库存控制等方面管理难度较低，可以集中精力提升产品工艺、设计、售后服务等，让顾客获得较高的服务质量。例如，汽车制造行业普遍采用的就是精益供应链。从 20 世纪 70 年代日本丰田引入精益

201

制造的概念以来，汽车行业通过精益化生产可以大规模、低成本、高质量地生产各种车型以满足全球市场的需求。同时，在汽车行业的售后服务中，销量大的车型往往具有保值率高、维修成本低、可替代配件种类多等优势，这也让企业和顾客更愿意在一些畅销车型上花更大精力，形成了需求和供给的集中化趋势。

反之，如果顾客的需求差异性很大，少量标准化产品就很难满足顾客的需求，每种产品能够聚集的顾客需求数量有限，难以形成规模优势。这时，需要考虑通过扩大产品数量来满足不同顾客的个性化需求。当企业选用产品多样化的策略时，每种产品的相对需求量就比较低，如果供应链不能快速地满足顾客的差异化需求，就可能造成客户流失、产品积压等风险。此时，可以考虑采用敏捷供应链，通过缩短供应周期、提高订单响应速度来加快产品库存周转速度，以减少供应链各个环节积压的产品库存，从而将供应链成本控制在合理范围内。由于此时供应链中产品种类较多，通常难以实现规模经济，且总体成本相对精益供应链来说会高一些，因而这时主要通过快速响应顾客差异化需求来获得更高的顾客满意度和更高的销售价格，从而弥补供应链成本上的劣势。例如，传统的服装行业在供应链管理上并未采用敏捷供应链，供应周期在半年甚至一年以上，但为了满足个性化的顾客需求，仍然需要提供多样化的产品，这就使得服装行业的供应链存在严重的供需不匹配问题。由于需求未知，供应周期较长，企业要为各种产品准备充足库存，避免损失商机。但这就造成过多的产品生产量，在销售后期往往会有大量的库存积压，导致高额的打折成本或处理报废成本。

为了弥补这部分损失，服装企业在销售产品时需要制定较高的价格，让顾客承担供需不匹配带来的损失和浪费。对于普通服装企业来说，生产成本占销售价格的30%左右；对于一些知名品牌来说，生产成本占销售价格的比例甚至低到5%～10%，这里面有相当一部分的差价被额外的库存抵消掉了。与之相对的，Zara等快时尚品牌则采用了敏捷供应链，其供应周期缩短为30天左右。这使得企业能够快速应对顾客新的需求，在相同时间内提供更多的产品种类，同时由于供应周期缩短，产品的生产批量缩小，从而减少了额外的库存浪费。

（二）推拉的平衡

当供应链在产品数量和种类间作出平衡后，还面临着需求的不确定性和新产品引入速度的平衡问题。

图7-6反映了企业如何在需求不确定性和产品更迭速度间进行权衡。这里所显示的推式供应链和拉式供应链并不是说完全的推式或拉式，而是指供应链的组织更偏向于哪个方向。

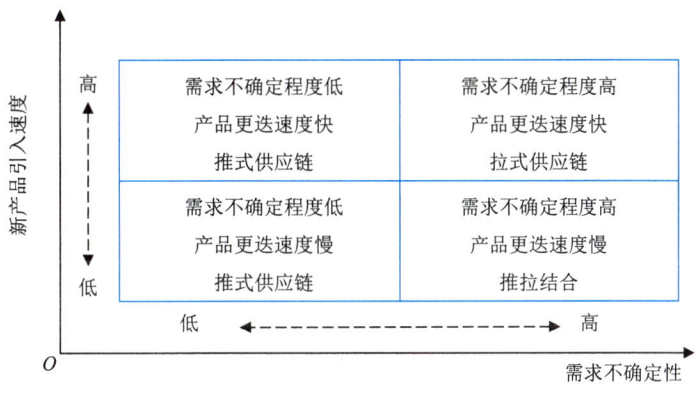

图 7-6 推拉的平衡

当产品需求不确定程度较高时,如果按照推式供应链组织,需要对需求进行预测,然后根据预测结果进行采购、生产、运输、销售等活动。较高的不确定性会造成预测结果与实际偏差较大,产生大量产品库存。此时,采用拉式供应链可以更好地适应需求的变化。当不确定程度较低时,企业可以很好地预测未来的需求,并按预测结果提前很长一段时间做出计划,指导供应链活动的组织。此时,用推式供应链可以充分发挥各个环节的运行效率,达到降低供应链整体成本的目的,同时又能很好地满足顾客需求。

当产品更迭速度较快时,无论是推式供应链还是拉式供应链,都面临着产品更迭造成的旧产品过期报废风险。应对这种风险的一种方法是将产品各个部分模块化,新产品在生产中可以延续使用一些通用模块,对一些更新的模块进行替代即可。同时,模块化的方式可以让产品设计更容易进行,同时保证产品的更迭速度和降低设计成本。这样可以将产品更迭所造成的风险尽量减小。当更迭速度较慢时,模块化生产的必要性就不是很大,可以考虑采用整体生产的方式,以减少中间产品库存,从而降低供应链成本。

对于需求不确定程度较低,产品更迭速度较慢的产品,如食品加工行业,很多供应链都是厂家按照库存量进行生产、配送和销售,日用品行业的供应链也通常采用按库存生产的方式进行组织。这种组织方式可以充分发挥生产线的效率,降低生产成本。

对于需求不确定程度较低,产品更迭速度较快的产品,如手机产品等,由于其更迭速度很快,通常半年至一年更新换代一次,但供应链的链条比较长,各个环节技术要求很高,这就产生很强的规模经济效应。另外,由于市场需求的不确定性较小,大部分品牌都选择成本控制导向的推式供应链。

对于需求不确定程度较高,产品更迭速度较慢的产品,如家具行业、化工行业的产品等,因其更迭速度较慢,故原材料供应或生产过程规模经济效应明显,但又由于其产品种类较多,需求不确定性较高,这类产品的供应链组织形式就需要在规模经济和不同产品需求切换之间找到平衡点,通常会采用推拉结合的供应链。

对于需求不确定程度较高,产品更迭速度较快的产品,例如服装行业、笔记本电脑行业的产品等,需求不确定性的影响超过了规模经济所带来的好处,此时需要采用拉式供应链更快地响应顾客不同类型的需求,以减少供应链中成品库存,避免产生过多的报废成本。

三、从供应角度出发

从顾客角度出发的分析可以帮助企业确定供应链在需求满足方式和模式选择上的决策,本节从生产和采购决策、采购策略、补货策略三部分来分析供应链的设计决策。

(一)生产和采购决策

生产和采购决策是供应链核心企业在供应商设计时需要进行的。这里我们提供一个通用的框架来分析核心企业的生产和采购决策。

在这个框架下,产品的生产取决于生产所需要的知识和产能。这里的知识泛指产品的设计能力、生产工艺、生产技术等。如果一个企业同时具有相应的知识和产能,则可以选择内部生产的方式。如果其在知识或者产能方面存在不足,则需要通过外包的方式进行产品供应。需要注意的是,生产产品的知识和产能往往是供应链核心竞争力的来源,如果核心企业失去了这部分能力,可能会导致其失去供应链的核心地位或者造成供应链竞争力下降,因此生产和外包的决策需要经过慎重的权衡。

不同产品的生产中知识和产能的重要性存在着差别。当生产具有显著的规模经济性时,产能就有可能构成供应链的核心竞争力,如钢铁行业、化工行业等。但大部分情况下,生产所需要的知识是企业建立产品核心竞争力的关键要素。我们可以从产品的组成结构来进一步分析知识和产能对生产和采购决策的影响。从产品的结构来说,我们可以将产品分为模块化产品和一体化产品。

模块化产品指产品是由若干模块组装而成,通常这些模块相互间具有一定的独立性,不同产品可以通过更换不同模块得到。所以在产品设计和生产过程中,可以使用统一的产品界面,根据顾客需求组合不同的模块,产品的更新换代也可以通过对模块的升级实现。一体化产品通常难以拆分为模块,或者即使拆分成不同组件,这些组件相互间的关联性也很强。一体化产品通常需要通过自上而下的整体设计完成,难以仅通过更换组件的方式完成产品的更新换代,并且一体化产品的性能通常是通过整体设计来实现的,并不是各个组件性能的加和。

可以看到,对于一体化产品,产品设计、系统整合、生产技术等知识往往是构成产品竞争力的核心要素。在这种情况下,选择自主生产是一种较好的方式,如果产能无法满足需求可以寻求部分外包。对于模块化产品,产品的核心竞争力是由各部分模块组合而成的,因此对于各个模块的设计能力往往是产品核心竞争力的来源。此时,管理者可以在确保企业掌握核心设计能力的前提下根据模块的重要程度选择外包或自主生产。

对于模块化产品来说,各模块是自主生产还是外包生产可以通过以下几个因素分析。

(1)模块对顾客的重要性。该模块是否为顾客考虑购买时的核心依据,是否会影响顾客的服务体验,是否会产生主要的附加价值,等等。

(2)模块的更新速度。该模块的技术更新、产品迭代速度是快还是慢。

(3)企业的竞争优势。该模块的生产能力是否企业所在供应链的核心竞争力之一。

(4)合适的供应商。该模块是否存在合适的供应商。

通过对以上因素的分析，我们判断企业应对模块进行生产还是采购时，应注意以下四个方面。

（1）如果模块重要性较高、更新速度较快且对企业核心竞争力产生重要影响，企业应该尽量构建产能实现自主生产。

（2）如果模块对顾客重要性较弱、更新速度较慢且对核心竞争力影响较小，则应该尽量选择外包生产的方式。

（3）如果模块对顾客重要性较高且更新速度较快，但不是核心企业当前竞争力来源，此时应优先考虑通过投资、收购等方式获得自主生产能力。如果无法获得自主生产能力，则应考虑找到战略型供应商进行合作生产，从而构建供应链的核心竞争力。

（4）如果模块对顾客重要性较高，但更新速度较慢且不是核心企业当前竞争力来源，此时可以优先考虑外包生产，同时需要根据供应商的情况进一步确定采购的策略。

（二）产品组件的采购策略

当核心企业决定通过供应链采购获得产品组件时，可以根据组件的供需特征进一步确定采购策略。一般来说，可以从组件需求预测准确性、组件供应风险、组件对利润的贡献度和组件的更迭速度四个维度来分析采用哪种采购策略。

图 7-7 为产品组件的卡拉杰克采购矩阵分析，根据组件的供应风险和对利润的贡献度可以将组件划分为四类：战略型组件、杠杆型组件、瓶颈型组件和非关键组件。

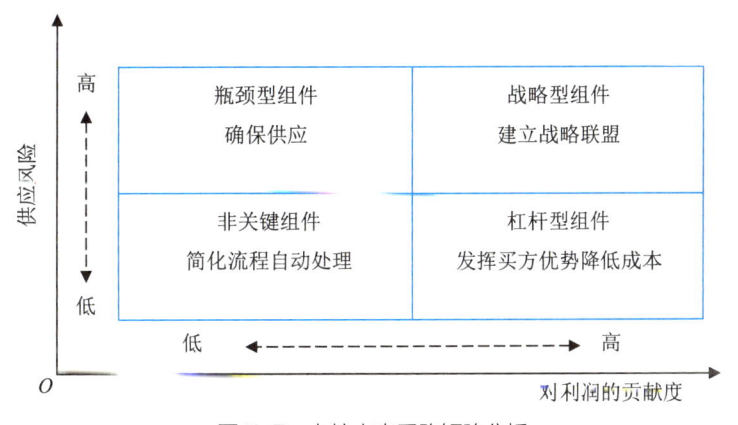

图 7-7 卡拉杰克采购矩阵分析

（1）战略型组件。此类组件的供应风险高且对利润的贡献度高。这类组件会影响供应链的核心竞争力，但通常由于供应商较少（往往是单一供应商）、生产技术复杂、供应环境不稳定等，供应风险较大。此时应考虑与供应商结成战略联盟，从而共同寻求供应链流程的改进，并从组件设计、生产、运输、仓储等多个环节展开合作，以提升供应链竞争力。

（2）杠杆型组件。此类组件的供应风险低但对利润的贡献度高。这类组件往往存在多个供应商，供应商的可替代性较强，通过优化采购价格可以提升供应链的利润。这类组件可以考虑采用招标竞价的方式采购。

（3）瓶颈型组件。此类组件的供应风险高且对利润的贡献度低。这类组件往往由单一供应商供应，虽然对利润的贡献度不高，但对产品是否能够顺利交付有着重要影响，可替代性较低。对于这类组件，应该确保其供应，可以考虑与供应商签署长期合同或持有一定库存来降低风险。

（4）非关键组件。此类组件的供应风险低且对利润的贡献度低。这类组件供应风险不高，且不构成供应链核心竞争力，在采购策略上应考虑尽量简化采购流程，降低采购成本，如采用自动化采购流程或让各地工厂自行采购等。

卡拉杰克采购矩阵分析主要是从组件供应角度来进行，结合组件需求来预测准确性和组件的更迭速度这两个因素，这有助于我们更全面地分析应该采用何种采购策略。需要注意的是，组件的需求预测准确性与产品需求预测准确性并不一定对应，这是因为一个组件可能同时用于多个产品，即使单个产品的预测准确性较低，多种产品需求聚合在一起时，产生的组件需求预测准确度仍然可以保持很高的水平。

对于战略型组件来说，核心企业可以根据组件的需求预测准确性和更迭速度判断与供应商的合作程度。组件需求预测准确性越低、更迭速度越快，双方间的合作程度应该越高，这样才能降低预测不准和产品更迭带来的风险。

对于杠杆型组件来说，除了考虑采购成本，核心企业还应考虑采购提前期的影响。组件需求预测准确性越低、更迭速度越快，核心企业在供应商的选择上就越应该考虑缩短供货提前期，以降低预测不准和产品更迭带来的风险。此外，核心企业还可以采用组合供货方式，通过选择不同的采购价格和供应提前期的供应商组合，来实现较低的采购成本和柔性的采购能力。反之，组件需求预测准确性越高、更迭速度越慢，核心企业就越应该偏向于降低采购成本。

对于瓶颈型组件来说，核心企业主要关注供应风险。当组件需求预测准确性低、组件更迭速度快时，核心企业应该进一步考虑与供应商建立供应商管理库存的模式，从而降低链条中组件库存，并缩短采购提前期。如果无法建立供应商管理库存的模式，核心企业需要考虑建立一定库存来应对风险。

对于非关键组件来说，核心企业应采取缩短采购流程和采购提前期的方式，通过多批次小订单的方式来降低组件的在途库存和仓库库存。

（三）补货策略的选择

当产品的生产或采购策略确定后，我们还需要进一步确定产品的补货策略。这里我们从产品的需求数量、变化量和供应提前期三个维度来分析不同情况下应该采取何种补货策略。

图7-8为不同产品需求数量和变化量情况下的补货策略。总体来说，当需求数量较高时，企业应考虑规模经济性带来的成本降低；当需求数量较低时，企业应考虑利用集中库存、精益化来减少链路库存。当需求变化量较大时，应考虑风险集中、柔性供应或延迟供应的策略；当需求变化量较小时，应考虑精益化降低成本的方式。

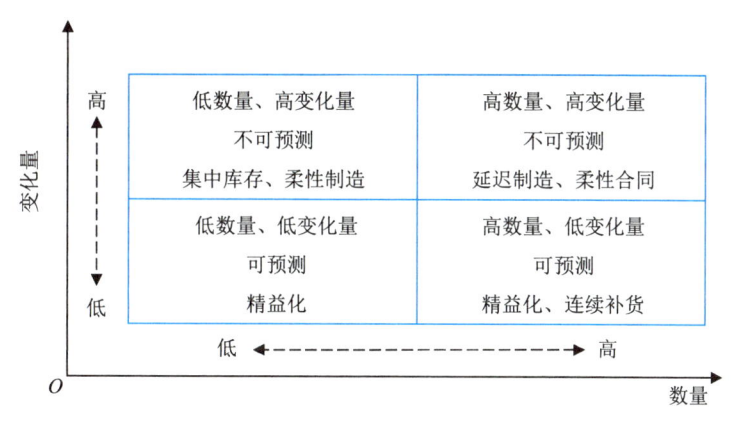

图 7-8 需求数量-变化量对补货策略的影响

当产品需求量高、变化量高时，可以将需求分为较为稳定的基础需求和不确定的增量需求两部分。对于基础需求，可以利用规模经济性降低成本；对于增量需求，则需要根据产品结构判断是否能够采用延迟制造的策略，将风险集中在不可预测性更低的通用组件上，或利用较高的基础需求与供应商签订灵活的柔性供应合同，根据不同的需求水平确定不同的采购量和采购价格。在这种情况下，如果产品采购提前期较短，可以采用拉式供应链模式；如果采购提前期较长，则需要考虑建立产品库存或采用供应商管理库存模式。

当产品需求量低、变化量高时，单个产品的需求量不可预测，且无法采用柔性供应合同，此时应该考虑通过将库存集中在一起来降低需求不确定的风险，或通过柔性制造策略将风险集中在通用产品组件上。供应策略应集中在缩短供应提前期和履约提前期上，利用信息技术和高效物流建立拉式供应链模式。

当产品需求变化量低时，产品需求基本可预测，可以建立精益供应链，通过推拉结合或推式供应链模式，发挥供应链成员的供应效率，降低供应成本。

四、从配送角度出发

当产品生产出来后，如何快速、低成本地将其送达顾客是配送策略所要考虑的。常见的配送策略有直运策略（direct shipment）、越库策略（cross docking）、仓库配送策略（inventory positioning）和调运策略（transshipment）。这些策略对履约速度、运输成本、库存成本和需求风险控制有着不同的影响。

直运策略是指产品生产出来后，根据顾客订单直接从成品仓库或中心仓发送到顾客手中。这种配送方式具有客户响应速度快、库存成本低、需求风险集中化管理的优势，但其主要的劣势是运输成本高。直运策略通常运用在拉式供应链或推拉结合的供应链中，适用于单位价值较高、需求不确定性较大、存储成本较高或容易损耗的产品。例如，在快时尚行业中，采用空运快递直送可以加快履单速度、降低需求不确定性造成的额外库存；在生鲜品行业，直送可以用于高价值、易腐产品的配送，如松茸、榴莲等。随着物流速度提升、物流成本下降、柔性制造技术的应用和电商平台的广泛使用，更多的行业考虑在供应链设计中采用直运策略。

越库策略是指企业在配送产品时，通过配送中心（或海运、陆运枢纽）聚集来自不同供应商的产品，并将其即时装运到不同目的地的客户手中。这一过程类似航空公司的中转航班将不同种类的产品汇聚到一起集中发运，可以实现运输工具使用率的提升，从而节约运输工具的行驶距离，降低运输成本。该策略中配送中心只起到装卸分配作用，不存放产品库存，所有物资随到随发。这种策略适合以物流服务商为主体的供应链网络或物流需求量大且种类繁多的零售企业（如沃尔玛），在实施过程中通常需要有较强的计划性和组织能力。越库策略的优势是库存成本和运输成本都得到了优化；缺点是对供应链集成程度要求较高、对运输量要求较大、管理较为复杂，如果不能有效管理，则很容易造成物流网络混乱，反而加大供应链成本。采用这种策略时通常要借助物流信息系统和决策支持系统参与网络管理。

仓库配送策略是较为传统的配送方式，通过在分销网络中设立层层配送中心，逐级将产品分配到各分销商和零售商，再通过各种销售渠道售出。这种模式的好处是通过建立产品库存，可以缩短产品与顾客的距离，实现快速履单。同时，通过将产品存放在区域仓库中，可以实现风险集中管理，形成一定的缓冲，以避免供需不匹配造成的缺货损失。这种模式通常用于推式供应链，需要根据需求预测运行供应链，并且可以通过优化平衡库存成本和运输成本，适合不确定性较低的产品。其缺点是为了避免缺货风险，往往需要每种产品都存放较多数量，在面对需求不确定性高、产品种类多的供应链时往往会造成大量缺货和滞销库存。这种策略在使用中需要精细设计配送中心的位置和层级，如果使用得当可以大幅提升顾客服务水平。例如，京东、天猫等电商平台通过在一线城市周边设置前置仓从而实现顾客订单当日达或小时达。

调运策略是指产品在若干仓库或零售门店储存，通过相互间调运来降低不同地点的门店或仓库供需不匹配所造成的缺货损失。调运方式有门店—门店的直接调运和门店—配送中心—门店的间接调运两种。该策略的好处是可以在不改变供应总量的情况下通过调运满足更多需求，可以利用同城快递、区域物流的形式进行调运。例如，服装行业经常会在同城进行调货，沃尔玛、京东等零售商在几个配送中心间进行调运，一些租车公司在不同门店间调拨车辆等。调运策略的缺点是操作复杂、成本较高，除了物流成本外还增加了分拣、包装成本，而且对信息系统依赖程度较高，需要精确掌握每件产品库存的位置。

在这些配送模式的基础上还有很多可以设计的要素，如前面提到大城市周边前置仓的设置，供应链网络中不同层级配送中心的选择，全渠道零售模式下正向物流（履单配送）和逆向物流（退货）的设计，等等。

第三节　供应链设计的延伸

本节将围绕供应链设计讨论一些延伸性话题，包括模块化设计、供应链的柔性和供应链的复杂性。

一、模块化设计

供应链设计中可以考虑将生产过程或产品的组件模块化。模块化流程是指在制造过程中将整个流程分成若干模块，不同产品通过不同模块化流程组合得到，制造过程中会储存模块化流程间的中间件，用以进行后续模块流程的加工。例如，惠普公司在生产打印机时将贴标签、放入说明书和包装作为一个模块化流程，在生产中先制造大量未贴标签的打印机，再根据不同国家的需求为打印机贴上不同的标签、放入不同说明书和进行包装，完成该模块化流程，形成相应的产品。根据产品和流程的模块化程度，可以采用不同的供应策略。

模块化的组件可以采用并行制造的方式，将不同组件分别生产出来，最后组装在一起构成产品，这样可以缩短制造周期。同时，供应链可以储存通用的模块化组件，然后根据订单再将组件组装成不同类型的产品，从而在满足多样化需求的前提下实现规模经济。这种模式已经在台式电脑、笔记本电脑等制造中普遍运用，成为大规模定制化的经典案例。

模块化的流程可以让不同产品的生产尽量共享相同的流程模块，延缓制造过程中不同产品的差异化流程发生的时间，并且储存可以满足不同流程的中间件，从而在实现产品多样化的同时兼顾规模经济性。前文提到的打印机延迟制造就是一种典型的模块化设计。在电商行业，为了消除大促期间仓库作业人员作业容量限制，可以将分拣、包装、贴地址标签分开。针对一些需求量大的商品，提前进行预测，在大促前完成分拣和包装，在订单发生后再完成贴地址标签的作业。这种方式可以部分缓解供需在多样化和变化量等方面的不平衡。

产品标准化是另一种模块化的方式。产品标准化指的是用少量标准化产品来满足多样化需求，这种情况对于横向差异化需求（如颜色、造型等）不太适用，但对于纵向差异化需求（通常指产品性能、质量等）较为适用。常见的方式是向下替代，即用性能更好的产品来满足略低的性能需求。例如，酒店在标准间客满的情况下为住客提供升级房型服务，CPU制造商将性能更好的产品降频以满足性能略低的产品需求，等等。这一策略可以减少产品种类，降低需求不确定性，但同时会增加产品的生产成本。使用中通常需要在两者间进行权衡。

二、供应链的柔性

在供应链设计和运行过程中，我们需要面对来自需求端和供给端双重的不确定性。从需求端来讲，不确定性来源于顾客的多样化需求，这种多样化造成产品的种类逐年增多，每种产品的需求数量相对降低，产品需求的变化量增大，使得单个产品销量的预测难度不断增大。例如，服装、音乐、影视等行业的爆款产品很难预测，而且爆款产品和普通产品的销量差距非常大。从供给端来讲，不确定性来源于产品更迭速度加快、供应商供货数量和时间上的不确定性以及生产过程中产出的不确定性等。

对于这些不确定性，传统的应对方式是通过建立各级库存来缓冲其造成的供需不匹配，这种方式在面对越来越快的产品更新换代速度、越来越短的订单履约时间、越来越多的产品种类时遇到了很大的困难，出现了大量产品库存因更新换代而报废、畅销品经常性缺货而滞销品库存积压严重、频繁地切换产品生产而造成生产成本急剧增加、库存周转率低导致产品更新速度受到影响等问题。这些问题仅靠库存已经难以应对，需要在供应链各个环节引入柔性的方式来增加供应链的应对能力。供应链柔性是指供应链快速、经济地应对供需不确定性的能力。下面我们分别从产品设计、产品生产、产品供应和产品配送四个方面介绍如何在供应链设计中增加供应链的柔性。

（1）**产品设计的柔性**。产品设计从概念、客户需求到样机测试、引入市场中间有许多环节，通常的设计模式是上游企业根据下游企业的需求独立开展设计的全过程，这种方式研发周期较长，在需求信息的传递过程中可能造成信息扭曲，导致产品与最终顾客期望差异较大。在供应链设计中，可以引入上下游企业间协同设计的方式，上游企业在最终产品的设计阶段即参与设计过程，这样可以缩短整个链路的产品设计周期，也可以提高产品的可制造性。在设计中可以有意识地采用模块化设计，将产品分为若干独立组件，不同组件可以并行设计以缩短设计流程，同时模块化设计方式使得新产品可以复用已有模块，减少设计工作量。还可以采用计算机辅助设计、3D打印等技术实现样品的快速开发、测试和调整。在一些行业中，企业还可以通过对多种来源的数据进行大数据分析，为设计人员提供流行元素、获客要素、关键特征等产品特征，以减少设计人员收集资料的工作量，提高设计成功率。

（2）**产品生产的柔性**。传统的产品生产是建立在规模经济性基础上，围绕生产设备效率最大化的思路进行的，这就导致生产设备很难在不同产品间切换，或切换会造成很长时间的生产中断，从而使得生产效率降低，生产成本增加。在供应链的设计中，有不同的方法可以帮助企业提高生产的柔性。

第一种方法是在设计阶段选用具有较强柔性生产能力的设备，即以人工生产方式代替机器生产。例如，通过使用3D打印技术，可以让飞机零部件的生产时间从数月缩短到30天。这种方法的缺点也比较明显，如难以扩大生产规模、柔性生产设备的生产速度往往低于专用设备、设备自身的造价偏高，等等。

第二种方法是引入模块化产品和模块化流程，通过延迟制造、并行制造等方式缩短制造流程，推迟产品差异化制造时间点，将多样化产品不确定的需求聚集到通用中间件、通用组件的较为确定的需求上，以实现生产柔性和规模经济性的平衡。这种方法需要在供应链的产品设计、制造工艺、中间件库存与物流等方面进行规划。例如，惠普通过延迟制造方法生产相同规格的打印机和通用配件，这些打印机和配件可以适应全世界各地的需求，在最终销售前，由各地区配送中心完成差异化组装，以满足区域个性化需求。

第三种方法是在生产模式上引入柔性化设计。当产品工艺和生产设备不太适合柔性化改造时，可以考虑从供应链管理上实现柔性化。例如，在汽车装配线上实现通用柔性困难很大并且成本很高，但车厂可以采用部分柔性的方案，即每条装配线可以实现对一部分车型的柔性生产，通过多条装配线生产车型的搭配，实现所有车型的柔性生产。通过优化设计的车型柔性生产搭配方案，在每条装配线只能生产两种车型的情况下，仍然能够达到完全柔性方案 95%的能力。这就大大降低了生产设备柔性改造的成本和生产转换造成的浪费。

（3）**产品供应的柔性**。在原材料、组件的供应过程中，各种原因会造成采购订单的交付延迟或交付数量减少。同时，由于需求量的不确定，企业在采购过程中采购量过多或过少都可能产生相应的损失。这时，采取一些柔性供应的方式可以帮助供应链提升整体效益，减少浪费和损失。一种方式是协同预测补货，这种方式可以缩短供应流程，减少供应中间库存，提高应对不确定需求的能力；另一种方式是采用柔性供应合同或组合式供应合同。柔性供应合同可以让上下游在确保基础供应量的前提下，灵活地确定供应量的增量部分，这让下游企业在采购时可以部分延迟，等待需求信息进一步明确再补充订货。组合式供应合同在若干供应来源间进行组合，如用成本低但提前期长的供应商满足基本需求、用提前期短但成本较高的供应商来满足增量需求、用直接从现货市场采购的方式来满足紧急需求，等等。

（4）**产品配送的柔性**。供应链配送网络的搭建也可以实现供应链的柔性。例如，前文介绍的供应链调运策略就可以实现一个区域内不同门店、仓库间满足顾客需求的柔性。在配送中心和配送区域的匹配上也可以采用柔性设计。传统的匹配方式是一个区域对应一个配送中心，但如果配送中心出现缺货，需求就无法满足。柔性设计方案可以让一个区域对应两个或多个配送中心。在不影响配送成本的前提下，合理地搭配配送区域和配送中心同样可以实现较高的柔性供应能力。在配送范围上也可以通过信息系统实现动态调整。例如，在城市快递配送中，快递员的供应量和快递配送需求量每天是动态变化的，可以通过动态调整配送区域的划分来实现快递员和配送需求间的平衡。

三、供应链的复杂性

供应链设计所面临的一个主要挑战是供应链系统中存在各种复杂性。

（1）**网络复杂性**。供应链网络往往涉及很多成员，包含各级供应商、制造商、分销商、零售商等。例如，苹果公司 2021 财年主要供应商就有 190 家。很多企业在供应链管理中并未考虑到二级、三级供应商，这些供应商一旦发生供应风险，就会传递给供应链的核心企业，造成供应中断。

（2）**流程复杂性**。从供应链的角度对流程进行分析时往往会涉及很多企业，每个企业的组件都有相应的供应流程，这些流程汇总在一起就让整个供应链的流程变得非常复杂。流程分析方法是一种降低流程复杂性的工具，可以帮助管理者理清流程中的冗余和浪费。

（3）**范围复杂性**。供应链中的成员企业往往提供大量的产品和服务，经营着许多业务线和事业部。这就使得供应链分析和设计存在范围复杂性。而且这种范围复杂性往往随着各个成员企业的发展持续增加。它让产品、服务的引入、退出决策变得十分复杂和困难，也让需求预测的准确度不断下降。

（4）**产品复杂性**。为了满足不同顾客的需求，实现差异化竞争，企业的产品设计越来越个性化，这也让产品种类变得越来越多。同时差异化的产品让生产所需组件的通用性越来越低。这些都使得产品的复杂性不断增加，难以精细化管理。

（5）**顾客复杂性**。为了满足不同顾客的需求，企业将顾客划分为众多的群体，为不同群体制定了不同的服务策略和销售策略，这就使得企业在销售和营销过程中面临更大的复杂性。

（6）**供应商复杂性**。供应链网络中的成员数量本身就很多，除了既有的成员，还有很多潜在的供应商可能成为新的成员。这就进一步增加了供应链的复杂性。

为了应对这些复杂性，有一些较为通用的分析方法。例如，网络复杂性和流程复杂性可以通过作图分析的方法来研究，包括网络图、流程图等；范围复杂性、供应商复杂性和顾客复杂性可以通过帕累托分析加以辨别。帕累托分析有助于找到对供应链影响较大的产品、供应商、顾客群体等，也可以将影响小但数量众多的部分加以优化和精简。对于产品复杂性则可以进行物料清单和制造工艺的分析，找到其中通用的部分，通过模块化的方式来降低管理复杂度。

本章要点

1.供应链设计的目标包括：（1）明确供应链结构；（2）理清供应链各主要成员及其协作方式；（3）识别供应链中三种流的流动过程和遇到的瓶颈；（4）平衡产品质量、响应速度、运作成本等主要管理目标；（5）给出改进方案和实施步骤；（6）明确拓展市场、开发新产品、改善服务水平、提高客户满意度等绩效指标的提升优先级和实现方法。

2.供应链的结构模型包括链状模型和网状模型。

3.供应链的类型包括推式供应链、拉式供应链和推拉结合供应链。

4.供应链的设计原则包括战略性原则、简洁性原则、集优性原则、协作性原则、双向性原则、动态性原则和创新性原则。

5.供应链设计的步骤包括：（1）分析核心企业的竞争环境；（2）分析核心企业的供应链现状；（3）明确供应链设计目标；（4）分析组成供应链的各要素；（5）提出供应链设计框架；（6）评估设计方案可行性；（7）完善设计方案细节；（8）测试设计方案；（9）对比新旧供应链；（10）完善供应链的运行。

6.供应链设计决策可以从自身定位、客户需求、产品供应、订单配送等几个角度出发。

7.从需求出发，可以从产品种类、产品需求数量、需求的不确定程度和新产品引入速度等几个主要维度来分析不同情况下供应链的选择方式。

8.从供应角度出发，需要从生产还是采购、采购策略和补货策略来分析供应链的设计决策。

9.从配送角度出发，常见的策略有直运策略、越库策略、仓库配送策略和调运策略。

10.模块化设计包括组件模块化和流程模块化。

11.供应链柔性设计可以从产品设计、产品生产、产品供应和产品配送等几个方面进行。

12.供应链的复杂性包括网络复杂性、流程复杂性、范围复杂性、产品复杂性、顾客复杂性和供应商复杂性。

思考题

1. 供应链设计的目标是什么？
2. 供应链有哪些类型？
3. 供应链设计的原则是什么？
4. 供应链设计的步骤是什么？
5. 简述如何从客户需求出发来设计供应链的策略。
6. 简述如何从供应角度来设计供应链的策略。
7. 简述如何从配送角度来设计供应链的策略。
8. 简述如何使用模块化设计。
9. 简述如何对供应链进行柔性设计。
10. 简述供应链设计中的复杂性。
11. 谈谈你对供应链发展趋势的认识。

第八章
供应链协同管理

本章数字资源

通过本章学习，你需要：
1. 理解供应链协同管理的基本内容；
2. 理解"牛鞭效应"的产生原因及改进方法；
3. 理解"曲棍球棒效应"的产生原因及改进方法；
4. 了解供应链中的基本激励理论与激励模式；
5. 了解供应链契约的概念、参数及作用；
6. 理解供应链契约模型。

【开篇案例】"冰墩墩"生产商的供应链协同管理

2022年5月初，正值初夏时节，此时距离北京冬奥会结束已有两个月，但国民购买冬奥特许商品"冰墩墩"的热情却丝毫未减。"冰墩墩"可谓是冬奥特许商品中的"顶流"，位于福建省晋江市的恒盛玩具有限公司（以下简称恒盛玩具）正是"冰墩墩"的三大特许生产商之一。恒盛玩具的上游原材料供应商包括众盛硅胶制品有限公司、云绒填充芯制造商淮安金湖工厂、毛绒材料制造商等，下游的零售商包括线上线下100多家门店。

"冰墩墩"拥有熊猫形象和冰晶外壳，是一个套上硅胶外壳的毛绒玩具。相比于普通毛绒玩具，"冰墩墩"多了一个将毛绒部分和硅胶外壳进行组合的工序。恒盛玩具为做到尽善尽美，在机缝工艺、裁片工艺、装订充棉工艺等诸多环节，小到缝合处需要多少针，大到每个"冰墩墩"需要填充多少PP棉都制定了精确的标准。为了让"冰墩墩"的眼睛炯炯有神，工人在安装眼睛的时候要精准到毫米，这样对细节的追求会让部分工序耗时延长。由于在原有生产环节内各工序的工人是固定的，但安装"冰墩墩"的眼睛耗时长、进度慢，这就导致后续工序"等货"，即出现生产停滞。独特的设计和对细节的严格要求都使得"冰墩墩"的生产周期长于普通毛绒玩具。

自2022年2月4日冬奥开幕式以来，超1亿人涌入奥林匹克天猫官方旗舰店蹲守"冰墩墩"，往往前一秒显示还有库存，后一秒就提示已售罄，成交产品包括创意玩偶、创意摆件、设计玩具等。对恒盛玩具来说，当时厂里接到的"冰墩墩"订单量已突破 100 万，几乎每小时都在增加。实际上，"冰墩墩"推出后一直反响平淡，所以尽管预测需求量在开幕式后会增加，但绝没想到它会成为爆款，天猫与恒盛玩具没有将订单信息、需求预测信息、库存信息等实时互相共享，也就没有提前准备供应链的响应预案了。面对需求高度不确定的"冰墩墩"，恒盛玩具面临的考验就是能否在短时间内实现供应链的快响应和产品的快交付。为此，公司高层决定开始供应链改进，与上下游供应商进行供应链协同管理。

1. 合作提效，互利共赢

面对如此庞大的订单体量，供应链上各企业都在争分夺秒地生产。针对原材料供应不足的问题，公司经理连海安意识到必须从供应商管理入手，因此他迅速作出决定，约定时间亲自甄选新的供应商，让所有供应商来进行一个决策商讨与方案碰撞，尤其是硅胶外壳的供应商。连海安与管理层商议后，决定通过既有的供应商——众盛硅胶把订单量下放出去，让众盛硅胶把整个硅胶的产业资源整合起来。此次选择新的原料供应商耗费了团队不少力气，连海安吩咐采购部将这次新增的 50 家左右供应商名单记录下来，并将质量和资质作为考核指标对各个供应商进行评价，今后将通过对供应商的价格、产品质量、交货情况、服务水平以及综合管理水平五个方面的评估来确定供应商，并建立绩效评价和反馈机制，做出一份供应商"成绩清单"。为了实现中国速度、中国制造，恒盛玩具改变过去月结、货到付款方式，直接预付全部款项，提供 100% 现金支持让供应商无压力、无负担，真正实现了利益共享、风险共担。

2. 信息畅通，互通有无

由于此次供应链订单数量过大，在"冰墩墩"爆火之后，恒盛玩具每天要处理许多来自供应商或零售商的电话，而仅通过电话沟通效率又实在太低。为了实现信息的及时互通，相关人员与天猫负责人沟通后了解到，通过"阿里云智能供应链解决方案"便能实现供应链企业之间的信息共享。供应链上的企业一同使用阿里云平台，不仅能全流程可视、实时监控分析及主动预警，还能够实现产销自动对接，库存物流统筹管理。为此，连海安立刻从公司抽调出一批熟悉业务的员工去与供应商和零售商协调信息共享的相关事宜。与供应商协商的团队负责告知供应商需上传原材料的库存、紧急供货量和原材料入库数量等相关数据；与零售商协商的团队则负责告知零售商需上传订单数量、预销售数量和库存数量等信息；恒盛玩具则负责将自己的产能、原材料消耗等信息上传到阿里云平台。通过这样的方式，三方的信息完全实现共享，恒盛玩具的供应链上将不再存在"信息孤岛"，供应链也能够实现快速响应。这些操作为恒盛玩具打造敏捷供应链奠定了坚实基础。当再面对像"冰墩墩"这样突然爆火的产品时,恒盛玩具也能从容不迫。

3. 物流快捷,保障时效

在国内物流方面,为确保快递安全、准时地到达客户指定的目的地,第三方物流严格落实邮政管理部门针对冬奥会寄递渠道所制定的关于安全和服务保障的安排部署,并切实遵守疫情防控要求。在客户下单之时,第三方物流便为"冰墩墩"安排好了航班,等到满载"冰墩墩"的专车到达机场就可以登机,从而将其送到千里之外的千家万户。同时,第三方物流建立追溯机制,实现供应链物流的数据可视化,并严防各种人为或客观因素导致的货损,同时,在人员流动和物流运作方面,全部采取"闭环管理""闭环物流"模式,以确保物流缜密高效、安全可靠。国际物流则主要解决跨境商品溯源问题,顺丰运用丰溯系统解决"冰墩墩"出口原产地有效性证明问题。具体而言,每只"冰墩墩"的源头信息(包括工厂信息、商品信息、质检信息)均会经过丰溯系统实地认证,并被顺丰在地图上给予原产地的特殊标识。跨境运输将"冰墩墩"直邮至境外保税仓,依托顺丰的物流数据优势,实现产品物流信息关联。在保税新零售模式下,商品可以与海关监管系统直接对接,实现一物一码级溯源和全链条管控。顺丰通过使用"一撕即毁"标签可以避免溯源码回收和二次使用,利用区块链技术则可以实现数据不可篡改,保障数据真实性。此外,顺丰与CCIC等第三方质检机构合作,对恒盛玩具进行实地验证,降低物流信息安全风险。

凭借着"匠心质造",恒盛玩具愈战愈勇。乘着这股"冬奥"风,恒盛玩具保质保量的生产为公司打响了名头,展现出了强大的生产、经营和管理能力,赢得了客户信赖,公司内部员工上下一心,公司与众多供应商的关系也更加密切,这些变化都令连海安惊喜不已。

资料来源:蒋秋菊,郭小琴,等.冰墩墩爆火的"甜蜜烦恼":恒盛玩具供应链如何破局?[EB/OL].(2022-09-01)[2023-05-01]. http://www.cmcc-dlut.cn/Cases/Detail/6599.

第一节 供应链协同管理概述

在供应链日常运作中,企业之间发生着频繁的物流、资金流、信息流的交换,企业之间的协同运作对供应链的整体绩效有重要影响。供应链绩效是供应链成员行为共同作用的结果,每一个较薄弱的环节都有可能对供应链的其他各个环节产生负面影响。鉴于企业之间的关系在法律上是平等的,供应链的协同管理不能采用行政手段,只能通过共享利益来调控。为了提高企业和供应链的竞争能力,供应链成员需要通过一定的机制来协调各种运作决策。

供应链协同管理是指通过整合供应链上的各个环节,实现供应链内各方的协调与配合，从而实现供应链整体效率的最大化。它包括对供应链上的采购、生产、物流、销售等各个环节的协调与管理，目的是在保证供应链整体效率的同时，最大限度地满足客户的需求，并确保供应链的稳定性和可靠性。它涉及的内容主要有以下五个方面。

（1）**供应链战略规划**。为了确保供应链的整体效率，需要进行供应链战略规划，包括对供应链的整体结构、管理模式、流程、资源配置等进行规划。

（2）**供应链协调**。通过协调供应链上各个环节的活动，实现供应链内各方的协作与配合，从而提高供应链整体效率。

（3）**供应链监控与评估**。实时监控供应链上各个环节的情况，并对供应链整体效率进行评估，以持续改进供应链管理。

（4）**供应链风险管理**。识别、评估和应对供应链中的风险，以确保供应链的稳定性和可靠性。供应链风险可能来自内部因素，如生产线故障或员工离职等；也可能来自外部因素，如天气灾害或经济不稳定等。

（5）**信息管理**。通过收集、整合和分析供应链上的数据，以提高供应链的决策效率和效果。

供应链协同管理的重要性在于它可以帮助企业提高供应链整体效率，提高客户满意度，同时降低成本，从而提高竞争力。它需要全面考虑供应链上的各个环节，并通过协调和管理来实现供应链整体效率的最大化。

第二节　供应链中的协同问题及改进方法

一、"牛鞭效应"的产生及改进方法

在供应链中，如果每个节点企业仅考虑自身目标的最优化，而不考虑对整个供应链的影响，就会产生协作障碍。另外，因供应链中信息传递的固有特征而产生的"牛鞭效应"（bullwhip effect）也会造成供应链中各企业之间的协作问题。

（一）"牛鞭效应"

在过去十几年中，供应商和零售商已经注意到，尽管某种具体产品的消费者需求的变动并不大，但它们在供应链中的库存和延期交货水平的波动却很大。例如，在研究"帮宝适"市场需求时，宝洁公司的经理们注意到了一个很有意思的现象。该产品的零售数量相当稳定，没有哪一天或哪个月的需求会特别高于或低于其他时期。然而，这些经理注意到了分销商向工厂下达订单的变动程度比零售数量的波动程度要大得多。这种沿着供应商上游推进需求变动程度增大的现象称为"牛鞭效应"。

图 8-1 例举了一个简单的四阶段供应链：单个零售商、单个批发商、单个分销商和单个制造商。零售商观察消费者需求，然后向批发商订货，批发商向分销商订货，分销商向制造商订货。图 8-2 提供了不同成员的订单与时间之间的函数关系，清楚地表明了往供应链上游前进需求变动程度增大的现象。

图 8-1 供应链

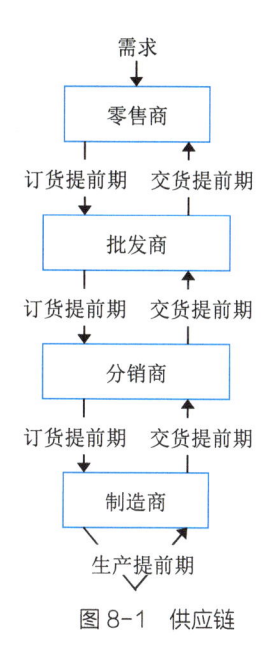

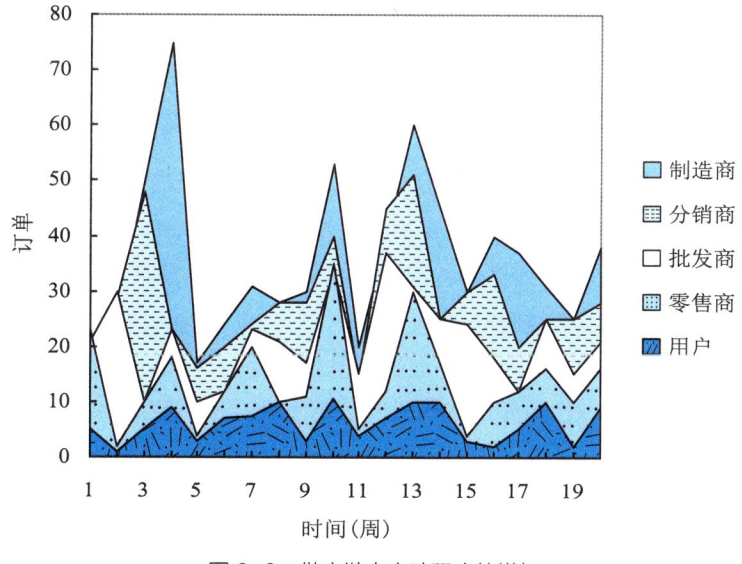

图 8-2 供应链中变动程度的增加

为理解需求变动程度增大对供应链的影响，我们立足于图 8-1 中的批发商视角来进行考虑，即批发商接受零售商的订单，并向其供应商——分销商订货。此时，为确定订货量，批发商必须预测零售商的需求。批发商如果不能获知消费者的需求信息，就必须依据零售商向其发出的订单进行预测。

因为零售商订单的变动程度明显大于消费者需求的变动程度，如图 8-2 所示，为实现与零售商同样的服务水平，批发商被迫持有比零售商更多的安全库存，或者需要具备更高的能力。这种分析同样适用于分销商和制造商，结果就是这些供应链的成员需要维持更高的库存水平，从而产生更高的成本。

(二)"牛鞭效应"产生的原因

早在初期,一些学者便对需求放大现象进行了一定的研究。例如,"啤酒游戏"揭示了供应链中各节点企业间由于信息不对称、需求混乱和追求个体效益最大化等因素,产生了需求信息被扭曲放大的现象。如今,人们对"牛鞭效应"的成因有了更多的研究。普遍认为,"牛鞭效应"产生的原因主要有六个方面,即需求预测修正、订货批量决策、价格波动、短缺博弈、库存责任失衡和应付环境变异。

(1) **需求预测修正**。需求预测修正是指当供应链的成员采用其直接的下游订货数据作为市场需求信息和依据时,就会产生需求放大。例如,在市场销售活动中,假如零售商的历史最高月销量为1000件,但下月正逢重大节日,为了保证销售不断货,他会在月最高销量基础上再追加A%,于是他向其上级批发商下订单为(1+A%)1000件。批发商汇总该区域的销量后预计(假设)为12000件,他为了保证零售商的需要又追加B%,于是他向制造商下订单为(1+B%)12000件。制造商为了保证批发商的需货,虽然明知其中有夸大成分,但他并不知道具体情况,于是不得不至少按(1+B%)12000件投产,并且为了稳妥起见,在考虑毁损、漏订等情况后,他又加量生产,这样一层一层地增加预订量,导致"牛鞭效应"。

(2) **订货批量决策**。在供应链中,每个企业都会向其上游订货,一般情况下,销售商并不会来一个订单就向上级供应商订货一次,而是在考虑库存和运输费用的基础上,在一个周期或者汇总到一定数量后再向供应商订货;为了减少订货频率、降低成本和规避断货风险,销售商往往会按照最佳经济规模加量订货。同时频繁的订货也会增加供应商的工作量和成本,供应商也往往要求销售商在一个周期或者汇总到一定数量后订货,此时销售商为了尽早得到货物或全额得到货物,或者为备不时之需,往往会人为提高订货量。这样,订货策略便导致了"牛鞭效应"。

(3) **价格波动**。价格波动是由一些促销手段或者经济环境突变造成的,如价格折扣、数量折扣、赠票、与竞争对手的恶性竞争以及供不应求、通货膨胀、自然灾害、社会动荡等。这些因素使许多零售商和推销人员预先采购的订货量大于实际的需求量,因为如果库存成本小于从价格折扣中获得的利益,销售人员当然愿意预先多买。这样,订货就没有真实反映需求的变化,从而产生"牛鞭效应"。

(4) **短缺博弈**。当需求大于供应时,理性的决策是按照订货量比例分配现有供应量,比如,总的供应量只有订货量的40%,合理的配给办法就是按其订货的40%供货。此时,销售商为了获得更大份额的配给量,故意夸大其订货需求是在所难免的,当需求降温时,订货又突然消失,这种由短缺博弈导致的需求信息的扭曲最终造成"牛鞭效应"。

(5) **库存责任失衡**。在营销操作上,通常的做法是供应商先铺货,待销售商销售完成后再结算。这种体制导致的结果是供应商需要在销售商(批发商、零售商)结算之前按照销售商的订货量将货物运至销售商指定的地方,而销售商并不承担货物搬运费用;在发生货物毁损或者供给过剩时,供应商还需承担调换、退货及其他相关损失,这样,库存责任自然转移到供应商，从而使销售商处于有利地位。同时在销售商资金周转不畅时，由于有大量存货可作为资产使用，所以销售商会利用这些存货与其他供应商易货，或者不顾供应商的价格规定低价出货，加速资金回笼，从而缓解资金周转的困境；再者，销售商掌握大数量的库存也可以作为与供应商进行博弈的筹码。因此，销售商普遍倾向于加大订货量以掌握主动权，这样也必然会导致"牛鞭效应"。

（6）**应付环境变异**。自然环境、人文环境、政策环境和社会环境的变化都会增加市场的不确定性。销售商应对这些不确定性因素的最主要手段之一就是保持库存，并且随着这些不确定性的增强，库存量也会随之变化。当对不确定性的预测被人为渲染，或者形成一种较普遍认识时，为了保有应付这些不确定性的安全库存，销售商会加大订货量，将不确定性风险转移给供应商，这样也会导致"牛鞭效应"。

（三）应对"牛鞭效应"的策略

"牛鞭效应"使需求信息沿着供应链逐级放大，导致其出现越来越大的波动。这种波动导致了库存成本增加、响应消费者需求的速度变慢等不利情况。虽然"牛鞭效应"很难完全克服，但是也存在着一些降低"牛鞭效应"的策略，包括降低不确定性、降低消费者需求变动程度、缩短提前期以及建立战略伙伴关系等。

（1）**降低不确定性**。减少或消除"牛鞭效应"最常用的方法是通过集中需求信息，即为供应链的各阶段提供实际的消费者需求的全部信息，来降低整个供应链的不确定性。

（2）**降低消费者需求变动程度**。通过降低消费者需求的变动性来减少"牛鞭效应"的影响。例如，如果可以减少零售商所观察到的消费者需求的变动程度，那么即使出现了"牛鞭效应"，批发商所观察到的需求变动性也会相对减少。我们可以采用诸如"天天低价"等策略降低消费者需求的变动性。当零售商推行"天天低价"策略时，他们提供的是稳定的商品价格，而不是带有周期性促销的价格。通过消除价格促销，零售商可以消除由促销引起的需求上的急骤变化。因此，"天天低价"策略有助于形成更加稳定的、变动程度更小的消费者需求模式。

（3）**缩短提前期**。需求预测越提前，面临的需求不确定性就越大。提前期的延长对供应链上各个阶段的需求变动产生显著影响。因此，缩短提前期能够大大地降低整个供应链的"牛鞭效应"。

（4）**建立战略伙伴关系**。战略伙伴关系的建立改变了信息共享和库存管理的方式，能够降低"牛鞭效应"的影响。例如，在供应商的库存管理中，制造商管理其零售店的库存，从而决定在每一期自己该持有的库存量以及应该向零售商发运的商品数量。因此，在供应商的库存管理中，制造商不需要依赖零售商发出的订单，也可以比较彻底地避免"牛鞭效应"的发生。

二、"曲棍球棒效应"的产生及改进方法

"曲棍球棒效应"（hockey stick effect）是供应链管理领域中一个重要的概念。它通常指的是供应链中一种特殊的现象，即在周期结束前，订单量会急剧上升，形成一个类似曲

棍球棒形状的图案。这种现象通常由订单、销售和生产的不稳定性以及供应链管理的缺陷引起。

（一）"曲棍球棒效应"

"曲棍球棒效应"源于供应链管理中的周期性需求波动。在一个周期内，大部分订单集中在最后的阶段，导致供应商需要在短时间内生产大量产品以满足需求。这种现象最初在汽车制造业中被观察到，后来也在其他行业被发现。"曲棍球棒效应"主要体现在以下三个方面。

（1）**订单量的波动**。在周期结束前，客户订单量会急剧上升，导致生产和物流系统的压力加大。

（2）**库存管理困难**。由于需求的不稳定性，企业很难预测库存需求，导致库存过多或者缺货的问题。

（3）**生产效率低下**。生产计划难以预测，导致生产线的闲置或过载。

（二）"曲棍球棒效应"的负面影响

"曲棍球棒效应"的产生与企业的生产、采购、销售等各个环节的不稳定性、信息不透明度以及市场需求波动有关。它反映了供应链管理中存在的不确定性和不稳定性问题，对供应链的整体运行产生负面影响，主要有以下 10 个方面。

（1）**生产成本增加**。由于需求的剧烈波动，企业在生产过程中需要投入更多的资源来应对，包括人力、物力和时间成本。在需求急剧上升的阶段，企业可能需要加班加点进行生产，这将导致生产成本的上升，从而影响企业的利润空间。

（2）**库存管理困难**。"曲棍球棒效应"导致需求的不稳定性增加，使得企业在库存管理方面面临更多的挑战。企业很难准确预测未来的需求，因此难以合理安排库存。这可能导致库存积压，占用企业的资金，增加库存成本；同时，也可能导致库存不足，影响客户满意度和企业声誉。

（3）**供应链效率降低**。"曲棍球棒效应"使得供应链中的各个环节需要应对更多的不确定性和风险。这可能导致供应链效率降低，从而影响整个供应链的运行。例如，生产商可能需要不断调整生产计划以满足波动的需求，而物流公司也需要应对运输需求的波动，这将给整个供应链带来压力。

（4）**与供应商关系紧张**。由于需求的剧烈波动，企业与供应商之间的关系可能变得紧张。在需求急剧上升的阶段，企业可能向供应商提出更高的要求，而供应商可能无法在短时间内满足这些要求，从而导致双方关系紧张。

（5）**客户满意度降低**。"曲棍球棒效应"可能导致企业无法及时满足客户需求，无论是由于库存积压还是库存不足。这将影响客户满意度，从而对企业的声誉和市场份额产生负面影响。长期下来，可能导致客户流失，使企业在激烈的市场竞争中处于不利地位。

（6）**资金周转困难**。需求波动导致的库存积压可能使企业的资金占用增加。在库存未能及时转化为销售收入的情况下，企业资金周转可能面临压力，从而影响企业的经营稳定性。

（7）**预测困难**。"曲棍球棒效应"使得企业在进行需求预测时面临更多的困难。需求波动可能导致历史数据失去预测价值，使企业难以准确预测未来的需求。这将对企业的生产、采购、销售等各个环节产生连锁反应，从而影响企业的整体运营。

（8）**应对风险能力降低**。"曲棍球棒效应"导致的需求波动可能使企业在应对市场变化时的风险承受能力降低。当市场发生突变时，企业可能难以迅速调整生产和供应链战略，从而影响企业的竞争力。

（9）**资源浪费**。需求波动导致的生产计划调整、库存积压等问题可能导致资源的浪费。企业可能需要为了应对需求的波动而投入更多的资源，包括人力、物力和时间等成本，但这些投入可能并未产生预期的收益，从而导致资源的浪费。

（10）**影响企业可持续发展**。长期受到"曲棍球棒效应"影响的企业可能会面临诸多负面影响，如利润下降、客户流失、资源浪费等。这将对企业的可持续发展产生严重威胁，甚至导致企业的衰退或破产。

"曲棍球棒效应"是供应链管理中一个重要且具有挑战性的问题。企业需要关注并积极应对，以减轻其对供应链和企业发展的负面影响。在面对"曲棍球棒效应"时，企业应从多个维度出发，全面优化供应链管理，以提高企业的应对能力，从而实现长期稳定的发展。

（三）"曲棍球棒效应"的改进方法

首先，企业应加强对需求的预测，以便更准确地了解未来的市场需求。这可以通过采用先进的预测技术和方法，如时间序列分析、机器学习和人工智能等实现。同时，企业也应加强与客户的沟通，以便及时了解客户的需求变化。其次，企业需要优化生产计划，以保证生产线的稳定运行。这可以通过灵活的生产策略和合理的生产计划实现。同时，企业还应关注新兴的生产技术，如数字化、智能化等，以提高生产效率。

此外，企业需要加强供应链协同，与供应商、分销商和客户建立紧密的合作关系。这可以通过共享需求信息、库存数据和生产计划等实现。通过供应链协同，企业可以更好地应对需求波动，从而降低"曲棍球棒效应"的影响。在库存管理方面，企业应采用先进的库存管理技术和策略，以降低库存风险。这包括实时库存监控、安全库存策略等。此外，企业还可以与其他企业建立库存共享机制，以便在出现需求波动时相互支援。

在某些行业，企业可以通过延迟定制策略来应对需求波动。这意味着企业可以先生产通用产品，等到收到具体订单后再进行定制。这种策略有助于减少生产和库存风险，降低"曲棍球棒效应"的影响。提高供应链信息透明度也是降低"曲棍球棒效应"影响的有效措施。企业可以建立信息共享平台，加强供应链上下游企业之间的信息透明度。通过共享需求、库存和生产信息，各方可以更好地协同工作，从而降低"曲棍球棒效应"带来的负面影响。

最后，企业需要加强员工的培训和教育，以提高员工对"曲棍球棒效应"的认识和应对能力。这有助于企业在需求波动的情况下更好地管理生产和库存，降低风险。

总之，"曲棍球棒效应"是供应链管理中一个不容忽视的问题。为了减少其对企业的负面影响，企业需要从多个方面采取措施。这包括加强需求预测、优化生产计划、加强供应链协同、降低库存风险、采用延迟定制策略、提高信息透明度以及加强员工培训等。通过这些措施，企业可以更好地应对需求波动，减少"曲棍球棒效应"的影响，从而提高供应链管理的效率和效果，实现可持续发展。

第三节　供应链中的激励理论及激励模式

供应链激励理论是供应链管理领域中一个重要的理论框架，它研究如何通过合理的奖励和惩罚机制来调动供应链中各方的积极性，从而实现整体供应链的效率和效益最大化。随着供应链管理理念的兴起和发展，研究者们逐渐关注到供应链各方之间的利益分配问题。

一、供应链激励理论概述

供应链激励理论的起源可以追溯到 20 世纪 80 年代，当时企业界开始关注供应链管理的重要性。随着全球化的推进和市场竞争的加剧，企业逐渐认识到，通过优化供应链管理可以降低成本、提高效率和响应速度。然而，在供应链管理过程中，各参与方有着不同的利益诉求，面临着不同风险，这导致了供应链中的激励问题。

在实际生产中，若某制造商与其供应商建立了合作关系，则需要设计一种激励机制来确保供应商按时交付高质量的原材料。通过应用供应链激励理论，制造商可以设定合适的奖励和惩罚措施，如返利、罚款等，以鼓励供应商提高服务水平。同样地，当一家电子商务企业希望提高仓储和配送中心的工作效率，以缩短客户等待时间时，它也可以通过运用供应链激励理论，为仓储和配送中心的员工制定绩效奖励制度，从而调动员工的积极性，提高整体运营效率。此外，在一个跨国供应链中，各参与方的文化差异可能导致沟通障碍和合作困难。应用供应链激励理论，管理者可以针对不同文化背景的参与方设计有针对性的激励机制，以促进更顺畅的沟通与协作。在这些例子中，激励理论开始被引入供应链领域，以解决生产中遇到的问题。

二、供应链中的激励模式

供应链激励理论关注如何通过设计合理的奖励和惩罚机制，在供应链管理中调动各参与方的积极性，以提高整体供应链的效率和效益。激励理论在供应链领域的应用涉及多个方面，包括信息不对称、契约理论、博弈论、行为经济学等。供应链激励理论主要有以下八个方面的方向和内容。

（1）**信息不对称与激励**。信息不对称是供应链激励问题产生的一个重要原因。在供应链管理过程中，各参与方可能存在隐藏信息和隐藏行为，导致激励失效。激励理论关注如何通过信息共享、信任建立等方式，减少信息不对称带来的激励问题。

（2）**契约理论与激励**。契约理论研究如何通过设计合同来实现供应链激励。合同是供应链中的一种重要激励手段，它可以规范各方的行为和义务，从而实现激励目标。常见的契约类型包括固定工资、分成合同、返利合同等，这些合同需要充分考虑各方的风险承担能力和激励约束。契约理论是供应链激励理论中比较重要的一个方面，下文会详细讲述这一理论。

（3）**博弈论与激励**。博弈论是研究多方互动行为的一种理论方法，它在供应链激励理论中也有广泛应用。博弈论激励模型分析供应链各方在不同激励机制下的策略选择和行为反应，从而找到能够实现协同效应的激励设计。常见的博弈模型有纳什均衡、斯塔克伯格均衡、博弈树等。

（4）**行为经济学与激励**。行为经济学关注人类在决策过程中的非理性行为。这些非理性行为，如损失厌恶、超额自信等，可以用来解释供应链中的一些激励失效问题。行为激励模型关注如何利用人们的非理性行为来设计更有效的激励机制。

（5）**企业文化与激励**。企业文化是组织内部的价值观、信仰、行为准则等，它对供应链激励具有重要影响。一个良好的企业文化可以调动员工的积极性，提高供应链各方的信任度和合作意愿。供应链激励理论关注如何通过塑造企业文化、价值观和行为规范来提高供应链整体的协同和激励效果。

（6）**跨文化与激励**。随着全球化的发展，供应链管理逐渐涉及跨国和跨文化的问题。不同国家和地区的文化差异会影响供应链激励的设计和实施。供应链激励理论关注如何克服文化差异，设计出适应不同文化背景的激励机制。

（7）**供应链绩效评价与激励**。绩效评价是激励机制的基础，只有准确地评价供应链各方的绩效，才能实现有效的激励。供应链激励理论关注如何构建合理的绩效评价体系，以支持激励机制的实施。这包括选择合适的绩效指标、权重分配、评价周期等方面的研究。

（8）**技术与激励**。随着大数据、人工智能、物联网等技术自身的发展，其在供应链管理中的应用也日益广泛。技术手段可以为激励理论提供更多的数据支持和分析方法，提高激励设计的准确性和实施效果。供应链激励理论关注如何利用技术手段优化激励机制，从而实现供应链整体效率的提升。

供应链激励理论关注的是如何在供应链管理中设计和实施有效的激励机制，以提高供应链各参与方的积极性和协同效果。这一理论涵盖了多个领域和方向，包括信息不对称、契约理论、博弈论、行为经济学等。随着供应链管理理念的不断发展和创新，供应链激励理论将继续演进，更多新颖的激励模型和实践将不断涌现。

第四节 供应链契约概论

一、供应链契约概述

供应链契约理论（supply chain contract theory）是关于供应链中参与者之间合同设计和合作策略的一种理论体系。它主要研究供应链参与者如何通过契约安排来实现资源配置、风险管理和利益分配，以提高供应链整体效率，是供应链激励理论中的重要内容。

供应链契约理论的核心观点是：通过合同设计和协作策略，可以实现供应链参与者之间的利益一致，从而提高供应链整体的效率。该理论体系主要包括以下四个方面。

（1）**供应链契约设计**。契约设计是供应链契约理论的关键环节，它需要考虑供应链参与者的利益诉求、风险承担能力和协作意愿等因素。供应链契约设计的目标是实现供应链参与者之间的利益一致，并提高供应链整体效率。

（2）**供应链风险管理**。供应链契约理论认为，合同可以作为一种有效的风险管理工具。通过合同安排，供应链参与者可以明确风险责任、分担风险，降低风险对供应链整体效率的影响。

（3）**供应链协同与协作**。供应链契约理论认为，协同与协作是提高供应链整体效率的关键。通过合同安排，供应链参与者可以实现信息共享、资源整合和利益均衡，从而提高供应链整体效率。

（4）**供应链契约评价与优化**。供应链契约理论关注契约的绩效评价和优化。通过对现有契约的评价和调整，可以进一步提高供应链整体效率。

供应链契约理论为供应链管理提供了一种理论指导，有助于供应链参与者更好地进行合同设计和风险管理。通过运用供应链契约理论，企业可以更好地应对市场波动，降低风险，提高供应链整体效率。

二、供应链契约的分类

供应链契约主要包括以下五个类型。

（一）退货契约

退货契约，也叫回购契约，即供应商对零售商没有卖掉的产品以小于批发价的价格进行回购，故该契约的转移利润就是在上述批发价契约所付利润的基础上，扣除那些没有卖掉的产品的回购值。其目的是给销售商一定保护，引导销售商增大采购量，从而应对需求的不确定性。

（二）供应链收益共享契约

供应链收益共享契约是指零售商将一定比例的销售收益交付给供应商，以获得较低的批发价格，从而改进供应链运作绩效。这一契约最先出现在音像租赁行业，后被推广到其他行业。

（三）数量折扣契约

数量折扣契约，又称批量作价，是企业对大量购买产品的顾客给予的一种减价优惠。一般而言，购买量越多，折扣也越大，以此来鼓励顾客增加购买量。数量折扣又可分为累计数量折扣和一次性数量折扣两种类型。

（四）批发价格契约

批发价格契约中仅有批发价格是固定的，零售商根据批发价格来决定自己的订货量。此时，供应商根据销售商的订购量组织生产。供应商的利润是固定的，零售商的利润取决于其产品的销售量，但同时零售商也要承担产品的库存处理职责，风险完全由零售商承担，销售商承担产品未卖出去的一切损失。

（五）数量弹性契约

数量弹性契约是指零售商的实际订货量可以在其提前提交的订货量基础上进行一定范围内的变动，零售商在对下一个销售周期进行预测之后，提供给供应商一个订货量，供应商以此为基础组织生产，零售商在获得了确定的市场需求之后，只能在供应商所允许的范围之内确定实际订货量，无论最后市场需求是超过还是低于零售商的预测，此时零售商和供应商共同承担市场风险。

三、供应链契约的作用

供应链契约在供应链管理中起着至关重要的作用，它是维系供应链各环节相互协作的框架。供应链契约的作用主要体现在以下七个方面。

（一）规范权责关系

供应链契约首要的作用是明确并规范各参与方的权利和义务，使得供应链的运行更加公平、公正和透明。在供应链中，各环节包括供应商、制造商、分销商、零售商等，他们的权利和义务应该在契约中明确规定，以保证各方在履行责任的同时也能获得相应的权益。这有助于避免商业争端，维护各方的合法权益，确保供应链的顺畅运作。

（二）分配风险和收益

供应链契约是一种重要的风险管理工具。它通过合同设定的方式确定了供应链中各参与方承担的风险与得到的收益。在供应链的运作中，可能会遇到各种风险，如供应中断、需求变化、价格波动等。这些风险如何分配、收益如何获取，都可以通过供应链契约进行明确。例如，契约可能会规定在需求下降时，损失由哪一方承担；或者在供应稀缺时，额外收益由哪一方获得。这种明确的风险和收益分配可以降低供应链运作的不确定性，以保证各参与方的合理利益。

（三）提高协同效率

供应链契约通过明确责任和义务形成有效的协同机制，从而提高整个供应链的运作效率。同时此契约也会规定各环节在生产、配送、销售等过程中的职责，从而保证各方能协同工作。例如，契约可能会规定供应商必须在一定时间内完成供货，分销商必须按照既定计划进行分销，零售商必须按时完成销售。这些规定保证了供应链各环节的协同作业，也提高了供应链整体的运作效率。

（四）促进信任和长期合作

供应链契约为各参与方提供了一个可预期的运作环境，有助于建立和深化各方之间的信任。在契约的约束下，各参与方更愿意进行长期的合作，因为他们知道自己的权益得到了保障，合作的规则明确，未来的收益可以预期。这种信任和预期是实现供应链长期稳定运作的基础。

（五）激励和监督

供应链契约通常会设定一些激励和监督机制，以确保各参与方履行契约义务。例如，契约可能会设定某些绩效指标，如果达到这些指标，就能得到额外的奖励；如果未能达到，就需要受到某些惩罚。这种奖惩机制能够有效激励各参与方更好地完成任务，提高供应链的整体效率。

（六）预防和解决冲突

在供应链运作过程中，可能会发生各种冲突，如供应问题、质量问题、价格问题等。供应链契约通常会预设一些冲突解决机制，如调解、仲裁或诉讼，以及各种罚款和赔偿条款等。当冲突发生时，各方可以依据契约中的规定进行处理，避免冲突升级，及时解决问题。

（七）创新与优化

供应链契约通过契约改革和创新，可以推动供应链的优化升级。例如，企业可以通过设计新的契约形式或者调整现有契约条款，以适应市场变化，提高供应链的适应性和灵活性。同时，优秀的供应链契约设计也能引导和激励供应链各环节进行技术创新、流程优化，进而提升整个供应链的竞争力。

总的来说，供应链契约是维护供应链平稳运行的重要工具，它的作用是多方面的，包括规范权责关系、分配风险和收益、提高协同效率、促进信任和长期合作、激励和监督、预防和解决冲突、推动创新和优化等。因此，在供应链管理中，供应链契约的设计和执行应得到充分的重视。

四、供应链契约的参数

随着对供应链契约的研究日益加深，人们不断建立新的契约模型，并深度发掘契约模式中潜在的意义，致力于将供应链契约应用到实际的管理中。供应链契约本质上研究的是契约参数。通过设置不同的参数，可以构建出多种不同的契约模型。例如，在研究超储存的退货问题时，就构成了回购契约；在研究供应链中的利润分配问题时，就形成了利润共享契约。因此，以不同的契约参数为出发点，就能够以不同类型的供应链契约为对象进行研究。

不同参数的具体设定会影响到供应链契约的作用，如数量折扣契约中折扣百分比的设计、最低购买数量契约中最低购买数量的确定，以及利润共享契约中利润分享参数的确定等都会影响契约的效果。供应链契约的目标是优化供应链绩效、提高供应链竞争能力，以确保契约双方共同获利。因此，供应链契约的参数设定必须对供应链节点企业起到激励和约束作用，同时要激发节点企业的合作潜力，促进企业之间建立紧密的合作，使节点企业通过增加整个供应链的利润来增加企业自身的收益。一般来说，供应链契约的参数主要有以下几点。

（一）决策权的确定

在传统合作模式下，契约决策权的确定并不是双方合作讨论的结果，几乎每个企业都有自己的一套契约模式，并按照该模式进行各自的日常交易活动。但是在供应链环境下，供应链契约决策权却发挥着相当重要的作用，因为在供应链契约模式下，合作双方要合作讨论契约的内容，进行风险的共担以及利润的共享。

（二）价格

价格是契约双方最关心的内容之一，可以表现为线性的形式或者非线性的形式。合理的价格使得双方都能获利。卖方在不同时期、不同阶段都会有不同的价目表，一般都会随着订货量的增大和合作时间的延长而降低价格，以激励买方重复订货。

（三）订货承诺

买方一般根据卖方的生产能力和自身的需求量提出订货承诺。订货承诺大体有两种方式：最小数量承诺和分期承诺。对于单个产品，最小数量承诺意味着买方承诺其累计购买量必须超过某特定数量，即最低购买数量；对于多品种产品，进行最小数量承诺要求购买金额要超过某最低量，即最低购买价值承诺。使用分期承诺时，买方会在每一个周期开始之前提出该期的需求量。从一定意义上说，前者给出总需求量，有利于卖方做好整个契约周期内的生产计划，但是万一市场发生变化，绝大部分市场风险便转移到卖方身上；后者则要求买方在各个期初给出当期的预计订货量承诺，进行了风险共担，使卖方的风险有所降低，同时也迫使买方加强市场决策的有效性。

（四）订货柔性

任何时候买方提出购买货物的数量，卖方一般都会提供一些柔性，以调整供应数量。这种柔性包括价格、数量以及期权等量化指标。在这种情况下，一方面卖方在完成初始承诺后，可以提供或者不提供柔性所决定的服务补偿；另一方面，买方也能从中获得一定的收益，当市场变动影响其销售时，就可以使用柔性机制来避免更大的损失。同时柔性也提供了强有力的约束，使合作双方在契约执行过程中更多地考虑自身利益，改善经营，使两者都可以从长期角度受益。

（五）利润分配原则

企业最根本的目的都是实现自身利润的最大化，因此在设定契约参数的时候，分配原则通常是企业协商的重点。供应链契约往往以企业的利润作为建模的基础，在合作双方之间划分供应链的整体渠道收益就是利润的分配问题。供应链的利润分配主要遵循利益共享和风险共担原则。在实际利润的分配过程中，供应链的核心企业具有决定性的影响，它在供应链成本、交易方式、利润激励等方面都有着举足轻重的作用。

（六）退货方式

一般而言，退货对卖方是非常不利的，因为它要承担滞销产品带来的风险和成本。但事实上，实施退货政策能有效激励买方增加订货，从而扩大销售额，增加双方收入。从某种意义上讲，如果提高产品销售量带来的收入远大于滞销产品所带来的固定成本，或者卖方有意扩大市场占有率，那么实施退货政策给双方带来的利益远远大于其各自将要承担的风险。

（七）提前期

在质量、价格可比的情况下，提前期是买方关注的重要因素之一。同时，提前期会导致需求信息的放大，产生"牛鞭效应"，这对卖方而言也很不利。因此有效地缩短提前期不仅可以降低安全库存水平，节约库存成本，提高客户服务水平，同时还可以减少"牛鞭效应"的影响。

（八）质量控制

在采购管理中，质量控制主要是由供应商来完成的，企业在必要的时候才会对质量进行抽查。因此，关于质量控制的要求应该明确各个质量职责，还应该激励供应商提高其质量水平。质量问题是买卖双方谈判的矛盾所在。对卖方而言，提高原材料或零部件的质量则意味着产品成本的增加；而对买方而言，只有在价格不变的前提下，保障原材料或零部件的质量、提高产成品的合格率才能增加收益。

（九）激励方式

对节点企业的激励是使节点企业参与供应链的一个重要条件，激励条款应包含激励节点企业提高质量控制水平、供货准时水平和供货成本水平等内容，节点企业业务水平的提高意味着业务过程更加稳定可靠，同时也会降低费用。

（十）信息共享机制

供应链节点企业之间任何有意隐瞒信息的行为对整个供应链系统都是不利的，信息交流和共享是供应链良好运行的保证。因此，契约中应对信息交流提出保障措施，如规定双方互派通信员和规定每月举行信息交流会议等。

以上所述是供应链契约设定参数时需要考虑的因素。此外，在契约的签订过程中，还需要考虑众多复杂因素的一些动态的、不断重复的博弈过程。

五、供应链契约模型

供应链契约理论的参数主要包括供应链参与者的成本、利润、需求量等。在实际契约设计中，这些参数通常需要根据市场条件、参与者特征等因素进行调整。供应链契约理论中常用的模型主要有以下几种。

（一）Newsvendor模型

Newsvendor模型（Newsvendor model）是一种基本的库存管理模型，用于确定最优订货量。设订货量为Q，需求量为D，成本为C，售价为P，残值为S，则最优订货量Q^*可以通过以下公式计算：

$$Q^* = \frac{F^{-1}(P-C)}{(P-S)} \tag{8.1}$$

其中，F^{-1}为需求分布的逆累积分布函数。

Newsvendor模型主要用于库存管理和需求预测。在实际应用中，需要根据历史销售数据和市场调查等信息来估计需求分布，然后使用Newsvendor模型来计算最优订货量。此外，Newsvendor模型还可以扩展到其他领域，如产品定价、促销策略等。

（二）回购契约

回购契约（buyback contract）是一种常见的供应链契约类型，其中供应商向零售商提供一定比例的回购价。设回购价比例为α，则零售商和供应商的利润分别为：

$$\begin{aligned}\pi_R &= (P-C)*\min(Q,D)+\alpha(C-S)*\max(0,Q-D) \\ \pi_S &= (1-\alpha)(C-S)*\max(0,Q-D)+(P-C)*\min(Q,D)\end{aligned} \tag{8.2}$$

回购契约通常应用于时尚产品、季节性产品等市场。通过回购契约，供应商可以降低零售商的库存风险，从而激励零售商订购更多产品。同时，零售商可以通过回购价格调整库存水平，以应对需求波动。在实际应用中，需要根据市场条件、产品特性等因素来确定合适的回购价比例。

（三）收益分享契约

收益分享契约（revenue sharing contract）是另一种常见的供应链契约类型，其中零售商和供应商按照一定比例分享销售收益。若设收益分享比例为β，则零售商和供应商的利润分别为：

$$\begin{aligned}\pi_R &= \beta(P*\min(Q,D)-CQ) \\ \pi_S &= (1-\beta)(P*\min(Q,D)-CQ)\end{aligned} \tag{8.3}$$

收益分享契约通常应用于高风险、高利润的市场，如电子产品、新兴技术等。通过收益分享契约，零售商和供应商可以共同承担市场风险，并实现利益均衡。在实际应用中，需要根据市场竞争、成本结构等因素来确定合适的收益分享比例。此外，收益分享契约还可以与其他契约类型结合使用，以实现更高的供应链整体效率。

（四）量折扣契约

量折扣契约（quantity discount contract）是一种基于订货量给予折扣的契约类型。设

订货量为 Q，折扣阶梯为 $\{q_1, q_2, \cdots, q_n\}$，其对应的折扣价格为 $\{C_1, C_2, \cdots, C_n\}$，则零售商和供应商的利润分别为：

$$\pi_R(Q)=(P-C(Q))*\min(Q, D)$$
$$\pi_S(Q)=(C(Q)-S)*\min(Q, D)$$
（8.4）

量折扣契约通常应用于成本敏感型产品，如家电、汽车零部件等。通过量折扣契约，供应商可以激励零售商订购更多产品，从而实现规模经济。同时，零售商可以根据订货量调整采购成本，以实现利润最大化。在实际应用中，需要根据市场竞争、成本结构等因素来设计合适的折扣阶梯和价格。

此外，在供应链契约理论中，还有很多其他的模型和方法可以用于契约设计、风险管理和协作策略。例如，博弈论模型可以用于分析供应链参与者之间的策略互动；随机模型可以用于处理需求不确定性等问题。在实际应用中，需要根据具体情况选择合适的模型和方法，以实现供应链整体效率的提升。

（五）博弈论模型

博弈论模型（game theory model）主要用于分析供应链参与者之间的策略互动。通过构建博弈论模型，可以预测供应链参与者的行为、制定合作策略并分析市场竞争。在实际应用中，博弈论模型可以与其他供应链契约理论相结合，以设计更有效的契约机制。

（六）随机模型

随机模型（stochastic model）主要用于处理需求不确定性、生产不确定性等问题。通过构建随机模型，可以估计需求分布、计算库存水平并分析风险。在实际应用中，随机模型可以与其他供应链契约理论相结合，以优化风险管理决策和协作策略。

（七）信息共享策略

信息共享策略是提高供应链整体效率的关键。通过信息共享，供应链参与者可以实现需求预测、库存管理和生产计划的协同。在实际应用中，需要设计合适的信息共享机制，以实现供应链参与者之间的信任和利益一致。

（八）供应链优化方法

供应链优化方法主要用于评价和调整供应链契约，以提高供应链整体效率。常见的优化方法包括线性规划（linear programming）、整数规划（integer programming）和动态规划（dynamic programming）等。在实际应用中，需要根据具体问题选择合适的优化方法，并结合供应链契约理论进行契约评价和优化。

总之，供应链契约理论为供应链管理提供了一种理论指导，有助于企业更好地进行合同设计、风险管理和协作策略。在实际应用中，需要根据市场条件、参与者特征等因素综合运用各种模型和方法，以实现供应链整体效率的提升。

本章要点

1. 供应链协同管理是指通过整合供应链上的各个环节，实现供应链内各方的协调与配合，从而实现供应链整体效率的最大化。它包括对供应链上的采购、生产、物流、销售等各个环节的协调与管理，目的是在保证供应链整体效率的同时，最大限度地满足客户的需求，并确保供应链的稳定性和可靠性。

2. 供应链协同管理主要涉及供应链战略规划、供应链协调、供应链监控与评估、供应链风险管理和信息管理五个方面。

3. "牛鞭效应"是一种供应链中分销商向工厂下达的订单的变动程度比零售数量的波动要大得多，导致沿着供应商上游推进需求变动程度增大的现象。这一效应对供应链协同管理往往有较大影响。

4. "牛鞭效应"产生的原因主要有六个方面，即需求预测修正、订货批量决策、价格波动、短缺博弈、库存责任失衡和应付环境变异。

5. "牛鞭效应"很难完全克服，但是也存在着一些降低"牛鞭效应"的策略，如降低不确定性、降低消费者需求变动程度、缩短提前期以及建立战略伙伴关系等。

6. "曲棍球棒效应"是另一种影响较大的供应链协同问题，源于供应链管理中的周期性需求波动。在一个周期内，大部分订单都集中在最后的阶段，导致供应商需要在短时间内生产大量产品以满足需求。这种现象最初在汽车制造业中被观察到，后来也在其他行业被发现。

7. "曲棍球棒效应"是供应链管理中一个不容忽视的问题。为了降低其对企业的负面影响，企业需要从多个方面采取措施进行改进，如加强需求预测、优化生产计划、加强供应链协同、降低库存风险、采用延迟定制策略、提高信息透明度以及加强员工培训，等等。

8. 在供应链管理过程中，各参与方有着不同的利益诉求，面临着不同的风险，这导致了供应链中的激励问题。供应链激励理论关注的是如何在供应链管理中设计和实施有效的激励机制，以提高供应链各参与方的积极性和协同效果。这一理论涵盖了多个领域和方向，包括信息不对称、契约理论、博弈论、行为经济学等。

9. 供应链契约理论是关于供应链中参与者之间合同设计和合作策略的一种理论体系，主要聚焦于研究供应链参与者如何通过契约安排来实现资源配置、风险管理和利益分配，以提高供应链整体效率。

10. 供应链契约本质上研究的是契约参数。通过设置不同的参数，可以构建出多种不同的契约模型，而不同参数的具体设定会影响到供应链契约的作用。在供应链的合作中，供应链契约的目标是优化供应链绩效、提高供应链竞争能力，确保契约双方共同获利。因此，供应链契约的参数设定必须对供应链节点企业起到激励和约束作用，以及激发节点企业的合作潜力，促进企业之间建立紧密的合作，使节点企业通过致力于增加整个供应链的利润来增加企业自身的收益。

11.供应链契约理论中常用的模型主要有Newsvendor模型、回购契约、收益分享契约、量折扣契约等。

思考题

1. 什么是供应链协同管理？为什么要进行供应链协同管理？
2. 简述"牛鞭效应"的产生原因。
3. 有哪些策略可以降低"牛鞭效应"带来的影响？
4. 简述"曲棍球棒效应"的定义。
5. "曲棍球棒效应"带来了哪些负面影响？该如何改进？
6. 供应链激励理论是什么？它是如何产生的？
7. 供应链中的激励模式主要有哪些？
8. 什么是供应链契约？供应链契约有什么作用？
9. 供应链契约的参数有哪些？
10. 简述常用的供应链契约模型及其特点。

第九章
供应链金融

本章数字资源

通过本章学习，你需要：
1. 掌握供应链金融的基本概念；
2. 了解供应链金融的发展历程；
3. 了解供应链金融与物流金融、商业信用融资、互联网金融之间的联系与区别；
4. 了解供应链金融的三种典型模式；
5. 了解供应链金融业务风险分析的方法。

【开篇案例】浙江商业银行的供应链金融业务

浙商银行股份有限公司（以下简称"浙商银行"）于2004年8月成立，截至2016年6月末，浙商银行在全国多地设立上百家分支机构，能够为全国多地提供金融服务。浙商银行于2016年3月30日在香港联交所上市，并于2019年11月26日在上海证券交易所上市，是全国第13家"A+H"上市银行（指既作为A股在上海证券交易所或深圳证券交易所上市，又作为H股在香港联合交易所上市）。江苏HY公司主要承接以医疗净化为核心的医疗专业工程，是为多家医院提供专业服务整体解决方案的供应商。HY公司上游企业为医疗器械小型制造商，这些制造商企业的经营规模普遍较小，建厂地点偏远分散，其下游为医院。作为整条供应链上的核心企业，HY公司通过购买上游制造商的医疗设备，为下游各大医院提供设备、医疗服务。

在经营过程中，HY公司所处的供应链存在应收账款无法及时回收，进而影响供应链供应关系的问题。当下游医院向HY公司购买设备、医疗服务时，医院付款账期较长，不能及时支付货款，导致HY公司产生大量应收账款，无法快速回流资金。作为整条供应链上的核心企业，HY公司由于收不到下游的货款，无法及时向上游制造商支付价款，使得上游企业也形成大量应收账款。因为上游是医疗器械小型制造商，经营规模普遍较小，用来担保的资产较少，所以极容易导致银行融资困难。在无法及时收到HY公司的价款，也无法从银行及时获得充足贷款的情况下，这些上游企业缺乏购买制造设备所需材料的资金，进而无法为核心企业 HY 公司及时供应货物。

为了帮助 HY 公司解决这一困境，浙商银行为其定制了一个应收账款平台，即 HY 公司将自己在下游公司的应收账款抵押给浙商银行，银行在应收款平台上，严格对 HY 公司进行资格审查，如果资格审查通过供应链融资要求，浙商银行将发放贷款。HY 公司获得贷款后，可以进一步从事经营活动，而下游公司需要向浙商银行缴纳相应的货款。具体流程如图 9-1 所示。

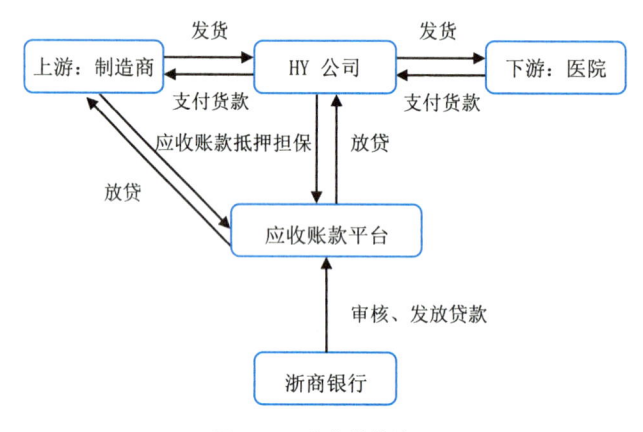

图 9-1　企业贷款流程

浙商银行的供应链金融业务将银企进行联合，主要利用应收账款平台减少应收账款的流通障碍。这一模式充分支持了中小企业的发展，从而为国家实体经济提供服务的同时，也帮助浙商银行自身扩展了基础客户群。放眼未来，浙商银行依靠核心企业的信用与实力，可以将上下游的企业变成客户群。

核心企业拉动中小企业共同发展，在不断努力下中小企业也可以慢慢达到核心企业的地位，拥有自己的上下游企业，并以自己为核心形成一条新的供应链。而这些企业作为浙商银行的核心客户，又能带动各自上下游的供应链企业实现实体经济的良性发展。HY 公司面临的种种问题将随着浙商银行推出的供应链金融应收账款平台迎刃而解。利用互联网、区块链技术对 HY 公司上下游交易进行清晰的记录，可以加快供应流程、减少成本，并实现信息的公开透明，从而实现风险最小化。通过供应链金融，可以有效解决银行贷款成本高、程序复杂的问题，同时也可以有效解决中小企业资产较少、信用水平较低、贷款困难的问题，从而使银行与企业联手实现双赢。

资料来源：李唯滨，张一凡.浙江商业银行供应链金融如何为企业创造价值[EB/OL].（2020-09-09）[2023-05-01]. https://www.cmcc-dut.cn/Cases/Detail/4610.

第一节 供应链金融概述

一、对供应链金融的认识

目前，有关供应链金融的定义尚未形成统一的认识。本教材认为供应链金融是指金融机构通过引入供应链核心企业、物流监管公司及资金流导引工具等风险控制手段，实现对供应链中信息流、物流、资金流的有效控制，从而为供应链中不同节点的企业提供融资、结算和理财等综合金融服务。一个完整的商品供应链包括原材料采购、生产制造、最终产品销售等众多环节，涉及供应商、制造商、分销商、零售商以及最终用户等众多参与者。

供应链管理则是指对供应链中的信息流、物流和资金流进行计划、控制和管理，以达到供应链效率最大化。从现状看，供应链中物流和信息流的管理技能和手段已日臻完善，但对于资金流的管理，特别是资金流和物流的整合管理依然处于起步阶段。物流和资金流的分离管理影响了整条供应链的稳定性和运行效率。在当前的实践中，一些规模较大的供应链核心企业往往会利用其强势地位在交货、价格、账期等贸易条件方面对上下游企业提出苛刻要求。这导致上下游企业经常面临交付资金后不能及时收到货物，或货物售出而资金无法立即回流等情形，也给上下游企业的正常运作造成了巨大的压力，从而导致整个供应链出现失衡。

供应链金融的目的是通过有效的金融安排，避免供应链因资金短缺而发生断裂，并提高企业的投资收益和物流效率。其核心理念是金融机构通过借助供应链核心企业的信用或者以业务合同为担保，依靠第三方物流企业的参与来共同分担贷款风险，这改变了过去金融机构只针对单一企业主体进行信用评估的融资模式，开创了金融机构以整个供应链及具体业务的风险评估为基础进行授信决策的新融资模式。

从金融机构的角度看，供应链金融是贸易融资的产品之一，通过以供应链为对象的系统性融资安排，供应链金融可以获得比传统业务利润更丰厚的回报。从企业的角度看，供应链金融是一种融资的新渠道，它不仅提高了大企业的资金利用效率，而且解决了中小企业融资难的问题，还可以促进中小企业与核心企业的长期战略协同关系，并提升供应链的竞争能力。图 9-2 显示了传统融资模式和供应链金融融资模式的区别。

```
供应商 ──更多销售──> 核心企业 ──更多销售──> 销售商
      ↖         核心支持        ↗
       优惠      银行          优惠
```

(a) 传统融资模式

```
供应商 ──销售──> 核心企业 ──销售──> 销售商
  ↑              ↑              ↑
 苛刻            优惠           苛刻
 银行            银行           银行
```

(b) 供应链金融融资模式

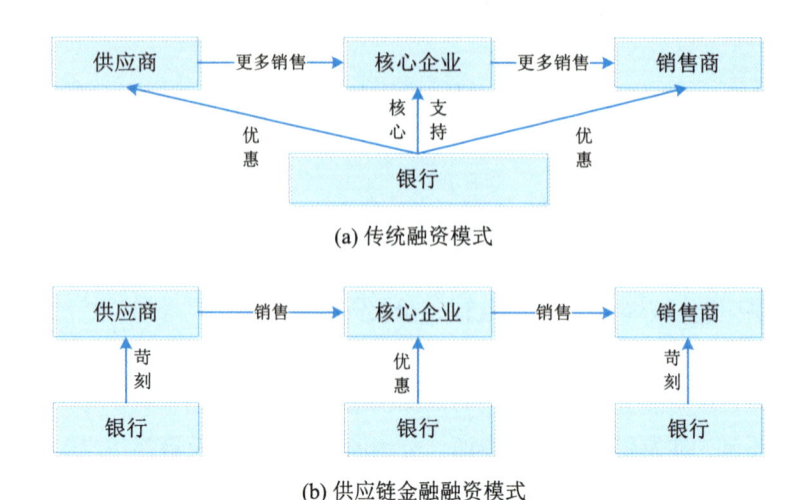

图 9-2　传统融资模式与供应链金融融资模式的比较

二、供应链金融与物流金融

物流金融与供应链金融经常被同时提及。在目前的理论和实践中，物流金融有时会被认为是供应链金融的一部分或被看作供应链金融的另一个称谓。实际上，物流金融和供应链金融既相互区别又紧密联系。物流金融特指包含金融服务功能的物流服务，即客户企业在生产和进行物流业务时，通过物流企业获得金融机构的资金支持；同时，物流企业为客户企业提供物流及相应的融资和结算服务，从而使物流活动产生增值服务。

对比供应链金融和物流金融的定义可以发现，从提供服务的主体看，供应链金融的核心主体是金融机构，而物流金融的核心主体是物流企业；从服务的对象看，供应链金融的服务对象可以是供应链中有业务关系的多个企业，而物流金融的服务对象往往只涉及单一企业；从服务模式看，供应链金融的融资服务和物流服务不一定需要紧密结合，而物流金融则多提供金融和物流的一体化服务。通过以上对比可以发现，除了提供服务的主体不同，供应链金融比物流金融拥有更宽泛的外延，这也是物流金融常被认为是供应链金融一部分的原因。

在供应链金融的实践中，第三方物流企业往往扮演金融机构的代理人或服务提供商，为贷款企业提供仓储、配送、监管等服务，同时起到为金融机构防范融资风险的作用。在某些情况下，金融机构甚至不与贷款企业直接接触，而是授予第三方物流企业一定的信用额度，由第三方物流企业独立地开展金融和物流服务。这里的授信是指银行向客户直接提供资金支持，或对客户在有关经济活动中的信用向第三方做出保证的行为。第三方物流企业会根据客户需求再分解授信额度给自己的客户，并为客户向银行提供信用担保。在上述情况下，供应链金融和物流金融之间的界限就变得愈发模糊。在本教材中，我们忽略服务主体的差异，而将关注的重点放在供应链金融及物流金融的服务模式上。

【案例】伊利乳业的供应链金融模式

伴随中国乳制品行业的快速发展，内蒙古伊利实业集团股份有限公司（以下简称"伊利")下游经销商的销售规模逐年攀升。2008年以来，随着上游牧场不断转型升级，规模化、信息化、科学化饲养成为主流，上下游对资金的需求更加迫切。由于银行信息不对称，缺少有效的抵押、担保，伊利上下游小微企业很难从银行获取融资，普遍存在着融资难、融资慢、融资贵问题。2009年开始，伊利作为"信息中介"开始向各家银行推荐客户，帮助解决牧场、经销商的资金问题，以促进产业链协同发展。但银行承担全部风险损失，导致银行政策不连续，推荐模式存在很大的不稳定性。因此贷款的满足率和效率都较低，效果不太理想。

伊利清楚地认识到只有产业链强，才能实现共同繁荣和可持续发展。董事长潘刚提出"厚度优于速度、行业繁荣胜于个体辉煌、社会价值大于商业财富"的理念，要求大力发展产业链金融，帮助合作伙伴降低经营风险，解决融资困局。从2014年起，伊利逐步打造了特色产业链金融体系，将最宝贵的"信用"资源与产业链合作伙伴共享，不断创新普惠融资模式，促进整个产业互惠共赢、可持续健康发展。

伊利作为中国乳业龙头企业，针对上下游的融资困境，从2014年开始搭建产业链金融平台，以"产业是根本、金融是手段"为理念，在队伍建设、产品设计、风控体系搭建等方面，深度践行产融结合。从申请牌照到搭建队伍，伊利意识到如果不持牌、不建队伍，就不能长效、系统地解决上下游客户的融资痛点。从2014年开始，伊利先后成立担保（2014年）、保理（2015年）、互联网小贷（2017年）和奶业投资公司（2020年），获批四块类金融牌照，围绕伊利上下游合作伙伴多渠道开展连续、合规的产业链金融业务。产业链金融平台组织结构参照金融机构的管理架构，由前台客户服务、中台运营支持、后台风险控制构成。

1. 深入产业，各个击破

创立伊始，产业链金融团队深入调研产业链各环节出现的问题，设计合适的解决方案，将金融活水涌向产业链上下游。首先，解决上下游主体弱问题：伊利提供信用背书助其准入；其次，解决信息不对称问题：伊利作为懂行业的核心企业，收集产业数据和行业信息支撑银行审批，将存货、奶牛、应收账款等通过合法的登记机构转化为标准抵押物，增强主体信用；再次，解决融资贵问题：以往企业从信用社贷款，其贷款利率年化达10%以上，民间借贷年化甚至达15%以上，伊利介入后，上下游融资成本年化约为6%；最后，解决少渠道问题：以前牧场最多接触到信用社，经销商接触到城商行，伊利将融资渠道共享给上下游合作伙伴，与伊利直连的10多家银行都成了上下游企业的合作银行。担保模式解决了上下游优质客户融资难、融资贵难题，但是因银行准入严、审批流程长等情况，还存在融资繁、融资慢等问题。2017年伊利全资成立小贷公司，以弥补银行放款慢的不足，其与担保模式相得益彰。

2. 产品场景化，精准服务

伊利基于多年经营积累的行业大数据以及实地调研考察，熟知合作伙伴的经营状况和融资需求特点，能精准定位客户需求，深入剖析伙伴交易场景。其运用数字化思维设计金融产品，采用"标准化+差异化+一户一策"的产品服务体系，并坚持"从实业中来，到实业中去"的产品设计理念。例如，针对上游牧场推出"青贮贷""牧场贷"；针对下游全国经销商推出"流通贷""普惠贷"；针对供应商的短期融资需求，推出"即期保理""预付保理"等金融产品。目前已设计出额度精准、期限合理、风险可控的多样化金融产品，形成了较为完备的产品体系。

3. 围绕产业，全过程风控

伊利产业链金融业务对上下游小微企业有着科学的准入机制。遍布全国各地的一线业务人员作为最了解伊利上下游合作伙伴的员工，就是金融平台可信赖的信贷员。因此，一般由他们来完成从当地客户需求收集到客户经营情况的调查。每位一线员工既是业务人员，也是财务数据的收集者、金融信息的管理者；既是金融产品宣讲者，也是具体业务推动者；既是金融资源分配者，也是实质风险承担者。

截至2021年末，伊利产业链金融业务不良率为0.52%，远低于中小微企业的平均不良率。这不仅得益于全过程风控，还依靠伊利的组织文化。在此项业务上，伊利严格执行责权利对等，对业务人员采用责任追偿制度，抑制了内部舞弊和串通行为。从2014年到2021年，伊利产业链金融中心不断探索和实践，累计发放融资贷款930亿元，支持了8590户上下游合作伙伴，带动鲜奶产量增幅达15%左右，在促进产业高质量发展的同时，也为其他龙头企业解决上下游融资困局提供了样本。

资料来源：宋华，潘璇. 伊利产业链金融：赋能乳业上下游共赢发展［EB/OL］.（2021-08-01）［2023-05-01］. http://www.cmcc-dlut.cn/Cases/Detail/6598.

三、供应链金融与商业信用融资

商业信用融资是以商品形式提供的借贷活动，在企业交易过程中普遍存在，构成了企业短期融资的重要组成部分。从广义概念看，商业信用融资主要包括赊购商品、预收货款和商业汇票；从狭义概念看，商业信用融资主要指赊购商品，而预收货款则相应地被称为"逆向商业信用融资"。基于企业间的合作关系，商业信用融资因其自然性融资的属性，成为供应链金融中一种最为简单的形式。同时，作为供应链短期融资的重要来源，商业信用融资在商业和产业发展中发挥着润滑生产与流通、加速资本周转的作用，因而对供应链中处于弱势地位的中小企业进行短期融资意义重大。

同样作为企业短期融资方式，商业信用融资与银行信贷融资的关系，即替代性或互补性，通常是学术界和实业界讨论的焦点。而供应链运作的全球化和服务外包化趋势则推动了商业信用融资与银行信用融资的融合发展，并吸引了第三方物流供应商的积极参与，从而使得供应链金融模式不断创新。

因此，商业信用融资与供应链金融关系如下：一方面，商业信用融资着眼于供应链内部，而供应链金融则联合了商业信用融资、银行信用融资以及第三方物流供应商，是供应链内外部融资的融合发展；另一方面，商业信用融资是供应链金融初期的模式，供应链金融的发展基于商业信用融资；此外，商业信用融资仍然是供应链金融的重要组成部分。

四、供应链金融与互联网金融

互联网金融借助移动支付、搜索引擎、大数据、云计算等信息技术，具备资金融通、支付和信息中介等职能，是一种新兴金融业态，是传统金融行业与互联网技术相结合的产物。互联网金融具有低门槛和高度开放的特点，为中小企业提供小额贷款，有代表性的包括以阿里巴巴、京东、eBay 等为核心的"电商金融"。互联网金融按照服务的提供方可分为两种类别：一是传统金融机构将传统金融业务进行网络化、电商化，从而推出的网上银行和银行商城等；二是由非传统金融机构借助信息技术推出的金融服务，包括 P2P 网络借贷服务、众筹及以电商平台为核心的融资服务等。

供应链金融与互联网金融有以下几点共通之处。

（1）**从服务对象来看**，两者均服务于中小企业信贷市场。

（2）**从效果来看**，两者均推动了"金融民主化"进程，缓解了信息不对称的问题，降低了交易成本。

（3）**从依托工具来看**，两者的风险管理都借助于信息技术。但具体来看，两者又有所不同。

（4）**从起源来看**，供应链金融源自商业银行的业务创新，而互联网金融则属于由技术创新所引发的金融业态创新。

（5）**从推进的过程来看**，供应链金融属于"以大带小"，即利用核心企业的信用担保使得中小企业参与到信贷市场中，而互联网金融则借助移动支付、社交网络等互联网技术，吸引个体参与到金融市场中，并以个体为单位逐渐拓展服务的广度和深度。

（6）**从适用范围来看**，由于供应链金融中银行"软信息"的获得依赖于其他参与方，使得供应链金融适用于供应链及第三方物流企业的信息系统完善且先进的情况，而互联网金融机构因能够掌握真实、可靠且大量的一手用户信息，所以对服务对象信息系统的先进程度并无要求。

（7）**从发挥作用的条件来看**，供应链金融要求供应链中企业和银行拥有稳定的合作，企业间互相协作和监督，而互联网金融则依赖于足够的数据；从风险管理的方式来看，供应链金融的风险管理本质上还是传统的风险评估与管理方法，信息技术只是起到了提高数据获取效率和质量的作用，而互联网金融则能借助信息技术有效处理数据，能主动识别并于事中控制风险，但其线下风险控制能力较弱，且信息技术为互联网金融带来了独特的技术风险挑战。

（8）**从服务对象来看**，供应链金融适用于发展稳定、处于核心企业能够提供信用担保的供应链中的中小企业，而互联网金融则适用于"短小频急"的小微企业和个体。

因此，供应链金融和互联网金融具备各自的核心竞争力，互联网金融无法代替供应链金融，两者有交叉但不完全重合。

第二节　供应链金融的发展

一、供应链金融的由来

早在供应链管理思想出现之前，供应链金融中的多种基础性产品就已出现并得到大量应用，如保理贸易融资、销售分账户管理、应收账款的催收、信用风险控制与坏账担保等服务。这在几个世纪以前的西方国家就已经很常见，当时流动性出现问题的供应商往往以很低的折扣将应收账款转让给金融机构或者其他第三方。而物流和金融的结合则可以追溯到公元前240年，当时的美索不达米亚地区就出现了谷物仓单的融资业务。1916年，美国颁布《仓储法案》（US Warehousing Act of 1916），并以此为根据建立起一套仓单质押的系统规则，使得以农产品为代表的各类仓单可以广泛地签发和流通。这种仓单既可以作为结算手段在贸易中流通，也可以作为向银行贷款的抵押物。仓单的应用，一方面使农产品交易的时间得到了延长，农场主可以根据市场价格的变化选择时机进行交易；另一方面，当农业生产需要资金时，农场主可以方便地将仓单质押给银行从而获得短期贷款。

现代供应链金融起源于20世纪80年代企业分工的新一轮模式变化。在此之前，纵向一体化是制造业企业采用的主流模式。除在外部市场上采购原材料外，企业内部也整合了生产、存储、运输以及销售的大部分职能。20世纪80年代以来，分工模式从企业内分工转向企业间分工。企业开始专注于自己的核心业务环节，而将非核心的业务部分通过外包、采购等方式交给其他企业去做。企业间的分工模式使贯穿整个产品价值链的管理变得非常复杂。在这种背景下，供应链管理便应运而生。供应链管理把供应商、制造商、仓库、配送中心和渠道商等有效组织在一起，从而实现整个供应链系统成本最低。然而，长期以来，供应链管理研究和实践的重心放在物流和信息流层面，有关资金流或财务层面的管理普遍被忽视。这一状况导致供应链管理的成本和效率得不到充分发挥，影响了供应链的整体绩效。21世纪以来，供应链管理物流、信息流层面的技能和手段已经日臻完善，供应链研究和探索的重心也逐渐转向了企业的资金供应链层面。

二、供应链金融的需求

（一）企业对供应链金融的需求

我国小微企业发展迅速，在经济发展中发挥着非常重要的作用，是发展的生力军、就业的主渠道、创新的重要源泉。截至2023年1月，市场监管总局数据显示，我国在业/存续个体工商户共计1.14亿。

央行和银保监会发布的《中国普惠小微金融高质量发展报告（2022—2023）》显示，截至2022年4季度末，中国银行业普惠小微贷款规模达到23.57万亿元。其中，国有大行规模最大，达到8.6万亿元，在银行业中的占比为37.42%。其余三类金融机构的小微贷款占比分别为：农村金融机构占比30.57%，股份制商业银行占比17.62%，城市商业银行 14.38%。2022 年国务院常务会议指出，2022 年国有大行的新增普惠小微贷款目标定为 1.6 万亿元，将往年的增速目标转换为增量目标。相较国有大行 2021 年末的 6.56 万亿元，2022 年前三季度新增小微贷款 1.87 万亿元，提前完成全年增量目标.

供应链金融最大的特点就是在供应链中寻找一个大的核心企业，以核心企业为出发点，为供应链上的相关企业提供金融支持，将资金有效注入处于相对弱势的上下游配套中小微企业，解决中小微企业融资难和供应链失衡的问题。因此，供应链金融已经成为解决供应链上中小微企业融资难题的重要路径。近年来，随着国家对供应链金融越来越关注，普惠金融的政策力度增大，普惠型小微企业贷款发展迅猛。万联供应链金融研究院和中国人民大学中国供应链战略管理研究中心联合发布的《2023 中国供应链金融调研报告》显示，2019 年普惠型小微企业贷款为 43 万亿元，2020 年为 56 万亿元，2021 年为 72 万亿元，2022 年为 88 万亿元。与此同时，中小微企业融资的成本逐步降低。我国新发放的普惠型小微企业贷款利率 2018 年全年为 7.34%，2019 年全年为 6.7%，2020 全年为 5.88%，2021 年全年为 5.69%；至 2022 年上半年全国新发放普惠型小微企业贷款利率为 5.35%，相对于 2018 年全年下降 1.99%。

除被中小微企业迫切需要外，供应链金融也开始获得众多大型企业的青睐。对大企业而言，供应链金融不仅有助于补充被银行严格控制的流动资金贷款额度，而且通过对上下游企业引入融资便利，自己的流动资金需求水平可以实现下降。通过将银行信用融入上下游企业的交易行为，大型企业可以增强其商业信用，创造附加值，强化其与供应链相关企业的长期战略协同关系，从而提升供应链的竞争能力。

（二）金融机构对供应链金融的需求

从金融机构的角度看，依托核心企业开展供应链金融，无论是风险控制、降低业务成本，还是在提高收益方面都更具优势。

在风险控制方面，供应链金融业务有较低放贷风险，主要包含以下三点原因：（1）供应链金融业务以与核心企业的真实交易作为背景，因此，金融机构可以跳出对节点企业的信用风险评估，转变为对核心企业的信用状况和实力以及交易真实性和风险性进行评估，这实际上是将核心企业与节点企业的信用进行捆绑，将核心企业的信用延伸到了节点企业，节点企业的信用相应升级。（2）核心企业通过为节点企业提供信用担保、承诺回购质押货物以及承诺到期付款等方式参与了整个借贷过程，同时为了保证整个供应链资金流的顺畅，核心企业也会监督节点企业生产中的各个环节，能够有效提高节点企业履约能力及意愿，从而减小违约风险。（3）核心企业作为供应链中的信息交换中心、物流中心、结算中心，对节点企业的相关交易信息掌握较为充分，金融机构通过核心企业获取相关数据，可以有效降低信息获取成本，减弱借贷双方的信息不对称。

在降低业务成本方面，供应链上的节点企业往往数量众多，遍布全国各地。而出于多种因素，金融机构不可能在每个城市设点经营。如果想要与众多的节点企业开展业务，并从中筛选出优质客户，需要耗费巨大的人力、物力、财力，业务开展成本将难以估算。而开展供应链金融业务则可以同时兼顾众多的节点企业，可以极大地减少相关业务成本。

在提高收益方面，供应链金融业务实际上是现在竞争激烈的金融服务业中的一片"蓝海"。金融市场上，核心企业及各个一级、二级供应商已基本被各个金融机构瓜分完毕，想要从这些核心企业或一级、二级供应商方面着手提高市场份额往往很难。供应链金融其实是互联网金融的一种特殊形式，而互联网金融的"长尾理论"告诉我们，未来金融机构利润的增长点往往在之前被忽视的长尾市场。核心企业背后有众多的中小企业，如果能依托核心企业迅速抢占以中小微企业为主的金融市场，延伸业务触角，则对金融机构扩大市场份额具有重大意义。过去金融机构针对节点企业主要开展的是信贷业务，而供应链金融是金融机构根据产业特点，围绕供应链上核心企业，向链上相关企业提供的综合金融服务，除了信贷业务，还包括财务管理、结算、金融信息咨询、保险等，而业务种类的增加也无疑为金融机构提供了更多的收入增长点。

因此，金融机构可以借助供应链金融在供应链中关联企业达成的系统性融资安排。这不仅可以获得比传统业务利润更丰厚的回报，而且为金融机构提供了强化客户关系的宝贵机会。

（三）第三方物流企业对供应链金融的需求

随着市场竞争日趋激烈，第三方物流企业必须尽可能地避免同质化竞争以获得长远发展。此外，客户也对第三方物流企业提出了更高的要求，需要物流公司提供全方位的综合服务。因此，第三方物流利用自身的特殊地位，连接融资需求企业和金融机构，为客户提供物流、资金流和信息流三者集成的创新服务，成为物流公司开辟利润来源、提高综合竞争力的重要方式。截至2022年，世界排名第一的船运公司马士基（MAERSK），世界排名前三的快递公司美国联合包裹运送服务公司（UPS）、联邦快递公司（FedEx）和敦豪航空货运公司（DHL）都已在物流服务中增加了供应链金融服务，并将其作为争取客户的一项重要举措。供应链金融服务已经成为这些超大型跨国公司重要的利润来源。

三、供应链金融的发展情况

（一）国外供应链金融的发展现状

21世纪以来，经过不断的实践，国外在供应链金融方面已经形成了相对成熟的体系，包括金融机构、核心企业以及大型物流公司等各方纷纷开展相关业务。因此，国外供应链金融得到了蓬勃的发展。据麦肯锡调研数据，2010—2014年，供应链金融的效益年复合增长率为20%；2015年至今，供应链金融效益年复合增长率达到15%。

金融机构的供应链融资产品根据风险控制的不同思路，可以分为两大基本类型：一类是金融机构以供应链上的核心企业为风险控制基础，向核心企业提供融资和其他结算、理财服务，同时向核心供应链上下游企业提供货款及时收达、预付款代付和存货融资等服务；另一类是金融机构以实际商品为风险控制基础，通过直接控制流转中的商品为基础提供融资服务。比如，较为知名的德意志银行，其从作为买方的核心企业出发，为供应商提供灵活的金融服务，包括装船前后的融资、应付账款确认、分销商融资以及应收账款融资等。在不同的贸易场景中，基于买方良好的信用，德意志银行能够为指定的供应商提供融资机会；对于信用良好的分销商，该银行则帮助它们从制造商那里采购货品。此外，该银行还能为卖方提供应收账款融资服务，使后者获得额外的流动资金，缓冲未付款产生的风险。通过这项业务，供应商可以将存货变现，从而规避了存货产生的资金占用。

此外，还有由核心企业主导的模式，即在核心企业的主导下，供应链长期合作的上下游企业群能友好合作及商定融资条件和融资计划，并建立起高效成熟的信息交换平台，而核心企业具有较强的综合运作能力，能有效控制和承担自身产业与金融业的双重风险。有些核心企业本身拥有实力雄厚的财务公司或金融子公司，既能提供较低的融资利率条件，又能保证盈利的要求。供应链金融核心企业主导模式主要存在于大型机械设备制造业中，单笔交易金额较大、发生频率较低，融资困难，买方一次性付款难度较大，而且还对买方的自有资金和订单数量造成影响。核心企业基于自身设备提供相应的融资租赁、设备租赁、存货代持等服务，不仅能帮助买方在有限的资金流下尽早开始业务运营、偿还货款和融资费用，同时还能帮助自身拓展市场规模。比如，美国通用电气信用公司的供应链金融模式，作为通用的子公司，主要提供设备租赁、融资租赁和存货代占等三种供应链金融服务。

除商业银行和核心企业外，大型物流公司成为供应链金融服务的重要提供商。2001年5月，UPS并购了美国第一国际银行并将其改造为UPS资本公司，从而提供了物流和金融的一体化服务，创造出新的利润空间，也使供应链金融成为UPS第一位的利润来源。截至2022年，国际三大快递公司以及MAERSK等都已开始为客户提供物流和金融的集成服务。

随着区块链概念的兴起，诞生了区块链与供应链金融结合的产物。2016年，IBM公司和印度企业集团兼跨国公司Mahindra开发了基于云的区块链解决方案，彻底改造了整个印度的供应链金融。通过提高供应链金融的安全性、透明性和可操作性，该解决方案不仅可以简化业务交易流程，还可以降低风险、减少错误。

（二）我国供应链金融的发展现状

20世纪90年代末，供应链金融业务在我国逐步兴起。进入21世纪以来，我国银行的市场化改革基本完成，部分银行开始试探性介入供应链金融业务。据前瞻产业研究院发布的《中国供应链金融市场前瞻与投资战略规划分析报告》统计数据，2021年二季度末，中国金融机构人民币各项贷款余额185.5万亿元人民币，同比增长12.3%；上半年增加12.76万亿元，同比多增6677亿元。2015年，我国供应链金融市场规模已接近12万亿元。截至2020年，我国供应链金融市场规模增长至24.9万亿元左右。从发展潜力来看，中国中小企业应收账款占资产比重为32%，而据推算用于支持融资的应收账款仅占存量的18%左右，未来潜在增长空间巨大。万联供应链金融研究院和中国人民大学中国供应链战略管理研究中心联合发布的《2019中国供应链金融调研报告》显示，2019年我国的供应链金融行业的特点主要有：①主体多元化；②服务客户数量有限；③业务融资规模偏低；④利润贡献率偏低；⑤业务模式类型中应收账款业务占据绝对优势；⑥金融科技利用广度提升显著，应用深度有待进一步提升；等等。经过4年的发展，2023年3月30日万联网发布的《2023中国供应链金融调研报告》显示，无论是供应链金融的产品形态以及供应链金融发展规模都有很大的丰富和拓展。同时报告指出，要实现供应链金融的稳定、持续发展，就需要实现供应链金融运营方式、供应链金融管理要素以及供应链金融应用发展"三大"转变。

（1）**供应链金融运营方式的转变**。供应链金融运营方式的转变指的是组织和推动供应链金融方式的变革，具体包括三个方面。①从交易性资产转向行为性资产。传统供应链金融依赖的是交易性资产，如应收、应付，或者存货、仓单，所有借贷决策和风险管控都是基于这些因素。但是，这种方式因为无法确认背后的贸易真实性使得风险管控难以实现。这就需要从交易性资产管理转向行为性资产管理，即实现企业在供应链运营中的行为和所有上下游和关联企业之间关联关系的整体性显示与信号筛选。②从单纯的借贷活动转向综合性金融服务。供应链金融服务除了常规的借贷活动，还有更为基础性的服务属性，诸如如何帮助产业主体建立账户、如何实现业财融合、如何建立行之有效的支付体系，还有结算清分体系及保险服务等。只有提供这种综合性服务，金融才能真正服务实体，否则容易变成金融游戏。③从为核心企业服务转向为生态服务。目前供应链金融大多围绕核心企业而展开，但是这种模式如前所述具有较强的局限性，要促进供应链金融的发展，就需要转变为依托生态而开展供应链金融。具体讲，可以关注产业集群和地方产业平台、各行各业的腰部企业、地方头部企业和跨平台、跨网络产业这四类产业生态场景。

（2）**供应链金融管理要素的转变**。供应链金融管理要素的转变指的是供应链管理风险管理要素的塑造和建设，具体如下：①可信交易链的建设，即如何保证供应链全程交易的真实可信。这涉及产业供应链要素的标准和规范化建设（诸如合同、各类函证、产业技术标准等）、交易流程的数字化管理（诸如采购、生产、分销活动的及时、透明化管理）以及交易网络的组织管理。②可信资产链的建设，即如何保证供应链运营中资产以及资产变换的真实可信。可信资产链建设同样涉及要素的标准和规范，如质量、形状、数量、装载、运单、仓单、面单等。③可信行为链的建设。这涉及把握和了解供应链各参与主体的采购、技术、生产、营销政策，以及管理行为的状态。另外，当发生一笔交易和资产转移过程中，需要了解促成这一交易或资产变换是因何事、在何处、做何为。还有一个就是结构，即供应链参与各主体行为所发生的一致性、合规性与环境的吻合性等。④可信知识链的建设。这部分涉及如何萃取产业知识、构建产业链知识体系，以及协助供应链企业实现数字化；同时，在形成综合性产业知识的基础上，协同金融机构全面服务于实体经济。

（3）**供应链金融应用发展的转变**。供应链金融应用发展的转变指的是供应链金融应用领域或管理体系的拓展，具体如下：①在商业领域从反应性供应链金融转向前摄性供应链金融。反应性供应链金融是应企业运营融资需求，基于已经产生的债权债务或抵质押资产开展的供应链金融业务。这种供应链金融活动固然能够解决一部分企业的运营资产，但是不能帮助企业获取和巩固供应链战略资源和能力。诸如在产业供应链建设过程中，一些战略供应商或战略客户是任何一个企业需要稳定和发展的资源，此刻或许这些战略供应商与特定企业之间尚未开展交易，但是需要事先帮助战略供应商或客户获得资金，快速形成生产经营能力。这类供应链金融活动便是前摄性供应链金融，即基于供应链能力判断或产业供应链知识，有效融通资金，提升产业供应链竞争力。应当看到，供应链金融既是打造产业链供应链韧性和高质量发展的手段，也是产业链供应链竞争力提升的重要领域和方向。②从商业应用转向可持续或低碳供应链领域。供应链金融不仅仅是解决商业活动中的运营资金，也是促进企业绿色发展、低碳发展的战略手段和工具，特别是在农产品领域以及双碳战略实现过程中，如何应用供应链金融激励相关参与方按照社会可持续发展的方向作为，推动可持续体系的建立，这也是供应链金融可以发挥作用的领域。例如，国网英大通过"碳e融"产品激励供应商建立碳账户，积累碳积分，借助于企业碳表现关联供应链金融业务，从而做到借助金融手段推动供应商碳减排。③从关注微观创新转向公共领域的规范创新。供应链金融的发展需要有良好的管理体系和制度环境，如何建立完善的基础设施成为供应链金融发展的核心问题。例如，二类户管理问题、跨行服务和管理问题、大企业不确权、不挂账行为，以及垄断性贴现融资等不当行为，都是供应链金融稳定持续发展亟待解决的规范问题。

我国政府高度重视供应链金融的健康发展和优势发挥。2022年1月，国务院国资委印发《关于推动中央企业加快司库体系建设进一步加强资金管理的意见》，该意见要求中央企业进一步加强资金管理，有效提高资金运营效率。强化供应链金融服务管理，要严控供应链金融业务范围，严禁提供融资担保。严禁开展融资性贸易业务和虚假贸易业务等，同时加强应收款项清收管理。2022年3月29日，中共中央办公厅、国务院办公厅印发了《关于推进社会信用体系建设高质量发展促进形成新发展格局的意见》，明确提到了多项关于金融信用体系建设、金融服务实体、供应链金融发展等内容。2022年8月11日，上海票据交易所发出《关于票据付款期限调整和信息披露有关事项的提示》，提示中国人民银行、中国银保监会拟修订相关办法，缩短票据最长付款期限，商业汇票的付款期限自出票日至到期日止，最长不得超过6个月。2022年9月20日，中国银保监会、中国人民银行联合印发《关于推动动产和权利融资业务健康发展的指导意见》，提出要加大动产和权利融资服务力度，科学合理拓宽押品范畴，充分发挥动产和权利融资对薄弱领域的支持作用，加强动产和权利融资差异化管理。2022年11月11日，中国人民银行、中国银保监会联合修订发布了《商业汇票承兑、贴现与再贴现管理办法》，以规范商业汇票承兑、贴现与再贴现业务，促进票据市场健康发展。根据规定，商业汇票最长期限由1年调整至6个月，并且强调贸易背景的真实性。这些政策措施的出台无疑对促进供应链金融健康发展起到了重要的保障作用。

第三节 供应链金融业务模式

一、供应链金融业务的基本模式

在供应链运营过程中，企业资金需求会集中发生在以下三个阶段：采购、经营和销售。在采购阶段，强势供应商往往会利用自身地位对下游企业提出苛刻的付款条件，企业需要大量资金用于支付采购成本。在经营阶段，企业因为生产、销售的需要，有必要准备原材料、中间品和最终产品的存货，占用大量流动资金，给企业造成资金周转困难。在销售阶段，强势购货方的货款返回期往往较长，也给企业造成资金周转困难。针对这三个阶段的资金需求，供应链金融可分为三种模式：应收账款融资、融通仓融资和保兑仓融资。如图9-3所示。

（1）**应收账款融资模式**。应收账款融资模式是指企业为取得运营资金，以卖方与买方签订真实贸易合同产生的应收账款为基础，为卖方提供并以合同项下的应收账款作为第一还款来源的融资业务。

（2）**融通仓融资模式**。融通仓融资模式是融资人以其存货为质押，并以该存货及其产生的收入作为第一还款来源的融资业务。企业在申请融通仓进行融资时，需将合法拥有的货物交付银行认定的仓储监管方，只转移货权而非所有权。发货以后，银行根据物品的具体情况按一定比例为其融资。

（3）**基于供应链金融的保兑仓融资模式**。基于供应链金融的保兑仓融资模式是在仓储监管方（物流企业）参与下的保兑仓业务，融资企业、核心企业（卖方）、仓储监管方、银行四方签署"保兑仓"业务合作协议书，仓储监管方提供信用担保，卖方提供回购担保，银行为融资企业开出银行承兑汇票。

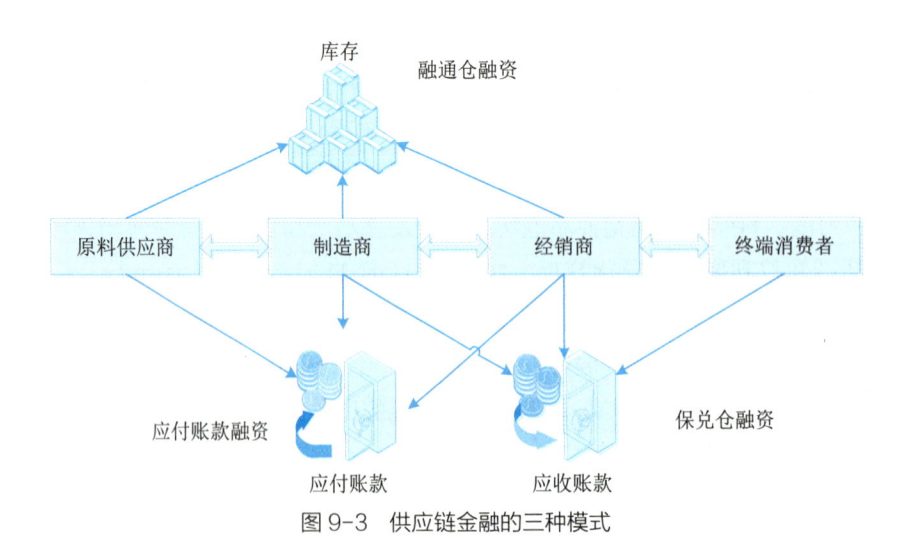

图9-3 供应链金融的三种模式

二、供应链金融的参与者

供应链金融是一种较为复杂的融资模式，其构成主体主要包括金融机构、第三方物流仓储企业、融资企业及供应链中占主导地位的核心企业。

（一）金融机构

金融机构泛指能够提供贷款的机构，包括银行、财务公司、保险公司等以资金管理为主营业务的企业。它们在供应链金融服务中为融资企业提供支付结算服务和融资服务。为了防范与规避风险，金融机构通过与第三方物流仓储企业的合作，设计相应的供应链金融服务产品。

（二）第三方物流仓储企业

第三方物流仓储企业是供应链金融服务的主要参与者，一方面为融资企业提供物流服务，另一方面为金融机构提供资产监管服务，是金融机构和融资企业间的联系纽带。对于从事供应链金融服务的物流企业而言，其价值表现在成本、服务、风险规避和社会效益四个方面。

（三）融资企业

融资企业多是供应链中处于弱势的中小企业，多是供应链金融服务的需求者。这些企业受规模和管理的限制，企业抗风险能力差，违约成本低，一般金融机构不愿意向它们提供贷款。因此，其融资需求非常强烈。

（四）核心企业

核心企业是指在供应链中实力较强、信用较好，处于强势地位，能够对供应链中运作方式产生较大影响的企业。供应链作为一个有机整体，核心企业的顺畅运作需要供应链中众多中小企业的协调合作。因此，中小企业融资难的问题势必会影响核心企业的运作。核心企业依靠自身实力和良好的信用，通过担保、承诺回购等方式帮助供应链中的弱势企业从金融机构获得融资，也有利于自身的发展。

三、应收账款融资模式

应收账款融资模式是指供应链中的卖方（融资企业），为取得运营资金，以与买方（核心企业）签订的真实贸易合同产生的应收账款为基础，并以合同项下的应收账款为第一还款来源向金融机构办理融资的业务模式。

这种模式主要解决处于供应链上游的卖方企业的融资需求。卖方企业将产品卖给客户，若客户没有立即支付货款，则产生应收账款，直到某期限后才能收回现金。可是，卖方企业却需支付采购和日常经营所需资金，应收账款的融资方式可以解决卖方企业在这一环节的资金缺口。

在应收账款融资模式中，卖方企业、买方企业和金融机构都要参与其中。卖方企业以与买方企业签订的真实贸易合同为质押，从金融机构获得融资贷款，并以合同项下的应收账款为第一还款来源。买方企业为应收账款融资模式中的核心企业，应具有较好的信用水平，一旦融资的卖方企业出现问题，买方企业将承担弥补金融机构损失的责任。因此，金融机构需要更多关注下游买方企业的还款能力、交易风险以及整个供应链的运作状况，而非只针对卖方企业本身进行评估。买方企业较强的实力和较好的信用，可以确保金融机构的贷款风险得到有效控制。

图9-4显示了应收账款融资业务的典型操作流程：（1）融资企业和核心企业进行交易，并签订贸易合同。（2）核心企业向融资企业发出应收账款单据，融资企业成为债权企业，而核心企业成为债务企业。（3）融资企业将应收账款单据质押给金融机构。（4）核心企业向金融机构出具应收账款单据证明，以及付款承诺书。（5）金融机构向融资企业发放信用贷款。（6）核心企业根据合同约定，将其应付的账款支付到融资企业在银行的指定账号。（7）整个业务完成后，应收账款质押合同注销。

本章的开篇案例"浙江商业银行的供应链金融业务"是一个典型的应收账款融资模式。

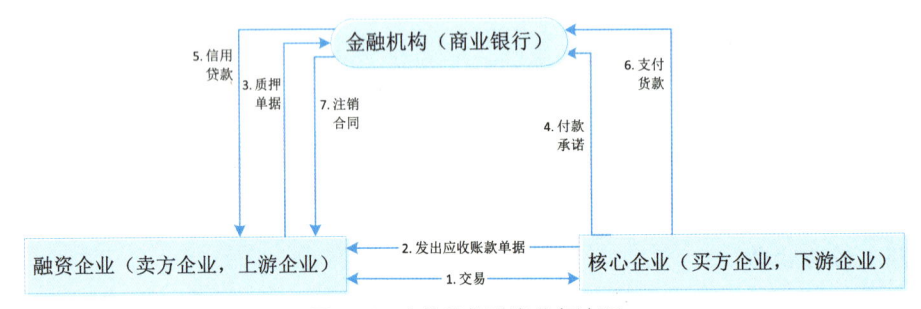

图9-4 应收账款融资业务流程

【案例】中国银行S支行中小企业贷款的创新之路

伴随着利率市场化改革的推进，商业银行存贷利差逐渐缩小，面临优胜劣汰的激烈竞争局面。由于中小企业具有财务管理水平较低、缺乏有效的资产抵押和担保、信息不对称等特点，因此，各家银行为了控制贷款风险，防止出现贷款逾期、贷款难以按期收回等问题，均对中小企业授信准入制定了较高门槛，甚至有些银行将资产抵押列为硬性指标。如何化解供求双方的矛盾，变挑战为机遇，从中小企业贷款这块"烫手的山芋"中尝到甜头并形成商业银行新的利润增长点，已成为整个商业银行业亟待破解的难题。而中国银行S支行在一次对小企业放贷的业务中大胆采用了出口双保理方式，成功解决了中小企业借贷难的问题，同时有效控制了业务风险，实现了银企双赢。

出口双保理是出口商将其现在或将来的基于与进口商订立的货物销售合同下产生的应收账款转让给银行，再由银行转让给国外进口保理商，由银行为出口商提供贸易融资、销售分户账户管理，并由进口保理商为其提供应收账款的催收及信用风险控制与坏账担保等服务。这样，银行以预支方式提供融资便利，缓解出口商流动资金被应收账款占压的问题，改善企业的现金流。

自从实践出口双保理业务后，S支行全面改进中小企业贷款技术，并在此基础上不断实践、总结、研究、创新，逐步形成了自己的知识、技术体系，建立了真正适合当地中小企业客户群体融资特点的业务体系和独特的信贷文化。S支行凭借其独具特色的市场定位，胸怀大志却从"小"做起，改革创新，服务中小企业，在竞争激烈的"红海"中找到了"蓝海"，实现了快速发展。

资料来源：尚勤，李悦，等.没有抵押，如何能贷：中国银行S支行中小企业贷款的创新之路［EB/OL］.（2016-09-14）［2023-05-01］.https://www.cmcc-dut.cn/Cases/Detail/2409.

四、融通仓融资模式

融通仓融资，即存货融资，是企业以存货作为质押向金融机构申请贷款，并以该存货及其产生的收入作为第一还款来源的融资业务。融通仓是将物流服务、金融服务、仓储服务三者予以集成的一种综合服务，它有效地将物流、信息流和资金流进行组合、互动与综合管理。

这种模式主要解决企业运营过程中的融资需求，可以帮助企业盘活资产，提高物流效率和资金周转利用率，提高企业经营效率和提升供应链整体绩效。

在融通仓融资模式中，融资企业、金融机构和仓储监管方是主要参与者。融资企业将合法拥有的货物交付金融机构认定的第三方物流仓储企业监管，并以此质押申请金融机构融资。金融机构根据物品的具体情况按一定比例提供融资。当融资企业向金融机构偿还贷款后，金融机构向第三方物流仓储企业发出放货指示，将货物交还融资企业。若融资企业在规定的时间内不能向金融机构及时偿还货款，金融机构可以拍卖质押的货物或者要求融资企业承担回购义务。第三方物流仓储企业在此过程中，可以通过对质押物验收、价值评估与监管，协助金融机构进行风险评估和控制（委托监管模式）；可以接受银行授信额度授权，直接负责融资企业货款的运营和风险管理（统一授信模式）。

图9-5显示了融通仓融资业务的典型操作流程。（1）金融机构、融资企业和第三方物流仓储监管方签订《仓储监管协议》。（2）融资企业将质押物存放到金融机构指定的第三方物流仓储监管方仓库。（3）金融机构根据核定的额度给融资企业发放贷款。（4）融资企业一次或分次偿还贷款。（5）金融机构向第三方物流仓储监管方发出与归还贷款金额相等价值的货物。

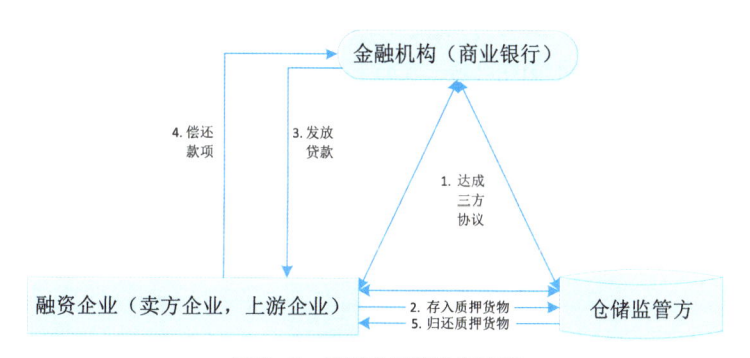

图 9-5 融通仓融资业务流程

【案例】中国石油"融通仓"战略合作赋能仓库共享新模式

2023年5月31日，中国石油东北销售山东分公司与昆仑银行大庆分行在济南举行"融通仓"战略合作签约仪式，标志着山东分公司全面开启产业链仓储设施共享跨界合作新业务模式。融通仓业务模式是中国石油东北销售山东分公司与昆仑银行大庆分行落实销售业务精益管理工作会议中关于储运设施内外部共享的新尝试。成品油市场是昆仑银行的主要拓展方向之一，主要围绕中石油产业链条开展融资业务。在客户营销过程中，了解部分客户群体有融资购油需求时，银行可通过成品油抵押方式为客户提供贷款。

按照协议安排，烟台油库部分闲置库容可对外开放，双方将就烟台油库闲置库容与昆仑银行合作开展成品油质押监管仓储经营开展可行性研究，拟通过融通仓业务模式，开展成品油存货质押监管业务，由昆仑银行引入的贷款客户租赁烟台油库部分库容，烟台油库为昆仑银行进行抵押物监管。

下一步，中国石油东北销售山东分公司将以此次与昆仑银行建立战略合作关系为契机，打通"融通仓"油品质押监管流程，解决昆仑银行在客户拓展过程中质押品监管难题，为公司闲置库容开展仓储经营进行有益探索和尝试，同时依托昆仑银行作为金融企业在资信调查、评级授信方面的专业能力筛选优质客户，真正实现"以融助产，以产促融"的深度"产融结合"。

资料来源：刘相华. 开展"融通仓"战略合作 探索仓储共享新模式 [EB/OL]. (2023-06-06) [2023-05-01]. https://c.m.163.com/news/a/I6II71390530WJIN.html.

五、保兑仓融资模式

保兑仓融资属于预付账款类融资，是指在供应链中的卖方承诺回购的前提下，买方（融资企业）向金融机构申请以卖方为收款人的贷款额度，以卖方（核心企业）在金融机构指定仓库的既定仓单为质押，由金融机构控制其质押品提货权并向卖方提供银行承兑汇票的一种金融服务。

这种模式主要解决处于供应链下游的买方企业的融资需求。当买方企业的上游卖方较为强势时，买方企业往往需要向卖方预付全部账款后，卖方才会向买方提供买方企业持续生产经营所需的原材料等。保兑仓业务可在此情形下解决买方短期资金流转困难的问题。

在保兑仓融资模式中，买方企业、卖方企业、金融机构和仓储监管方都要参与其中。买方企业通过保兑仓业务可分批支付货款并分批提取货物，避免了一次性支付全额货款，可有效解决其短期资金流转困难的问题，实现杠杆采购。卖方企业通过保兑仓业务则可实现及时返款和批量销售。金融机构是在卖方承诺回购的前提下，以卖方在指定仓库的既定仓单为质押，并控制其提货权，向买方（融资企业）提供融资服务，有效降低了信贷风险。仓储监管方主要受金融机构委托，负责对质押物品的监管、评估和拍卖，分担金融机构"物控"和"货代"职能，降低金融机构的贷款风险，提升了自己的附加值。

图9-6显示了保兑仓融资业务的典型操作流程：（1）买卖双方签订交易合同，共同向金融机构申请办理保兑仓业务。（2）买方在金融机构获取既定仓单质押贷款额度，专门向

卖方购买货物。（3）金融机构审查卖方资信状况和回购能力，签订回购保证协议。（4）金融机构与仓储监管方签订仓储监管协议。（5）卖方向指定仓库发货，并取得仓单。（6）买方向金融机构缴纳首次承兑保证金。（7）卖方将仓单质押给金融机构，金融机构开立以买方为出票人、以卖方为收款人的承兑汇票，并交付卖方。（8）买方缴存保证金，金融机构释放相应比例的商品提货权给买方，直至保证金账户余额等于汇票金额。（9）买方获得商品提货权，去仓库提取相应金额的货物。（10）若汇票到期，保证金账户余额不足，卖方于到期日回购仓单项下剩余质押物。

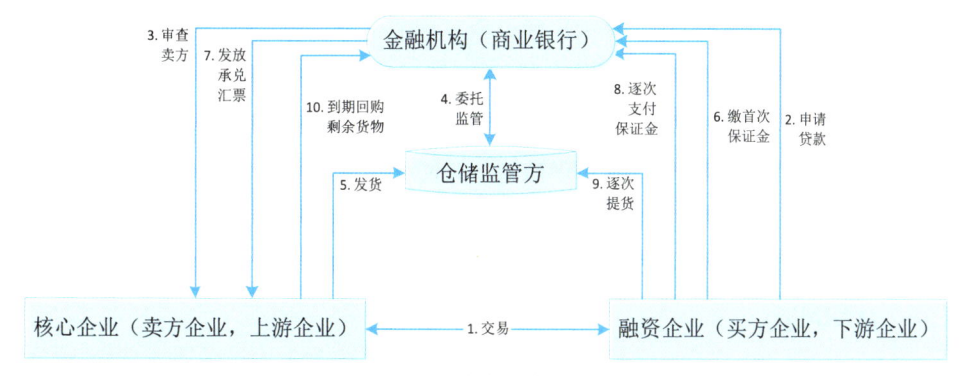

图 9-6　保兑仓融资业务流程

【案例】高端白酒行业的保兑仓融资

在我国，高端白酒通常供不应求，白酒生产商具有较为强势的谈判地位，通常要求下游经销商预付较大比例的货款甚至是全部货款。而白酒销售通常存在季节性，白酒的预订与销售之间存在 3～6 个月的时间差，预付款的支付影响了下游经销商的资金周转能力及销售规模。此外，高端白酒具有较强的增值保值、耐储存、易变现等特点。

针对这种情况，金融机构通过控制白酒经销商与白酒生产企业签订的购销合同项下成品白酒的未来提货权，作为融资项下的质押物，提供融资支持。金融机构要求，资金的确定用途是向制酒企业预付货款，并且预付款支付后所获取的提货单质押在金融机构。制酒企业根据提货单的需求将成品白酒存入指定的第三方物流企业的仓库，第三方物流仓储企业则根据金融机构指令向白酒经销商发货。白酒分销商完成销售后取得回款归还金融机构本息。

在这种模式之下，可能存在白酒分销商无法按计划完成预定的销售量，进而产生货物滞压的问题。因此，金融机构可能要求白酒生产企业承诺回购余下货物。通常，高端白酒生产企业较为强势，不愿意配合金融机构做出回购承诺，金融机构则将余下货物或者剩余的提货单处置变现。

资料来源：供应链金融在不同业务阶段的体现 [EB/OL].（2019-05-27）[2023-05-01]. https://www.sohu.com/a/316705070_470085.

第四节　供应链金融中的风险管理

在供应链金融业务的具体运作中，资金、货物（商品）、单证（仓单）等的流动关系到银行、物流企业、客户多方利益，因而各方在获得诸多好处的同时，也面临着高信用风险、市场风险、运营操作风险等各种潜在问题。供应链金融风险是指金融机构对供应链上的企业融资过程当中，由于未来时间和空间维度上的不确定性，供应链金融产品实际收益与预期收益之间存在偏差，或资产不能收回而产生损失的可能性。

一、供应链金融风险的类别

供应链金融的每一种业务模式均是风险和收益并存。只有充分认识业务中的风险因素，才能在业务操作中有针对性地采取措施，预防、控制风险，使业务健康有序地发展。对于供应链金融各类业务而言，其风险都可以归结为法律风险、市场风险、信用风险和操作风险四类。

（一）法律风险

法律风险是指融资企业将有争议的应收账款或货物作为质押物所造成的风险。此外，参与各方在合约上的权利和义务阐述不清，违约后的处理程序不清等都会造成相应的法律风险。

（二）市场风险

市场风险是一种综合风险，主要受各种因素的影响。市场价格、需求的波动一方面可能导致企业商品销售无法进行或延迟发生，另一方面也可能导致质押货物价值发生变化，给金融机构带来风险。

（三）信用风险

信用风险是指因借款人或市场交易对手违约而产生经济损失的风险。对于供应链金融业务而言，该风险产生的主观因素取决于融资企业的信用状况，客观因素取决于融资企业自身的经营管理能力。供应链金融产品面对的是广大中小企业，部分中小企业存在着管理人员道德水平参差不齐、人员更替频繁等主观因素和企业经营能力较弱、技术力量较差等客观因素造成的业务风险。信用缺失是制约金融机构面向中小企业发展信贷业务的重要瓶颈。

（四）操作风险

操作风险是指由不正确的内部操作决策、流程、人员、系统，或者外部事件造成直接或间接损失的风险，包括经营管理风险、信息传递风险等。在经营管理方面，供应链金融业务的完成需融资企业、核心企业、第三方物流仓储企业和金融机构等之间相互协作配合，因业务流程相对复杂，故容易出现操作失误及衔接失误等操作风险。在信息传递方面，这个组织联合体错综复杂，使信息不对称、信息失真成为可能，链条上始端与终端的不断延长致使信息出现时间差。上述因素使得金融机构无法判别和提取准确、及时的信息，从而引发风险。

整体来说，供应链金融融资风险低于传统银行信贷产品风险，具有显著的自偿性贸易融资的特点。这主要体现在：(1)金融机构可以掌握融资企业真实的贸易信息，避免融资企业经营活动不透明、信息不对称的问题。企业贸易链和贸易活动往往难以伪造，凭借全套合同单据和上下游企业配合，及监控企业日常经营活动和现金流量可以清晰地判断企业交易背景的真实性。(2)业务风险可以通过对核心企业的捆绑和质押物的控制得到有效规避。这种将核心企业和融资企业"捆绑"起来的融资方式，使融资企业借助核心企业的实力提升了自身的信用等级。(3)供应链金融融资业务实现了物流与资金流的封闭回流，确保了信用贷款的专款专用，克服了企业对资金的不合理挪用、占用。(4)还款来源来自贸易本身，还款相对有保证。供应链融资主要基于企业短期资金需求以及重复性、周转性需求，在短期内企业经营具有相对稳定性。

二、供应链金融业务的风险识别与控制

上一节论述的一些风险类型是供应链金融业务中的一些共性风险。除此之外，不同的业务模式因其不同的特性而体现了不同的风险特点。下面就供应链金融的三种典型模式的风险识别与控制进行逐一分析。

（一）应收账款融资模式的风险识别与控制

应收账款融资模式面临的风险特点主要体现在信用风险和市场风险上。从信用风险看，主要包括核心企业资信风险和融资企业转移账款风险；从市场风险看，主要包括应收账款坏账风险和市场变动风险。

（1）**核心企业资信风险**。应收账款融资模式要考察的对象包括了融资企业（卖方）和核心企业（买方）。融资企业和核心企业合同项下的应收账款是第一还款来源，核心企业及时付款是贷款收回的重要保证。因而，核心企业的还款能力和信用直接影响这类业务的顺利开展，是考察的重点。通常核心企业应选择规模大、资信好、实力强的企业。

（2）**融资企业转移账款风险**。在应收账款融资业务开展过程中，如果金融机构不能和核心企业达成紧密协同，无法确保质押的应收账款汇入作为还款保证时，则存在融资企业取得贷款后，将质押的应收账款汇至企业的其他账户后自行使用的风险。因而，金融机构一方面可在应收账款质押合同中明确其有权查阅融资企业应收账款的原始凭证及相关账目的权利；另一方面，金融机构一定要尽可能引入核心企业，使之成为应收账款质押合同中签约的第三方。

（3）**应收账款坏账风险**。在应收账款融资业务开展过程中，一旦融资企业的应收账款发生变化，金融机构贷款的安全性就难以得到保证。因此，在业务操作过程中，应明确信用贷款偿付的最终责任人，应明确规定一旦发生应收账款坏账，融资企业应及时采用其他偿付方式。

（4）**市场变动风险**。应收账款融资业务中的市场变动风险是指核心企业的产品市场

变动或者融资企业上游产品市场变动，导致融资企业和核心企业间交易合同无法正常履行带来的风险。此类风险实质是企业的经营风险导致了信贷风险，因而，金融机构应加强市场风险预警，对市场的变动及时了解，制定相应的对策，并在合约中与融资企业约定此类风险的解决办法。

（二）融通仓融资模式的风险识别与控制

融通仓融资模式面临的风险特点主要体现在信用风险和操作风险上。从信用风险看，主要是融资企业资信风险；从操作风险看，主要是质押物品种风险、货权单据的管理风险和质押物出入库管理风险。

（1）**融资企业资信风险**。在融通仓融资模式中，由于采用货物作为担保，所以金融机构对融资企业资信等级、偿债能力的考察可相对简单一些，但需重点考察融资企业的业务能力（市场销售能力、以往销售情况）和质押物的合法性。其中，确保质押物的合法性尤其重要。金融机构应确保融资企业提供的质押物是合法的，而不是有争议的、无法行使质权的或者通过走私等非法途径取得的物品。此外，金融机构还应确保融资企业明确拥有质押物的物权，避免融资企业利用一批货物进行重复融资，还要避免融资企业在滚动提取时提好补坏、以次充好的风险。

（2）**质押物品种风险**。在融通仓融资模式中，融资企业以存货作为质押向金融机构申请贷款，并以该存货及其产生的收入作为第一还款来源。因此，金融机构面临的风险主要是货物价值变化所带来的风险。如果货物因外部影响、本身质变等而产生价值下降，那么，金融机构的资产价值就会受到较大威胁。因此，金融机构在选择质押物时，应重点关注质押物的价值稳定性。一般来说，钢铁、冶金、粮食、油品等原材料价值相对稳定，而一些产成品，如医药、服装、日常消费品等则保值期短、价格变化大。

（3）**货权单据的管理风险**。在融通仓融资模式中，多以入库单或仓单作质押物的依据，而提单则是提货的凭据。无论仓单还是提单，在这一类业务中都是货权凭证，目前除可在期货市场交割的仓单之外，大多数货权单据都不太规范，在一定程度上影响了其作为权利凭证的效力。金融机构对这类凭证的管理也缺乏规范性，专属台账、实物管理、仓单分割等方面的管理制度还不够健全。

（4）**质押物出入库管理风险**。在融通仓融资模式中，第三方物流仓储公司负责质押货物的出入库管理。但是，第三方物流仓储公司一般更关注货物的数量和型号，而不关心货物价值，相反，作为委托方的金融机构则更关注质押物的足值性。因此，双方信息要求的不一致会带来管理风险。

（三）保兑仓融资模式的风险识别与控制

保兑仓融资模式业务流程相对较长，参与方较多，一般为：融资企业、核心企业、第三方物流仓储企业和金融机构四方。保兑仓融资模式面临的风险特点主要体现在信用风险和操作风险上。从信用风险看，主要是核心企业资信风险；从操作风险看，除融通仓业务中已涉及的风险外，还包括货物运输风险和公文传递风险。

(1) **核心企业资信风险**。保兑仓融资模式要考察的对象同样包括了融资企业（买方）和核心企业（卖方）。在该模式中，如果融资企业到期无法支付全部付款，核心企业要及时回购质押物。因而，核心企业的回购能力和信用直接影响这类业务的顺利开展，是考察的重点。此外，核心企业还需确保在收款之后，能够按照金融机构要求发货，确保货物质量。因此，核心企业应选择规模大、资信好、实力强的企业。

(2) **货物运输风险**。保兑仓融资模式由于还涉及货物运输环节，因此，如果核心企业无严格的货物管理、发售制度，或者货物未按照合同以及金融机构要求由指定的物流公司承运，则可能带来货物与要求不符的风险；也可能存在着物流公司未按照金融机构要求，将货物发送至指定目的地，交与指定收货人的风险。

(3) **公文传递风险**。在保兑仓融资模式中，各参与者之间有大量的文件和单据传递，这些文件和单据包括银行承兑汇票、买方出具的预付款收据、发货通知书等，在业务操作中，公文传递的次序、方式等都决定着业务能否真正实现现金流的封闭和风险的全覆盖。

【案例】A银行供应链金融管理案例分析

1. 融资企业情况

（1）企业基本情况

B公司注册资本1000万元人民币，所属行业为外贸企业。主营业务：商品批发、自营和代理商品及技术进出口业务、"三来一补"业务和许可范围内的转口贸易等。

（2）业务与客户状况

B公司主要为我国大型汽车厂及配套企业代理进口汽车配件，并全程负责运输及报关、报验服务，以保证能安全、及时地为厂家进口所需货物。B公司本身实力不甚雄厚，但其依靠优质的服务成为C车灯有限公司、E车灯有限公司及F汽车座椅有限公司的独家进出口代理公司。该公司同时代理的G汽车部件有限公司、H座椅有限公司、I汽车塑料制品有限公司、K车灯有限公司及L毯业有限公司的业务也是快速增长。

C车灯有限公司是一汽大众的独家进口车灯配套生产企业，其公司进出口业务全部委托B公司代理；E车灯有限公司注册资本17000万元人民币，由中国上海某集团有限公司与某亚太控股有限公司共同出资成立；L毯业有限公司是国有企业，该公司主要产品为一汽大众公司配套的奥迪A6轿车地毯、捷达轿车地毯、红旗轿车地毯、马自达轿车地毯；F汽车座椅有限公司为中外合资企业，注册资本8200万元人民币，投资方为长春某工业集团公司和法国某控股公司；H座椅有限公司由法国某集团公司及中国台湾某集团公司投资成立；G汽车部件有限公司注册资本750万欧元，由法国某集团公司独资成立。

（3）核心业务流程

①订货。B公司的客户根据生产计划向B公司发出订单，同时将相应订单发给国外供应商。

②代理进口。B公司根据订单与国外供应商签订合同，B公司付款后，国外供应商发货。

③清关与运输。供应商货到后，B公司负责清关，同时在通关时缴纳税款及有关费用，并通过其物流公司将进口商品运到客户指定地点签收。

④结算。客户在收到商品后在协议规定时间内将货款付给B公司。

（4）财务状况（如表9-1至表9-3所示）

表9-1 B公司资产负债表主要指标（单位：万元）

项目	2017年	2018年	2019年
*总资产	1984	30586	70516
*流动资产	1301	29250	69365
**货币资金	58	8029	2113
**应收账款	1082	12666	23612
**存货	46	5444	38171
**其他流动资产	115	3111	5468
*固定资产	683	1336	1151
总负债	1073	27426	66560
*流动负债	1061	27403	66551
**短期借款	598	25360	43088
**应付账款	367	1292	18583
**其他流动负债	97	752	4880
*非流动负债	12	23	9

表9-2 B公司利润（单位：万元）

项目	2017年	2018年	2019年
销售收入	12812	53580	66548
*销售成本	12670	51120	63386
*其他成本	331	753	978
销售利润	-189	1707	2183
税收	958	1501	1633
税后利润	-1147	206	550

表9-3 B公司财务比率

项目	2017年	2018年	2019年
资产负债率	54.09%	89.67%	94.39%
流动比率	1.23	1.07	1.04
速动比率	1.12	0.95	0.96
现金比率	5.46%	29.30%	3.18%
流动资产周转率	6.64	3.51	1.35
销售利润率	-1.48%	3.19%	3.28%
净利润率	-8.95%	0.38%	0.83%

（5）融资需求

B公司由于公司代理进口的货物数量多、金额大，单凭公司自身实力无法满足业务需要，因此向A银行申请融资服务。

2. A银行对B公司融资需求的业务风险分析

（1）法律风险分析

B公司代理进口的客户作为各大汽车制造厂的配套企业，建立在这种合作基础上的业务是较稳定和安全的。同时，该公司的进口代理业务操作流程规范清晰，法律风险较小。

（2）信用风险分析

①B公司综合实力分析。该公司业务发展迅速，销售收入持续攀升（2019年为66548万元，2018年为53580万元，2017年为12812万元），总资产也持续大幅增长（2017年为1987万元，2018年为30586万元，2019年为70516万元），但该公司主要依赖负债经营（负债规模已由2017年的1073万元上升至2019年的66560万元），财务状况较差，资产负债率持续增高，已达94.39%；流动性指标糟糕，流动比率、速动比率、现金比率偏低，远低于一般标准。同时，该公司利润率很低，2017年的净利润率为负值，2018年和2019年的净利润率分别仅为0.38%和0.83%。从该公司本身看，财务风险较高，一旦该公司业务环节出现问题，资金链很容易断裂。

②B公司信用分析。B公司在A银行开户5年多的时间里，从业务到进口开证，到单付汇，业务量大，发生频繁，且没有一笔业务出现问题，具有良好的信用。同时，A银行在B公司的业务经营中获得了可观的收益，如表9-4所示。

表9-4　A银行与B公司业务量及收益情况

业务品种	累计发生业务量	银行收益（万元人民币）
人民币贷款	24810万元人民币	262
欧元贷款	3488万欧元	150
国际结算量	7441万美元	24
即期结售汇	14071万元人民币	12
远期结售汇	2344万欧元	40
票据贴现	676万元人民币	3.8
存款	日均800万元人民币	15
合计		506.8

③供应链伙伴分析。B公司的客户：B公司的客户都是我国大型的汽车配套企业，资金实力雄厚，信用好。B公司代理货物的最终用户为一汽大众、上海大众、奇瑞等厂家，因此在商品销售货款的回款上具有很好的保证。B公司的国外供应商：B公司代理进口的汽车配件的国外供应商，全部由其代理的客户企业自行确定。这些供应商和B公司的客户长期合作，部分供应商同B公司的客户同属一个企业集团，同样资金实力雄厚，信用好。

（3）市场风险分析

我国汽车市场蓬勃发展，给B公司的业务发展带来广阔空间。同时，我国正式加入世界贸易组织对公司以后进口业务的外部发展空间也带来很多机会。此外，该公司已经分别取得C车灯有限公司、E车灯有限公司及F汽车座椅有限公司的独家进出口业务全权代理权，使得后续业务发展有稳定保障。

（4）操作风险分析

①流程风险分析。B公司此次申请的供应链融资采用应收账款质押保证方式，具体流程设计如下。B公司提供的其与代理客户签订的委托订购合同以及其与国外供应商签订的相应采购合同，向A银行申请融资。A银行出具用于采购的信用证，国外供应商收到信用证后发货。B公司收到货后，通过A银行支付进口汽车配件的相关税款和费用。同时，B公司在A银行开立专项账户用于接收进口货物销售后的回款。此外，B公司和A银行签订账户资金监管协议，由A银行对专项账户内的资金视同保证金进行监控管理，账户内资金首先用于归还A银行融资。在该流程下，信贷资金流的封闭回流，确保了信用贷款的专款专用，克服了企业对资金不合理挪用、占用的问题。

②操作环节风险分析。B公司在使用授信额度时，必须提供相关货物的订单、发票、提单、关单等单据，其内容可以确定代理客户进口的商品，并可以计算并确定相应的授信额度，具有可控性。

3. A银行针对B公司融资需求的解决方案

（1）业务总体评估

从B公司自身条件看，其资产较少且财务风险较高、抗风险能力不强，如果按常规融资模式的条件看，则A银行向其提供融资服务具有极高的风险。但如果将融资服务同B公司的具体业务相联系，从供应链角度以及业务经营角度看，则该公司在整个业务链中与供需双方的联系是紧密的，业务是稳定的。因此，A银行针对该业务提供融资服务的风险是极小的，收益是可观的。

（2）A银行的解决方案

A银行根据相关规定和测算结果，向该公司提供供应链融资限额25000万元人民币，其中用于支付关税、增值税、港杂费、报关费、运费、保险费限额为5000万元人民币，用于国际贸易融资业务风险限额为20000万元人民币。该公司销售回款期一般在3个月内，因此根据其特点每笔融资业务的期限为3个月。

（3）A银行风险控制措施

①制定详细的过程监管和控制措施。企业使用每笔授信必须提供订货单、发票、提单、报关单等凭证，确定对物流进行监控，并建立台账登记等系列管理措施，通过这些措施能够封闭其资金流，A银行在一定程度上控制了风险。

②设立专款账户并签订账户资金监管协议。B公司在A银行开立专项账户用于接收进口货物销售后的回款。此外，B公司和A银行签订账户资金监管协议，由A银行对专项账户内的资金视同保证金进行监控管理，账户内资金首先用于归还A银行的融资。

③建立风险预警与应急预案机制。A银行建立了针对B公司融资服务的预警和应急预案机制，一旦发现企业经营中的异常情况，就会进行现场核查。如果发现严重影响信贷安

全的突发事件，A银行就可启动紧急处理措施，如追加担保、暂停授信、冻结相应资产、行使银行债权等，同时做好法律事务工作。

本章要点

1. 供应链金融是指金融机构通过引入供应链核心企业、物流监管公司及资金流导引工具等风险控制手段，实现对供应链中信息流、物流、资金流的有效控制，从而为供应链中不同节点的企业提供融资、结算和理财等综合金融服务。

2. 供应链金融的核心理念是金融机构通过借助供应链核心企业的信用或者以合同为担保，同时依靠第三方物流企业的参与来共同分担贷款风险，改变了过去银行只针对单一企业主体进行信用评估，并据此做出授信决策的融资模式，使银行从专注于对贷款企业本身信用风险的评估转变为对整个供应链及其交易的评估。

3. 物流金融是特指包含金融服务功能的物流服务，即客户企业在生产和进行物流业务时，通过物流企业获得金融机构的资金支持；同时，物流企业为客户企业提供物流及相应的融资及结算服务，从而使物流活动产生增值服务。

4. 应收账款融资模式是指供应链中的卖方，为取得运营资金，以与买方签订真实贸易合同产生的应收账款为基础，并以合同项下的应收账款为第一还款来源向金融机构办理融资的业务模式。

5. 融通仓融资，即存货融资，是企业以存货作为质押向金融机构申请贷款，并以该存货及其产生的收入作为第一还款来源的融资业务。融通仓是将物流服务、金融服务、仓储服务三者予以集成的一种综合服务，它有效地将物流、信息流和资金流进行组合、互动与综合管理。

6. 保兑仓融资属于预付账款类融资，是指在供应链中的卖方承诺回购的前提下，买方（融资企业）向金融机构申请以卖方为收款人的贷款额度，以卖方（核心企业）在金融机构指定仓库的既定仓单为质押，由金融机构控制其质押品提货权并向卖方提供银行承兑汇票的一种金融服务。

7. 供应链金融风险是指金融机构对供应链上的企业融资过程当中，由于未来时间和空间维度上的不确定性，因此供应链金融产品实际收益与预期收益之间存在偏差，或资产不能收回而产生损失的可能性。

8. 供应链金融法律风险是指融资企业将有争议的应收账款或货物作为质押物所造成的风险。此外，参与各方在合约上的权利和义务阐述不清、违约后的处理程序不清等都会造成相应的法律风险。

9. 供应链金融市场风险是一种综合风险，主要受各种因素的影响。市场价格、需求的波动，一方面可能导致企业商品销售与交易无法进行或延迟发生；另一方面也可能导致质押货物价值发生变化，给金融机构带来风险。

10. 供应链金融信用风险是指因借款人或市场交易对手违约而产生经济损失的风险。

11. 供应链金融操作风险是指因不正确的内部操作决策、流程、人员、系统或外部事件而产生直接或间接损失的风险，包括经营管理风险、信息传递风险等。

12. 供应链金融融资风险低于传统银行信贷产品风险，具有显著的自偿性贸易融资的特点。这主要体现在：（1）金融机构可以掌握融资企业真实的贸易信息，可以避免融资企业经营活动不透明、信息不对称的问题。（2）业务风险可以通过对核心企业的捆绑和质押物的控制得到有效规避。（3）供应链金融融资业务实现了物流与资金流的封闭回流，确保了信用贷款的专款专用。（4）还款来源来自贸易本身，还款相对有保证。

思考题

1. 什么是供应链金融？它与物流金融、商业信用融资、互联网金融有何区别？
2. 供应链金融对于解决中小企业融资问题有何意义？
3. 供应链金融在哪些环节创造了价值？
4. 第三方物流仓储企业在供应链金融中应扮演何种角色？
5. 供应链金融业务的开展过程中，应该是由金融机构来主导还是应由第三方物流公司来主导？主导的企业应该具有哪些能力？
6. 供应链金融主要业务模式有哪几种？简述各种模式的特点。
7. 如何分析供应链金融风险？从哪些角度来进行讨论？
8. 从技术层面看，现在有哪些信息技术可用于防范供应链金融风险？
9. 供应链金融的业务模式在设计时应注意哪些要点？

第十章
全球供应链

本章数字资源

学习目的

通过本章学习，你需要：
1. 掌握全球供应链的基本概念；
2. 理解供应链全球化的驱动力；
3. 了解地区差异对全球供应链管理的影响；
4. 理解全球供应链的主要模式；
5. 了解全球供应链管理中地区性产品和全球性产品的区别；
6. 了解全球供应链金融的关键点；
7. 理解全球供应链管理的风险来源；
8. 了解全球供应链风险的应对策略。

【开篇案例】海尔集团：从"中国制造"到"全球智造"

海尔集团创立于 1984 年，是全球领先的家电企业和智能家居解决方案服务商。从成立以来，海尔集团秉持"以用户为中心"的核心理念，从一家本土冰箱生产厂逐渐发展为布局智慧住居和产业互联网两大主赛道，建设高端品牌、场景品牌与生态品牌，以科技创新为全球用户定制个性化智慧生活，助推企业实现数字化转型，助力经济社会高质量发展、可持续发展的全球化集团。

海尔集团在全球设立了 10 大研发中心、71 个研究院、35 个工业园、138 个制造中心和 23 万个销售网络，产品遍布近 200 个国家和地区，连续 4 年作为全球唯一物联网生态品牌蝉联"BrandZ 最具价值全球品牌 100 强"，连续 14 年稳居"欧睿国际全球大型家电零售量"第一名，2022 年全球营业收入达 3506 亿元，品牌价值达 4739.65 亿元。其中，子公司海尔智家实现收入 2435.14 亿元，海外营收 1254.24 亿元，逆势增长 10.3%，海外各区域增长实现倍速于行业平均水平。

1. 海尔集团走在中国企业发展前沿

2022 年，海尔集团所获中国专利金奖增至 11 项，海外专利超 1.6 万件，均为行业第一；累计主导和参与国际标准发布 97 项、国家标准和行业标准发布 706 项；实现气悬浮压机、零嵌冰箱、航空集装箱等原创技术重大突破，新增"国际领先"技术鉴定 23 项，累计 264 项，位居行业第一。

2. 海尔智家：从家电品牌引领到生态品牌出海

1999 年，海尔在美国南卡罗来纳州建立了美国海尔工厂，迈出了开拓国际市场的关键一步。

2001 年，海尔并购意大利迈尼盖蒂冰箱厂，实现中国白色家电企业首次跨国并购。

2023 年，海尔埃及生态园在斋月十日城举行了奠基仪式。这是海尔智家全球化发展的成果，同时也是生态品牌战略全球化落地的又一里程碑。

20 多年前，进军发达市场是海尔智家出海创牌的里程碑。目前，海尔智家已实现家电品牌全球引领，并加速推进智慧家庭体验店的全球落地，将其作为走向生态品牌引领的又一里程碑。

3. 全球化的浪潮之下，品牌出海方兴未艾

摆在中国企业面前的有两条路："抄近路"，贴牌代工门槛低、收益快；"走远路"，自主创牌做品牌。海尔智家选择了第二条路，在海外建立起以研发、制造、营销为中心的"三位一体"模式，并将第一个海外工厂建在了市场最为成熟、竞争最为激烈的美国。随着全球化创牌的深入，海尔智家家电品牌出海开始进入收获期。目前，海尔智家在全球已经形成了覆盖海尔、卡萨帝、统帅、Fisher & Paykel、GE Appliances、AQUA、Candy 等七大品牌的全球高端品牌体系，拿下了欧睿国际全球 14 连冠。"出海创牌"模式也成为当下企业出海的主流。

海尔集团目前进入生态品牌战略阶段，聚焦全球引领的物联网生态品牌目标，而其中海尔智家生态品牌的目光也同样瞄向了出海。在美国、意大利、俄罗斯、巴基斯坦、印度、菲律宾等国家和地区，海尔智家已陆续建成 900 多家智慧家庭体验中心，用户可以随时进店体验智能客厅、智能厨房、智能卧室等智慧家庭场景。

海尔集团正逐步实现从"中国制造"到"全球智造"的国际化发展道路。

资料来源：海尔智家：从家电品牌引领到生态品牌出海［EB/OL］.（2023-04-15）［2023-05-01］. https://www.haier.com/.

第一节　全球供应链概述

一、全球化的趋势

从历史来看，全球化并不是一个全新的概念。早在公元前 2 世纪，以中国古长安为起点、欧洲罗马为终点的丝绸之路就已开启。这条道路以丝绸贸易为代表，将欧亚大陆各文

明古国串联起来,在经济、文化、科学等领域开展广泛交流。从公元 7 世纪起,随着香料贸易的兴起,海上丝绸之路也逐渐成型。随着 15 世纪的地理大发现,美洲、非洲、大洋洲也逐渐进入全球贸易网络中,如今人们日常生活中许多食品、调料,例如辣椒、土豆、番茄、咖啡豆以及巧克力等,都是从这一时期传播开来,并对全球的饮食结构产生了根本性影响。至此,全球化的序幕已经逐渐拉开。

18 世纪开始的第一次工业革命正式将全球化带上历史舞台,凭借蒸汽机、工业纺织机等新的技术发明,欧洲国家可以大批量低成本地生产工业产品,利用蒸汽轮船、蒸汽火车将货物大批量运往世界各地,并将原材料源源不断地运回本国。全球化成了势不可挡的历史潮流。到 1914 年第一次世界大战前夕,全球贸易额已经占到全球生产总值的 14%。从 20 世纪 80 年代开始,在美国为首的发达国家经济体带领下,全球各地区关税逐渐下降;致力于推进贸易全球化的世界贸易组织于 1995 年正式成立,至 2000 年,全球贸易额占全球生产总值比例首次超过 50%,标志着全球化贸易正式成为世界经济的主体。

我国自改革开放以来就不断融入经济全球化进程,2001 年加入世贸组织以来,进出口贸易总额连续多年占我国生产总值的 35% 以上。中国经济的腾飞与全球化浪潮密不可分,我国已经从 1949 年以前的农业国家转变为工业增加值全球第一的"世界工厂"。在 21 世纪,我国经济也正面临着全新挑战,把握好全球化发展的机遇是实现经济高质量发展的重要途径。

二、全球供应链定义

经济全球化意味着商品、技术、信息、资金、人员等要素在全球范围的流动和配置,伴随而来的是全球化的市场、全球化的产业结构、全球化的经营理念和全球化的贸易规则。供应链包含的各项活动从原材料采购、零部件加工、产品生产、分销、配送到维修、回收等都逐渐散布在全球各地,进而产生了全球供应链的概念。

全球供应链是指在全球范围内组织的供应链。常见的全球供应链有全球分销系统、全球供应系统、离岸外包、完全整合的全球供应链。

全球分销系统是指在某一国家(地区)完成生产,通过遍布全球的分销网络将产品销售到世界各地的供应链模式。这种模式从古代丝绸之路一直延续至今,但其内涵已经完全不同,销售的产品不再是各地特产,而是各种各样的标准化、工业化产品,同时分销网络的规模与效率也发生了彻底的革命。

全球供应系统是指供应链的原材料、组件都来自全球各地的供应商,最终生产和销售发生在本国(地区)的供应链系统。这种模式主要出现在发达国家,自地理大发现时代以来,很多国家和地区成为原材料产地,供应着发达国家的生产和消费,而发展中国家常常由于本国工业企业在市场上缺乏足够竞争力,因此难以与全球化的跨国集团展开竞争,进而很难充分享受到全球供应系统带来的好处。

离岸外包是指产品的采购、生产都外包到本国(地区)以外,最终产品在本国(地区)销售。这种模式通常基于不同国家(地区)的比较优势开展,本国(地区)企业通常只承担具有核心竞争力的产品设计、销售等活动，在供应链中分得主要增值收益，而将采购、生产等在本国（地区）成本较高、附加值相对较低的部分外包给其他国家（地区）相对成本较低的企业完成。

完全整合的全球供应链是指从原材料采购到最终产品销售都在全球范围内规划与进行。这种供应链通常由全球化的跨国集团进行组织，充分利用不同国家和地区在生产要素、贸易政策等方面的差异，低成本、大规模地生产各种工业产品并销往全球各地的市场。

不同形式的全球供应链其管理的侧重点有很大不同，但总体来讲，全球供应链管理需要核心企业及其管理者站在全球视角来组织采购、生产、销售等活动，并根据不同国家和地区的资源优势和竞争力，充分利用现代物流和现代信息技术的成果，创新性地找到物流、信息流和资金流的最佳组织方式，从而提升供应链的核心竞争力。

全球供应链具有以下特点。

（1）**网络全球性**。无论是哪种形式的全球供应链，都涉及不同企业跨国家（地区）的组织和协同，涉及物流、信息流和资金流在全球范围的流动，需要克服时间、空间、规则等方面的挑战，实现供应链在全球范围的总体优化。

（2）**管理复杂性**。全球供应链涉及多个国家（地区），其在政治、经济、社会、文化、法律、管理等各个方面往往有着显著的差异，这些差异让供应链的组织和管理变得非常复杂。

（3）**运行风险性**。全球供应链相对于本地供应链具有更多的风险来源和不可控因素，包括政治、经济、自然风险等，其产生的影响远远超过一般供应链，在组织和管理中往往要将供应链风险放到首位来考虑。

（4）**实现技术性**。全球供应链的有效组织和管理对技术的依赖性更高，无论物流、信息流还是资金流方面的技术创新都可能给全球供应链带来全新的组织形式，供应链的核心企业需要更多关注技术进步并借助新技术的使用提升供应链管理的效率。

三、供应链全球化的驱动力

尽管全球供应链在组织和管理上的难度和复杂性远远超过区域供应链，但供应链的全球化仍然是一个不可阻挡的趋势。这里面有来自各个方面的驱动力。

（一）全球市场驱动力

供应链全球化的一个主要驱动力来源于全球化的市场。全球化的市场给供应链带来的影响分为两方面。一方面，全球化的市场缩小了各个地区市场间的差异，使得本地市场更容易受到国外竞争对手的入侵，这就使得每一个经营区域市场的企业需要时刻准备好应对外来挑战。因此，任何一个具有长远发展考虑的供应链核心企业都必须关注全球同行正在进行的活动，不断学习潜在对手的经验，提升自身在区域内的核心竞争力。另一方面，全球化的市场也为每一个具有一定实力的企业带来了新的机遇。由于各个区域市场的差异化缩小，这些企业可以更容易地进入其他区域市场，在更广阔的范围销售自己的产品，以获得快速成长。

同时，由于各个区域发展不平衡，具有一定积累的企业更有可能避开成熟市场内激烈的竞争，进入尚未开发区域的市场并获得新的优势竞争地位。例如，在过去的几十年里，中国市场就是欧美各大跨国集团利用已有产品优势拓展全球市场的"主战场"。在汽车行业、家电行业、数码行业、影视行业等，这些来自发达国家的国际企业通过独资或合资的方式，将各自相对成熟的产品引入规模巨大的中国市场，借助自身成熟的先进技术占据了相关行业的主要市场份额。在很长一段时间内，中国市场乘用车自主品牌的市场份额始终没有超过50%，中高端手机市场也曾经被摩托罗拉、诺基亚、三星、苹果等国际品牌占领。但与此同时，中国手机行业也通过为这些企业代工积累了丰富的经验，并借助中低端手机进入境外市场，在不少发展中国家占据了主要的市场份额。

（二）技术驱动力

在全球化进程中，各种技术可以快速在国家和地区间传播，这使得技术也成为供应链全球化的驱动力。一方面，企业会把研发中心设置在高校、研究所聚集的国家和地区，或是一些创新活动十分活跃的城市，这样可以更方便地与各种研究机构开展合作，更加便捷地获得高素质的研发人员，更加迅速地获得各种新技术的信息，加快将专利、技术转变成产品的速度。另一方面，全球化可以让技术领先的企业迅速占领市场，形成先发优势，导致后来者无法进入。这种情况迫使每一个技术型企业都必须投入大量的资源用于研发新技术，确保自身的竞争优势。很多企业经过多年的研发和积累，拥有自己独一无二的技术，使其在各自细分市场上具有很强的竞争力。

全球化的企业通常不可能也没必要在其产品和零部件的所有技术领域都具备核心竞争力，因此需要与全球各地具备相关竞争力的企业分工合作，充分发挥每个企业在产品生产中不同方面的核心技术能力，通过全球化的供应链组织和管理，最终形成具备全球竞争力的产品。例如，芯片制造产业包括半导体材料、半导体设备、芯片设计、晶圆制造、封装测试等环节，每个环节又可以进一步细分为多个子节点，每个节点都有一些企业在全球市场极具技术竞争力，离开这些企业中的任何一个，芯片制造过程都有可能中断。举例来说，半导体设备中的光刻机，特别是用于7纳米及以下芯片制造的极紫外光刻机，全球只有荷兰的ASML公司能够生产，占据了完全的垄断地位。这使得全球所有生产高端芯片的供应链都必须依赖ASML公司生产光刻机。类似的情况在高端制造业普遍存在，核心企业必须寻求来自世界各地的供应商，借助全球供应链的整合才能生产出足够有竞争力的产品。

（三）全球成本驱动力

降低成本是供应链全球化的另一个主要驱动力。降低成本可以通过全球化的多个方面实现。借助集装箱、超大货轮、全球定位系统、互联网、物流管理系统等物流技术和信息技术的不断发展和广泛应用，全球物流的单位成本在不断降低。企业可以在全球范围内寻找自己所需要的原材料并以较低的成本运回本国，这些原材料通常不仅价格比本国原材料低，品质也更好。例如，中东地区的石油不仅储量高、易开采，而且品质高、更容易加工，这使得全球其他地区的石油都缺乏足够的竞争力。全球化的市场也使得规模经济更容易实现，从而降低生产总成本。同时，一个设备、一个零部件的需求就可能实现规模经济，养活一家供应商，这使得企业分工更加精细、专业，推动供应链各个环节形成各自的专有技术。

此外，由于全球范围内经济发展的不平衡，各个地区的劳动力成本差异也非常大，全球化企业可以将劳动密集的生产环节转移到劳动力成本较低的地区，从而实现生产成本的降低。相近产业链上的企业还可以通过产业集群的方式聚集在一个区域，形成产品研发、采购、生产、供应等方面的协同，以进一步降低供应链的总生产成本。例如，我国许多省份都有服装行业的产业集群，这些产业集群能够提供服装行业供应链上的所有原材料和零配件，能够大规模、低成本、快速地响应各类服装生产需求，这就形成了我国在服装生产方面的全球竞争力。

（四）政治与经济驱动力

全球政治和经济政策也是供应链全球化的驱动力。在过去数十年中，全球多数国家都在致力于降低彼此之间的贸易壁垒。同时，还形成了区域性经济合作组织，如欧盟、北美自由贸易区、亚太经济合作组织等，不少合作组织成员内部实现零关税、货物自由流通。这些贸易规则降低了跨国贸易的成本，推动了供应链活动组织的国际化。与此同时，许多国家为了促进本国就业，对进口产品和在本国组装的产品征收不同的进口税，这就促使一些供应链在考虑关税成本的情况下，决定在目标市场所在地设立工厂，以完成产品的最终组装，进而形成供应链结构的全球化。

四、不能忽视的地区性差异

虽然经济全球化加速了各个国家市场、生产、销售等活动的融合，但各区域经济发展阶段不同，历史文化和政治制度等方面也存在差别，在全球供应链的组织和管理过程中不能忽视这种地区性的差异。

（一）文化差异

全球各个地区存在着显著的文化差异，包括宗教信仰、价值观、习俗、语言等，这些差异会对国际贸易的结果产生显著的影响，在组织全球供应链时需要充分了解这些差异。

语言差异是跨地区交流的首要障碍，语言交流不仅是文字上的交流，还包括语气、手势、姿态等非文字的交流，用错词汇或手势可能产生难以预料的后果。例如，汇丰银行在2009年使用的口号"Assume Nothing"在英文语境中表示银行不会预设条件，而是全力为客户服务，但是翻译成其他语言后，意思变为"Do Nothing"（什么都不做），由此对其商誉造成负面影响，使其最终耗资1000万美元重塑品牌。

价值观差异也是全球供应链管理中需要注意的。有的国家注重效率，而有的国家注重速度，如果没有弄清楚，可能会产生严重的商誉损失。例如，配送略有延误在有的国家并不是什么问题，但在有的国家则可能被认为是严重的商业失信，从而极易造成订单流失。

在全球化供应链的经营过程中，企业要谨慎对待文化差异，一方面需要尽力了解相关国家和地区的文化，另一方面需要使用一些规范化的通用的交流方式，避免产生误会，造成不必要的麻烦。

（二）基础设施差异

不同国家和地区的基础设施也有着很大的差异。通常来讲，发达国家和新兴发展中国家的基础设施较为完善，在能源供应、物流运输、信息通信、金融服务、治安保障等方面标准化程度较高、管理比较规范，企业设立工厂、配送中心、销售网点的时候可以选择的范围更广一些。而一般发展中国家的基础设施建设通常存在各种问题。例如有些地区电力供应经常中断，有些地区路网覆盖范围很小，有些地区还存在着军事冲突或治安风险等。当企业在这些地区开展经营活动时，就需要针对相应的问题采取措施。如自备发电设备、选择在主要城市周边设立工厂、选择具有武装力量保护的产业园开展经营活动等。

（三）业绩期望与评价差异

基于不同国家基础设施、商业环境上的差异，全球化企业在各个地区的业绩评价标准也存在着显著差异。

在发达国家和新兴发展中国家，通常以效率、服务水平、响应速度等作为供应链绩效指标，国家间的评价标准差异较小，供应链业绩评价指标可以统一设立较高的标准水平。同时，若供应链运行过程中的商业环境较为稳定，商业活动的执行受到当地法律的规范，供应链可以以较高的程度进行整合。

而在一般发展中国家，商业活动的保障水平较低，供应链经营过程中所遇到的风险较大，风险来源也更多。供应链中产品更多通过本地代理商、经销商的渠道进行销售，因而服务水平和库存管理通常难以掌控。

（四）信息系统可得性差异

发达国家和地区的信息化程度较高，互联网、移动通信网络等基础设施较为完善。通过全球化的服务，供应商企业可以获得很好的信息系统、生产制造系统、决策支持系统等信息系统服务。另外，供应链企业间还可以通过POS机获得销售数据，通过EDI标准传递订单数据。

新兴发展中国家的信息化程度差异较大，尽管这些国家信息通信基础设施具备一定规模，但企业间信息化程度差异较大，且决策支持系统等信息化服务应用还不是很普及。

一般发展中国家的信息化程度平均水平较低，表现为信息通信基础设施覆盖率不足、企业信息化水平较低，同时，决策支持系统等信息化服务应用也较为少见。

在全球范围组织供应链时，要考虑到不同地区信息化基础设施的差异，采用不同的组织方式进行供应链整合。

（五）人力资源差异

发达国家和地区的技术人员和管理人员资源较为丰富，综合素质较高，但劳动力成本也较高。所以在全球供应链中，企业的产品研发、设备研发通常会放在发达国家，充分发挥其技术和管理方面的优势。

新兴发展中国家的技术人员和管理人员资源较为丰富，综合素质略低，劳动力成本相对较低。在全球供应链中，企业的生产制造会放在新兴发展中国家，依托其良好的基础设施、较为廉价的劳动力、较好的技术水平和管理水平以及产业集群来实现产品的大规模生产。

一般发展中国家的技术人员和管理人员资源较为缺乏，劳动力成本相对较低，但由于基础设施薄弱，产业链匮乏，因而难以形成有国际竞争力的企业，且难以发挥廉价劳动力在劳动密集型产业中的价值。这些国家的供应链发展需要长期的基础设施投资和技术人员的培养，而这些往往需要国家层面的合作和支援。

【案例】亚吉铁路运营五周年在东非高原描绘新蓝图

亚吉铁路是连接非洲埃塞俄比亚首都亚的斯亚贝巴和吉布提首都吉布提的铁路，全长725.7千米，由中国中铁与中国铁建共同修建，设计时速为120千米，总投资约40亿美元。2016年开通后，亚吉铁路成为非洲第一条跨国标准轨距电气化铁路，该铁路采取"6+2"形式，即中国中铁和中国铁建联合运营6年，之后将运营权移交给当地企业，同时再提供2年的技术服务。2018年亚吉铁路进入商业运营，运输收入年均增长速度超过35%，2022年首次实现收支平衡。目前，埃塞俄比亚约25%的进出口货物由该线路运送。

从建设到运营，亚吉铁路为埃塞俄比亚和吉布提两国提供就业5.5万人次，培养了3000多名铁路方面的专业技术人才。截至目前，亚吉铁路分三批培养当地火车司机107人，包括亚吉铁路第一位女火车司机吉尔玛。

资料来源：王传军. 亚吉铁路运营五周年 在东非高原描绘新蓝图[N/OL]. 光明日报. (2023-3-19)[2023-05-01]. https://cn.chinadaily.com.cn/a/202303/19/WS64168d89a3102ada8b234392.html.

第二节 全球供应链的主要模式

全球供应链需要核心企业以全球化视角对供应链中的活动、成员进行计划、协调、组织和整合，涉及的时间、空间跨度较大，需要依托现代物流技术和信息技术的支持，实现物流、信息流、资金流的高效流动。从全球供应链中核心企业的位置来看，可以分为制造商主导、中间商主导和零售商主导的全球供应链。

一、制造商主导的全球供应链

以制造商为核心的全球供应链的主要竞争力来源于产品的设计和生产，核心企业作为供应链主导者，肩负着供应链网络的设计和管理职责，需要根据全球化的市场需求设计供应链中产品的供应策略，并依托全球网络找到合适的供应商、物流服务商、分销商等，以发挥供应链各成员的能力，在服务好终端客户的需求基础上提升供应链产品的核心竞争力。

核心制造商可以通过以下几种策略提升产品的竞争力。

（一）全球化采购

通过全球化采购，制造商可以扩大供应商的选择范围，以低成本获得产品生产所需的原材料和零部件。采购方式包括招投标、在线采购和网上竞价等。在采购过程中，可以利用原材料供应的周期性、国际市场汇率波动等影响，通过战略采购等形式降低综合采购成本，也可以通过供应商、物流服务商协同提高供应响应速度。由于全球采购的复杂性和困难性，核心企业需要提高信息化水平和供应链管理能力，这也有助于核心企业从全局角度建立供应链管理思维，从采购管理转变为资源管理。

（二）集中生产

核心制造商往往掌握着产品的设计，是实现全球各地不同客户需求的源头。其可以根据全球各地市场需求的差异化程度，从更高的层面上对产品生产进行规划和设计，找到可以将不同需求聚集起来的生产环节，通过集中生产实现供应链的规模经济性。例如创新型产品的需求差异性较大、更新速度快，核心制造商就需要加强与供应商协同，将生产组织在供应商聚集的区域，从而实现产品的快速设计、快速采购、快速生产，提高对需求的响应速度。对于功能性产品，其全球标准化程度较高，可以根据生产方式是劳动力密集型还是资本密集型选择相应的产地，充分利用不同地区劳动力成本和技术成本的差异，更好地实现规模经济。

（三）集中库存

核心制造商在供应全球各地市场时，可以与物流服务商协同，从而采用不同的分销策略。例如，对于快时尚行业，制造商可以将产品集中在生产地的仓库，根据需求订单，通过空运等方式配送，实现库存管理的规模经济性。制造商还可以建立不同范围内的区域仓库，将一个区域内不同国家的需求集中起来，降低由于全球物流延迟和各地差异化需求造成的额外库存成本。

（四）产品延迟制造

核心制造商还可以与物流服务商合作，采用延迟制造的策略，优化产品生产流程，集中生产标准化的中间产品，在各个区域配送中心完成最终差异化的本地化生产，降低产品本地化所带来的额外成本。

二、中间商主导的全球供应链

在一些行业中，全球供应链是由中间商主导的。这些中间商一般是经销商或代理商。

经销商在产品流通过程中，通过向制造商买入产品，向零售商或客户售出产品，获得中间差价利润。在产品流通过程中，经销商拥有产品的所有权，虽然需要占用自身资金，承担产品滞销的风险，但同时也可以通过自身对市场机会的把握获得销售所带来的额外利润。代理商则是通过代理制造商的产品，向零售商或客户售出产品，以在交易订单中抽取中介费的方式获得利润。在产品流通过程中，代理商既不拥有产品的所有权，也不占用自身资金，更不承担产品的滞销风险，而是通过自身所掌握的客户资源促成交易并按比例获得中介费。

无论是经销商还是代理商，中间商的优势都在于供应链资源的整合，包括掌握的制造商资源、零售商或客户资源以及自身对分销网络的优化能力和服务能力。

在中间商主导的全球供应链中，中间商往往不只提供单一种类的产品。这类中间商通常会根据其所从事的行业大类，围绕客户需求提供相关的解决方案，在这一过程中通过经销或代理的方式提供解决方案所需要的所有产品。这类中间商往往需要同时经销或代理很多供应商品牌，这样才能为客户提供完整的解决方案，并根据客户的要求选择不同的替代品牌。

对于客户来说，中间商提供一套专业、完整的方案，可以避免其同时跟多个供应商沟通产生额外时间、人力和资金成本。此外，通过中间商通常还可以获得一定的大客户折扣，从而使采购成本相较于自行采购成本更低。对于制造商来说，其核心竞争力是产品设计和生产，通常在市场开拓、物流、客户服务方面缺乏足够能力。而通过中间商，制造商则可以快速拓展市场，服务更多客户，降低风险，使其专注于制造方面核心能力的提升。对于中间商来说，这种模式可以将一大批制造商和客户凝聚起来，产生集聚效应，以增强上下游企业对供应链网络的路径依赖。例如英迈国际是一家位列全球500强的IT分销商，其代理范围包括智能手机、移动解决方案、电脑配件、个人系统、企业级软件、虚拟存储、数据采集等IT领域软、硬件设备，提供基础设施、服务器、软件应用、网络安全等完整的数据中心解决方案，其代理的品牌包括思科、苹果、IBM、微软、惠普、联想、腾讯等国际IT供应商。

因为中间商在其主导的全球供应链中承担枢纽作用，所以这也对其管理技术和管理能力提出了更高的要求。这类中间商通常不仅仅对某一行业内产业结构非常熟悉，往往也在物流管理和供应链管理方面有着丰富的经验。这是因为在联结上下游的过程中，涉及的供应商和客户数量庞大、产品种类丰富，造成整个供应链网络中的信息流、物流和资金流十分复杂，如果不能高效地管理这三种流，就会大大增加流通成本，造成业务混乱甚至中断。对于中间商来说，物流管理和供应链管理是其降低成本，提升绩效的关键。如果能够利用好众多供应商所带来的大量物流流量和信息流流量，形成物流和信息流的规模经济性，则可以降低其单位物流成本和信息技术使用成本，形成物流网络中的核心竞争力，在其拓展全球市场的时候发挥放大作用。

三、零售商主导的全球供应链

零售商主导的全球供应链核心竞争力主要来自服务客户需求的能力。作为核心企业的零售商，需要在各个区域市场建立零售网络，满足差异化的顾客需求。这使得零售商所管理的产品数量庞大，种类繁多。常见的零售商类型包括百货商店、超市、便利店、网络零售商等。

百货商店的核心竞争力是其种类繁多的产品。百货商店通常提供很多品类的产品，这些产品可以满足多种不同需求，从而吸引到大量顾客的来访。来访的顾客在购买其原本需要的产品后，通常还会产生许多连带消费，增加了百货商店产品的销售量。百货商店的模式促成了零售行业的大规模生产和大规模消费。在百货商店主导的全球供应链中，门店成本通常较高，需要形成百货商店的品牌才能形成较高的溢价。因此，百货商店在合作品牌的选择上通常会选择一些知名品牌形成共生的生态圈。由于电子商务的发展，传统百货商店的空间受到很大挤压，其购物的功能相对弱化，更加聚焦于一些高端品牌，转而提供更多关于休闲、娱乐、社交场景的商业综合体。

超市相较于百货商店模式，核心竞争力是其提供产品的价格。超市通常选在成本较低的地段，通过提供大量性价比很高的产品，以获得产品销售流量，进而形成规模经济效应。超市提供的产品并不要求种类齐全，而是在能够满足每种顾客基本需求的前提下选择少数几种产品，通过大量销售形成价格优势，吸引顾客到店消费。超市主导的全球供应链以沃尔玛为代表，其主要竞争力来源于其物流效率。通过与商品供应商在供应链层面协同，顾客需求数据可以通过前端POS机采集并即时反馈到合作供应商的信息系统中，供应商则可以通过VMI（供应商管理库存）模式下达门店补货订单。在商品运输途中，通过越库技术可以减少在途库存，缩短配送时间，提升产品周转率。这种模式下供应链协同下的效率直接关系到超市企业的竞争力，核心企业往往具有很强的供应链整合能力和数字化运营能力。

便利店模式的核心竞争力是网络覆盖面广、门店密度高。其只提供消费者日常需要的部分产品，通常以食品为主，辅以少量日用品，主要满足消费者临时产生的消费需求。由于门店密度高，消费者可以步行前往。便利店的产品单价通常较高，但由于服务消费者即时的需求，顾客对价格敏感性较低，可以形成较高的毛利。在这种模式下，门店网络规模、门店产品选择、门店配送效率就是影响供应链竞争力的主要因素。核心企业需要依托数据分析系统和物流管理系统实时掌握销售网络中的顾客需求，高效做好门店的物流配送，才能避免陷入高成本的危机中。

网络零售店通过互联网销售产品并通过设置在各地的配送中心将产品配送到顾客手中。其核心竞争力有两方面：一方面是其所销售产品的品种数量优势，另一方面是其相对较低的运营成本。网络零售店没有实体零售店的场地限制，可以近乎无限地扩张其商品类目，大型电商平台如淘宝、京东、亚马逊的商品数量是实体店商品数量的数万倍以上。网络零售店的配送中心通常选在偏僻的郊区，成本远远低于实体零售店的店面租金。这些优势使得通常网络零售店的产品价格会低于实体店的产品价格。网络零售店模式中核心企业往往是零售平台，如淘宝、京东等，供应链的核心竞争力来自供需双方的流量，即平台商家的数量和平台顾客的数量，两者具有很强的互补性，一方规模增大会造成另一方的规模也增大，形成网络零售平台间赢者通吃的局面。由于网络零售模式需要将产品通过快递配送到顾客手中，在供应链管理中，核心企业往往需要通过自建物流或寻求战略物流合作商，提高配送效率。同时，核心企业也会通过构建自营仓库的方式为平台上商家提供仓储物流服务，以实现物流的规模效应，进而形成零售平台的核心竞争力。

四、新兴的供应链模式

随着电子商务的发展，绝大部分行业都出现扁平化发展的趋势，伴随而来的是供应链链条的不断缩短。这也让全球供应链的模式发生了改变，制造商、中间商、零售商的界限也更加模糊。

一方面，在以Zara、希音为代表的快时尚行业中，核心企业既承担了制造商的角色，负责产品设计、产品生产的组织，也承担了零售商的角色，在全球各地拓展市场，发展实体门店或线上应用，开展线上线下销售。在这些企业所在的供应链中，中间商的角色完全消失，核心企业通过与物流服务商合作，采用"小单快反"模式，利用航空物流和快递物流，实现产品从产地到门店、顾客的直送。同时，它们还通过自营门店或自建应用获得顾客的一手需求数据，加快产品设计速度，借助社交媒体平台实现品牌传播和获取客源，将物流、信息流和资金流完全整合在企业当中。这种全球供应链模式在满足顾客差异化需求方面效率非常高，其成功依赖于全球物流网络、互联网的高度发展，也依赖于生产地的产业集群，同时也受到全球贸易规则的很大影响。由于不少行业的客户需求越来越定制化，这种"小单快反"的模式受到许多企业关注和借鉴。

另一方面，借助便利的通信技术和互联网的普及，客户和供应商间的交流成本大幅降低，供应链的扁平化需求增强，越来越多企业选择越过中间商直接通过厂家下达需求订单，这使得传统经销商和代理商的角色受到很大挑战，代销、转销的盈利空间逐渐压缩。在这种情况下，出现一批新的网络中间商平台，这些平台并不直接通过代销、转销获利，他们搭建信息发布平台，通过发布供需双方的信息，促成交易，为平台聚集大量供应商和客户，提升平台用户的活跃度。在促成大量交易的过程中，这些平台往往能找到交易双方额外的服务需求，如物流服务、金融服务、合同服务等，通过提供这些附加服务，平台可以实现交易流量转变为企业利润的过程。这种供应链模式，中间商的角色转变为供应链的平台服务商，有利于缩短供应链的流通环节，也能够提升供应链整体的效率和服务质量，吸引了不少行业的企业进行尝试。

第三节　全球供应链管理

在这一节中，我们介绍一些在全球供应链管理中会遇到的问题和一些常见的管理策略。

一、地区性产品与国际性产品

在全球供应链管理过程中，企业所提供的产品可以是地区性产品，也可以是国际性产品。

地区性产品是指主要为满足某一地区的需求而设计生产的产品，在设计生产的过程中没有在全球范围流通的考虑。地区性产品在全球供应系统和离岸外包这两类供应链中比较常见，供应链核心市场集中在一个区域，利用全球供应链降低产品生产的成本，从而形成竞争优势。地区性产品通常是由于当地的习俗、习惯、语言、环境等因素造成的，也跟当地市场发展水平和企业经营规模相关。例如，在中国大城市比较流行的电动摩托车，在许多国家需求并不大，因此生产电动摩托车的企业首先要考虑产品能够满足中国国标的要求，如限速要求等。

国际性产品是指产品在设计生产过程中就考虑到在全球市场销售，并针对性在供应链管理方面做出调整。一种常见的方式是采用全球统一的标准化产品，例如苹果手机、可口可乐等。在一些差异化的地方也尽量采用标准化方式设计，例如全球各个国家所用语言、电压都不一样，全球化的国际性产品在设计中会采用使用多种语言的说明书，选择可以适配各种电压的电源。这样虽会增加产品的生产成本，但也可以让产品实现全球标准化。这种方式的优点是产品设计相对简单，便于集中生产、集中仓储，也便于形成规模经济性，从而将成本大幅降低。国际性产品由于标准化程度高、质量差异小，也更容易形成品牌效应，便于在全球市场拓展。此外，由于管理的产品数量相对较少，供应链管理的复杂性大大降低，这也便于在全球范围内开展供应链管理，可以采用全球供应系统或完全整合的全球供应链模型开展。这种方式通常比较适合功能型产品，核心企业一般通过标准化的高品质产品来获得全球各地的市场份额。但这种方式也具有明显的缺点，由于产品的全球标准化，其设计过程中需要考虑适应各个市场的差异性，这就增加了产品设计难度。同时，这种标准化产品往往不能满足差异化的需求，常常面临来自本地竞争者差异化竞争战略的挑战。

在标准化产品的基础上，不少全球化企业在产品设计中考虑到各个市场的差异，做出一些差异化的设计，以迎合各地市场顾客的需求。例如，奥迪、宝马等国外品牌通常会在推出其标准车型的基础上，额外增加针对中国市场的加长型，主要是为了满足中国顾客喜欢更气派、对更大的后排空间的需求；苹果手机在设计中会专门针对亚洲市场推出"土豪金""玫瑰金"等颜色；美国好莱坞会在一些影片中加入"中国元素"来增加对中国观众的吸引力。

另一种方式是借助全球化企业的生产能力、管理体系，建立满足本地需求的供应链。例如，沃尔玛等超市在经营过程中，将超市供应链管理的经验复制到全球各地市场，但其所销售的产品则根据各个地区供应商的情况进行差异化选择。希音等快时尚企业利用其产业集群的生产能力和设计能力，在全球各地通过产品的快速上架、快速测试和快速反单来满足全球各地市场的差异化需求。

总体来讲，对于全球化供应链的核心企业来说，找到标准化和差异化的平衡点是实现全球供应链整合的关键。标准化的可以是产品、生产能力或管理能力，差异化的可以是产品、配件、服务等。

二、分散管理和集中控制

在全球供应链管理过程中，核心企业需要进行供应链的整合。全球供应链的整合涉及不同国家、不同市场、不同组织之间的整合，这种整合通常包含多种内容。

（1）原材料供应、产品生产、物流运输、订单配送的整合。
（2）供应链各成员管理思想、管理方法、管理工具、管理技术的整合。
（3）供应链内供应商、制造商、分销商、零售商、物流服务商、客户的整合。
（4）供应链内信息流、物资流和资金流的整合。

由于全球供应链的复杂性，其整合过程十分困难，但整合的价值也会更大。

（一）明确供应链核心竞争力来源

在整合过程中，要明确供应链核心竞争力的来源。对于制造商主导的供应链，核心竞争力通常来源于产品的设计和生产，在整合过程中应考虑如何围绕核心竞争力开展。对于功能型产品，应考虑如何实现全球范围的采购、如何开展标准化生产、如何降低全球范围的物流成本、如何满足地区差异性需求。在整合过程中需要与供应商、物流服务商在物资流和信息流方面开展深度合作。通过产业集群、供应商管理库存等方式缩短供应链生产过程的物流环节，通过建立标准的供应商管理流程从源头实现原材料、零配件的标准化生产和质量的可控性，通过选择合适的配送中心实现全球范围的物流优化。对于创新型产品，则需要与零售商、供应商在产品设计上开展合作，在产品设计阶段就在顾客需求、产品可供应性、成本控制等方面取得平衡，缩短产品设计周期，提高产品更新迭代速度。同时要与物流服务商建立深度合作，选择合适的方式实现快速响应能力。对于中间商主导的供应链，核心竞争力来源于供需关系的匹配能力，在整合过程中应考虑在缩短供应链链条的同时体现出中间商的价值，这就需要中间商在提供整体解决方案方面具备更强的能力，包括物流整合能力、信息流整合能力、资金流整合能力以及相应的方案设计能力。对于零售商主导的供应链，核心竞争力来源于所拥有市场的资源和服务市场需求的能力。在整合过程中应考虑如何最有效地满足所在市场的需求。对于以成本为竞争力的供应链，应关注如何与物流商和供应商整合优化供应效率，降低生产、物流成本。对于以产品多样性为竞争力的供应链，应关注如何快速获得顾客需求、快速设计和生产产品、以合理的成本满足顾客多样化的需求。在整合过程中需要缩短链条，与供应商协同加快产品设计和生产的速度，保证快速响应能力。

（二）建立相对标准化的管理方式和流程

在全球供应链整合过程中，各个成员组织的管理模式、组织方式都不相同，需要核心企业建立相对标准化的管理方式和流程，避免因管理模式差异造成的供应链风险。例如，在全球化企业的采购中，通常会有一套标准采购流程，这些流程在不同文化地区的接受程度存在差异，在使用过程中会遇到各种阻力。但这套流程通过规范化供应商的供应行为和产品供应质量，在全球范围内可以提升供应链的可靠性，降低管理复杂性，避免文化差异、管理水平差异造成的纠纷和风险。中国作为一个制造大国，拥有数量庞大的生产企业，在过去数十年的发展中，很多外贸加工企业都经历过这种标准化改造。这些企业在改造过程中，往往伴随着管理模式转变带来的痛苦，但随着改造完成，这些企业逐步适应全球化企业的管理模式，可以更加容易融入国际外贸市场中，提升了自身的国际竞争力。

在全球供应链整合过程中，另一个重要问题是如何平衡供应链的分散管理和集中控制。理论上来讲，全球供应链的集中控制可以达到整个供应链的最佳运行效果。但实际中，存在着多种因素造成集中控制难以实施。

一个因素是管理的复杂性。全球供应链面临许多区域市场，每个市场的管理都存在显著差异，集中管理会增加管理层级，造成决策的延迟。集中管理也会由于管理者对区域市场不熟悉而造成管理风险。例如，全球网络零售商巨头亚马逊在中国电商发展早期就进入中国市场。2004 年亚马逊收购卓越网进入中国，使得中国市场成为亚马逊第七个全球市场。亚马逊在全球采用统一的管理模式、统一的网站风格、统一的运作模式，这在美国、德国、日本等发达国家的市场都取得了成功。但在中国市场，亚马逊中国并没有及时根据京东、淘宝等竞争对手的灵活竞争策略动态调整其运营模式，被消费者诟病网站产品信息太少、促销活动太少、产品缺乏竞争力、营销方式缺乏创新性等。亚马逊并没有能够发挥其产品全球化、品牌全球化的优势，反而在决策中受到集中管理的制约，在各种关键时间点都比中国竞争对手慢得多。例如，2014 年 2 月天猫国际上线开展海淘业务，而到了 11 月亚马逊海外购才正式上线。这种迟钝的集中决策方式导致亚马逊中国无法跟中国市场的竞争对手抗衡，不得不在 2019 年退出中国电商市场。

影响集中控制的另一个因素是供应链成员的复杂性。全球供应链涉及不同国家、不同组织的成员，有着不同的利益和诉求，如果供应链中存在多个重要企业，且利益诉求存在差异，则集中控制的方式很难达成。例如供应链中存在强势供应商和强势零售商，则往往会存在谁主导供应链的问题。与此同时，分散决策也存在着效率降低、供应链过程不可控、供应链成员道德风险等问题。

基于上述原因，全球供应链管理往往要在集中控制和分散决策间找到平衡点。通常来讲，在供应链的核心竞争力方面应该考虑更多集中控制的方式，如产品设计、生产环节。在供应链差异化比较大的方面应考虑更多分散决策的方式，如区域市场管理等。此外，还可以引入供应链合同、信息共享、协同规划、预测与补货、供应链金融等方式激励供应链成员按照供应链价值最大化的方式决策，实现分散决策达到集中控制的效果。

三、全球供应链融资

由于全球供应链涉及地理范围更广、时间跨度更大，所以整个供应链中物流和生产占用的资金会更多。在传统国际贸易中，供应链非核心成员通常需要为供应链网络融资，然后通过信用证等方式实现资金回笼。这种方式对供应链非核心成员来讲周期太长，资金流压力较大，阻碍了供应链中生产规模的扩大或市场规模的扩大。

为此，一些资本雄厚的金融机构、物流企业、交易平台为供应链中的成员企业提供供应链金融服务。这些金融服务并非通过固定资产抵押的形式实现融资，而是根据供应链交易订单进行融资。供应链金融服务机构通常通过对物流和信息流的监控确保交易的真实性，通过订单流水确定授信额度。例如，一家零售商向供应商采购价值 1000 万元的商品，根据供应链金融服务合同，零售商可以向金融服务方支付 30%（300 万）预付款后下达订单。金融服务商在供应商向指定仓库交付商品后向供应商支付 1000 万元的货款。此时商品存放在金融服务商指定的仓库中，零售商在销售过程中可以根据订单向仓库发起商品提取请求，每次提取时需补足所提取商品剩余 70% 的货款方可完成交易。

在这个例子中，金融服务商通过收取一定手续费以及物流服务费获得收益，零售商可以用 30% 的资金发起更多的采购订单以利用市场机会，供应商则可以快速实现资金回笼扩大生产。供应链金融实现的方式有很多，其核心是对交易过程的信息流和物流进行监管。在全球供应链中，交易平台和物流商往往在这方面具有额外的优势，通过与一些金融机构合作共同开展供应链金融服务，这些中间商和服务商可以进一步扩大平台业务量或物流量，实现多方共赢的局面。

四、全球供应链的风险管理

在全球供应链管理过程中，需要始终将风险管理放在首要考虑的位置。这是因为全球供应链涉及地理范围广、组织关系复杂、物流时间长、不可控因素多。相对于区域供应链来说，全球供应链更容易发生风险，且风险造成的损失也往往更大，因此需要给予额外关注。

（一）全球供应链的风险源

全球供应链的风险来源于供应链的内外部，表现形式各不相同，造成影响的差异也很大。

（1）**已知来源的可控风险**。已知来源的可控风险通常来自供应链的内部，由于企业管理者对供应链内部较为熟悉且控制力更强，许多风险可以提前感知并采取相应处理办法。常见的已知来源的可控风险包括道德风险、信息传递风险、生产组织风险、分销商选择风险、供应商选择风险、物流运作风险、企业文化差异风险等。

道德风险是指供应链成员间信息不对称，造成供应链合同履约时，一方利用信息差获得额外收益的行为，包括偷工减料、以次充好等。

信息传递风险是指供应链间缺乏协同，导致供需信息扭曲，从而造成供应链效率下降的风险。

生产组织风险是指供应链生产组织过程中某一环节出现阻塞、闲置、故障等异常造成的供应链效率下降、成本上升的风险。

分销商选择风险、供应商选择风险是指在供应链的上下游选择中，由于选择了不合适的成员企业，而导致供应链的核心战略目标未能达到，核心竞争力下降的风险。

物流运作风险是指原材料、配件、产品在生产、运输、存储、配送过程中，发生延迟、中断等造成供应链供应中断或成本上升的风险。

企业文化差异风险是指供应链成员企业在企业价值观、文化上存在差异导致供应链合作产生分歧，供应链效率下降或中断的风险。

（2）**已知来源的不可控风险**。已知来源的不可控风险主要来自供应链外部，包括市场的不确定性风险、经济周期风险、政策风险、法律风险等。这类风险通常可以根据历史经验获得一定感知，但风险的发生和风险规模往往取决于外部环境，企业自身很难控制。

市场的不确定性风险是指随着市场活动的动态变化，顾客偏好可能发生变化、新的竞争对手可能进入等造成供应链竞争力的下降、供需出现不匹配等风险。

经济周期风险是指市场经济繁荣和衰退在不同时间、不同地区交替出现，供应链面临需求下降、资金供应量减少、汇率大幅波动、原材料价格剧烈震荡等风险。

政策风险是指不同国家在供应链所在产业可能实行不同的产业政策，这些产业政策会对各个市场的需求产生极大的影响。例如，"双碳"政策造成乘用车市场汽油车预期需求下降、电动车预期需求上升的趋势，给汽油车生产厂商带来经营风险。

法律风险是指法律的制定和修订可能会对供应链运营产生负面影响。

（3）**未知来源的不可控风险**。未知来源的不可控风险主要来源于供应链外部，包括自然灾害风险、社会风险、政治风险、流行病风险等。这类风险通常更加不可预测，造成的影响更加不可控。

自然灾害风险是指因为台风、地震、火灾、海啸等自然灾害导致供应链中断的风险。

社会风险是指各个国家、地区所发生的各种社会冲突带来的风险，包括罢工、恐怖袭击等造成供应链中断的风险。

政治风险是指各个国家、地区发生的局部冲突、战争等政治事件导致供应链中断的风险。

流行病风险是指全球范围内因暴发流行病导致生产中断、物流停滞、国门封闭等供应链中断的风险。

（二）处理全球供应链风险的策略

针对全球供应链所面临的各种风险，供应链管理者可以采用多种策略来应对。这里按照所应对风险的可控性提供一些常见策略。

（1）**投机策略**。投机策略是指对于一些难以预测、不可控制的风险，供应链核心企业采用投机的方式进行应对，期望对自己不利的事件不要发生。这种策略通常发生在应对风险的成本远远高出企业能够承担能力的时候。例如，在一些有战争风险的地区投资建厂时，就要在区域市场的收益和战争风险的损失间进行权衡，考虑在发生风险前是否有可能获得足够的回报。在两种竞争性技术路线的选择上，往往也需要采用投机策略，这是因为一旦路线选择失误，整个市场就可能丢失掉，但企业往往也没有足够资源同时投资两条路线。

（2）**弹性策略**。供应链弹性是指供应链在部分失效时，能够保持连续供应并快速恢复到正常供应状况的能力。弹性策略是指供应链在设计时通过鲁棒方法增加供应链弹性的策略。例如，在一个物流网络设计中，采用7个区域仓的方案和采用8个区域仓的方案在总物流成本上可能差不多，这是因为额外的区域仓可能会在增加投资和库存成本的同时降低运输成本和配送成本。如果不考虑到供应链弹性，则企业会优先选择更加简洁的方案。如果考虑到供应链弹性，采用8个区域仓的方案会优于采用7个区域仓的方案，这是因为当其中一个仓发生风险时,另外7个区域仓的应对能力通常要高于6个区域仓的应对能力。在供应链弹性策略设计中,通常采用鲁棒方法,假设供应链某些节点发生中断,测试供应链在最坏情况下的供应能力,据此设计出具有较高弹性的供应链网络。弹性策略主要是依靠网络自身抗风险能力来应对风险,适合处理难以预测且难以控制的风险类型。

(3)对冲策略。对冲策略是指通过采用多种数量相当,方向相反的运营策略来抵消各种风险带来的影响。对冲策略并不回避风险事件的发生。风险事件发生时并非总是产生负面影响。例如,原材料价格上涨会增加企业从现货市场采购的成本,如果提前购买做多的期货产品,则在价格上涨时可以通过期货产品的收益弥补额外的采购费用,从而锁定采购价格。这时价格波动的风险就被企业购买的期货产品对冲掉了,形成了对冲策略。一些全球化企业在多个产业的供应链投资,就是一种通过分散经营的方式规避行业风险和市场风险的对冲策略。在采用对冲策略的供应链中,通常既有对企业有利的事件,也有对企业不利的事件,它们的影响通过恰当的设计可以相互抵消。对冲策略比较适合应对已知来源的不可控风险。

(4)快速响应策略。快速响应策略是指供应链通过建立快速感知和响应机制来应对可能发生的风险。这种策略的主要思想是通过快速响应,在风险还没扩散到更大范围时及时控制住,降低风险造成的损失。例如,在物流网络中出现某个枢纽发生阻塞时,如果调度系统能够快速识别并开展调度,让运输线路避开阻塞枢纽,则可以避免整个网络大面积瘫痪。在快速响应策略的执行中,感知风险点的发生和实施快速响应是两个关键点,前者依赖于供应链网络设计过程中监控点和监控技术的选择,后者依赖于高效的管理机制或决策支持系统。快速响应策略较适合应对已知来源且可控的风险,有时也可以用于应对已知来源且不可控的风险。

(5)柔性策略。柔性策略是指在供应链设计中增加柔性设计,应对需求的差异化和变动性。柔性策略与弹性策略的主要区别是柔性策略是在系统正常运行下,能够适应需求变化的设计,而弹性策略则是在系统部分存在中断的情况下,能够保持持续供应的设计。两者应对的风险类型不同,设计的目的也不同。柔性策略比较适合应对已知来源且可控的风险。

(6)自适应性策略。自适应性策略是指供应链在发生风险时,不采取额外风险管理措施,依靠供应链原有流程自动调节。这可以看作一种被动接受风险的策略。通常采用自适应策略的原因是风险影响小,采取额外措施的成本高于接受风险的损失。这种策略适合应对已知来源可控的风险。

(三)全球供应链风险管理的发展方向

在应对全球供应链风险时,核心企业可以从提升数字化管理能力、采纳新的技术、优化供应链结构三个方向持续改进风险管理水平。

(1)提升数字化管理能力。核心企业可以通过持续提高数字化管理能力,提升对供应链风险的感知能力和响应速度,在风险发生的初期快速组织供应链成员,在决策支持系统的帮助下找到应对方案,并依托各种执行系统实施应对策略,降低风险影响。

（2）**采纳新的技术**。核心企业可以通过在供应链管理中引入新的技术来提升应对风险的能力。例如，通过采用区块链技术，供应链内企业可以透明、安全地传递信息，这可以降低成员间的道德风险，也可以加快供应链响应速度。通过采用数字孪生技术，供应链企业可以更好地模拟各种风险发生的情况，从而在风险尚未发生时找到合适的应对方案。

（3）**优化供应链结构**。核心企业还可以对供应链结构进行持续优化，在成本、响应速度这两个维度的基础上增加弹性维度的目标。例如，传统精益供应链设计中为了减少供应链环节，常常采用单一供应商模式，但这种模式在全球供应链风险管理中存在明显劣势。管理者需要考虑如何在精益化的同时采用两个或多个供应商，以降低某个供应商发生问题后造成供应链中断的风险。

本章要点

1. 全球供应链是指在全球范围组织的供应链。

2. 全球供应链系统包括全球分销系统、全球供应系统、离岸外包、完全整合的全球供应链。

3. 全球供应链的特点包括：（1）网络全球性；（2）管理复杂性；（3）运行风险性；（4）实现技术性。

4. 供应链的全球化驱动力包括：（1）全球市场驱动力；（2）技术驱动力；（3）全球成本驱动力；（4）政治与经济驱动力。

5. 全球供应链管理不能忽视地区性差异，这些差异包括：（1）文化差异；（2）基础设施差异；（3）业绩期望与评价差异；（4）信息系统可得性差异；（5）人力资源差异。

6. 全球供应链的主要模式包括：（1）制造商主导的全球供应链；（2）中间商主导的全球供应链；（3）零售商主导的全球供应链。

7. 地区性产品是指主要为满足某一地区的需求而设计生产的产品，在设计生产过程中没有在全球范围流通的考虑。

8. 国际性产品是指产品在设计生产过程中就考虑到在全球市场销售，并有针对性地在供应链管理方面做出调整。

9. 在全球供应链整合中，首先要明确供应链核心竞争力的来源。其次，在全球供应链整合过程中，各个成员组织的管理模式、组织方式都不相同，需要核心企业建立相对标准化的管理方式和流程，避免因管理模式差异造成的供应链风险。在全球供应链整合过程中，另一个重要问题是如何平衡供应链的分散管理和集中控制。

10. 全球供应链融资的提供方可以是国际物流服务商、交易平台、金融机构。供应链金融服务机构通常通过对物流和信息流的监控确保交易的真实性，通过订单流水确定授信额度。

11. 全球供应链风险源包括：（1）已知来源的可控风险；（2）已知来源的不可控风险；（3）未知来源的不可控风险。

12. 应对全球供应链风险的策略包括：（1）投机策略；（2）弹性策略；（3）对冲策略；（4）快速响应策略；（5）柔性策略；（6）自适应性策略。

13. 提升全球供应链风险管理能力的方式包括：（1）提升数字化管理能力；（2）采纳新的技术；（3）优化供应链结构。

思考题

1. 什么是全球供应链？它与一般供应链有何区别？
2. 全球供应链系统有哪些形式？
3. 供应链全球化的驱动力有哪些？
4. 地区化差异如何影响全球供应链管理？
5. 全球供应链的主要模式有哪些？
6. 全球供应链中地区性产品和全球性产品有哪些异同？
7. 全球供应链分散和集中管理有哪些优缺点？
8. 全球供应链金融的关键点是什么？
9. 全球供应链的风险有哪些？
10. 如何应对全球供应链风险？

专题篇

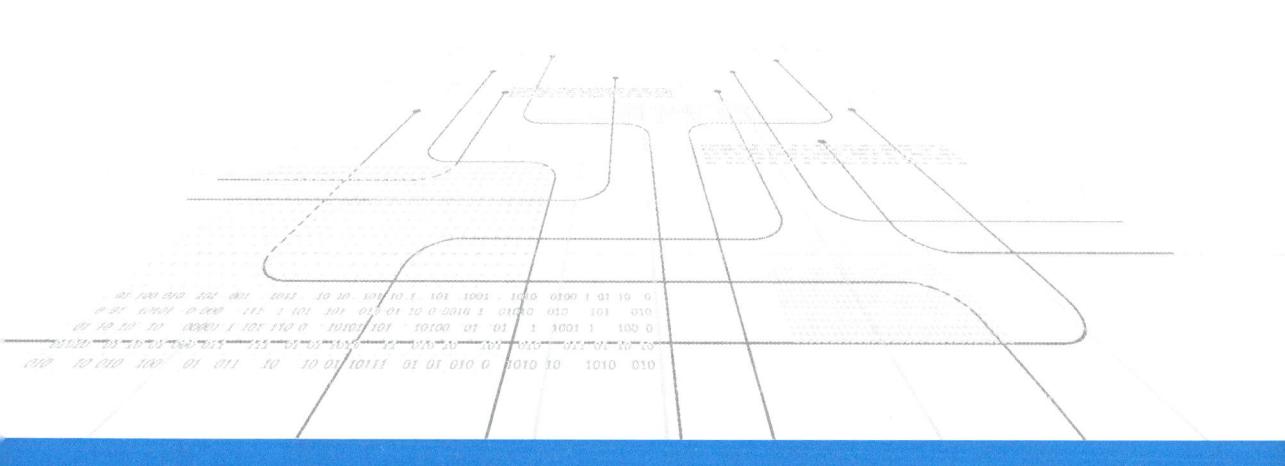

物流与供应链管理
Logistics and Supply Chain Management

第十一章
现代物流与供应链发展

本章数字资源

学习目的

通过本章学习，你需要：
1. 了解绿色物流、冷链物流以及末端物流等新兴物流模式；
2. 了解物联网以及人工智能对物流管理的影响；
3. 了解绿色供应链的产生与发展，并熟悉生命周期与碳足迹两个绿色供应链的评价体系；
4. 了解供应链到供需网的发展历程；
5. 掌握大数据的发展对物流与供应链管理领域的影响。

【开篇案例】AL 公司的供应链数字化转型

爱尔领克领尔汽车部件有限公司（Elring Klinger AG）于 1879 年创立于德国斯图加特，作为全球范围内知名的汽车零部件制造商，其在汽车零部件研发、制造以及贸易领域已进行了 140 余年的实践。位于吉林省长春市的长春爱尔领克领尔有限公司（简称"AL 公司"）是由 Elring Klinger AG 与长春汽车密封件制造总厂及国家开发投资公司于 1993 年兴建的合资企业，是长春地区第一批中外合资的汽车零部件企业。公司在初创时通过了德国来茵公司 QS9000、VDA6.1 质量体系认证；随后于 2003 年 10 月通过了 ISO/TS 16949 质量体系认证；并于 2005 年 11 月通过了 ISO 14001 环境体系认证；2022 年，公司向 ISO 50001 能源认证发起冲击。凭借着世界领先的生产技术与生产质量，AL 公司为中国日趋蓬勃的汽车行业做出了卓越的贡献。

2019 年，AL 公司负责人艾伦意识到公司内部流程有一定的问题，主要表现在三方面，即企业内部人员的信息沟通存在偏差、企业内部信息的传递存在滞后性、企业内部信息的存储与交互效率较低。为了解决这些问题，提高公司运营效率，艾伦在咨询德国分公司的负责人并钻研相关理论与成功案例后，得出了需要对企业进行供应链数字化转型这一结论。

结合其他公司的经验与各部门提出的建议，艾伦制定并依据以下流程逐步实施了供应链数字化转型的核心内容。

1. 转型前的准备

转型前的首要准备是明确公司引入SAP系统的可行性与必要性,使转型具备足够的说服力。然后对SAP系统的功能进行分解,SAP系统具体包括生产计划、物料管理、质量管理、控制、销售与分销、财务会计、资产会计、工厂维护、人力资源、项目系统、研发等模块。再从公司角度对内部的需求进行分析,将各部门与相应模块进行匹配关联,更细致地落实引进策略。

2. 转型的计划

在转型实施前还需制定完备的计划,为公司各部门、各环节、各员工的任务安排提供科学依据。首先,艾伦与内部协调组骨干共同制定了转型的总计划,分析实施过程中的重要事件,并为其拟定合理的发生时间,进而绘制形成项目整体的时间节点图。其次,艾伦指导内部协调组的下属部门对各重要事件进行二级分解,并同样拟定合理的发生时间,作为转型的详细计划。最后,项目实施人员将总计划与详细计划进行结合,制作转型实施计划表,呈现转型的工作内容与各事项的先后顺序,从而形成完整的项目甘特图。

3. 转型的实施

第一步是系统改进。转型推进的首要任务是引入系统,引入系统并不是简单的买入,而是需要将系统依照公司的工作流程进行适配开发。Allen采取了重点部门优先引进的策略,以供应链部门为主要对象,以财务与人力资源等部门作为供应链运作的支持部门先行变革,对这些部门的工作内容进行分析,梳理各小组的工作业务及流程,绘制规范的业务流程图与数据流程图作为工作依据。接着由SAP实施组按各部门、各小组的流程图对系统进行按需开发与改进,以使系统功能与企业工作事项相匹配。待重点部门对应的系统按需开发后,艾伦对余下部门以相同流程进行了系统的引进。

第二步是机器可视化。公司传统的车间作业模式采取手工编制计划,以纸质信息传送至各个工位,再由员工按计划执行的流程,但在过程中出现的偏差无法及时反馈回计划,因此艾伦借鉴丰田生产方式,引入了安灯系统解决方案。安灯系统作为一种可视化的讯号系统,基于立即暂停并及时解决问题的原则实现无纸化作业,有助于促进公司供应链数字化的进程。引入安灯系统首先需搭建系统网络架构,绘制内部网络连通路线以及公司业务控制流程图。紧接着需按图纸规划进行备品的采购与安装,主要包括安灯盒、安灯显示板、车间信息显示板、警告灯、安灯喇叭、安灯按钮等。搭建完备的软硬件设施后,当车间工人在进行机器操作出现故障时,按下安灯按钮,系统立即将信息传输至安灯显示板及维修工人的通信设备上,维修工人收到信息前往故障机器,显示板更新为维修工人接单状态,机器维修完成后由车间工人确认机器正常运转，随后系统将形成完整工单，反馈此次故障的所有信息。

第三步是数据共享。完成了上述步骤，下个重要环节即将系统、员工、机器三者合理运用以找寻最佳工作状态。为保证公司向供应链数字化方向迈进，艾伦明确规定各部门各员工必须以系统为主要数据载体对数据进行增加、删除、修改、查看等一系列操作，纸质载体只作为核对系统数据的辅助，在日后的工作开展中有序淡出；规定员工必须将自己负责的工作数据及时正确地录入系统中进行处理，以保证公司内部实现信息流的互联互通。同时艾伦与技术人员沟通需求，将安灯系统的反馈数据连通至SAP系统，并不断调试SAP系统的预测功能，期望系统对员工导入数据及安灯系统存储数据进行复杂计算，并导出"快""准""精"的分析结果，使公司的上下游企业在获取与自己相关数据信息的同时，也可以获取公司的预计进货、预计库存等多维信息。

在2021年的年终总结会上，各部门汇报了供应链数字化转型的落实情况以及这一年来公司的绩效成果。能够明显看到的是，在经过供应链数字化转型后，公司内部效率有明显的提高，同时上游资源得到了优化，下游服务也有较大的改善。短短两年多的时间，公司的供应链数字化管理实现了从0到1再到N的飞速发展。从最初的供应链思想匮乏，到进行公司内部的供应链整合，再到引入SAP系统使整条供应链实现了初步的数字化，公司内部的生产成本在不断地降低，创造的价值在稳步提升，既从上游企业获取了及时的原材料信息，也为下游企业提供了更高效的服务。

资料来源：陈金涛，吕思齐，仝飞飞. 链中有数，信息无阻：AL公司供应链数字化转型的探索之路［EB/OL］.（2022-12-01）[2023-05-01]. http://www.cmcc.dlut.cn/Cases/Detail/6886.

第一节　物流管理新形态

近些年来，科技的飞速发展以及可持续发展理念的提出为物流管理带来了新的可能。在可持续发展理念的引导下，绿色物流应运而生。为了满足现代社会愈发复杂的物流需要，应对突发事件的应急物流、保证生鲜食品品质的冷链物流以及关注"最后一公里"的末端物流也在飞速发展。此外，人工智能与大数据等新兴科技也为物流管理带来了"物联网"等新形态。本节将介绍近年来物流管理的新形态与新模式。

一、绿色物流

绿色物流（green logistics）是一种环保、低碳、可持续的物流管理理念，通过合理规划、节能减排、合作共享和循环利用等手段，提高物流运作效率，降低物流成本，减少对环境的负面影响。绿色物流已经成为全球物流行业的发展趋势。

绿色物流主要关注经济、环境和社会三个层面的可持续发展，具体包括以下五个方面。

（1）**环保理念**。绿色物流强调在物流活动中注重环境保护和污染防治，降低物流活动对生态环境带来的负面影响。

（2）**节能减排**。绿色物流旨在降低物流活动中的能源消耗和温室气体排放，提高能源利用效率。

（3）**合作共享**。绿色物流强调合作与共享，以提高物流资源利用效率，从而避免资源浪费。

（4）**循环利用**。绿色物流倡导循环经济原则，即提倡物流活动中的资源再生和再利用，从而减少资源消耗和废弃物排放。

（5）**客户满意**。绿色物流还强调绿色服务理念，着力提供绿色、安全、高效的物流服务，以提高客户满意度。

（一）实现绿色物流的主要措施

要实现绿色物流，需要在物流的各个环节注重绿色与环保，表11-1展示了实现绿色物流需要注重的各个环节及具体措施。

表11-1 实现绿色物流需要注重的各个环节及具体措施

环节	具体措施
运输环节	采用低碳、使用清洁能源的运输工具
	优化运输路线，提高运输效率
	推广多式联运，降低运输过程中的碳排放
仓储环节	使用节能、环保的仓储设施和技术
	提高货物存储密度，降低仓储空间浪费
	实施循环物资管理，减少废弃物排放
包装环节	使用可循环、可降解的包装材料
	降低包装材料的使用量
	推广包装物料的循环利用和回收利用
信息系统	建立绿色物流信息管理系统，实现物流信息的实时共享
	采用物联网、大数据等技术提高物流协同效率
	利用人工智能优化物流决策
采购环节	实施绿色供应商管理，引入绿色采购标准
	推广绿色产品和服务，减少环境污染

（二）绿色物流的挑战与机遇

在当前科技迅速发展、全球化进程加快的大背景下，绿色物流面临的挑战与机遇相互交织，具体表现在以下六个方面。

（1）**技术瓶颈**。绿色物流需要采用先进的环保技术，但这些技术的研发和应用还面临一定的技术瓶颈,需要不断攻关。

(2) **高投入成本**。绿色物流需要较高的初始投入,一些中小企业可能面临较大的资金压力。

(3) **政策支持**。政府对绿色物流的政策支持尚不够充分,如补贴、税收优惠等。这对于绿色物流的发展构成一定的制约。

(4) **企业意识**。虽然越来越多的企业认识到绿色物流的重要性,但仍有部分企业对绿色物流的认识不足,需要加强宣传和引导。

(5) **市场竞争**。绿色物流企业面临着激烈的市场竞争,需要不断创新、提高服务质量和降低成本,以应对市场挑战。

(6) **人才短缺**。绿色物流需要具备相关专业知识和技能的人才,但当前绿色物流人才的培养和供应尚不能满足市场需求。

绿色物流在面临诸多挑战的同时,也具有广泛的发展机遇。企业需要充分认识绿色物流的重要性,抓住机遇,应对挑战,实现绿色物流的可持续发展。政府、企业、社会各方也需共同努力,推动绿色物流在全球范围内的普及和应用,实现经济、社会和环境的协调发展。

(三)绿色物流的发展趋势

随着科技的发展以及政府的介入,绿色物流呈现出多元化和综合化的发展特点和趋势,主要有以下发展方向。

(1) **低碳化**。随着全球气候变化问题的日益严重,绿色物流将持续关注降低碳排放。运输方式、仓储设施以及物流活动中的能源消耗都将着重于低碳、节能和环保。

(2) **智能化**。物联网、大数据、人工智能等技术的广泛应用将使物流更加智能化。通过实时监测和数据分析,绿色物流可以更加精确地制定运输计划、优化路径和提高资源利用效率。

(3) **跨界融合**。绿色物流将与其他领域(如电子商务、智能制造、循环经济等)实现跨界融合,推动绿色物流业态的创新和升级。

(4) **共享物流**。共享经济的理念将深入绿色物流领域,促使企业之间加强合作,共享物流资源。这有助于提高物流效率,降低运营成本和环境污染。

(5) **绿色供应链整合**。企业将更加关注供应链的绿色环节,强化绿色供应链管理。从采购、生产、分销到废弃物处理,整个供应链的环节都将实现绿色化。

(6) **循环物流**。循环经济原则将在绿色物流领域得到更广泛的应用。产品设计、包装、运输、仓储等环节都将秉持循环利用、减少资源消耗的原则。

(7) **标准化与认证**。为了确保绿色物流的质量和效果,行业标准和认证机制将不断完善。企业将根据这些标准和认证要求,推行绿色物流实践。

(8) **全球化**。随着全球经济一体化的加深,绿色物流将在全球范围内得到推广和应用。各国之间将加强合作,共同推动绿色物流的发展。

绿色物流的发展趋势将以低碳、智能、共享和循环为主导方向。企业需要紧跟这些发展趋势，积极采取措施，提高绿色物流水平，以实现经济、社会和环境的可持续发展。

二、应急物流

应急物流是在突发事件、自然灾害或其他紧急情况下对物资高效、快速、安全的调度、运输和配送。应急物流是一种特殊的物流活动，主要涉及救援物资的采购、储备、调配、运输、配送以及相关信息系统的管理。应急物流的目标是在最短的时间内将所需的物资准确、迅速地运送到受影响的地区，以满足紧急需求。

（一）应急物流的特点

应急物流具有以下五个显著特点。

（1）**时间紧迫性**。应急物流的特点之一是时间紧迫。突发事件或自然灾害往往发生在短时间内，其结果往往会对受灾地区的人员、设施和环境造成严重破坏。因此，应急物流必须在最短的时间内响应需求，迅速调配和运输救援物资。

（2）**地域特殊性**。应急物流具有地域特殊性。由于受灾地区的地理环境、交通状况、基础设施等因素的影响，应急物流需要灵活应对各种复杂的现场环境，选择合适的运输方式和路径。

（3）**需求不确定性**。应急物流的需求往往具有较高的不确定性。由于突发事件或自然灾害的规模、类型、影响范围等因素难以预测，救援物资的需求量、种类、时间等具有较大的不确定性。因此，应急物流需要具备快速响应和调整能力，以适应不断变化的需求。

（4）**服务多样性**。应急物流的服务对象包括受灾人员、救援队伍、政府机构等，涉及食品、水、药品、帐篷等多种物资。因此，应急物流需要提供多样化的服务，以满足不同对象的需求。

（5）**组织协同性**。应急物流涉及政府、企业、社会组织等多方，需要在组织协同和资源共享方面进行有效的合作。这要求应急物流具备高度的协同性，以提高整体效率。

（二）应急物流的基本功能

作为应对突发事件、自然灾害等的一种特殊物流模式，应急物流具有较高的标准并需要实现以下功能。

（1）**需求预测**。预测是应急物流的重要环节，需要对历史数据和现实情况进行分析，以预测紧急物资需求。准确的需求预测有助于提前采购和储备物资，确保在紧急情况下能够及时响应。需求预测需要综合考虑受灾地区的人口、经济、地理等因素，以及灾害的类型、规模、可能影响的范围等信息。

（2）**资源调配**。在紧急情况下，应急物流需要迅速调动各种资源，对物资进行高效、快速的调度和配送。资源调配涉及物资的采购、储备、运输和分配等环节。在资源调配过程中，应急物流需要考虑物资的需求量、种类、时效性等因素，确保物资能够及时、准确地送达受灾地区。

（3）**信息管理**。信息管理是应急物流的核心功能之一。实时收集、传递、处理应急物流信息，以确保信息的准确性和时效性。信息管理涉及救援物资的需求、库存、运输、分配等信息，建立高效的信息管理系统，有助于提高应急物流的决策效率和协同能力。

（4）**运输配送**。运输与配送是应急物流的关键环节。要选择合适的运输方式和路径，保证物资的快速、安全、高效运输。运输与配送过程中需要考虑受灾地区的地理环境、交通状况、基础设施等因素，以及物资的种类、数量、需求时效等信息。在运输与配送过程中，应急物流需要密切关注物流运输信息，以确保物资能够准时送达目的地。

（5）**组织管理**。应急物流还涉及救援队伍的组织、协调和管理。救援队伍包括政府部门、企业、社会组织等各方参与者。救援队伍管理需要制定合理的组织结构，明确各方的职责和任务，加强信息沟通和协同合作能力，以提高救援效率。

（6）**系统评估**。系统评估是应急物流的重要环节，通过对应急物流的整体效果进行评估，为进一步改进提供依据。系统评估需要考虑应急物流的时效性、准确性、安全性等指标，以及受灾地区的救援需求满足程度、救援队伍的协同能力等方面。对系统评估的结果进行分析，可以找出应急物流过程中存在的问题和不足，为今后改进应急物流体系提供参考。

为了实现这些功能，在构建应急物流体系时，需要综合考虑物资储备、物流网络、物流信息系统、物流运输系统等相关因素，才能确保应急物流体系发挥作用。

（三）应急物流的发展趋势

在全球化以及各类物流技术飞速发展的大背景下，应急物流系统也在不断地进行更新。应急物流未来的主要发展趋势会聚焦在智能化、个性化、绿色化、全球化和综合化五个方面。

（1）**智能化**。随着大数据、人工智能、物联网等现代技术的发展，应急物流将越来越智能化。这将有助于提高应急物流的决策效率、协同能力和响应速度，从而实现应急物流的自动化、智能化管理。

（2）**个性化**。应急物流将越来越注重个性化服务，满足不同受灾地区、救援需求和客户的特殊要求。这包括提供定制化的物资、运输方式、配送服务等，以提高应急物流的满足度和救援效果。

（3）**绿色化**。应急物流将越来越注重绿色、可持续发展。这包括采用环保材料、节能设备、清洁能源等，减少应急物流过程中的环境污染和资源消耗，从而实现绿色、可持续的应急物流发展。

（4）**全球化**。随着全球化进程的加速，应急物流将越来越具有国际化视野。这意味着在应对国际突发事件和灾害时，各国应急物流体系需要加强协同和合作，共同应对全球性的挑战。

（5）**综合化**。应急物流将越来越综合化，涵盖更多的领域和功能。这包括在应急物流体系中融入物资储备、救援队伍管理、心理援助、灾后重建等多种功能，以实现更全面、高效的救援效果。

随着科技和全球化的发展，应急物流将继续拓展其领域和功能。未来的应急物流系统将更加注重各方协同与合作，整合政府、企业和社会组织的力量，共同应对全球性的挑战。在实践过程中，要积累经验、总结教训，以便在面临不同类型的突发事件时，更好地利用有限资源，提高救援效率和救援成果。因此，深入研究应急物流并不断完善其体系对于国家和社会具有重要意义。

三、冷链物流

冷链物流（cold chain logistics）是指在一定的低温环境下，通过一系列设备和设施，对温度敏感产品进行全过程的温度控制和监测。冷链物流旨在确保产品在整个供应链过程中始终处于合适的温度范围内，以维持其品质、安全和新鲜度。冷链物流的核心是温度控制，其涵盖了采购、加工、储存、运输、销售与消费等关键环节。

（一）冷链物流的组成

冷链物流的核心是温度控制，而冷藏设备、信息管理系统以及包装材料是冷链物流的重要组成部分。

（1）**冷藏设备**。冷链物流系统中的冷藏设备对于维持温度敏感产品的品质和安全至关重要。冷藏设备可以分为冷藏仓库、冷藏车、冷藏箱和冷藏集装箱等。冷藏仓库用于储存大量的温度敏感产品，其设计和建设需要满足恒定的低温环境和良好的空气流通。冷藏车主要用于温度敏感产品的短途运输，可分为直接制冷和间接制冷两种。直接制冷是通过制冷机将热量直接从车厢内排出，而间接制冷则是将热量传递给制冷剂，再用制冷剂带走热量。冷藏箱和冷藏集装箱则用于产品的长途运输，如国际海运、铁路运输等。

（2）**信息管理系统**。信息管理系统在冷链物流中扮演着关键角色，负责实时监控、数据记录和分析整个物流过程。这些系统可以确保产品在恒定的温度环境下进行运输，以减少产品损耗和提高效率。当前，物联网、大数据、人工智能等技术的应用，使得信息管理系统越来越智能化，能够实时收集和处理大量的数据，为物流企业提供有效的决策依据。

（3）**包装与保温材料**。针对不同的温度敏感产品，选择合适的包装和保温材料至关重要。包装与保温材料可以提供良好的隔热效果，从而有助于延长产品保质期和降低运输成本。常用的包装与保温材料有聚苯乙烯泡沫、气泡膜、聚氨酯保温板等。在选择保温材料时，需要考虑产品的特性、运输距离、环境温度等因素。

此外，冷链物流的产生离不开政府标准化的监管。为了确保冷链物流的安全、有效、可靠，需要制定一系列的行业标准和监管制度。这包括产品的质量标准、设备的技术标准、作业的管理标准等。企业需要遵循这些标准和制度，以确保冷链物流的合规性以及货物的质量。

（二）冷链物流面临的挑战

相关企业应用冷链物流能够很大程度上保证产品质量、减少损耗，并能够在一定程度上扩大市场并提高效率。但成功应用冷链物流同样有许多挑战。

（1）**技术难题**。冷链物流涉及多种技术，如制冷技术、包装技术、信息技术等。这些技术的发展和应用要求企业具备相应的技术水平和研发能力，以便不断优化和升级冷链物流系统。企业需要投入大量的资金、人力和时间来研究和开发新技术，应对市场和行业的变化。

（2）**成本高昂**。冷链物流的设备和材料成本较高。例如，冷藏仓库、冷藏车等设备需要大量的投资，而且运行和维护成本也不低。此外，包装和保温材料的价格也相对较高。这些成本给企业带来较大的经济压力，可能导致运输价格上涨，从而影响产品的市场竞争力。

（3）**环境污染**。冷链物流过程中的能源消耗、废气排放等会对环境产生一定的影响。例如，制冷设备的运行会产生大量的碳排放，加剧全球气候变化。因此，企业需要关注冷链物流对环境的影响，并采取相应的措施，如提高能效、使用环保制冷剂等，以减少环境污染以及碳排放。

（4）**政策法规**。冷链物流涉及食品安全、药品监管等方面的法律法规。企业需要遵循相应的政策法规要求，以保证冷链物流的合规性。这需要企业与政府部门、行业组织保持密切沟通，了解政策动态，制定合规的运营策略。同时，政策法规的变化可能会对企业的经营带来一定的压力，如增加合规成本、限制市场准入等。

（三）冷链物流的发展趋势

（1）**信息化与智能化**。随着物联网、大数据、人工智能等技术的发展，冷链物流正朝着更加信息化和智能化的方向发展。这将有助于提高物流效率、降低成本，并为企业提供更精确的决策依据。例如，智能调度系统可以根据实时数据自动优化运输路线，减少运输时间和成本。

（2）**绿色与可持续**。为了应对环境问题，冷链物流企业正逐渐采用更为环保、节能的制冷技术和材料。这有助于降低冷链物流对环境的负面影响，实现可持续发展。例如，企业可以使用太阳能、氨水等绿色能源作为制冷剂，减少碳排放和环境污染。

（3）**综合物流服务**。随着市场竞争加剧，冷链物流企业正逐步向综合物流服务商转型。这意味着企业不仅提供冷链物流服务，还提供其他物流解决方案，如快递、运输、仓储等。一站式的物流服务可以为客户提供更便捷的解决方案，从而有助于提高企业的市场竞争力。

（4）**国际合作与标准化**。为了应对全球化的市场竞争，冷链物流企业正积极参与国际合作，推动冷链物流行业的标准化和规范化。这有助于统一行业标准，减少贸易壁垒，提高产品和服务的质量。例如，企业可以参与国际冷链物流组织的活动，与国际同行交流合作，共同研究和制定国际通用的冷链物流技术和管理规范。

冷链物流作为一种涉及多个环节的、专门针对温度敏感产品的物流体系，在全球范围内越来越受到重视。随着科技的发展和市场需求的变化，冷链物流将不断创新和优化，以满足未来社会对高品质、安全和环保的需求。

四、末端物流

末端物流是整个物流流程中的一个重要环节，指的是从物流配送中心到终端消费者之间的"最后一公里"配送过程。随着电子商务和线上购物的快速发展，末端物流在物流行业中的地位越来越重要。末端物流关乎消费者的购物体验、企业的成本控制和市场竞争力，因此越来越受到企业和研究者的关注。

末端物流可以分为同城配送和跨城配送两种类型。同城配送通常在同一城市内进行，具有相对较短的配送距离和较高的配送效率。跨城配送涉及跨城市、跨省甚至跨国的货物运输，具有较长的配送距离和较低的配送效率。不同类型的末端物流面临的挑战和发展方向也有所不同。

近年来，末端物流在政策、市场和技术等方面取得了显著进展。政府通过制定政策扶持物流行业的发展，如鼓励绿色物流、降低物流成本等。在市场方面，随着消费者对购物体验的要求不断提高，企业也在努力优化末端物流服务；在技术方面，物流企业纷纷引入大数据、人工智能等技术，提高物流运营的效率和准确性。然而，末端物流仍面临一些挑战，如成本控制、时效性和绿色发展等。

（一）末端物流的运作模式

末端物流的运作模式可以分为以下几种。

（1）直接配送模式。也称为一对一配送模式，即从配送中心直接将货物运送到消费者手中。此模式适用于订单量较少、运输距离较短的情况。直接配送模式可以提高配送效率，缩短配送时间，但在订单量较大、运输距离较长的情况下可能导致较高的运输成本。此外，直接配送模式对配送人员的管理和服务质量要求较高，企业需要投入较多资源进行人员培训和管理。

（2）分拨配送模式。在此模式下，配送中心将货物集中运输到分拨中心，再从分拨中心分散到各个配送点，最后送达消费者。此模式可以提高配送效率，降低运输成本，适用于订单量较大、运输距离较长的情况。分拨配送模式需要对分拨中心的选址、仓储管理和配送路线进行优化，以提高运营效率。此外，分拨配送模式对仓储设施的要求较高，企业需要投入较多资源进行仓储设施的建设和改造。

（3）代理配送模式。将货物交由第三方物流公司进行配送，从而降低企业的物流成本和运营风险。这种模式适用于对物流管理能力有限或希望专注于核心业务的企业。代理配送模式可以帮助企业减轻物流负担，提高运营效率，但可能导致企业对配送过程的控制能力降低。因此，企业需要与第三方物流公司建立良好的合作关系，确保配送服务质量。

（4）自提模式。消费者在线下支付后，可以选择自行到指定地点提货。此模式可以降低配送成本和风险，提高顾客满意度。自提模式需要企业在合适的地点设立自提点，同时提供方便的提货流程和服务。此外，企业需要对自提点进行合理布局，以满足不同地区消费者的需求。

（二）末端物流的新兴技术

随着科技的发展，末端物流也在不断引入新技术以提高效率、降低成本。末端物流关注的新兴技术主要有以下几种。

（1）**大数据与人工智能**。通过大数据分析，物流企业可以预测消费者需求、优化配送路线和时间，从而提高运营效率。人工智能技术还可用于智能仓储管理、无人配送等领域。例如，企业可以利用机器学习算法优化配送路径，减少不必要的里程，从而节省成本、减少环境污染。

（2）**物联网**。物联网技术可以实时监控货物状态和位置，以提高物流追踪和管理的准确性。通过将传感器部署在运输工具、货物和仓库中，企业可以实时了解物流运输过程中的各种信息，如温度、湿度、震动等。这有助于确保货物安全、减少损耗，并提高客户满意度。下文将详细介绍物联网技术及其如何应用在物流领域。

（3）**无人配送**。无人配送技术包括无人驾驶汽车、无人机和无人配送车等，可以降低人工成本，提高配送速度和效率。无人驾驶汽车可以实现长途货物运输的自动化，减轻驾驶员的工作负担。而无人机和无人配送车则适用于短途、小规模的配送任务，如同城快递和外卖配送。尽管如此，无人配送技术的普及仍受到法规、安全和技术成熟度等因素的制约，需要企业与政府共同努力推动。

（4）**智能仓储**。智能仓储系统主要利用自动化和机器人技术，来实现高效、精确的货物分拣、存储和出库。例如，企业可以采用自动化立体仓库、自动分拣系统以及无人搬运车等技术，来提高仓库作业效率。此外，智能仓储还可以通过大数据分析，实时监控库存，来提高库存管理效率。

（三）末端物流面临的挑战

末端物流近年来发展迅速，但仍然面临着来自各个方面的挑战。

（1）**配送成本**。末端物流成本相对较高，主要包括人力、运输和仓储等方面的成本。企业需要不断优化运营过程，降低成本。例如，采用合理的运营模式、优化配送路线、提高车辆利用率等。

（2）**配送时效**。消费者对配送速度的要求越来越高，企业需要通过技术创新和运营优化，以提高配送效率和时效性。例如，实施实时动态调度、利用智能算法优化配送路径等。

（3）**配送服务质量**。消费者对物流服务的满意度直接影响企业的口碑和市场竞争力。企业需要关注配送服务质量，提高顾客满意度。例如，加强人员培训、提供实时物流追踪信息、及时处理客户投诉等。

（4）**绿色物流**。随着环保意识的增强，绿色物流成为企业发展的重要方向。企业需要关注环保、节能减排，实现可持续发展。例如，采用节能型运输工具、优化配送路径、提高仓储设施的能效等。

作为供应链管理的重要环节，末端物流对企业的发展和消费者体验具有重大意义。随着科技的发展和市场需求的变化，末端物流将不断优化运作模式，通过引入新技术提高效率、降低成本，从而提升服务质量，并向着更加智能化、个性化、集成化以及绿色化的方向发展。同时，绿色物流和可持续发展也将成为末端物流的重要发展方向。企业需要关注这些趋势和挑战，以适应不断变化的市场环境。

五、物流数字化——物联网

"物联网"这个词起源于传媒领域，国内外普遍公认其是美国麻省理工学院的凯文·艾什顿教授于1999年在研究射频识别技术时最早提出来的。2005年11月27日，在突尼斯举行的信息社会峰会上，国际电信联盟（International Telecommunication Union，ITU）发布了《ITU互联网报告2005：物联网》，正式提出了物联网的定义，并对该定义的覆盖范围作了较大拓展。中国于1999年提出了类似概念，被称为传感网。与其他国家相比，我国的技术研发水平处于世界前列，具有同发优势和重大影响力。物联网作为新一代信息技术的重要组成部分，近年来在物流管理领域也有广泛应用。

（一）物联网的含义

物联网，即物与物相连的互联网。物联网是指利用RFID、红外射线扫描仪、GPS等各类技术和器械，按照制定的标准规则，把任意产品和网络相连接，通过传输内容消息，达到对其进行智能化甄别、追踪、监视和管控目的的一类网络。

这里包含两层意思：其一，物联网的核心和基础仍然是互联网，是在互联网基础上延伸和扩展的网络；其二，其用户端延伸和扩展到了任何物品与物品之间的信息交换和通信，也就是物与物相联。

物联网通过智能感知、识别技术与普适计算等通信感知技术，广泛应用于网络的融合中，也因此被称为继计算机、互联网之后世界信息产业发展的第三次浪潮。

（二）物联网的关键技术及应用模式

物联网具有三项关键技术。

（1）**传感器技术**。这是计算机应用中的关键技术。目前为止，绝大部分计算机处理的都是数字信号。自有计算机以来就需要传感器把模拟信号转换成数字信号，只有这样计算机才能处理。

（2）**RFID技术**。这是一种传感器技术，是融无线射频技术和嵌入式技术为一体的综合技术，RFID在自动识别、物品物流管理等领域有着广阔的应用前景。

（3）**嵌入式系统技术**。这是综合了计算机软硬件、传感器技术、集成电路技术、电子应用技术的复杂技术。经过几十年的演变，以嵌入式系统为特征的智能终端产品随处可见，小到人们身边的数字音乐播放器，大到航天航空的卫星系统，嵌入式系统正在改变着人们的生活，推动着工业生产以及国防工业的发展。如果把物联网用人体做一个简单比喻，传感器就相当于人的眼睛、鼻子、皮肤等感官；网络就相当于人的神经系统，用来传递信息；嵌入式系统就相当于人的大脑，在接收到信息后要进行分类处理。这个比喻形象地描述了传感器、嵌入式系统在物联网中的位置与作用。

物联网拥有两种基本应用模式。

（1）**对象的智能标签**。通过近场通信（near field communication，NFC）、二维码、RFID等技术标识特定的对象，用于区分对象个体，例如生活中我们使用的各种智能卡。条形码标签的基本用途就是获得对象的识别信息，此外，智能标签还可以用于获得对象物品所包含的扩展信息，例如智能卡上的余额、二维码中所包含的网址和名称等。

（2）**对象的智能控制**。物联网基于云计算平台和智能网络，可以依据传感器网络获取的数据进行决策，通过改变对象的行为来对其进行控制和反馈。例如，根据光线的强弱调整路灯的亮度，根据车辆的流量自动调整红绿灯间隔等。

（三）物联网在物流管理中的应用

物联网和现今物流管理相结合的模式是信息化物流的基本模式。有效利用物联网技术可以优化物流管理模式，使各项业务以最佳的状态进行协同配合，以达到快速、高效、准确的物流管理。主要有以下具体应用。

（1）**采集商品数据**。物联网感知技术，主要包含传感技术、互联网技术、卫星遥感技术等，可以及时采集商品数据以及产品调度信息。获得这些信息后，它可以打造物流数据库，为进一步打造智慧物流夯实基础。

（2）**形成商品即时数据反馈系统**。物联网感知端获取的实时数据，不仅可以完成对商品数量、流向以及剩余商品信息的监控，尤其是对商品安全信息的采集，还可以完成对特殊商品的安全高效监管。通过RFID技术和GPS技术，可实现收集商品的LBS信息，物流管理者既可以实现对每个商品的精细化数据收集分析，也能对有问题的商品进行追踪和找回，如此才能在商品管理以及防范危险事件发生方面起到关键作用。

（3）**对物流业务进行全面重构升级**。物联网手段可以缩减物流有效层次；实现业务模块化分离，将实地营销交给其他业务公司进行处理；促使物流管理朝着科学化方向发展；使业务开展紧密依靠物流管理分析系统提供的数据分析结果，形成数据驱动的运作思路。

（4）**构建以云计算为核心的云端管理分析系统**。在物流管理过程中，物联网设备产生的数据是海量的，传统的统计计算手段已不能满足对物流数据智能化分析的需要。通过构建以云计算为核心的云端管理分析系统，可以利用机器学习算法、人工智能技术，实现对物流数据的智能化分析，以完成对商品的全面分析、预警调度，进而帮助管理者高效地管理调度商品，从来实现物流管理信息的智能化。

六、物流智慧化——人工智能

1956年夏季，一批有远见卓识的年轻科学家在聚会时共同研究和探讨了用机器模拟智能的一系列相关问题，并首次提出了"人工智能（artificial intelligence，AI）"这一术语。它标志着"人工智能"这门新兴学科的正式诞生。近年来，在促进智能物流建设的道路上，人工智能发挥了巨大作用。

（一）人工智能的含义

人工智能是研究、开发用于模拟、延伸和扩展人的智能的理论、方法、技术及应用系统的一门新的技术科学。它是计算机科学的一个分支。它企图了解智能的实质，并生产出一种新的能以人类智能相似的方式做出反应的智能机器。该领域的研究包括机器人、语言识别、图像识别、自然语言处理和专家系统等。人工智能自诞生以来，理论和技术日益成熟，应用领域也不断扩大。人工智能可以对人的意识和思维的信息过程进行模拟。它虽然不是人的智能，但能像人那样思考，也可能超过人的智能。可以设想，未来人工智能带来的科技产品将会是人类智慧的"容器"。

（二）人工智能的分类与应用场景

人工智能按照发展阶段可以分为弱人工智能、强人工智能、超人工智能。其中，弱人工智能是停留在某些特定领域的智能，包括感知、记忆与存储；强人工智能是多领域的综合智能，包括认知与学习、决策与执行；超人工智能是超越人类的智能，包括独立意识与创新创造。

从人工智能的应用场景来看，当前人工智能仍是以特定应用领域为主的弱人工智能，如图像识别、语音识别等生物识别分析，智能搜索、智能推荐、智能排序等智能算法等。商业模式主要集中在应用感知智能技术，如身份认证，基于人脸识别的门禁、打卡及安防，以语音识别、语义理解为核心的智能客服、语音助手等。

在垂直行业，人工智能多以辅助角色为人类开展工作提供支持，诸如目前的智能投资顾问、自动驾驶汽车等，而真正意义上的完全摆脱人类甚至超越人类的人工智能尚不能实现。预计随着认知智能技术的加速突破与应用，运算能力、数据量的大幅增长以及算法的提升，人工智能市场将加速爆发，未来人工智能+汽车、人工智能+医疗等产业均将创造巨大的商业价值。

（三）人工智能在物流管理中的应用

人工智能在物流管理中的应用主要有以下两个方面。

1. 构建智慧物流体系

（1）无人仓。当前巨型仓库遍布全国各地，提升仓库的能效是构建智慧物流的重要工作内容。许多企业已经在尝试用自动化的工业机器人完成原本由人力完成的工作。这些机器人可以准确地自动拣选商品并打包，大大节省了人力，提高了效率。（2）无人机。在仓库与仓库之间，以及仓库内部，目前可以通过自动小车进行货物传送。一些世界领先的供应链企业，如亚马逊，已经进行了无人机测试，并将其投入物流配送中。（3）无人售货商店。用户可以自由出入，挑选、购买、提走货物，无需耗时排队。基于人工智能的识别系统，无需人为干预，就可以为消费者带来更好、更安全的服务。

2. 形成智慧供应链解决方案

（1）销量预测与动态定价。"需求驱动的供应链"对电商平台来说是比较良性的发展，帮助供给侧生产与需求侧进行匹配、更高效和低成本地满足消费者的愿望是改良传统供应链的关键环节。该问题需要企业结合智慧供应链战略，围绕数据挖掘、人工智能、数据再造等技术驱动方法解决。（2）路径优化与区域选址。物流企业每天都会接到大量的送货和取货需求，在设计一条最佳路线时，如何在满足所有需求的前提下，压缩成本并保证效率，如何同时协调送货时间、送货方向、道路条件、车辆安排等因素，如何选址建立物流中心以更好地满足区域配送需求等问题就需要很多运筹优化和机器学习方面的技术来解决。

第二节　绿色供应链

自工业革命以来，随着科学技术的进步，生产力获得了高速发展，人类利用自然的能力急速提升，开发自然的规模空前扩大，在创造了前所未有的社会与经济发展的同时，也会对生态环境造成了一定的破坏。而产品和服务并不是一个企业在提供，而是一条供应链上的所有成员共同完成的，因此想要在此过程中控制对环境的负面影响，就必须要在整条供应链中考虑环境因素，这就是绿色供应链管理。

供应链是围绕核心企业，通过对信息流、物流和资金流的控制，从采购原材料开始，到制成中间产品以及最终产品，最后通过销售网络把产品送到消费者手中，将供应商、制造商、经销商、零售商和最终用户连接成一个整体的功能网络链结构。传统的供应链管理是指通过人为手段调整供应链中的各个因素，使其完成高效和低成本的目标。而绿色供应链及绿色供应链管理则是指以绿色制造和管理技术为基础，在整个供应链中综合考虑高效率、低成本、资源效率和环境影响的现代管理模式。此模式使得产品在原材料、加工、包装、仓储、运输以及报废回收的整个过程中都能保持对环境的负面影响最小、资源利用率最高。

一、绿色供应链的特征

相对于传统的供应链管理而言，绿色供应链管理具有以下五个鲜明的特征。

（一）将环境因素作为供应链管理的重要目标

传统的供应链管理旨在通过对物流、信息流和资金流以及工作流进行计划、组织、协调和控制，将产品高效而低成本地在正确的时间和地点以正确的方式送达消费者。由此可见，传统的供应链管理仅仅局限于对供应链内部资源的充分利用，而没有充分考虑供应链中的决策会对生态环境产生何种影响、资源是否合理利用、能源是否可以节约、如何处理废弃物和排放物、如何回收再利用以及评价对环境的影响，等等，而这些方面恰恰是绿色供应链需要考虑的问题。

（二）强调供应链成员间的数据共享

为应对不确定的需求以及加强各方的战略互信，传统的供应链管理也强调供应链各方共享信息，以达到减少"牛鞭效应"的目的。而绿色供应链管理更需要各方的数据共享，因为只有供应链的上下游企业协同起来才能减轻供应链中的活动对环境造成的影响。绿色供应链中的数据共享包括产品设计、绿色材料的选取、绿色生产、运输与分销、包装、销售、废物的回收与处理以及对供应商的评估等过程中的数据。

（三）供应链的闭环运作

绿色供应链中物流并不是从原材料、中间产品和成品到消费者间的单向流动，而是一种循环的双向流动。在绿色供应链中，为了节约原料，高效利用能源，在生产过程中产生的次品、废品、废料和在流通过程（如运输、仓储和销售环节）中产生的损坏件，以及被用户淘汰的产品均需要进行回收再利用。只要产品或者零部件经过回收处理后可以再次使用，绿色供应链中的物流循环就没有终点。

（四）强调技术支持

绿色供应链管理需要强大的技术支持。不论是实现企业之间的信息和资源共享，决策优化，还是材料的回收再利用，都离不开强大的技术支持。例如，可以通过现代的网络技术进行集中的资源配送优化，减少运输对环境的影响。

（五）风险管理

随着法律法规的持续完善和大众环保意识的不断加强，供应链管理不仅面临来自融资或者供应链中的活动中断的风险，也面临法规约束的风险和企业绿色形象被破坏的风险。绿色供应链管理在调动供应链中的因素对供应链进行调整的同时，除需要规避传统的供应链风险（如融资风险、中断风险等）外，还需要控制绿色供应链独有的风险（如法规风险、绿色形象被破坏的风险等）。

二、绿色供应链的产生与发展

绿色供应链是在可持续发展战略的要求、环保法规的约束以及经济因素的影响下产生的。

（1）**可持续发展战略**要求在满足当前需求的同时，保护子孙后代的利益。为此，供应链各方需要实现环境友好、资源高效利用、运营高效和成本低廉的统一。绿色供应链管理通过绿色采购、绿色设计、绿色制造、绿色物流等方法降低对环境的影响，为解决生态问题提供支持。

（2）**环保法规**的约束促使供应链各方调整运营策略。自20世纪中期以来，各国颁布了一系列环保法规，保护环境并减少污染。实施绿色供应链管理既满足法律法规要求，又适应可持续发展战略，能为应对未来法规变动做好准备。

（3）**经济因素**是绿色供应链管理的另一重要动力。许多研究表明，企业的环境绩效与财务绩效相关，绿色供应链可能为企业带来经济优势。同时，消费者、投资者和政府对企业的绿色表现关注度不断提高，采用绿色供应链管理有助于满足利益相关者的需求，提高企业竞争力。

国外的绿色供应链发展得相对成熟，很多大的企业和生态工业园都在不断地推进适合自身的绿色供应链管理，如零售巨头沃尔玛、通信服务商英国电信集团和丹麦麦卡伦堡工业共生体系等。他们将可持续理念引入供应链中，调动供应链中的因素，以提升自身在环境友好和经济可持续方面的竞争力，从而引起了世界范围内的广泛关注。在企业大力发展绿色供应链的同时，政府和相关机构也在不断地推进法制和行业标准方面的工作，旨在引导和约束企业和行业在绿色供应链方面的建设。例如，欧盟和美国出台了成套绿色供应链计划和相关法律法规，包括对材料、生产、运输和供应链设计等环节的详细规定。世界贸易组织于 2021 年 2 月 28 日发布的《2020 年全球主要国家贸易动向》报告显示，中国 2020 年出口总额高达 179326 亿元，占全球出口总额的 15.8%，稳居世界第一大出口国的地位。而随着世界各国环保法规和强制性技术标准的约束力越来越强，我国正面临越来越严重的"绿色贸易壁垒"问题，在一定程度上也刺激了我国绿色供应链的发展。但是总的来说，和其他发达国家相比，我国的绿色供应链还处于初级探索阶段。现在有越来越多的企业意识到绿色供应链是未来的发展趋势。

通过采访来自全球 70 家大型企业的 100 位可持续发展领域、供应链管理领域和采购领域的专家，联合国全球契约组织和美国安永会计师事务所联合发布了《绿色供应链发展报告》，指出了当今世界绿色供应链发展的六大发现。

①绿色供应链已成为企业不可忽视的一部分。
②运营、融资、法规和声誉上的风险是企业实施绿色供应链管理的主要驱动因素。
③企业调整了监管方法以适应绿色供应链发展的要求。
④绿色供应链管理领先的企业和供应商拥有共同的价值。
⑤技术进步使得供应链中的成员可以透视和管理非相邻成员。
⑥合作是促进绿色供应链继续推进的关键因素。

三、绿色供应链的评价体系

在物流与供应链管理领域中，主要依靠生命周期体系以及碳足迹分析来评价绿色供应链。

（一）生命周期评价体系

随着世界各国社会和经济的不断发展，人类的生产经营活动对生态环境的影响也越来越大，人类迫切要求获得产品和服务的有关信息，以便进行成品选择和过程控制与改进来满足生态发展的要求。在大量环境及其责任投诉和争议的面前，消费者和利益团体迫切想要知道产品到底会有怎样的环境影响。为了改善外部的环境压力，制造商需要知道怎样在产品的整个生命周期内减少对环境的伤害。政府和其他管理机构则希望获取产品的相关信息来帮助制定和完善相关法律法规、行业标准和环境方案。在这样的需求背景下，全生命周期评价应运而生。

生命周期评价是一种评价产品、工艺过程或者活动从原材料采集和加工，到生产、运输、销售、使用、回收、养护、循环利用和最终处理整个生命周期系统有关的环境负荷的过程。ISO 14040 对生命周期评价的定义为：汇总和评价一个产品、过程（或服务）体系在其整个生命周期的所有产出对环境造成的潜在影响的方法。生命周期评价可以获得产品相关信息的总体情况，为产品性能的改进提供完整、准确的信息。生命周期评价注重研究系统在生态健康、人类健康和资源消耗领域内的环境影响。生命周期评价研究产品的整个生命周期中的各个阶段对环境的影响，而环境影响包括废料排放以及各阶段对物料和能源的消耗所造成的环境负影响。将整个生命周期中的各个阶段联合起来考虑，有助于从整体上评估对环境产生的负面影响，避免对环境的负面影响从一个阶段进入另一个阶段。

随着环境问题的日益凸显和人们环境意识的萌发，生命周期评价的思想最早在20世纪60年代到70年代开始出现。经过数十年的不断发展，于1993年开始纳入ISO 14000环境管理系列标准，成为国际通用的产品设计和环境管理的支持工具，其发展历程大致可分为以下三个阶段。

（1）**萌芽阶段（20世纪60年代至70年代初）**。20世纪60年代至70年代初，随着环境意识在全球的崛起，如资源和能源效率、污染控制和固体废料污染控制等，生命周期评价开始萌芽，当时又称为资源与环境状况分析（resource and environmental profile analysis，REPA）。在REPA的早期案例中，最著名的就是1969年由美国中西部资源研究所主导开展的针对可口可乐公司的塑料包装瓶进行的评价研究。这项研究使得该公司抛弃了其长期使用的玻璃包装瓶而采用了沿用至今的塑料包装瓶。随后，欧美和日本的一些研究机构和咨询公司也相继开展了类似的研究。这一时期的研究一般由企业主导，其成果也仅作为企业内部决策的支持。1970—1974年，REPA的研究对象多为包装品和废弃物处理的问题。

（2）**探索阶段（20世纪70年代至80年代末）**。20世纪70年代中期，政府开始意识到REPA研究的重要性而开始积极支持并参与REPA的研究。随着全球能源问题的涌现，REPA研究中有关能源分析的工作之所以受到格外的关注，是因为其既考虑了能源的有效利用，又考虑了由能源消费带来的污染治理问题。

（3）**标准化和迅速发展的阶段（20世纪80年代末至今）**。随着全球和区域范围的环境问题的日益凸显与全球环境意识和可持续发展观念的不断加强，REPA研究在20世纪80年代末开启了快速发展的时代，公众和利益团体也开始关注这种研究成果。REPA研究虽然涉及研究和管理部门、企业、消费者等，但是使用REPA的目的和侧重点都有所不同，因此，对REPA进行持续的标准化工作显得尤为重要。1990年，国际环境毒理学和化学学会（Society of Environmental Toxicology and Chemistry，SETAC）召开了由全生命周期评价实施者、用户和相关科学家参与的有关全生命周期评价的国际研讨会议，首次提出了全生命周期评价的概念。1993年，国际标准化组织将全生命周期评价纳入ISO 14000国际标准中，为全生命周期评价的标准化作出了巨大的贡献。我国对该标准采取了同等转化原则，颁布了两项国家标准，即《GB/T 24040 环境管理生命周期评价原则与框架》和《GB/T 24044 环境管理生命周期评价要求与指南》。

生命周期评价的过程首先是要辨识和量化生命周期中各个阶段的物资和能量消耗以及对环境的释放，其次评价这些物资和能量消耗、环境释放对环境的影响，最后辨识和评价减少这些影响的机会。1993 年，SETAC 将生命周期评价的实施定义为以下四个阶段的有机结合：定义目标确定范围、清单分析、影响评价和改善分析，如图 11-1 所示。

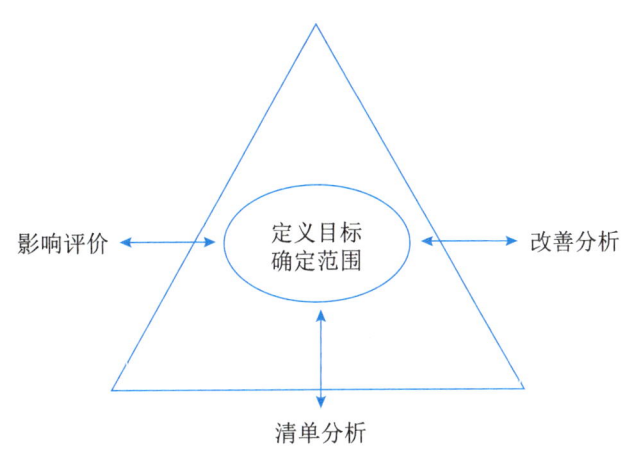

图 11-1　SETAC 生命周期评价实施框架

随后，ISO 14040 标准又将生命周期评价的实施分为以下四个步骤：目标与范围的界定、清单分析、影响评价和生命周期解释，如图 11-2 所示。

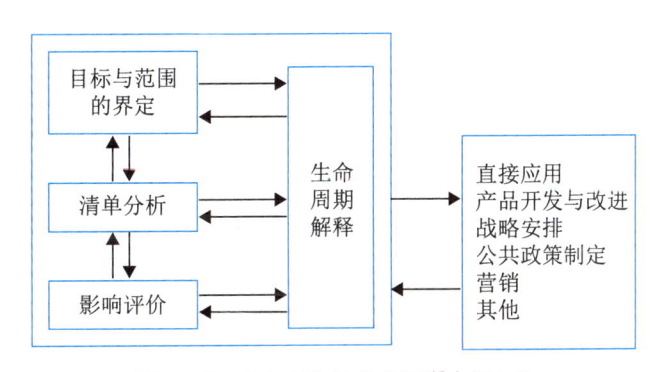

图 11-2　ISO 14040 生命周期实施框架

（1）**目标与范围的界定**。作为实施生命周期评价的第一步，也是最重要的一步，目标与范围的界定需要在没有数据采集和没有结论的前提下，确定研究的目标和范围、建立功能单位、建立一个保证研究质量的程序等。生命周期评价的目标应该根据具体的研究对象来确定，说明开展此项生命周期评价的目的和原因以及预测研究成果的应用场景。确定研究范围时需要设定基本的产品系统功能、功能单位、分配方法、系统边界、影响类型和影响的评价方法，评价后的解释、数据质量、假设条件局限性和鉴定性评审类型，以确保研究的深度和广度能够满足研究的需求。生命周期评价是一个不断反复迭代的过程，在数据和信息的搜集过程中，可以修正原来制定的目标和范围，达到的生命周期评价更能满足研究需要的目的。

（2）**清单分析**。清单分析是生命周期评价实施中发展得最完善的一个环节，也是生命周期分析的核心和关键。清单分析是对产品、工艺或者活动在其整个生命周期阶段的资源、能源消耗和向环境的排放进行数据量化的过程。清单分析的核心是建立由过程单位组成的生产系统的输入和输出量化系统，一个完整的清单分析可以为生产系统中的输入和输出提供一个总的概括。清单分析贯穿于整个生命周期，即原材料采集与加工、制造、运输、销售和回收处理，主要步骤包括数据的准备与计算、数据的收集。清单分析也是一个不断迭代的过程，当收集到一批重要的数据后，通过分析会对系统有新的认识，从而改变收集的数据和收集数据的方法，进而更新清单分析，如此不断循环。

（3）**影响评价**。影响评价是对清单分析阶段所辨识出的环境负荷影响进行定性和定量的描述和评价的过程。进行影响评价的原因包括以下两点：清单分析中得到的生产系统的输入和输出明细十分庞大、复杂且难以处理；清单分析中得到的结果需要有专业知识才能了解，因而不利于生命周期评价的接受和传播。

对于影响评价的方法，目前国际上还没有达成共识，但是ISO、SETAC和美国环境保护局（environmental protection agency，EPA）都倾向将影响评价分为以下三个步骤：影响分类、数据的特征化和数据的量化。影响分类是将清单分析中的数据归结到不同的环境影响类型上。在发达国家的生命周期评价的案例中，大多采用了美国国家环保局定义的如下八种环境影响类型：全球气候变化、平流层臭氧消耗、酸雨化、光化学烟雾、富营养化、人体毒性、生态毒性和资源消耗。数据的特征化将影响因素对环境的影响程度或者强度进行量化并归纳成相应的指标，常用的方法有当量因子法、负荷模型、总体暴露效应模型和电源暴露效应模型。数据的量化是指将特征化过程中得到的关于不同环境影响类型的程度指标进行加权而得到关于环境影响的一个总指标。加权方法多采用专家评分法和模型推算法，如目标距离法等。数据的量化是生命周期评价中一个非常难处理的环节，因为不同的环境影响类型得分可能会得到相同的加权量化结果，所以目前对于具体的加权方法还没有统一的标准。

（4）**生命周期解释**。生命周期解释是根据清单分析和影响评价步骤中的结果，形成于研究目标和范围中的内容一致的，易于理解的和完整的结论的过程。根据ISO 14043的要求，生命周期解释主要包括识别、评估和报告三个要素。识别是指根据清单分析和影响评价步骤中得到的信息对重大问题进行识别；评估主要是指检查生命周期解释的结果是否与研究目的和范围一致，是否完整；而报告是指得出结论，形成建议。

虽然生命周期评价引起了社会的关注，也得到了不少的应用，但是它在方法论和应用上存在明显的不足：一方面，在生命周期评价中存在着大量的主观判断，这些主观判断缺乏科学和数据的支持；另一方面，缺乏被广泛认同的清单分析和影响评价的分析方法；此外，数据的完整性和精度有限，也可能会得出错误的结论。研究结果的不确定性使得无法为消费者提供有效的产品选择建议。生命周期评价的结果与现有的管理工具在方法上存在的巨大差异，使得两者的结果无法比较。影响评价的结果只是一个简单的标量指标，这掩盖了清单分析的结果；同时，生命周期评价在实际应用中还具有费用高和周期长的特点。

（二）碳足迹

1. 全球变暖与碳足迹

化石燃料使用、工业和制造业过程中产生的大量温室气体（green house gas，GHG）导致了全球变暖问题。全球变暖问题指20世纪中期以来，地球近地大气和海洋平均温度的上升以及这种状况的延续。

政府间气候变化专门委员会（Intergovernmental Panel on Climate Change，IPCC）曾经做过一项研究，根据往年的全球气温变化预测，到2052年之前，全球气温会上升1.5℃。IPCC的模型表明，当地球表面温度比前工业化时代升高3.5℃时，地球上40%～70%的物种将会灭绝。2021年8月9日，联合国发布了一份气候科学综述，自2021年以来，全球极端天气事件频发，形成的原因主要在于全球变暖趋势加剧。自20世纪中期以来，多数观测到的全球变暖问题都可以归结到大气中温室气体含量的急剧升高，而大气中的温室气体主要来自人类活动中的化石燃料燃烧、工业制造、森林砍伐等。大气中的温室气体含量（主要是CO_2）会对地球和人类社会产生巨大的影响。全球变暖会引发全球气候变化，从而会对地球的化学（如海水的温度、pH值等），物理（如淡水资源、海平面等）和生态系统（如物种生存、荒漠化程度等）产生不可逆的影响。IPCC的最新评估表明，在过去的200万年间，二氧化碳含量从未有过如此之多，增加速度也从未有过如此之快。因此，控制全球温室气体排放成了人类可持续发展战略中的重要一步。作为一种温室气体排放量的评价方法，碳足迹分析成了政治、经济和学术研究的热点。

"碳足迹"源于哥伦比亚大学威廉·里斯（William Rees）和马西斯·瓦克纳格尔（Mathis Wackernagel）提出的"生态足迹"概念，其中，生态足迹主要指维持特定人口生存和经济发展所需的或者能够吸纳人类所排放废物的、具有生物生产力的土地面积，而碳足迹指的是人类活动排放的与气候变化相关的气体总量。与其他的碳排放研究不同的是，碳足迹是从全生命周期的角度来测算产品或者团体在生命周期阶段直接或者间接排放的与气候变化相关的气体总量，破除了所谓的"有烟囱才有污染"的误区。

关于碳足迹的定义，目前还没有统一的标准，主要的争议有如下两点：碳足迹到底指的是用CO_2排放量还是用二氧化碳当量表示（CO_2与其他温室气体转化为CO_2后的量）；碳足迹表征的单位到底是什么（重量还是土地面积单位）。不同的碳足迹定义会导致碳足迹分析在内容上存在一定的差异，但是不论哪种定义，碳足迹分析都是对温室气体排放过程的测量，包括温室气体的来源、构成和数量。综合了历史上不同的碳足迹的定义，中国科学院城市环境研究所王徽等人认为可以将碳足迹定义为：碳足迹是某一产品或者服务体系在其全生命周期内的碳排放总量，或者活动主题（包括个人、组织部门等）在某一活动过程中直接和间接的碳排放总量，以CO_2等价物表示。碳足迹分析也可以成为企业优化运营效率的一种方法，可以帮助企业完成如下的目标。

（1）**识别主要的排放源**，确定优先降低排放区域，提高运营效率。

（2）**通过减少温室气体排放量**，降低企业对化石能源的依赖，逐步开始适应"后碳世界"。

（3）**通过减少能源消耗和优化原材料降低成本**，提升企业竞争力；利用企业的绿色发展现状提升企业的形象，增大市场占有率。

（4）**通过减少能源使用和应用清洁能源**，减少生态污染。

2. 碳足迹分析

碳足迹分析是一个评估和量化的过程，评估的方法可能有多种，但是最后的碳足迹分析报告都应该遵循如下的原则。

（1）**相关性**。确保碳足迹分析后的温室气体排放清单恰当地反映温室气体的排放情况，从而能够准确地服务于之后的决策。

（2）**完整性**。碳足迹分析报告要包括所有在清单边界中的温室气体的排放源和活动。

（3）**一致性**。碳足迹分析要采用一致的方法学，便于比较同一主体在不同时刻和不同主体的情况。

（4）**透明性**。碳足迹分析报告应当包含足够的信息，使得内部核查人员和外部审查人员可以以报告为基础，判断该项工作的可信度。

（5）**准确性**。计算出的温室气体排放量应该尽量与实际的排放量符合，确保以此为基础的决策准确而有意义。

3. 过程分析法计算过程

目前有两大类碳足迹的计算方法，以过程分析为基础的"自下而上"的模型和以投入产出分析为基础的"自上而下"的模型。由于本书主要考虑的是供应链上的碳足迹分析，所以这里仅对过程分析法做介绍。过程分析法以过程分析为基础，通过生命周期清单分析中得到的系统的输入输出数据，计算研究对象全生命周期的温室气体排放量。简单地说，就是以测算温室气体排放为环境影响的目标，做一个关于系统的生命周期评价。过程分析法主要包括如下过程。

（1）**生命周期清单分析**。尽可能将整个生命周期中所涉及的原料、能源、活动和过程全部列出，搞清楚每个过程单元的输入和输出，搞清楚过程单元之间的联系，从而制作出流程图。按照不同的主体，流程图可以分为"企业—消费者"流程图（原料—制造—分配—消费—处理和回收）和"企业—企业"流程图（原料—制造—分配，不涉及消费）。

（2）**确定系统的边界**。边界问题决定了清单分析所需要的数据，同时又需要配合项目的目标，因此，边界界定问题是碳足迹分析中的重要一步。系统边界的确定应遵循如下原则：要包括生产、使用以及最终回收该产品等整个生命周期阶段中的直接和间接的温室气体排放数据。以下情况可以排除在边界之外：温室气体排放量小于总排放量10%的活动或者过程；人类的其他活动导致的温室气体排放；消费者购买的交通工具产生的温室气体排放；动物作为交通工具时排放的温室气体。

（3）**收集数据**。计算碳足迹必须收集以下两类数据：第一类是产品整个周期内的所有相关物资和活动；第二类是单位物资或者能量所排放的CO_2等价物。这两类数据的来源可以是原始数据也可以是通过原始数据计算出来的次级数据，一般要尽量使用原始数据，因为它比次级数据更准确可信。

（4）**计算碳足迹**。在计算过程中首先要建立质量平衡方程，确保物资的输入等于输出。然后根据质量平衡方程计算产品全生命周期中的各个阶段的温室气体排放，基本的公式为：

$$E = \sum^{i} Q_i \times C_i \quad (11.1)$$

其中，E为产品的碳足迹；Q_i为i物资或者活动的数量或者强度数据（体积/质量/千米/千瓦时）；C_i为单位碳排放因子（CO_2/单位）。

（5）**结果检验**。结果检验的目的是检测碳足迹计算结果的准确性和可靠性以提高碳足迹评价的可信度。可通过如下的方法提高碳足迹计算法的可靠性：①利用更加可靠的数据；②利用原始数据代替次级数据；③优化计算的过程；④请专家对计算结果进行评价。

4. 过程分析法实施难点和不足

过程分析法可以探究一个产品或者活动在其全生命周期每个阶段中的碳排放情况，可以为改善流程或者活动、减少碳排放发挥巨大的作用。但是由于其在评估方法上存在着难以掌控的难点，在实施过程中需要注意以下几点。

（1）**数据的采集往往存在着很多的困难**。不论是物质或者活动的数量或者强度，还是单位的排放因子，准确的测量都会具有非常大的难度。如果数据不够准确，那么过程分析的结果就难以作为决策的支持。

（2）**系统的边界难以确定**。研究的目的和数据的可获取性首先确定了系统的最大范围，而系统边界界定的工作就是在此基础上进一步缩小系统的边界，从而有效地避免重复计算，提出更有针对性的减排措施。

（3）**过程分析法没有对原材料生产和产品供应链中的非重要环节进行深入的分析**。虽然在流程上看这些环节并不重要，但是这些过程单元可能会有大量的碳排放。

（4）**过程分析法无法获得产品在零售过程中的碳排放**。

（5）**过程分析法难以完成中观尺度（组织、机构）和宏观尺度（城市、区域、国家）上的碳足迹分析**，但是适用于完成微观尺度上的碳足迹分析。因为中观和宏观尺度上的研究对象相对于微观尺度要复杂得多，难以进行必要的清单分析、系统边界界定和数据收集。值得注意的是中观和宏观上的碳足迹分析是十分必要的，因为仅仅依靠微观尺度上的碳足迹分析并不能很好地解决碳排放转移的问题，实际上并没有减少总的碳排放量。

四、绿色供应链战略

（一）绿色供应链协同

供应链协同是指两个或两个以上的企业为了实现共同目标，通过公司协议或联合组织等方式，在资源、业务流程和组织等方面有机整合、协同和发展而结成一种网络式联合体。供应链协同需要解决两个问题：（1）合作动机。对于供应链中的每一个成员而言，合作的目的是产生优于不合作时的利润，因此，在系统利润最优时，需要合理分配合作利润，使得每一个成员都有动力参与合作。（2）合作成本和所依赖的技术平台。在合作动机设置合理的基础上，还需要建立适当的合作平台来降低合作成本。

1. 绿色供应链协同的特征

协同对象不仅包括供应商与制造商，还包括消费者。从企业角度来说，首先，消费者对绿色产品的需求给企业施加市场压力；其次，绿色产品能够为企业创造新的市场机会，增加消费者忠诚度，赢得市场份额；最后，开发绿色产品能够应对行业规定、环境污染和市场竞争要素带来的风险。从消费者角度而言，消费者消费绿色产品才可能实现供应商及制造商产品的市场价值，也是保证供应商与制造商获取不低于市场平均收益的利润率的前提；资源有效回收也需要消费者与供应商、制造商及回收商等的合作；消费者的合理消费是降低整个供应链对环境的负面影响的重要环节。因此，从上述来看，消费者与供应商、制造商及回收商等进行合作是绿色供应链有效运营的基础性条件之一。

绿色供应链协同管理机制实现绿色供应链协同目标多元。传统供应链协同管理的目标是利润最大化，而绿色供应链协同的目标包括利润最大化和实现环境影响最小化。绿色供应链成员之间的合作不仅要求每个成员的利润不低于传统供应链，而且要求利润分配公平合理。

绿色供应链的合作关系建立面临较多障碍。生产绿色产品导致成本增加，产品利润率降低；供应链成员之间的运营方式以及企业文化和绿色意识差别较大，成员之间合作沟通存在障碍；每个企业独特的竞争优势和商业机密增加了合作的难度。从供应链之间的竞争来讲，消费者和生产系统之间的信息不对称，将导致"柠檬市场"的出现。

2. 绿色供应链协调机制

该机制的具体流程与机制如图 11-3 所示。

（1）**战略层协调**。战略层协调的目标是在供应链各成员之间就整体商业战略、环境管理战略达成一致，包括供应链成员选择和网络构建。①整体商业战略的协作。其目标是确定需求和市场环境特征，进而确定产品和相应的生产流程组织方式，使用的理论是战略管理相关理论。例如，对于创新性产品往往强调敏捷供应，而对于功能性产品则往往强调成本的节约，即精益供应。②环境管理战略。在确定了整体商业战略的基础上，根据供应链所处的外部环境和供应链的内部能力，利用战略管理、生命周期评价技术等方法确定供应链的环境管理战略，确定环境管理战略的方向。

（2）**动机层协调**。动机层协调的主要目标是使得供应链上的成员有足够的动机来实施绿色供应链管理，主要需要解决的问题是激励不足与成员所存在的道德风险等行为。具体包括：①建立供应链成员间协调的环境。即利用市场与拍卖机制及双边、多边谈判机制等使得成员之间能够对某一共同的特定问题展开协商与谈判，为成员之间的有效协商提供环境。②激励与监督机制。利用博弈论的理论与方法、契约理论及交易成本理论与方法等，构建与选择合适的契约规范成员间的合作行为，解决成员间协调的动机问题，即确定利益分享原则与机制；确定具有外部性产品的成本分摊方式（如绿色技术与环境管理成本的分摊、信息共享的激励等），就成员环境管理行为的努力程度进行监督与约束。

（3）业务层协调。业务层协调的主要目标是借助业务层的重组与整合，确保供应链成员在业务上的活动实现"环境管理"。业务层协调的主要内容如下。

①信息共享平台。利用现代信息交流技术，建立供应链内成员间的信息共享平台，实现整个供应链成员活动所需要的信息分享。对于绿色供应链的运营而言，尤其要强调与环境因素相关的信息在供应链成员之间的共享。

②运营流程重组。利用生命周期评价、工业代谢、物资流分析、流程再造等工具，按照环境管理的要求对整个供应链之间成员的运营流程进行重组，业务流程重组的基础性工作是按照绿色供应链运营的目标去发现改进的机会。

业务活动的监督与控制。按照绿色供应链运营的三维目标对整个供应链内的活动及物流、信息流、知识流与资金流进行监督与控制。其核心内容是从环境与商业两个角度对成员绩效及整个供应链的绩效进行测度，发现供应链内改进环境效益与商业绩效的途径，实施改进策略。可能的改进策略主要包括：运营流程再重组、供应链成员的再选择与网络的重构等。

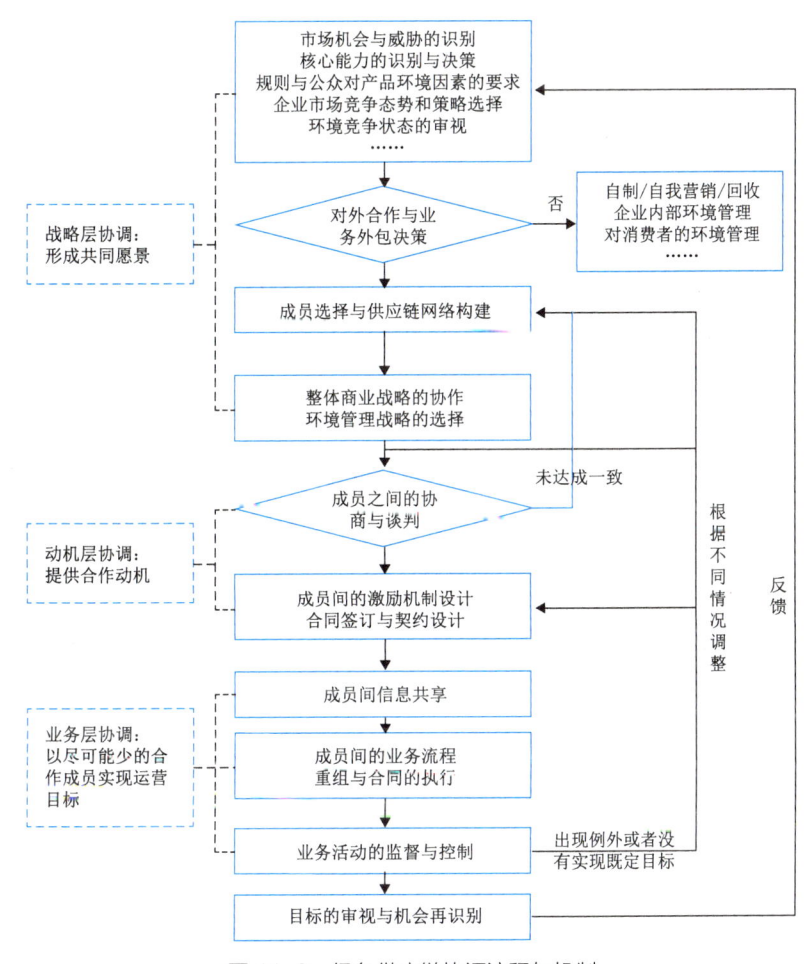

图 11-3 绿色供应链协调流程与机制

（二）闭环供应链

1. 闭环供应链概述

闭环供应链（closed loop supply chains，CLSC）是基于逆向物流发展起来的供应链管理理念，强调物资循环（即市场中的废旧产品经过回收再处理后又投入市场中）和功能循环（即利用再制造恢复物品最初功能）。具体来说，闭环供应链是指企业从采购到最终销售的完整供应链循环，包括了产品回收与生命周期支持的逆向物流。它的目的是对物料的流动进行封闭处理，减少污染排放和剩余废物，同时以较低的成本为消费者提供服务。因此，闭环供应链除了传统供应链的内容，还对可持续发展具有重要意义，所以传统的供应链设计原则也适用于闭环供应链。闭环物流在企业中的应用越来越多，市场需求不断增大，成为物流与供应链管理的一个新的发展趋势。

早期的供应链往往以经济效益为中心，以降低成本、提高竞争力为目的，缺乏对可持续发展的必要认识，是一种物资单向流动的线性结构，在生产中需要消耗大量的资源求得增长，消费后系统的废弃物又使生态环境恶化。供应链发展到这一阶段，急需进行变革，在传统供应链的基础上新增回收、检测/筛选、再处理、再配送或报废处理等一系列作业环节和相关网络，将各个逆向活动融于传统供应链框架下，并对原来框架流程进行重组，从而形成一个新的闭环结构，使所有物料都在其中循环流动，以实现对产品全生命周期的有效管理，减少供应链活动对环境的不利影响。

但是，闭环供应链和绿色供应链并不是等价的，闭环供应链是绿色供应链的重要组成部分，是实现绿色供应链的有效战略。一方面闭环供应链能够减少对环境的影响；然而另一方面，闭环供应链的管理可能只考虑经济效益，而忽略对环境的影响。也就是说，闭环供应链本身就能实现减少对环境的污染，但是在进行管理决策的过程中，未必会将减少环境污染纳入考虑范围，而实现经济价值则是闭环供应链必须考虑的目标。

2. 闭环供应链管理

闭环供应链由三部分活动组成：（1）前端产品采购和回收管理；（2）后端再制品营销；（3）动力引擎，再制造运营。从物流流程上讲，闭环供应链的流程包括多个步骤，如图11-4所示。

闭环供应链过程中的产品必须首先通过正向供应链进入市场，经过消费者使用后成为废旧产品。这些废旧产品一部分被回收，另一部分进入报废处理流程。回收处理的产品可以根据产品的状态进行不同程度的回收再利用处理：有的可以重新翻新，销售到市场中去，如回收的二手手机可翻新后再销售；有的经过拆解后，以组件的方式进入正向供应链，如打印机的墨盒；有的只能以原材料的方式进入正向供应链，如从废旧产品中提取金属元素运用在新产品中。而那些没有被回收的产品将进行报废处理，回收的产品中不能利用的部分也会进行报废处理。在整个闭环供应链中，产品设计发挥着重要的作用，它决定了产品能否被回收处理。

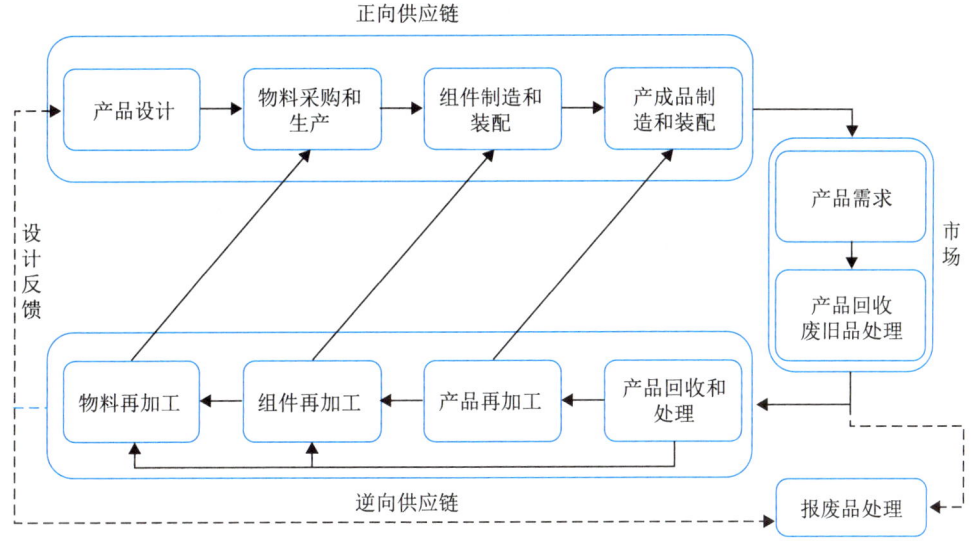

图 11-4 闭环供应链的流程

（1）**闭环供应链回收产品类型**。进入闭环供应链回收环节的产品可分为以下两类：功能丧失，不能正常使用的产品；功能正常，但是不被用户需要的产品。而将这两类产品与闭环供应链流程对应，进入闭环供应链的回收产品可分为商业返回的商品、终端返回的产品、召回的产品、包装物以及生产中的废料五类。

（2）**产品设计**。产品设计与闭环供应链市场策略有重要的关系，詹姆斯·D.阿比（James D. Abbey）给出了闭环供应链中在使用产品设计与核心竞争力的关系，是否作为核心竞争力的决策取决于产品再使用是否给企业带来获利机会。产品设计通过四个方面影响闭环供应链：第一，产品设计决定了产品回收的水平，即产品设计可以决定回收的旧产品是以翻新品、组件还是以原材料的状态进入正向供应链；第二，产品设计既决定了产品采购管理的方式，也决定了旧产品回收的方式；第三，产品设计通过产品回收水平决定对人员和设备的产能的投资力度；第四，产品设计决定产品的市场战略，耐用性决定了产品是出租还是直接销售。

（3）**废弃物处理**。根据产品再利用的层次，可将产品回收再处理方式分为再利用（reuse）、维修再利用（repair）、再制造（remanufacture）以及再循环（recycle）四种。废弃物不同处理方式的经济价值和市场价值不同，同时处理投入程度也不相同。根据"经济价值/投入"的大小，废弃物处理方式优先顺序如图11-5所示。

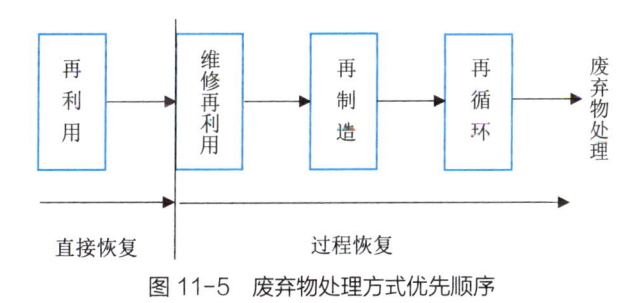

图 11-5 废弃物处理方式优先顺序

（4）回收模式。旧产品的回收模式按照决策主体的不同可分为三种：制造商回收、零售商回收和第三方回收，如图 11-6 所示。

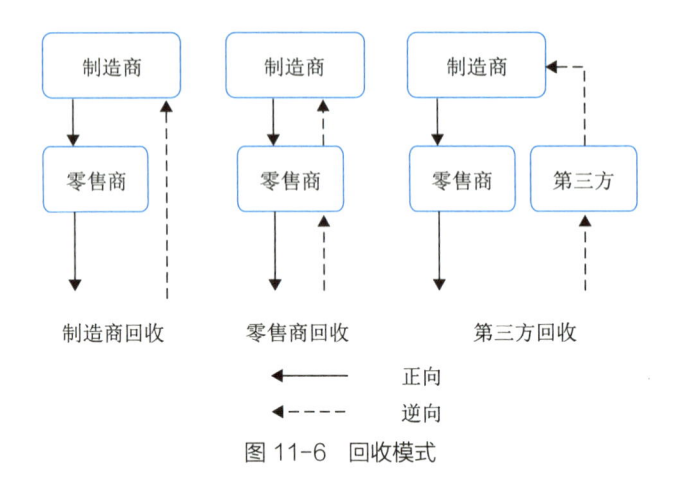

图 11-6　回收模式

制造商回收是指制造商制定回收价格，管理回收产品的物流活动，承担相关的环境责任。该模式提供了环保成本及相关信息的直接反馈机制，废旧品拆解集中化、专业化、效率高，同时增加了物料闭环回收和再利用的机会。但是，该模式具有反馈时间长、管理成本和物流成本高的问题。

零售商回收是指制造商委托零售商对回收进行定价和回收物流活动管理。与制造商回收相比，零售商回收具有的优势是：零售商拥有完善的物流网络，便于逆向物流开发；将回收业务转移给零售商有利于制造企业集中核心竞争力；根据边际效用，零售商回收使得客户需求增加。

第三方回收是指第三方物流企业进行回收定价和物流管理，制造商从第三方企业直接购买回收处理后的产品。第三方回收的优势是制造商能够将精力集中在核心业务上，同时享受第三方回收带来的高效率。但是，第三方回收模式也存在一定弊端，即可能阻碍了信息反馈到制造商，从而不利于产品的进步设计。

【案例】绿色制造的张家港经验

机动车"报废"后可以通过再制造重新上路，固体废弃物几乎实现100%的再利用，工业用水重复利用率达99%……连续多年位居全国百强县前三名的江苏省张家港市，通过绿色制造改造传统制造业，大大节约资源和能源，并将环境污染降至最低，以一个工业发达城市的身份，成为全国首个荣获联合国人居奖的县级市。

"区内企业已建的治理设施运转率达100%，工业废水排放达标率达100%，工业固废综合利用率达100%，生活垃圾无害化处理率达100%。"张家港经济技术开发区经济服务中心主任汤文军说。在工业和信息化部公布的第二批绿色制造名单中，张家港经济技术开发区获评国家级绿色园区。

废旧的汽车零部件，经过一番再制造，获得新生。这是张家港经济技术开发区的一个得意之作——2013年，国家发改委批准的首批国家级再制造产业示范基地"落户"在这里。目前，这个示范基地已经聚集了汽车发动机、发电机、机床等标杆型再制造企业20多家。

"再制造的零部件性能不低于新品，但价格只有原先的一半。"郑勋是国家再制造汽车零部件产品质量监督检验中心的主任，这个中心由张家港经济技术开发区和清华大学苏州汽车研究院合作设立，也是我国汽车零部件再制造领域唯一的第三方国家级产品质量监督检验中心。

我国作为一个汽车消费大国，再制造市场潜力可想而知。张家港市遵循"资源减量、再利用、再循环"的发展思路，以超前的眼光，投资建设了这个绿色制造的新平台。

张家港市工信局副局长夏燕良介绍，这些年，市里专门出台了高质量发展、绿色制造产业扶持政策，通过示范引领，推进绿色制造体系建设。对入选国家和省级绿色制造名单者，分别给予一定的奖励。目前，已有3家绿色工厂、2个绿色设计产品、1家绿色供应链管理示范企业、1家绿色园区获评工信部绿色制造体系荣誉称号，实现绿色制造体系荣誉称号的全覆盖。

资料来源：王伟.绿色制造的张家港经验[EB/OL].（2019-09-09）[2023-05-01]. http://news.workercn.cn/32843/201909/09/190909033858551.shtml.

第三节　企业供需网

一、企业供需网的发展——从供应链到供需网

随着用户需求多样化和个性化、信息技术的发展以及经济全球化，传统的供应模式受到以生产和产品为核心、线性链式结构、静态稳定性的因素的制约，越来越难以满足市场的变化。供需网（demand-supply network）这一概念应运而生。

（一）供应链的瓶颈效应

在前文我们提到，供应链管理是一种对企业供应链中所有活动进行有效整合的管理模式。早期的供应链主要关注制造业和贸易的增长。随着全球化和技术的发展，企业开始关注整个供应链的优化，以降低成本、提高服务质量和响应速度。信息共享和协同作战在供应链管理中发挥着关键作用，其能够帮助企业在竞争激烈的市场中立足。然而，传统的供应链管理存在局限性。由于供应链的线性结构，企业往往难以应对市场变化和不确定性。此外，由于供应链本身存在一定的瓶颈效应。

（1）**生产瓶颈**。在生产环节中，由于设备、技术或人力资源的限制，某些生产线的产能无法满足市场需求，导致整个供应链的生产效率降低。

（2）**运输瓶颈**。在物流运输过程中，运输工具、路线或基础设施的限制导致运输时间延长、成本增加，从而影响整个供应链的物流效率。

（3）**信息瓶颈**。在供应链信息流动中，信息系统的不完善、信息不对称或信息传输的延迟导致供应链各环节之间的协同作战受限，从而影响整个供应链的响应速度和灵

活性。

（4）**库存瓶颈**。库存管理环节中，库存控制策略不当、需求预测不准确或供应商不稳定导致库存水平过高或过低，从而影响整个供应链的成本和服务水平。

（5）**供应商瓶颈**。采购环节中，供应商数量有限、质量不稳定或交货不及时，导致供应链原材料或零部件的供应不稳定，从而影响整个供应链的生产计划和订单满足率。

（二）供需网

供需网是指在全球范围内，实现全球资源获取、全球制造、全球销售，相关企业之间由于"供需流"的交互作用而形成的开放式供需动态层次网状拓扑结构。供需网不仅包括供应链的各个环节，还涵盖了市场需求、竞争环境、政策法规等更广泛的因素。供需网强调整个网络范围内的协同与资源整合，致力于提高网络的适应性、竞争力和可持续性。这一演变过程反映了企业从以内部价值创造为主向整个网络价值共创的转变，以适应不断变化的市场挑战。

供需网具有以下内涵。

（1）**网络结构**。供需网包括多个相互关联的企业、组织和个体，形成一个复杂的网络结构。这种结构具有高度的动态性和灵活性，能够快速响应市场变化。

（2）**跨领域整合**。供需网强调跨越不同领域（如生产、采购、物流、销售等）的资源整合和协同，以实现更高的效率和效益。

（3）**信息共享**。供需网依赖于高度的信息共享和透明度，以便各参与者能够实时了解整个网络的状况，从而做出更好的决策。

（4）**协同创新**。供需网鼓励各参与者在技术、产品和服务等方面进行协同创新，以提高整个网络的竞争力和可持续性。

（5）**客户导向**。供需网以满足客户需求为核心，关注市场变化和消费者行为，以实现客户价值最大化。

（6）**长期发展**。供需网关注整个网络的长期发展和可持续性，强调各参与者的共同利益和责任。

为了解决这个问题，学者和实践者提出了供需网的概念。供需网对供应链进行了理念和结构化的彻底变革，它从根本上大大降低产生瓶颈的可能性，或在产生瓶颈后能够快速敏捷地做出反应，最大限度地减少损失，从而加大系统的整体产出效益。供需网主要从以下六个方面着手减少瓶颈效应。

（1）**强化信息共享与协同**。供需网中的企业通过建立统一的信息共享平台，不仅能实现信息的公开透明和实时传输，还能提高供应链各环节之间的协同作战能力，从而降低信息瓶颈的影响。

（2）**优化生产与运输资源配置**。供需网可以在全球范围内调动各种生产和运输资源，以实现资源的优化配置，从而减轻生产和运输瓶颈的影响。例如，企业可以根据产能、成本和交货时间等因素选择合适的生产地点和运输方式，以提高整体供应链效率。

（3）**提高供应商管理水平**。在供需网中，企业可以通过多元化的供应商策略提高供应商管理水平，从而降低供应商瓶颈的影响。例如，企业可以采用建立长期合作关系、实施供应商评估与认证、加强供应商风险管理等措施，来确保供应链的稳定性和可靠性。

（4）**灵活调整库存策略**。供需网可以帮助企业更好地应对市场波动和不确定性，以实现库存策略的灵活调整，从而降低库存瓶颈的影响。例如，企业可以采用先进的需求预测技术、实施实时库存监控与调整、采用多阶段库存控制策略等方法，以保持适当的库存水平。

（5）**采用先进技术与创新**。供需网可以借助新兴技术（如大数据、人工智能、物联网和云计算等）实现供应链的智能化、自动化和协同化，从而消减瓶颈效应。例如，企业可以通过引入智能制造技术提高生产效率，运用物联网技术实现实时物流追踪，利用云计算和大数据分析提高信息处理能力，等等。

（6）**培养跨领域人才和知识共享**。供需网强调跨部门、跨企业的协同和知识共享，这有助于提高企业的创新能力和应变能力，从而消减瓶颈效应。企业可以通过培养具有跨领域知识和技能的人才，实现知识的创造、传播和应用，提高整个供需网的综合竞争力。

与供应链相比，供需网更强调网络结构，将供应商、制造商、分销商和客户视为一个整体，通过信息共享、资源整合和协同作战实现全局最优。作为一种更加灵活、协同和可持续的管理模式，供需网可以有效地消减供应链中的瓶颈效应，提高供应链的效率和竞争力。

二、供需网理论概述

（一）供需网的特点

相较于传统的供应链管理模式，供需网在管理理念、组织结构和运营方式等方面具有其自身的特点。

1. 多功能性

多功能性体现在供需流和满足市场各种需求两个层面。在供给需求方面，它既能实现传统供应链的物流功能，又能实现诸如信息技术、资金、管理思想文化等供需流功能，还能实现各供需流间相互交流、共享信息，使得整个供需流的渗透性加强。具体地说，每个结点企业除了共享生产及销售服务的供求信息，还能交换国际上最新的人才、管理思想文化、信息技术等供需信息，使全球资源合理分配。在满足市场各种需求方面，各个企业的供需网管理模式、经营方式、组织结构都是与市场经济环境匹配的。

2. 高集成性

高集成性体现在两方面：（1）组织层面。各节点企业以合作子网、价值链、供应链等模式形成联盟，组织成员有"高内聚、低耦合"的特点，前者使企业成员保持并提升核心竞争能力，后者使成员间依赖程度减少，这样若一种合作消失，那么其他合作将不受影响。（2）技术层面。SDN内企业结点成员通过国际统一的网络标准和传输编码使各自拥有的计算机技术、数据库技术和互联网技术实现全球化的技术集成，实现供需流中各类资源的高度共享。

3. 完全开放性

完全开放性体现在广度和深度两个方面。在广度上，它不受传统供应链、企业联盟内部合作的限制，企业间的边界相互交叉，有助于加强国际合作，使获取资源、生产技术、销售市场向全球化发展。在深度上，节点各企业间的技术、信息、文化的交互，实现了资源共享，达到了"合作共赢"的目标。合作企业间的生产作业层、经营销售层的信息资源管理实现了统一标准化，管理决策层也实现了透明化，从而加强了合作并加深了互信度。

4. 响应及时性

供需网具备快速响应市场变化和客户需求的能力。通过实时监控整个网络的信息流、物流和资金流，供需网能够迅速发现问题，并采取相应措施进行调整，以满足市场和客户的需求。

5. 动态稳定性

供需网的动态层次网络拓扑结构相比传统供应链的线性串联结构具有更高的稳定性，即使某个节点企业或传递路径出现问题，也不会使整个供需网的供需流受到较大影响，网络节点企业既可在全球范围内通过信息共享平台实现无缝对接，也可以借助于自身的多功能性及完全开放性迅速实现自我修复的效果。

6. 可扩展性

供需网具有很强的可扩展性，能根据市场需求和环境变化灵活调整结构和规模。这使得供需网能够适应不断发展的全球经济环境，持续优化自身业务和管理模式。

（二）供需网与供应链的区别

与供应链相比，供需网是一种更加全面、协同和灵活的管理模式，它不仅包括了供应链管理的核心内容，还进一步拓展了管理的范围、深化了协同程度、提高了应对市场波动和不确定性的能力。供需网与供应链之间的区别包括了覆盖范围、结构、协同程度、管理目标、灵活性和应变能力以及价值观等方面。企业应根据自身特点和市场环境，因地制宜地实施供需网协同管理，以提高整个网络的效率、竞争力和可持续性。供需网与供应链的区别主要体现在以下方面。

1. 覆盖范围

供应链主要关注从原材料到最终产品的生产、运输、销售等一系列环节；而供需网不仅包括供应链的各个环节，还包括市场需求、竞争环境、政策法规等。

2. 结构

供应链通常呈线性结构，各环节之间存在明确的上下游关系；而供需网则呈网络结构，各参与者之间可能存在多种复杂的关系，如竞争、合作、替代等。

3. 协同程度

供应链中的协同通常局限于某个特定环节或企业之间；而供需网则强调整个网络范围内的协同，包括信息共享、资源整合、需求协同等多个方面。

4. 管理目标

供应链管理的主要目标是提高生产、运输、销售等环节的效率和降低成本；而供需网管理则更加注重提高整个网络的适应性、竞争力和可持续性，其目标包括满足客户需求、降低整体成本、提高创新能力和应对市场风险等多个方面。

5. 灵活性和应变能力

面对市场波动和不确定性时，供应链通常具有较低的灵活性和应变能力；而供需网则通过强化信息共享、资源整合和协同创新等方式，提高了整个网络的灵活性和应变能力。

6. 价值观

供应链管理主要关注企业内部的价值创造，以追求企业利润最大化为目标；而供需网管理则强调整个网络范围内的价值共创，追求各参与者的共同利益和长期发展。

（三）供需网协同管理

供需网的协同管理是指在供需网络中，各个参与方（包括生产商、供应商、物流服务商、分销商和零售商等）通过共享信息、资源和风险，实现各自目标的同时提高整个网络的效率和竞争力。供需网协同管理的主要内容包括以下五个方面。

1. 信息共享

建立统一的信息平台，可以实现供需网中各参与者之间信息的公开透明和实时传输，从而提高供需网的响应速度和灵活性。

2. 资源整合

在供需网中，各参与者可以共享生产、运输、仓储等资源，可以实现资源的优化配置，从而降低成本和提高效率。

3. 需求协同

通过对市场需求进行准确预测和共享，各参与者可以更好地调整生产计划、库存策略和物流安排，以满足客户需求。

4. 风险共担

在供需网中，各参与者可以通过共同承担市场风险、生产风险和物流风险，来减轻单个企业的风险负担，从而提高整个网络的抗风险能力。

5. 价值共创

供需网中的参与者可以通过共享知识、技术和经验，来实现协同创新，并提高整个网络的创新能力和竞争力，从而实现价值共创。

三、供需网在企业逆向物流中的应用

（一）何为逆向物流

逆向物流是指产品在使用寿命结束后，从消费者端返回生产商或其他处理环节的物流过程。逆向物流涉及废旧产品的回收、再制造、再利用、再销售等环节。供需网理论可以为逆向物流的运营管理提供有效的支持和指导。逆向物流与传统的正向物流有着很大的不同，主要表现在以下四个方面。

1. 不确定性

逆向物流的回收数量、时间和地点等因素具有较高的不确定性，这给逆向物流的计划和管理带来了挑战。

2. 多样性

废旧产品的种类、状况和价值差异较大，需采取不同的处理方式和技术。

3. 环境与社会责任

逆向物流涉及废旧产品的回收、处理和处置，对环境保护和企业社会责任具有重要意义。

4. 成本与收益

逆向物流的成本较高，收益较低，这对企业的盈利能力和竞争力构成压力。

（二）供需网理论在逆向物流中的应用

供需网理论对逆向物流的作用主要体现在以下六个方面。

1. 信息共享与协同

供需网理论强调信息共享和协同，可以帮助企业更好地应对逆向物流中的信息不确定性和不对称性。例如，企业可以通过建立统一的信息平台，实现废旧产品回收、处理和销售等环节信息的公开透明和实时传输。

2. 资源整合

供需网理论可以指导企业整合逆向物流过程中的资源，提高逆向物流的运营效率、降低成本。例如，企业可以与其他企业、政府部门和非政府组织合作，实现回收设施、再制造工厂和销售渠道等资源的相互共享。

3. 需求协同

供需网理论可以帮助企业更好地满足废旧产品回收、再制造和再销售等环节的需求。例如，企业可以借助上下游协同、政企协同等方式，整合全网络资源，优化废旧产品的回收策略和再制造计划，以提高逆向物流的效益。

4. 创新协同

供需网理论强调创新协同，这可以提高企业在逆向物流中的创新能力和竞争力。例如，企业可以与其他企业、研究机构和政府部门进行合作，通过共享技术、知识和经验，以实现逆向物流的协同创新，其中，包括开发新的回收技术、再制造工艺、再利用方案等方面的共享。

5. 绿色可续

供需网理论关注整个网络的可持续性，有助于实现逆向物流的绿色与可持续发展。例如，通过供需网的信息系统，企业可以实时追踪产品的使用和销售情况，从而更有效地进行产品回收；同时供需网可以帮助公司有效地管理和优化资源配置，如确定最佳的回收和处理地点、降低运输成本、通过合理的物流设计减少二氧化碳排放等。

6. 风险管理

供需网理论可以帮助企业更好地应对逆向物流中的风险，包括市场风险、技术风险和政策风险等。例如，企业可以通过建立风险协同预警和协同应对机制，及时发现和处理逆向物流中的问题；或者与其他网络节点共同承担风险（共享收益），降低单个企业的风险负担。

总的来说，借助供需网协同管理，逆向物流企业可以提高效率、降低成本、实现可持续发展，并更好地应对市场不确定性、技术更迭和政策调整等带来的风险。供需网理论在逆向物流中的应用将为相关企业创造更大的价值，实现经济、社会和环境的共赢。

第四节　大数据与供应链

一、大数据概述

"大数据"是一个体量和数据类别特别大的数据集，传统的数据处理应用软件不足以处理它们。大数据挑战包括数据捕获、数据存储、数据分析、搜索、共享、传输、可视化、查询、更新和信息隐私。从数据的类别上看，"大数据"指的是无法使用传统流程或工具处理的信息。它定义了那些超出正常处理范围和大小、迫使用户采用非传统处理方法的数据集。

大数据这个词语从20世纪90年代开始被使用，在最近几年变得非常流行。研究机构高德纳（Gartner）对大数据给出这样的定义："大数"是需要新处理模式才能具有更强的决策力、洞察发现力和流程优化能力的海量、高增长率和多样化的信息资产。

麦肯锡全球研究所给出的定义是：一种规模大到在获取、存储、管理、分析方面大大超出了传统数据库软件工具能力范围的数据集合，具有海量的数据规模、快速的数据流转、多样的数据类型和价值密度低四大特征。

《大数据时代：生活、工作与思维的大革命》（*Big Data: A Revolution that Will Transform How We Live, Work and Think*）一书的作者维克托·迈尔-舍恩伯格（Viktör Mayer-Schönberger）对大数据有这样的定义："大数据，不是随机样本，而是所有数据；不是精确性，而是混杂性；不是因果关系，而是相关关系。"

总的来说，大数据的特点可归纳为"6V1C"。

（1）**数据量**（volume）：是指数据的体量很大，数据的大小决定了数据的价值和数据所拥有的潜在信息。

（2）**数据种类**（variety）：包括了数据类型多样化、数据来源多样化的特征。

（3）**数据流速**（velocity）：是指数据产生的速度、数据写入介质、从介质读出以及在计算机中处理速度快的特征。

（4）**可变性**（variability）：是指数据中存在很多不一致的地方，妨碍了处理和有效管理数据的过程。

（5）**真实性**（veracity）：是指大数据采集中数据质量相差很大，如果不经过任何处理，可能影响分析的准确性。

（6）**价值**（value）：是指数据的价值密度低，需要合理运用大数据，以低成本创造高价值。

（7）**复杂性**（complexity）：数据量巨大，来源多渠道。

机器学习的广泛应用也是大数据时代的一个重要特点。机器学习利用算法来发现数据之间的关系，而这个关系的发现就需要大量的数据支撑。大数据时代正好为机器学习提供了足够的数据来源，大数据不告诉你为什么存在这样的关系，只是将这个关系呈现在你的面前。

二、大数据驱动下的供应链决策方法

（一）数据驱动的供应链决策

从供应链整体角度考虑，传统的供应链可划分为推动型和拉动型两种。这两种供应链的运作流程都是从供应到生产，再到订单交付和销售，信息流在供应链运作过程中逐级传递（如图 11-7 所示），其运作模式可以看作"一个流"。

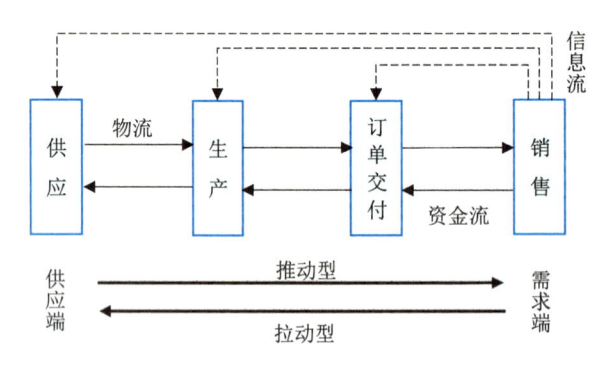

图 11-7 传统供应链运作流程

大数据丰富了供应链的功能，为供应链决策提供了一个转型机遇。大数据驱动的供应链决策通常包括以下三个步骤。

（1）**大数据资源的获取**。设计供应链的关键指标及构建数据采集系统（平台），是供应链内各企业获取决策信息的关键。

（2）**大数据分析**。借助时间序列方法、数据挖掘、机器学习等手段，企业可以进行商务数据分析，可以挖掘出潜在的商业知识，并寻找降本增效的空间。同时，企业也可以针对产品的需求进行预测，从而为后续的决策提供科学依据。

（3）**数据驱动的决策**。根据大数据分析，建立起详细的市场分区，并将不同的竞争优势和相应的市场分区匹配，从而建立起以大数据为导向的决策机制，进而实现供应链协同决策。

大数据供应链的运作流程不同于传统供应链，最显著的区分在于预测机制、信息流传递机制和销售策略。

大数据供应链的预测强调的是逐级预测，在制订生产/采购计划、库存/分销计划、销售计划时，要分别以大数据预测作为驱动，以了解供应链在未来运作过程中可能出现的不确定性因素和未知事件。逐级预测区别于传统供应链的末端市场需求预测信息向供应链上游传递的过程，它贯穿于供应链从供应端到需求端的整个流程，其中，供应链运作职能的每次转换都作为逐级预测的节点。

大数据供应链的信息流采用"一对多"传递机制，供应链成员企业从大数据平台上获取决策所需的信息。该种模式能够降低信息流逐级传递过程的失真，是弱化供应链"牛鞭效应"的有效途径之一。同时，这样的信息流传递机制能够有效减少供应链各级子系统的时滞，加快供应链信息共享程，使供应链的扩张不受级数的约束。

大数据供应链的末端是一个个精准的细分市场，而不是广义的销售市场。"精准市场"是一个与消费者"平均需求"相对的概念，销售商需要充分了解顾客的个性化需求，通过对消费大数据的处理来驱动供应链的市场分区。当精细的市场分区被划分，销售商要制定出相应的营销策略，用大数据的思维解决"哪些消费者适合我""消费者在哪里"等问题。

（二）时间序列数据的需求预测

从供应链的角度出发，常见的时间序列数据可以理解为供应链上的一些需求数据。因为需求数据（如商品）在整个生命周期中的销量数据具有典型的时间性，商品在整个生命周期中，除了受到历史销量的影响，还受到包括营销、运营、线上、线下各种可能因素的影响。

对于销量的定量预测一般有两种：基于时序的预测方法和基于相关关系的预测方法。基于时序的预测方法是以销量本身的历史数据的变化趋势来发现其变化规律，作为预测的依据，把未来作为过去历史的延伸，如移动平均、指数平滑、ARIMA等方法。基于相关关系的预测方法是通过销量与其他可能的影响因素的相互关系来发现其变化的规律，作为预测未来的依据，如机器学习（多元回归、决策树、随机森林、神经网络）、深度学习等方法。下面将选择几种常用与热门的方法来说明时间序列数据的定量预测。

1. ARIMA模型

ARIMA模型即自回归移动平均模型（autoregressive integrated moving average model），是20世纪70年代初由乔治·E. P. 博克斯（George E. P. Box）和格威利姆·M. 詹金斯（Gwilym M. Jenkins）提出的。其模型ARIMA（p, d, q）中，AR为自回归，p为自回归项；MA为移动平均，q为移动平均项，d为将时间序列转化为平稳序列所需要做的差分次数。从模型中可以看出，ARIMA模型是将非平稳序列转化为平稳时间序列，然后将因变量对它的滞后项及随机误差项的现值和滞后值进行回归所建立的模型。

ARIMA的优点是模型十分简单，只需要内生变量而不需要借助其他外生变量。比如，在销量预测中，只要利用某商品的历史销量数据来计算ARIMA模型的参数，就可以对销量进行未来的预测。ARIMA模型有两个缺点：其一是要求时序数据是稳定的，或者通过差分后是稳定的；其二是本质上只能捕捉线性关系，而不能捕捉非线性关系。

2. 机器学习方法

1959年，IBM的阿瑟·萨缪尔（Arthur Samuel）设计了一个跳棋程序，这个程序可以在不断地对弈中改善自己的棋艺，也就是说，它具有一定的学习能力。3年之后，这个程序战胜了设计者本人，又过了4年，这个程序战胜了一个保持8年不败纪录的冠军。这个程序向人们展示了机器也能够具有自我学习，并且不断改进的能力，萨缪尔本人也给出了机器学习的一个定义："计算机有能力去学习，而不是通过预先准确实现的代码。"

另一位机器学习领域的著名学者汤姆·M.米切尔（Tom M. Mitchell）给出了一个更为正式的定义："对于某类任务T和性能度量P，如果一个计算机程序在T上以P衡量的性能随着经验E而自我完善，那么我们称这个计算机程序在从经验E中学习。"

机器学习往往可以分为以下三类：一是监督学习。计算机获得简单的输入给出期望的输出，过程是通过训练一个模型，学习通用的准则来从输入映射到输出。二是无监督学习。计算机通过自己学习来发现输入的结构。无监督学习可以被当成一个目标或者一个实现结果的途径。三是强化学习。计算机程序与动态环境交互，同时表现出确切目标，如无人汽车，这个程序的奖惩机制会作为反馈，实现在问题领域的导航。

在商品销量定量预测中，机器学习发挥了很大的作用。李学沆（Hakyeon Lee）等人在2014年的一篇文章中运用机器学习的方法对电器的销量做预测，利用机器学习方法学习得到的模型能够很好地预测未来的销量水平，通过与实际数据的比较印证了这个结论。在这篇文章中，作者将多元回归、神经网络、决策树等方法都作为机器学习方法的内容。

多元回归、神经网络、决策树等方法都是通过学习与历史销量可能有关的一些影响变量与销量之间的关系，得到模型之后再利用影响变量来得到未来销量的预测的。这些方法都可以认为是因果分析法的范畴。

3. 深度学习方法

深度学习的概念源于人工神经网络，多层深度感知器就是一种深度学习结构，通过组合低层特征来形成更加抽象的高层表示属性类别或特征，来发现数据的分布式特征。

随着大数据时代的到来，我们能够获取的数据在数量和维度上都有巨大的提升，需要有更强大的学习方法来对数据进行处理，深度学习的方法能够进一步挖掘数据中隐藏的关系，并且在处理速度上也有提升。

深度学习在计算机视觉、语音识别以及自然语言处理上都发挥了巨大的优势。同样地，将深度学习应用于销量预测也能够带来很高的预测精度，在Kaggle数据竞赛平台中，很多参赛选手利用递归神经网络RNN的变种长短期记忆网络（LSTM）、XGBoost等深度学习的方法，在销量预测的赛题中取得了很好的成绩。

三、大数据下的供应链转型

供应链是将供应商、制造商、经销商以及终端消费者连接起来组成的网络结构，包括原材料采购、中间产品与最终产品制造、产品运输以及产品销售等流程。供应链是一系列的过程，其不仅是一条连接供应商到用户的物流链、信息链、资金链，也是一条价值链。原材料在供应链上进行加工、包装、运输等环节，并最终得以销售，为供应链的各个参与者带来价值。要实现供应链的高效运作，供应链管理的系统思维不可或缺。

供应链系统由四个部分组成：采购、制造、物流和销售。这四个环节贯穿供应链运营管理的各个方面，是系统中不可分割的组织和功能。因此，我们应该着眼于供应链各个环节的优化与协调，而不是局部的某个环节。例如，销售环节利用大数据分析获得未来市场的需求量，但是，如果物流系统的运输与配送不能满足需要，就会给制造企业带来更大的库存量，造成供应链系统的总成本上升以及客户满意度的下降。

（一）采购环节

采购环节是指从供应商处购买原材料、获得服务、取得物料供应的一切活动及过程。在为消费者提供优质的产品和服务的各个环节中，采购是关键的第一步。对于制造企业来说，采购环节通常是企业最重要的成本支出，一般会占到企业总成本的50%以上。因此，采购对企业具有重要的经济价值，如果对这一环节进行合理的优化和配置将会为企业节约巨大的成本。

（二）制造环节

制造环节是指一个企业的运营功能，目的是创造产品和服务。制造在供应链中具有重要意义，负责将企业的投入转化为最终的产品或服务。企业的投入具体可以包括：原材料、劳动力、资本、技术、信息以及设备设施等。对于制造企业而言，需要选择合适的制造流程以及制造策略。当代的制造理论又不断地重塑这些基本的流程和策略，这些理论包括：大众化定制、精益生产、柔性生产、六西格玛等。结合这些理论，制造企业可以为客户提供更加综合、高效的产品和服务。

（三）物流环节

物流环节是指在供应链中，将原材料、在制品、产成品在规定时间内运送到特定位置的活动。物流涉及一系列的管理流程，包括订单管理、库存管理、运输管理以及对仓储、物料处理和包装的一系列管理。物流是以成本最小化为目标，对系统进行设计和管理，控制产品在供应链中的流通状况并提供库存管理，以协助供应链采购与生产活动，从而满足客户要求。

（四）销售环节

销售环节是指市场营销，其将企业与消费者联系起来，明确消费需求，促进新产品推广以及发现新的市场机遇。当代市场营销观点认为，与客户维持良好的关系比完成产品或者服务的交易过程更为重要。因此，企业应该更多地了解客户的需要和需求，采用合适的客户关系管理策略，做到比竞争对手更了解消费者，以保持市场竞争力。

越来越多的供应链核心企业将大数据技术运用到供应链的四个环节。在采购方面，大数据分析的应用主要体现在两个方面：优化采购渠道选择和有效识别供应商。在制造方面，大数据主要应用于企业生产力和产品质量管理以及劳动力优化等。在物流方面，大数据分析的应用主要包括：优化仓储、补充库存、优化配送中心选择以及最小化交通成本等。在销售环节，大数据可以用于优化定价、分析消费者的消费行为、建立精细化的市场分段、预测市场需求等。总而言之，在供应链管理过程中，大数据分析能够有效地优化流程、提升效率、提高绩效，同时供应链作为一个完整的系统，其上下游企业如果想要发挥大数据的最大潜力，就不能分散化地将大数据分析应用于某个环节，而应该协调整合各个环节，将基于数据的决策渗透整个供应链，实现决策优化、生产自动化，并最终实现供应链的智能化。

四、构建智能供应链及其挑战

（一）大数据时代下的思维变革

大数据时代的到来改变了我们的思维方式，主要体现在以下四点。

1. 总体思维

在过去的研究分析中，我们一直采用抽样的手段来获取样本，这是在我们无法获得总体数据条件下的最优选择。但是在大数据时代，我们已经有能力获得比之前量级大太多的数据。在这样全面的数据中，我们可以对问题有更全面深入的认识，而发现一些抽样中无法体现的关系。维克托·迈尔-舍恩伯格总结道："我们总是习惯把统计抽样看作文明得以建立的牢固基石，就如同几何学定理和万有引力定律一样。但是，统计抽样其实只是为了在技术受限的特定时期，解决当时存在的一些特定问题而产生的，其历史不足一百年。如今，技术环境已经有了很大的改善。在大数据时代进行抽样分析就像是在汽车时代骑马一样。在某些特定的情况下，我们依然可以使用样本分析法，但这不再是我们分析数据的主要方式。"

大数据的5V，即volume（大量）、velocity（高速）、variety（多样）、value（低价值密度）、veracity（真实性），意味着我们能够更快、更方便地收集各种类型的相关数据，这也意味着我们研究问题的思路应该从抽样思维转变成总体思维，从而对问题有更加全面、系统的认识。

2. 容错思维

在过去的研究分析中，由于数据来源于抽样，信息量较少，所以必须确保所获取的数据结构化、精确化，否则可能会出现结论的天差地别。但是在大数据时代，因为大数据技术的突破，所以大量的非结构化、异构化数据能够得到储存并且进行分析。这大大提升了我们从数据中获得知识的能力，同时也给过去传统研究中的精确思想带来了挑战。维克托·迈尔-舍恩伯格提到，"执迷于精确性是信息缺乏时代和模拟时代的产物。只有5%的数据是结构化且能适用于传统数据库的。如果不接受混乱，则剩下95%的非结构化数据都无法利用，只有接受不精确性，我们才能打开一扇从未涉足的世界的窗户"。因此，我们有必要将思维转变为容错思维。我们如今能够拥有巨大数量的数据，因而不再需要追求数据的绝对精准，而是容许一定程度的错误和混杂。在适当忽略微观层面上的精确性的同时，我们也能够在宏观层面拥有更好的知识和洞察力。

3. 相关思维

在过去的研究分析中，我们往往执着地想要揭示问题背后的因果关系，试图从有限抽样的样本数据中找到其中的内在机理。另外，因为传统研究只有有限的抽样样本，所以我们无法利用这些数据来反映事物之间的普遍性和相关性。在大数据时代，我们能够利用大数据技术对数据进行深度挖掘，能够发现事物之间隐蔽的相关关系，这是传统数据分析无法实现的。这些相关关系能够给我们带来更多的认知，也能够帮助我们进一步进行预测分析，而建立在相关关系分析基础上的预测正是之前提到过的大数据的核心。从线性、非线性关系中，我们能够得到很多传统分析不能得到的联系。维克托·迈尔-舍恩伯格指出，大数据的出现让人们放弃了对因果关系的渴求，转而关注相关关系，人们只需知道"是什么"，而不用知道"为什么"。在大数据时代，我们不必得到事物背后的深层内在的原因，只需要通过已有的大数据分析来知道是什么就已经能够解决问题了，这给研究提供了新颖且有价值的观点和知识。

4. 智慧思维

机器自动化、智能化一直是我们努力的方向，计算机的出现极大地推动了自动控制、人工智能等技术的发展，机器人的设计和制造也取得了突飞猛进的成果，并且大量投入生产应用。机器人的自动化、智能化的水平已经有了很大的提升，但也存在无法突破的瓶颈，机器的思维仍然是线性、简单、物理的自然思维，智能水平仍然有很大的进步空间。而大数据时代的到来有可能改变这一情况。人脑之所以具有智能、智慧，是因为它能够对周围数据信息进行全面收集、逻辑判断和归纳演绎，获得对于事物的认知和见解。在大数据时代，随着物联网、云计算、社会计算、可视技术等的发展，大数据系统能够自动搜索所有相关的数据，并且模拟人脑进行主动、立体、有逻辑性的数据分析，从而做出判断，也就是逐渐能够模拟人类的智能思维能力和预测能力。

（二）供应链的智能化进程

在这些思维的推动下，企业需要对供应链进行智能化转型。供应链在实施智能化的进程中，面临基础设施建设、企业间数据整合、内外部资源协调、人才和技术获取等诸多挑战。由于大数据分析应用场景的多样性和复杂性，因此，供应链企业在推进大数据进程时，必须结合企业的业务、服务对象以及内部文化，并具备系统化思维，以提升供应链运营效率为最终目标，切记不能受制于大数据技术本身。

推进供应链智能化，主要包括四个环节：数据结构化、数据一体化、数据分析与结果可视化，如图11-8所示。

数据结构化　　数据一体化　　数据分析　　结果可视化

图 11-8　推进供应链智能化的四个环节

数据结构化是第一个环节，也是供应链智能化进程的基础环节。数据结构化就是将供应链各个环节产生的信息数字化和格式化。在这个环节，供应链企业要根据大数据分析的目的来收集和整理数据，以保证数据的完整性以及结构化。借助统计方法对数据进行预处理，如异常值处理等；可以设置标准化的数据格式，保证原始数据的质量；可以添加完备的数据描述信息，以辅助数据的进一步开发和利用。

供应链的成功离不开上下游企业的整合，即在供应链内部，原材料供应、产成品加工、货物运输各个环节紧密协调，相互配合，其中很重要的一点就是实现供应链企业的数据共享，也就是数据的一体化。本质上，数据一体化就是要求成员之间开放数据，基于统一的数据平台开展相关的活动，这也为供应链数据的商业应用提供了可能。

在数据分析环节，首先，企业需要完成基本数据的关联和匹配，并使用标准化的初级定量分析方法，如描述性分析可为供应链企业提供直观的数据认知。其次，企业需要利用机器学习、统计分析等方法，进行预测分析和实时运营活动分析。数据分析环节为优化企业运营，提供优质服务和技术支撑。

最后一个环节即结果可视化。在大数据领域，可视化作为数据挖掘的一种方法非常重要，是供应链决策的直接依据。数据通过图像、图标、仪表盘以及三维动画的形式呈现，有助于供应链上下游企业间的信息传递与共享。此外，经过整合、分析之后的数据通过可视化技术显现，决策者对供应链的状态会有更加直观、深刻的认识，能确保其得出准确、可靠的结论。

（三）企业组织变革

随着供应链智能化不断推进，供应链的企业内部该如何转变才能更好地适应这一趋势呢？根据库尔特·勒温（Kurt Lewin）的观点，企业的组织变革可以分为四个阶段：识别需求、解冻、变革和再解冻。

1. 识别需求

企业的变革首先应该识别需求。变革的需求可以来自企业认识到自身所处的商业环境发生了改变，即外部因素导致的变革需求；也可能是企业技术能力和数据能力的提升带来了变革的必要性。不同的企业其变革需求多种多样，企业要根据当下的市场变化、技术革新、竞争环境等因素，发现自身需要变革的组织和管理方式。

在大数据时代，企业应该清楚地认识到转型变革的必要性。大数据给供应链的运输、仓储、生产、营销带来了前所未有的机遇和挑战，赋予了企业创造新产品和新服务的机会。企业借助大数据能够实现基于人工智能的全新商业模式。总之，大数据分析为供应链企业开发新产品、新服务、新业务提供了新的机遇。

2. 解冻

在变革的"解冻"阶段，企业领导者要让员工认识到变革的必要性。而变革需要员工改变其工作方式和工作技能，但这通常很容易引起员工的抵触情绪。

企业需要减少员工的这种因不确定性而带来的抵触或者顾虑。一种有效的方法是让员工相信变革会改善自身的状况，将变革视为机遇。其关键是要引导员工认识到企业的未来愿景，并让他们明白，为了这一愿景而变革，不仅会给企业，也会给员工个人带来收益。这是一种自上而下的变革方式，但相比之下，自下而上的方式可能更为高效、深刻。在自下而上的方式中，要求企业在变革的过程中授权，提高员工的参与感和主人公意识，让员工认识到企业面临的外部威胁与挑战，发挥其在变革中的主观能动性。

3. 变革

在这个阶段，企业要将变革的路线应用于实际的管理活动当中。在推行大数据应用的过程中，企业通常要完成技术、结构和员工管理三方面的变革。

技术变革是推动供应链企业向数据驱动转型的核心，其涵盖企业运营管理的各个方面，包括工作流程、生产方法、设备和信息系统等。技术变革的目的是提高生产效率和服务质量，从根本上提升企业的市场竞争力。

结构变革旨在改变企业的体系框架，使其更加适应大数据下新业务的需求。这一变革主要涉及企业的管理层次结构和运营模式，如集权式、事业部式、扁平式等组织结构的改变。此外，结构变革还包括物理环境的改变，如建筑物类型的选择、周围地理环境的考虑、办公室布局的重新规划和企业整体设计的更新等，这些改变能够深刻影响员工的交流方式、协作效率及创新能力。

在企业变革当中，我们不能忽略人的因素。人员是企业变革的决策者和执行者，在大数据影响逐渐增强的情况下，企业需要打造一支深刻认知大数据和熟练应用大数据的人才队伍。若企业需要招聘具有大数据背景的员工，那么也可以通过对现有员工的再培训，以达到这一目的。

4. 再解冻

在企业变革实施之后，企业还要不断强化，直至使其制度化，这一过程称为"再解冻"。企业领导者在再解冻过程中需要对企业进行调整，其主要从变革的三个方面入手，即技术、结构和人才。

在再解冻过程中，企业需要对变革进行不断的改进。例如，如何将信息技术整合到具体的工作中，或者日常的工作汇报中。该阶段需要企业进行员工培训，通过改进激励系统来巩固变革措施。总而言之，再解冻就是对变革过程的结构化和系统化，确保新的工作方式得到激励和加强。

（四）供应链智能化的挑战

大数据技术虽然能够让供应链企业在采购、运输、生产以及营销等各个环节获得巨大的收益，但是在大数据实际应用的过程中，仍然存在诸多挑战。这些挑战主要来自三个方面：技术、结构和人才。

1. 技术

企业想要推行大数据技术，就必须在信息系统、硬件设备、应用程序开发以及数据和服务方面进行投资。此外，企业还需要考虑目前已有的技术水平，处理已有系统和大数据工具的兼容问题，如数据标准和格式，否则就无法发挥大数据分析的效力。

数据共享与访问是大数据供应链的重要课题。管理者面对的一大障碍是无法获得并有效分析企业内部产生的数据。例如，数据虽然已经生成，但是没有对其进行初步处理和分析，进而无法以可视化的形式呈现，因而不能够支持管理者的决策。此外，供应链的数据还来源于上下游企业。企业通常会对自己的数据有很强的保护意识，担心数据泄露会给其带来风险。供应链只有建立起很强的制度激励和经济激励，并且内部企业有明确的自身定位，才能真正推进彼此数据的共享和开发。

2. 结构

企业如果没有对组织结构进行有针对性的改变，协调好各个部门，就很难推行大数据的实施与推广。企业面临的一个重大挑战是没有将技术整合到业务流程中，没有使数据分析能力起到相应的作用。要打破这一困境，企业必须重新设置部门结构与业务流程，使得大数据技术真正地融入组织结构的各个环节中。

同时，企业遇到的另一个问题是"筒仓式"决策。大数据的应用需要供应链企业之间的相互协作，在供应链的各个环节，包括采购、物流、制造、营销等，均需要整合各个数据源，并综合运用大数据分析。而只有使供应链的结构统一化，才能确保这一流程跨职能、跨企业地进行。

企业结构的改变会威胁到员工的现状，迫使员工提升技能或改变工作模式。来自员工的阻力通常会影响组织结构变革的顺利开展。

3. 人才

在大数据实施过程中，来自人才的挑战非常显著。企业的领导者由于受到传统供应链管理的思维限制，因此认识不到大数据为企业带来的巨大价值。许多企业仍然仅仅把信息技术看作企业组织运行的工具，虽然领导者已经在实际的决策中使用了大数据，但是还未能完全理解大数据带来的深刻变革。因此，在企业领导层面，亟需转变思路，不断加深对大数据的理解，并明确带领企业进行大数据变革的具体方法和路线。

企业面临的第二个挑战是大数据人才不足。企业要想完成大数据变革就必须拥有相应的人才队伍。从目前人才市场供需来看，大数据技术和应用的人才仍然有很大缺口。供应链企业需要转变人才管理和薪资结构，不仅要吸引技术人才，还要留住人才。此外，老员工需要提升自身的大数据思维和能力，不匹配的技能也是企业推行大数据变革的障碍。

缺乏数据驱动决策思维的企业文化是另外一个挑战。企业文化是公司理念、愿景的具体体现，其与员工持有的价值观和信仰密不可分。没有匹配大数据战略的企业文化，公司将很难真正地将大数据技术落到实处。

【案例】肴滚智慧大厨数字化赋能餐饮供应链转型之路

湖北智慧大厨智能装备有限公司（简称肴滚智慧大厨）总部位于湖北省武汉市，以智能装备与技术起家，并逐步转向供应链开发与建设。目前，其公司主要开展物联网智能装备、人工智能基础软件开发、大数据、物联网技术以及数字化信息平台等供应链服务。

肴滚智慧大厨项目由武汉市的本土企业创立，立足湖北，面向全国，为优秀的中餐企业赋能。公司团队对餐饮行业进行了深度调研，以充分了解餐饮行业的痛点和未来发展趋势。肴滚智能餐饮软件和硬件经过四年的研发和市场运营，以及四代硬件产品的迭代优化，目前已进入整机量产阶段。肴滚智慧大厨项目研发的肴滚软硬件平台，将助力厨师数字化转型，为中餐文化的传承和创新赋能。

在疫情防控的影响下，实体餐饮门店的客流量受到限制，餐饮企业的现金流和资金链也面临着巨大的压力，餐饮行业受到了前所未有的重创。实际上，在餐饮行业，传统供应链面临着如供应链各环节信息交互效率低、供应链缺乏准确的数据信息及供应链信息传递滞后等许多挑战。面对上述挑战，肴滚智慧大厨选择了数字化供应链的转型策略。首先，它引入了智能炒菜机器人，将食材原材料进行集中加工，然后配送至餐饮门店，以满足高峰期的就餐需求。其次，它推广无人化的新零售餐饮模式，通过无人零售店销售标品净菜、酱料和半成品等。最后，肴滚智慧大厨还通过利用大数据的集成、处理和快速传输等能力，对各种科技资源进行汇集、整合与存储，并根据用户的实际需求和潜在需求，为用户提供个性化、定制化的科技资源或决策方案。

供应链数字化转型为肴滚智慧大厨带来了显著的成果，它不但成功满足了高峰期的就餐需求，大幅降低了成本，提高了效率，并且使得公司推广的无人化新零售餐饮模式被广泛接受，从而实现了餐饮零售化。此外，通过利用大数据的能力，肴滚智慧大厨实现了餐饮业的智能化，提供了个性化、定制化的服务，从而增强了用户的满意度和忠诚度。

数字化转型将成为餐饮企业与其他品牌竞争的重要壁垒，但在消费需求快速变化、平台成本不断上升的挑战下，一次性彻底改变数字化平台的应用结构需要有巨大的技术和财力的投入，如何建立一个成熟的数字化平台也成为亟待解决的问题。另外，智慧餐饮需要格外关注数据信息安全问题，通过提升系统自建能力保护核心数据安全。

餐饮数字化转型之路机遇与挑战并存，在未来很长一段时间内，智慧餐饮在现有技术支持的基础上，还要进一步健全全方位的数字化管理体系，以引领餐饮企业实现数字化转型，促进协同共生，从而更加高效地满足消费者需求。

资料来源：许汝俊，聂骊蓉，韩沁利.肴滚智慧大厨数字化赋能餐饮供应链转型之路［EB/OL］.（2022-08-01）［2023-05-01］.http://www.cmcc-dlut.cn/Cases/Detail/7263.

本章要点

1. 绿色物流是一种环保、低碳、可持续的物流管理理念，通过合理规划、节能减排、合作共享和循环利用等手段，提高物流运作效率、降低物流成本并减少对环境的负面影响。

2. 随着科技的进步与社会的发展，消费者对物流的要求越来越高，应对不同状况、不同需求的应急物流、冷链物流与末端物流等新形态物流形式应运而生。

3. 人工智能与物联网等科技的发展极大地促进了物流管理新形态的诞生。

4. 绿色供应链是以绿色制造和管理技术为基础,在整个供应链中综合考虑高效率、低成本、资源效率和环境影响的现代管理模式。此模式使得产品在原材料、加工、包装、仓储、运输以及报废回收的整个过程中,都能保持对环境的负面影响最小及资源利用率最高。其评价体系分为两类:生命周期评价和碳足迹分析。

5. 与供应链相比,供需网更强调网络结构,将供应商、制造商、分销商和客户视为一个整体,通过信息共享、资源整合和协同作战实现全局最优。作为一种更加灵活、协同和可持续的管理模式,供需网可以有效地消减供应链中的瓶颈效应,以提高供应链的效率和竞争力。

6. 大数据是一种规模大到在获取、存储、管理、分析方面大大超出传统数据库软件工具能力范围的数据集合,其特点可归纳为"6V1C":数据量(volume)、数据种类(variety)、数据流速(velocity)、可变性(variability)、真实性(veracity)、价值(value)、复杂性(complexity)。

思考题

1. 绿色物流是如何产生的?未来有何发展趋势?
2. 应急物流有什么特点?
3. 简述冷链物流的各个组成部分。
4. 末端物流是什么?有哪些新兴技术可以应用到末端物流中?
5. 物联网与人工智能是如何应用在物流管理中的?
6. 绿色供应链有哪些特征?
7. 绿色供应链的两种评价体系是什么?分别是如何实施的?
8. 企业供需网与供应链有何区别?如何将供需网理论应用到逆向物流中?
9. 大数据和供应链如何深入融合?
10. 是否所有企业都需要构建智能供应链?哪些企业特别适合?

参考文献

[1] 鲍尔索克斯，克劳斯，库珀，等.供应链物流管理[M].3版.马士华，张慧玉，译.北京：机械工业出版社，2014.

[2] 鲍新中，赵丽华，程肖冰.物流成本管理[M].北京：人民邮电出版社，2017.

[3] 陈煌鑫，陈国铁.国内外供应链金融发展及模式研究[J].价值工程，2016，35(35)：230-233.

[4] 陈言国，陈毅通，沈庆琼.国际物流实务[M].北京：清华大学出版社，2016.

[5] 董千里.高级物流学[M].3版.北京：人民交通出版社，2015.

[6] 范碧霞.物流与供应链管理[M].2版.上海：上海财经大学出版社，2020.

[7] 范录宏，皮一鸣，李晋.北斗卫星导航原理与系统[M].北京：电子工业出版社，2020.

[8] 福斯特.质量管理：整合供应链[M].何桢，译.北京：中国人民大学出版社，2013.

[9] 傅莉萍.运输管理[M].北京：清华大学出版社，2015.

[10] 龚英.绿色供应链[M].北京：中国环境出版社，2015.

[11] 李丹，杨建君.国内绿色技术创新文献特色及前沿探究[J].科研管理，2015，36(6)：109-118.

[12] 李毅学，汪寿阳，冯耕中，等.物流与供应链金融评论[M].北京：科学出版社，2010.

[13] 梁永福，张展生，林雄.基于商业信用的供应链金融研究进展[J].商业经济研究，2016(9)：144-148.

[14] 刘璠.第四方物流企业协同运作研究[M].武汉：武汉大学出版社，2014.

[15] 刘康.基于富士施乐的闭环供应链政府环境政策比较研究[D].长沙：湖南大学，2014.

[16] 刘丽艳，袁雪妃，李宁，等.国际物流[M].北京：清华大学出版社，2017.

[17] 罗春燕，曹红梅，赵博，等.物流与供应链管理[M].北京：清华大学出版社，2020.

[18] 马丁·克里斯托弗.物流与供应链管理[M].何明珂，译.5版.北京：电子工业出版社，2019.

[19] 钮建伟，温薇.物流质量管理[M].北京：北京大学出版社，2016.

[20] 宋华，于亢亢.供应链与物流管理研究前沿报告2020（中国人民大学研究报告系列）[M].北京：中国人民大学出版社，2021.

[21] 孙韬.跨境电商与国际物流：机遇、模式及运作[M].北京：电子工业出版社，2017.

[22] 谭春平，王烨，赵晖.基于第四方物流的物流园区收费模式研究：两部收费制双边市场结构模型[J].软科学，2018，32(8)：140-144.

[23] 王红春，刘帅，赵亚星. 大数据供应链与传统供应链的对比分析[J]. 价值工程，2017, 36(26)：112-113.

[24] 王洪春，刘帅. 大数据供应链的发展路径研究[J]. 物流技术，2017, 36(7)：121-125.

[25] 王玉燕. 闭环供应链的协调激励研究[M]. 北京：中国财政经济出版社，2010.

[26] 维克托·迈尔-舍恩伯格，库克耶. 大数据时代（Big Data）[M]. 盛杨燕，周涛，译. 杭州：浙江人民出版社，2013.

[27] 武兆杰. 大数据技术在电子商务C2B模式中的应用[J]. 科技创新导报，2015，(2)：55-56.

[28] 夏火松. 物流管理信息系统[M]. 3版. 北京：科学出版社，2022.

[29] 占海东. 基于物联网的优化物流管理模式的途径[J]. 中国管理信息化，2017, 20(4)：56-57.

[30] 张海燕，吕明哲. 国际物流[M]. 3版. 大连：东北财经大学出版社，2014.

[31] ABBEY J D, GUIDE V. Closed-loop Supply Chains: A Strategic Overview [M]. Belin: Springer International Publishing, 2017.

[32] BANSAL P, HOFFMAN A J. Oxford Handbook of Business and the Natural Environment [M]. New York: Oxford University Press, 2013.

[33] BOUCHERY Y, CORBETT C J, FRANSOO J, et al. Sustainable Supply Chains: A Research-Based Textbook on Operations and Strategy [M]. Berlin: Springer International Publishing, 2016.

[34] FERREIRA K J, LEE B H A, SIMCHI-LEVI D. Analytics for an Online Retailer: Demand Forecasting and Price Optimization [J]. Manufacturing & Service Operations Management, 2015, 18(1): 69-88.

[35] SAVASKAN R C, BHATTACHARYA S, WASSENHOVE L NV. Closed-loop Supply Chain Models with Product Remanufacturing [J]. Management Science, 2004, 50(2): 239-252.

[36] SEURING S, MÜLLER M. From a Literature Review to a Conceptual Framework for Sustainable Supply Chain Management [J]. Journal of Cleaner Production, 2008, 16(15): 1699-1710.

[37] WANG G, GUNASEKARAN A, NGAI E W T, et al. Big Data Analytics in Logistics and Supply Chain Management: Certain Investigations for Research and Applications [J]. International Journal of Production Economics, 2016, 176: 98-110.